U0783446

高等职业教育法律类专业新形态系列教材

经济法律与案例分析

主　编◎谢东鹰　李祖义

副主编◎傅　溢　鲍磊磊

撰稿人◎谢东鹰　李祖义　傅　溢

　　　　鲍磊磊　王　娟　彭建新

中国政法大学出版社

2025・北京

图书在版编目（CIP）数据

　　经济法律与案例分析 / 谢东鹰, 李祖义主编.

北京 : 中国政法大学出版社, 2025.7. -- ISBN 978-7
-5764-2221-4

　　Ⅰ. D922.290.5

　　中国国家版本馆 CIP 数据核字第 2025D2H131 号

出　版　者　　中国政法大学出版社

地　　　址　　北京市海淀区西土城路 25 号

邮　　　箱　　fadapress@163.com

网　　　址　　http://www.cuplpress.com (网络实名：中国政法大学出版社)

电　　　话　　010-58908435(第一编辑部) 58908334(邮购部)

承　　　印　　保定市中画美凯印刷有限公司

开　　　本　　787mm×1092mm　1/16

印　　　张　　19.25

字　　　数　　432 千字

版　　　次　　2025 年 7 月第 1 版

印　　　次　　2025 年 7 月第 1 次印刷

印　　　数　　1~3000 册

定　　　价　　59.00 元

作者简介

谢东鹰，1968 年生，江西高安人，法学博士，浙江警官职业学院法律系副教授。主要研究领域为经济法、竞争法与商法。出版《电力行业法律规制研究》专著 1 部；先后在《社会科学辑刊》《现代法学》等核心期刊发表学术论文 10 余篇；主编教材 3 部。主持省部级重点课题 2 项，一般课题 1 项。

李祖义，男，文学学士，武汉警官职业学院党委委员、副院长，全国司法职业教育教学指导委员会委员。主编教材 5 部，主持省部级课题 2 项，主持国家级法律文秘教学资源库建设 1 项，主持国家级乡村振兴镇乡域发展规划标准 2 项，主持《法治服务管理系统》软著 1 项，获"第二届法治时代创新论坛 2024 年法学理论研究创新案例" 1 项。

傅溢，1994 年生，浙江丽水人，澳门大学博士研究生，浙江警官职业学院法律系讲师。主要研究领域为经济法、国际投资法。主持"国际投资法视阈下的跨境数据流动规则"等多项厅级课题，发表中英文论文数篇。

鲍磊磊，1996 年生，安徽铜陵人，博士研究生，浙江警官职业学院法律系讲师。主要研究领域为刑法、经济法。主持并参与多项厅级课题，担任"十四五"法律类专业系列教材《刑法原理与实务》副主编，参编教材《刑罚执行协同办案工作手册》。

王娟，1972 年生，安徽巢湖人，山东大学国际法学专业研究生毕业，主讲《经济法》《国际法概论》等核心课程，主持参与各类省级课题项目多项，深入行业服务，参编规划教材多本，发表过中英文法学论文。

彭建新，北京天达共和（杭州）律师事务所创始合伙人，专职律师，法学硕士学位，副教授。任杭州师范大学沈钧儒法学院兼职教授，东南大学硕士生实践指导导师，杭州市互联网法院、杭州市上城区人民法院特邀律师调解员。在《政治与法律》《湖南社会科学》《法治研究》等核心期刊发表学术论文十余篇。主编浙江省"十一五"重点教材《法院书记员工作实务》，参编教材《民法案例精解》。

前　言

　　《经济法律与案例分析》教材坚持以习近平新时代中国特色社会主义思想为指导，根据党的二十大报告的要求坚持问题导向。党的二十大报告指出："问题是时代的声音，回答并指导解决问题是理论的根本任务。今天我们所面临问题的复杂程度、解决问题的艰巨程度明显加大，给理论创新提出了全新要求。我们要增强问题意识，聚焦实践遇到的新问题、改革发展稳定存在的深层次问题、人民群众急难愁盼问题、国际变局中的重大问题、党的建设面临的突出问题，不断提出真正解决问题的新理念新思路新办法。"教材编写回应现实问题，遵循"课程服务于能力培养"的指导思想，以高职法律事务专业对应的基层法律服务、中小企业法律事务管理等岗位能力培养的需要，对教材内容进行了筛选与安排。依据上述岗位中常见的经济法问题的主要类型，在尊重经济法内在逻辑的前提之下，对经济法的传统学科体系进行了一定的重构，以期克服一般本科经济法教材长篇大著和现有高职经济法教材实务性特征不突出的短板。

　　教材共分为经济法基础理论、企业法、市场规制法律体系与宏观调控法四大模块，由十五个学习单元组成。内容主要包括：经济法基本理论、企业法律制度、竞争法律制度、消费者权益保护法律制度、产品质量法律制度、广告法律制度与财税、金融法律制度等。在内容选取上，舍弃了普遍"大而全"的模式，突出针对性。例如，第二模块企业法在整个教材内容中占比较高。这一安排，回应了高职法律事务专业对应的基层法律事务和中小企业法务处理等岗位的需求。中小企业的法律问题与纠纷随着民营经济的蓬勃发展，其数量与规模大幅增长，企业法务处理岗位对企业法律知识与实务能力的要求尤为突出，为此教材打破学科藩篱，将企业法纳入其中，体现了的学科融合的特色。而在模块四宏观调控法部分，仅选取了财税与金融法，而对其他众多内容都未涉及，亦高度契合于高职法律事务专业人才培养目标和人才定位的实际需要。

　　在教材编写体例上，采取"基本理论+案例分析"的结构，突出高职法律教育的实用型特色，使学习者能够通过对常见案例的理解与分析，进一步理解和把握经济法律的基本理论和具体制度，从而实现认识和分析经济法律问题的思维飞跃。由理论到实践，再由实践到理论，理论与实践如此交替作用，有助于培养学生分析和解决经济法律实务问题的实际能力。基本理论部分本着"够用"的高职教育原则，精选了核心理论与主要制度。在理论阐释上，语言力求简洁易懂，并无过多的理论推导。案例分析部分，是本教材的特色所在。案例选取具有针对性的真实案例，其中除了常见的诉讼案例外，还包括大量的行政处罚案例与宏观政策案例。后者集中体现了经济法"国家干预市场经济之法"的特点。选择的案例多为常见和典型案例，具有较强的代表性，同时难易程度适中，利于学生理解和学习。对案例材料的组织，采取"案例+问题+重点提示"的基本结构，在案例呈现基础上，通过问题的提出和对问题的提示性解答，一方面体现了案例学习的针对性和目的性，另一方面也为分析案例提供了一定的思考方向和解决路径。

本教材的特点可以概括为以下几点：首先，教材实用性突出，强调对实际案例的分析和解决。在注重对案件实体问题的识别与分析的同时，也关注对具体案件的执法与诉讼基本流程的分析。其次，教材简明易懂，适宜于高职学生的层次水平。在教材内容选取上，基本理论部分和案例选取都坚持突出重点和典型性的要求，力争少而精，不求大而全；在语言表述上，力求平铺直叙、开门见山。最后，教材具有共享性。在内容的选取和深度的安排上，力求不仅适用于高职法律事务专业的学生，也适用于高职与本科非法律专业的经济法教学之用。

本教材由谢东鹰、李祖义任主编，傅溢、鲍磊磊任副主编，王娟与彭建新参与撰稿。谢东鹰负责撰写第一模块与第四模块中的学习单元一与学习单元三，傅溢负责编写第二模块与第三模块，鲍磊磊负责编写第四模块中的学习单元二。教材结构与体例安排由谢东鹰负责，统稿由谢东鹰、李祖义、彭建新负责，校对等工作由傅溢、鲍磊磊、王娟负责。

在教材编写中，我们全心付出，但由于时间、精力和能力水平的局限，教材中难免存在偏差与谬误，欢迎读者与同仁多多指正，以便在以后的使用中进行修订和完善。最后，编者要衷心感谢国内经济法学者和实践者提供的丰富和宝贵的研究资料，尤其要感谢专注于案例实践和研究的法官和学者，正是他们为本教材编写提供了素材、分析思路与见解。

谢东鹰

2024 年 11 月 25 日于浙江杭州兰园

目　录

第一模块　经济法基础理论

学习目的与要求

　　确立经济法的基本理念，明确学习经济法的意义。理解并掌握经济法的属性、调整对象、基本原则，以及经济法行为和经济法实施的基本理论，对法律实务中的经济法律问题与具体的经济法行为能够准确判断与分析。

学习重点与提示

　　经济法的概念；经济法产生的原因；经济法的调整对象；经济法基本原则的含义；经济法行为的要件；经济法适用的特殊性。

学习单元一　经济法的概念与经济法的产生

单元知识体系导图

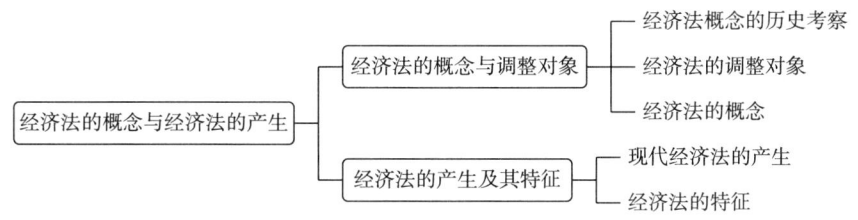

学习内容1　经济法的概念与调整对象

一、经济法概念的历史考察

从世界范围考察，经济法理论发源于德国，由日本继承并进一步发展成经济法理论。

关于经济法概念的产生与演变可以概括为四个阶段：

第一阶段：经济法概念的语源。1755年法国摩莱里在《自然法典》一书中首次使用，但不是以现实生活为基础，而是属于空想社会主义的范畴。1843年法国德萨米的《公有法典》中提到经济法概念，尽管经济法概念的内容更为丰富，但与前例相同，它还是一种与现实脱节的空想。

第二阶段：经济法概念的雏形。1865年法国蒲鲁东在《论工人阶级的政治能力》一书中提及经济法概念，认为它是政治法和民法的补充和必然产物。这一观点接近于现代经济法的主张。

第三阶段：经济法概念的诞生。1906年德国莱特在《世界经济年鉴》中使用经济法一词，说明有关世界经济的各种法规概况。

第四阶段：经济法概念的完善。在第一次世界大战期间和之后，经济法概念大量出现，并引起人们的重视。在1922年～1924年期间，德国鲁姆夫的《经济法的概念》和赫德曼的《经济法字典》标志着经济法概念的成熟与完善。

从我国来看，经济法的概念最早在20世纪30年代被传入，但真正的系统性研究则迟至20世纪70年代末。1978年7月胡乔木同志在其论文《按照经济规律办事，加快实现四个现代化》中，明确提出了发展经济立法与经济司法的观点，"把国家、企业、职工的利益和各种利益关系，用法律形式体现出来……"。随后，邓小平等中央领导人也在不同场合表达了类似的思想。借此，我国理论界才开始了广泛的经济法研究。

二、经济法的调整对象

法学领域对部门法概念提炼的基本公式是："某某法是调整某某社会关系的法律规范总称"，从逻辑学上可以概括为"属+种差"。以经济法为例，"属"指经济法是"一类法律规范的总称"；而"种差"，则指经济法所调整的"某类特定的社会关系"，即经济法所谓的特定调整对象和调整范围。可见，厘清经济法概念的前提，是揭示其调整对象。与其他部门法无二致，经济法理论的逻辑起点，也是调整对象。其核心要义，就是清晰提炼经济法概念的"种差"，明确经济法与其他部门法的差别。

(一) 经济法的具体调整范围与对象

从现代社会存在的经济问题和社会问题出发，是揭示经济法调整对象的起点。市场经济体制已经成为当代世界各国和地区普遍的选择，随着经济的繁荣，各类经济问题也日渐凸显、难以回避。其中，最突出的问题就是市场机制在配置资源方面的低效或失效，即市场失灵问题。市场失灵问题的存在，使人们更加关注市场经济的局限性，以及政府的能动作用等问题，并试图在政府与市场之间作出取舍，而这种取舍，则带来了从思想到行动，从政策到法律，从经济到社会，从西方到东方，从历史到现实等多个层面的周期变化，也带来了法治建设必须面对的重大现实问题。

1. 宏观调整范围。市场失灵，无论是缘于经济领域的垄断、外部效应，以及公共物品、信息偏差等，还是缘于社会分配不公等，其所带来的问题是全方位的。从宏观的角度来看，市场失灵会造成产业失衡，由此带来经济结构的失衡；而各类经济结构的失衡，则会造成总量失衡，因而就必须依据一定的经济目标和社会目标，进行有效的宏观调控；而宏观调控的主体则是广义的政府，政府由于诸多原因，在调控方面可能会出现政府失灵的问题，只有依法调控才能更好地解决问题；而要依法调控，就必须有宏观调控法，并依宏观调控法来调整政府与国民之间存在的宏观调控关系。上述由市场失灵造成的法律上的问题以及相互之间的内在关联，可以简化示意为："市场失灵-经济失衡-宏观调控-政府失灵-依法调控-宏观调控法"。

2. 微观调整范围。市场失灵不仅需要从宏观层面上解决，也需要微观层面上的规制。一般说来，市场失灵会导致竞争失效，因而需要对相关市场主体的市场行为进行规制，并进而实现对整个市场结构的规制。通过综合性的经济性规制和社会性规制，有助于更好地实现对整个市场的规制。通常，市场规制是由政府实施的，与宏观调控一样，在市场规制领域，也同样会存在政府失灵的问题，也需要政府加强依法规制，为此，就需要有相应的市场规制法。上述由市场失灵所造成的法律上的问题及其相互间的关联，可简化表示为："市场失灵-竞争失效-市场规制-政府失灵-依法规制-市场规制法"。

3. 经济法的调整对象：宏观调控关系与市场规制关系。市场失灵在宏观、微观层面所带来的诸多问题，是以往的法律制度不能有效解决或者无力解决的，因而加强宏观调控和市场规制的法治建设尤为必要。宏观调控和市场规制的联系非常密切，两者在性质、目标、方向等方面存在本质上的一致性，故两类制度也紧密联系。在宏观调控和市场规制过程中形成的两类关系，即宏观调控关系和市场规制关系，必须依法进行调整，由于传统的部门法不能有效调整这些关系，因此它们便成为了新兴的经济法的调整对象。可以说，市场失灵带来的重要制度创新，就是宏观调控法和市场规制法的产生，以及部门法和经济法的产生。

可见，从调整范围上看，经济法的调整对象包括两个方面：一是宏观调控关系，二是市场规制关系。二者可以分别简称为调控关系和规制关系，或者合称为调制关系。

学者关于经济法调整对象的观点与划分不尽相同，但将上述两类关系作为经济法最基本、最核心的调整对象则并无异议。

(二) 经济法调整对象的具体分类

关于宏观调控关系和市场规制关系，可以进行更为细致的划分。

1. 宏观调控关系的具体分类。由于宏观调控主要涉及财税、金融、计划等领域，因而宏观调控关系可以分为财税调控关系、金融调控关系、计划调控关系，可以分别简称为财税关系、金融关系、计划关系，它们同各国在宏观调控方面通常采取的财税、金融、计划三大手段是一致的。

2. 市场规制关系的具体类型。由于市场规制主要涉及反垄断、反不正当竞争、消费者保护等领域，体现的是对市场主体的市场行为等方面的专门规制，因而市场规制关系也可以分为反垄断关系、反不正当竞争关系、消费者保护关系。

3. 宏观调控与市场规制的基础性关系：体制关系。由于宏观调控和市场规制，都涉及相关的国家机关的权力分配问题，因而在宏观调控关系和市场规制关系中，还都包含着一类特殊的社会关系，即体制关系，如财政体制关系、金融体制关系等。由于经济法的调整直接关系到市场主体的财产权、经济自由权等基本权利，要有效地保护私主体的基本权利，就必须依法界定国家权力的边界，因此，在宏观调控和市场规制方面，都要严格执行法定原则，依法在各类国家机关之间进行"分权"，从而形成各种类型的体制关系或称分权关系。

事实上，在经济法调整的各类社会关系中，都涉及基础性的体制关系。上述体制关系既有共性又有个性，体现了经济法与一些传统部门法在调整对象方面的重要差别。

三、经济法的概念

基于对经济法调整对象的分析与提炼，可以将其概念概括为：经济法是调整在市场经济运行过程中，现代国家及其政府为了克服市场失灵、实现社会整体效益，进行宏观调控和市场规制时与各种市场主体发生的社会经济关系的法律规范的总称。

经济法的上述概念昭示了经济法这一部门法的诸多本质属性。首先，由于宏观调控和市场规制是作用于现代市场经济的，因而经济法具有突出的现代性，这是它与传统部门法的重大差异所在。其次，经济法的宗旨决定了它主要通过法律化的宏观调控和市场规制手段来调整市场，故相较于其他部门法，它具有突出的经济性和规制性特征。再次，经济法概念涵盖日益打通的国内经济法和国际经济法，顺应了经济全球化的发展趋势。最后，经济法除了与传统的民商法一样需要调整一般的经济关系之外，还要调整至关重要的体制关系，前者为市场主体之间的经济关系，后者为相关的体制关系或称分权关系，它不仅关乎个体私益，更关乎社会公益和国家利益。明晰上述问题，对于更好地理解经济法的特征、宗旨等基础性理论问题，大有裨益。

学习内容2　经济法的产生及其特征

经济法是基于解决市场经济发展过程中出现的垄断与竞争、公平与效率、个体营利性和社会公益性的矛盾，防止市场失灵，以弥补传统法特别是传统私法的调整不足才应运而生的。它是根据经济规律进行整体协调，以解决各种矛盾，保障社会经济良性运行和协调发展的法。这既是研究经济法特征的认识基础，也体现了人们对经济法本质的把握。

经济法的特征，是经济法区别于其他部门法的特有征象，是经济法本质特点的概括性标志。由于经济法的特征要反映经济法的本质，因而它与调整对象一样，都被看作是经济法同其他部门法相区别的依据；它与经济法的调整对象存在着内在的一致性。宏观调控关系和市场规制关系作为经济法的调整对象，能够揭示经济法的最本质特点。

概括和提炼经济法的特征，需要遵循三个基本标准：一是，经济法特征应当能够反映经济法的本质，而不应仅反映表象；二是，经济法特征应当是经济法所独有的，而不应是与其他部门法乃至所有法律或规范所共有的；三是，经济法特征应当是在经济法领域具有普遍性、包容性和基础性的特征，而不应是局部性的个别特征。

一、现代经济法的产生

（一）关于经济法的产生的既有观点

学界关于经济法的产生有不同见解，概括而言主要有以下四种代表性观点。第一种观点认为，经济法是在资本主义进入垄断阶段后才产生的；第二种观点认为，近代经济法产生于 19 世纪末，但不否认市民革命前的经济法；第三种观点认为，随着国家的产生，经济法律制度就产生了，但垄断资本主义使其成为独立的部门法；第四种观点认为，作为独立的法律部门经济法产生于古代。

经济法学界通说认为，现代经济法产生的标志是美国 1890 年的《谢尔曼反托拉斯法》（简称《谢尔曼法》）。随后在 19 世纪末 20 世纪初先后在德国、日本、捷克斯洛伐克等国家产生。

（二）现代经济法的产生

初期市场经济阶段，商品交换虽较频繁，但交换双方的能力、地位相差不大，人们总是希望能在一种较为自由、安全的环境下自主从事交易行为，可以充分地进行"讨价还价"而不必受到国家的干涉。商品交换带来自由主义观念的盛行，私有财产神圣不可侵犯、契约自由等规则被奉为圭臬。在国家职能层面，人们也倾向于认为，管得越少的政府越是好政府，国家政府与社会民众应当并行不悖，这时的国家也因此被称为"夜警国家"。映射在法律制度上，经济关系固然需要法律的特别调整，但法律不宜伤害交易自由，不宜干涉市民社会的经济自治，故在这个阶段，以维护交易自由为基本内容的民商法极为发达。

1. 市场失灵（Market Failure）。市场经济发展到 19 世纪末 20 世纪初，资本主义由自由竞争阶段进入垄断和社会化阶段。社会分工的精细化、不加限制的自由竞争，使得各类经济主体之间的能力出现差异，交易中的依赖关系较为普遍，甚至出现了垄断经济组织，自由经济赖以发挥作用的基础——主体间地位平等，在很多领域或很多时候已不复存在。过于追求交易自由会丧失真正的自由，进而会影响到交易公正。市场机制的唯利性、滞后性和事后性等固有缺陷，频频导致市场机制的失灵。传统民商法以维护自由市场为目的，抵制国家的干预，基本无法解决"市场失灵"问题。"市场失灵"是一个全新的问题，需要法律具备新的功能，进而引发法律进行新一轮的结构性变动。经济法由此应运而生，故市场缺陷和市场失灵被视为经济法产生的经济根源。

所谓市场缺陷是指市场调节机制的局限性。缺陷产生的原因如下：一是市场障碍，即在市场上存在阻碍市场机制发挥作用的因素，使得某些领域中市场机制无法发挥其作用。垄断与限制竞争的行为是影响市场机制发挥作用的主要障碍。二是市场的唯利性，即投资经营者所关注的是自身的经济利益和眼前可实现的利益，对于某些经济领域（投资周期长、风险大的行业，如基础建设、公用事业等领域）经营者往往不愿意进入。此时就需要政府直接介入这些领域进行投资。三是市场调节的被动性和滞后性，即市场主体掌握信息量严重不足和滞后，不能适时调整经营决策，往往等到市场供求严重失调、产品大量积压后才能作出反应，导致社会财富浪费。

"市场失灵"是自由市场经济发展到一定阶段的产物，即所谓的市场机制无效率，表现为市场机制难以发挥作用或市场机制成本过高。市场机制具有唯利性、滞后性和事后性等固有缺陷，这种缺陷在商品交往不太频繁时还不会导致"市场失灵"，一旦商品交换大规模化，因主体间能力、信息巨大差异等因素，市场机制可能无法进行商品和劳务的有效分配，即无法有效配置资源，这时就会引发"市场失灵"。"市场失灵"通常用于无效率状况特别重大或非市场机制更具优势时，而不是指局部的、偶尔的、一般性的市场失效。市场失效在任何时候都会出现，对于并不严重的市场失效，可以通过市场机制的自我调节及已有法律制度的适度修正来解决，不会导致法律的结构性变动。

大规模、严重的市场失效是"市场失灵"，它主要发生于19世纪末20世纪初，是市场缺陷在社会化大生产的现代社会显露并引发的严重后果。其主要表现有以下四个方面：

第一，公共物品缺失。公共物品对应的是人们的公共需求，即不具有排他性的集体需求。人们都需要公共物品，但私人主体又不愿意提供公共物品。此即构成公共物品缺失问题，是"市场失灵"的典型体现。

第二，外部性。外部性即个体行为对他人或社会的附加效应和外部影响，但产生外部影响的渠道并非价格这一市场机制，即外部性不是交易的结果，而是在未与他人协商的情况下产生的。外部性既有正的外部性又有负的外部性，前者对受影响者是有益的，后者对受影响者则是有害的。如一个企业在生产中造成的空气污染会对附近居民的健康造成损害，即工厂对居民有负的外部性。正负外部性划分的依据在于私人成本与社会成本、私人利益与社会利益的对比关系。私人成本是指企业生产商品时各种投入的费用，社会成本是指外部成本加上私人成本。例如，工厂排放有毒物质到空气或水中，社会并没有因此而向它收费，但会造成对他人的损害。私人利益是指某一经济主体通过市场上的经济活动所得到的利益。社会利益是指某一经济主体的私人利益加上该经济主体活动所产生的外部利益。正负外部性的存在会造成私人成本与社会成本、私人利益与社会利益之间的差别，会使市场失效，影响资源的最优配置。市场机制解决外部性问题只会在局部范围内有效，外部性的内化最终必须依赖于国家。引入政府干预是解决外部性的主要方法，常用的干预形式有税收和补贴等。

第三，信息偏在。信息偏在即信息不对称，任何交易中都可能出现信息不对称，但垄断和社会化阶段的交易标的、交易方式更加专业，交易主体间地位差异也是常态，交易中的信息不对称由此变得更加广泛，程度也更为严重。信息不对称会导致市场上的逆向选择。所谓逆向选择是指在信息不对称的情况下，由于交易的一方无法观察到另一方重要的外生特征，交易市场上出现劣质品驱逐优质品的现象。信息不对称还有另一种情况——道德风险，也就是交易的一方无法观察到另一方所采取的行动，拥有信息优势的一方可能故意不采取谨慎行动的情况。

信息不对称一方面可能危及交易安全，另一方面也可能危及交易公平。市场中信息不对称的存在突出了政府在经济运行中的重要性，所以政府应加强对经济运行的监督力度，使信息尽量从不对称向对称转变，从而更正由此所造成的一些不良影响。

第四，竞争失效，又称垄断。在现实经济运行中，垄断或者不完全竞争会导致市场失效。首先，表现为垄断市场的效率损失。在完全竞争市场中，无论短期还是长期，厂家总是在价格等于边际成本处进行生产，而价格等于边际成本又是资源有效配置的条件，因此完全竞争市场是有效率的市场。然而垄断厂商总是在价格高于边际成本处进行生产，所以垄断厂商的产量小于竞争厂家的产量，而垄断厂商的价格却要高于竞争厂家的价格，所以垄断市场是缺乏效率的。其次，在垄断情况下，产量低而价格高，消费者的利益受损，而垄断厂商却可以从中获得高额垄断利润，同时还会造成对其他生产者和消费者都无法补偿的净损失，产生很多无谓的社会成本，浪费社会资源。最后，垄断厂商为了获取、保持垄断势力，往往会花大量的金钱做广告、装备额外的生产能力、游说政府，这进一步增加了垄断的社会成本。为了减少垄断造成的弊端，政府应努力使垄断行业更有竞争性，管制垄断者的行为。政府对垄断市场的管理手段可来自法律等方面。在法律上，各国政府通过制定反垄断法直接限制经营者的垄断行为。

2. 政府干预。"市场失灵"是西方国家 19 世纪末 20 世纪初经济运行中的最突出问题，它因市场机制过度强调自由而产生，无法依靠市场机制自身来解决。"市场失灵"问题既要求国家承担起新的职能即经济管理职能，也要求用新的法律制度来克服"市场失灵"及保障国家经济管理职能的有效行使。如果说"市场失灵"问题是经济法产生的经济条件，则"市场失灵"问题的解决是对国家职能及法律制度提出的全新要求。

在自由经济时期，国家被古典经济学派的奠基者亚当·斯密视作"有形之手"，对经济运行基本不干预，即便存在诸如税收、市场管理等经济职能，也不以调整市场主体行为为目的，不构成国家职能的主要方面。"市场失灵"问题的出现，引起了国家职能的变化。芝加哥学派认为解决"市场失灵"不能依靠市场，只能依靠国家，国家必须主动对经济运行进行适度干预。也就是说，随着市场机制的失灵，国家的经济职能从政治职能中分化出来，成为一项独立的、日益重要的全新职能。随着经济的不断发展，国家对经济运行的干预不仅成了政府的常规活动之一，政府调整经济的方式也逐步多样化，既有针对竞争问题、信息偏在等问题的直接规制，也有针对公共物品及外部性等问题的间接调控。为满足市场经济的需求，国家经济职能调节机制做出了应对。一是针对市场障碍，国家强势介入市场，规制市场竞争秩序，打击垄断和不正当竞争。二是针对市场的唯利性，国家作为财产所有者，以国有经济的方式介入高风险和高额投资领域。三是针对市场的滞后性和盲目性，国家通过宏观调控社会经济的方式保持国民经济的稳定发展。

3. 政府失灵与法律体系的演变。政府干预市场亦会产生失灵。一方面，国家经济调节职能作为新生事物，国家及其政府并不熟悉，容易出现违背经济规律而行事的情况，从而严重影响社会经济的发展。另一方面，政府作为调节者，掌握着极大的权力资源，必须对其进行约束和限制，以保证权力的有效运行。上述情形即所谓的"政府失灵"，由此便产生了经济法对干预市场经济的国家机关行为进行法律规制和约束的需要。具体而言，经济法在调整市场经济主体之间关系的同时，也规定了政府机关干预市场的权力界限。

可见，不论是经济运行还是国家的经济管理，都应依法而为。与经济运行有关的传统法律制度，基本都以维护经济自由为目的，解决不了"市场失灵"问题，而国家的经济管理职权必须在法律上得到确认，这就需要建立新的法律制度来保障国家的经济管理权。同时，作为国家的代表，政府也不是万能的，也是有限理性的主体，政府管理同样可能出现失灵，例如，达不到预期目标、达到目标但成本昂贵或达到目标但引发其他负面效应，等等。这就需要法律在保障政府经济管理职权的同时，也要约束政府的经济管理行为，以防止为救治"市场失灵"而引起新的"政府失灵"。换言之，市场调节与政府管理各具优势，也各有不足，法律应当在市场调节与政府管理之间确立一个合理的"度"，以保证两种调节机制共同发挥作用、相互补充。传统法律制度不仅无法解决"市场失灵"问题，对"政府失灵"问题更未曾涉及。

总之，经济法产生的最基础条件是经济领域的"市场失灵"，解决"市场失灵"问题要求国家承担起全新的经济管理职能，而不论是救治"市场失灵"还是保障并约束政府的经济管理活动，传统法律制度都无能为力，这必然要求国家建立一种新型的法律制度，来解决"市场失灵"问题，并平衡市场调节与政府管理之间的关系。这种新型法律制度就是经济法。经济法的内容除了作为其典型形式的竞争法（反垄断法和反不正当竞争法）之外，还包括消费者权益保护法、产品质量法、财政法、税法、金融法、产业政策法、价格法等。

二、经济法的特征

关于经济法特征的概括与提炼必须以前述经济法产生基础为逻辑起点，同时参照其他部门法进行对比考察。

经济法是为了解决市场经济发展过程中出现的垄断与竞争、公平与效率、个体营利性和社会公益性的矛盾，防止市场失灵，以弥补传统法特别是传统私法的调整不足才应运而生的；它是根据经济规律来进行整体协调，以解决各种矛盾，保障社会经济良性运行和协调发展的法。基于这一认识基础，以及与相邻部门法的比较，可以从不同的角度和不同的层面概括经济法的特征。

经济法同传统部门法相比，具有突出的现代性（其中包括政策性和社会性等），是典型的现代法；同基础性的部门法相比，具有高级性或高层次性（这也与现代性有关），是典型的高级法；同更侧重于保护私人利益或国家利益的部门法相比，在法益保护上更具有社会性；同所有的部门法相比，具有突出的经济性和规制性。

经济法的各类不同特征，具有一定的层级性和关联性。其中，经济性和规制性的特征，是经济法区别于所有部门法的根本特征，因而更具有基本特征的地位；同时，经济法作为与传统部门法不同的现代法，更具有现代性；现代性，决定其具有社会性和高层次性。由于社会法等现代法也具有社会性和高层次性，因而这些特征并不是经济法所独有的、能够同其他所有部门法相区别的特征。

基于各类特征不同层级的重要性，下面将简要分析经济性和规制性这两个基本特征，以及现代性特征。

（一）经济法的经济性

从经济法的作用领域、调整对象、调整目的、调整手段等诸多方面来看，经济法具有突出的经济性，即经济法的调整具有降低社会成本，增进总体收益，从而使主体行为及其结果更为"经济"的特性。经济法的经济性至少体现在以下几个方面：

1. 经济法作用于市场经济，直接调整特定的经济关系；调整的目标是节约交易成本，提高市场运行的效率。这与"经济"一词所包含的"节约"含义是一致的，同时，也是经济法的本质、宗旨、作用的体现。从这个意义上说，经济法就是使经济活动在总体上更加"经济"的法。

2. 经济法要反映经济规律。经济法要保障经济活动更加"经济"，提高总体福利，必须遵循和体现相关的经济规律，包括价值规律、竞争规律、投入产出规律等。经济法只有充分尊重和体现经济规律，才能引导市场主体依法从事经济合理的行为，实现综合效益和宏观经济的目标，以及自身的调整目标。

3. 经济法是经济政策的法律化。经济政策是经济立法的前提，经济法是经济政策的法律化。经济政策与经济法内在的密切联系及其重要影响，也是经济法不同于其他部门法的一个重要特征。

4. 经济法运用的是法律化的经济手段。与传统的民事、刑事或行政手段不同，经济法的调整手段是法律化的经济手段，包括法律化的宏观调控手段和市场规制手段。这些手段能够引导人们趋利避害，从而实现经济法所追求的效益目标。

5. 经济法追求的是总体上的经济效益。经济法的调整以总体上的经济效益的提高为直接目标，同时，也以社会利益等其他利益的综合保护为间接目标。经济法的调整不仅要降低私人成本，更要降低社会成本，从而在总体上实现效益的最大化。因此从这个角度而言经济法又被称为效益法。

上述经济法的调整所体现出的经济性，应当贯穿于经济法的宗旨、原则以及各类具体规范；各类经济法制度的制定和实施，亦应体现出经济性。

（二）经济法的规制性

规制（Regulation）包含了政府对市场主体进行规范和制约的含义，Regulation译为"规制"，比译为"管制"更符合英文原义。在日本经济学家金泽良雄看来，规制相当于广义的"国家干预"。这种"干预"涉及消极的（权利限制）和积极的（促进保护）两个方面[1]。

---

〔1〕〔日〕金泽良雄：《经济法概论》，满达人译，中国法制出版社2005年版，第45页。

经济法的规制性，是指在调整的目标和手段方面，具有把积极的鼓励、促进与消极的限制、禁止相结合的特性，是一种高层次的综合路径，并非仅是狭义上的"管制"，较之"规制经济学"上的狭义理解还有激励、保障意蕴。

如同经济性特征一样，规制性特征在宏观调控法和市场规制法方面体现得都极为明显。由于调控本身也是一种规制，因此，不仅市场规制法具有突出的规制性，而且宏观调控法在法律化的经济手段的运用方面，也有着非常突出的规制性。由此也可以看出宏观调控法与市场规制法之间的内在联系。

（三）经济法的现代性

经济法同各类传统部门法相比，具有突出的现代性，主要体现为在精神追求上的现代性，在背景依赖上的现代性，以及在制度建构上的现代性三个方面。

1. 经济法在精神追求上的现代性。从历史上看，人类社会只是发展到现代市场经济阶段，才在经济上取得了"加速"的发展。伴随着经济和社会领域的巨大变迁，新兴的经济法与传统部门法在精神追求方面的差异日显，尤其体现在经济法的价值取向或宗旨等方面。在现代社会，经济领域里的突出矛盾是个体营利性和社会公益性的矛盾，以及由此带来的效率与公平的矛盾。只有协调矛盾的两个方面，即一方面保护个体的营利活动，提高市场在配置资源方面的效率，另一方面保护社会公共利益，强调社会分配方面的公平，才可能促进经济的稳定增长，保障基本人权和社会稳定，从而实现经济与社会的良性运行和协调发展。

上述各类矛盾的协调和解决，是经济法所追求的目标，由此使经济法既不同于更侧重于保护私人利益的传统私法，也不同于更侧重于保护国家利益的传统公法，它更追求一种从资源配置到财富分配，从调整手段到调整目标的"和谐"或称"协调"，这种追求是经济法的一种基本理念，是经济法不同于传统部门法的一种基本精神。

经济法的上述精神，归因于时代精神的改变，根源于人类经济生活和社会生活的实际需要。从个人本位向社会本位的价值取向转变，是时代精神变易的重要体现，它自然也会影响相关法律的产生和发展，以及法律精神的变迁。在法益保护方面，经济法不同于各类传统部门法的特点是：它在侧重于保护社会公共利益的同时，也能兼顾对国家利益和私人利益的保护。因此，经济法的法益保护往往具有双重性或多重性，这在经济法的各个部门法上都是如此。

值得注意的是，现代经济法的基本理念的形成，不可避免地要受到各类理论，特别是经济学理论的影响。而在经济学理论中，宏观经济学、福利经济学、制度经济学、信息经济学等，以及更为具体的产权理论、博弈论、公共选择理论、产业组织理论等，都对经济法精神的形成有着重要的影响。

上述有关现代市场经济的理论或理念，主要形成于凯恩斯主义产生以后，它与解决市场失灵问题相关联。很多影响经济法制度形成的理念，都滥觞于凯恩斯理论产生以后的一段时期，从而使体现新理念的经济法更具现代性的特征。

2. 经济法在背景依赖上的现代性。各个部门法的产生和发展，都离不开特定国家的特殊背景。就经济法而言，它之所以产生于传统部门法之后，就是因其特殊的理念和价值追求，使之只能产生于特定的时空背景之下，而不是与传统部门法一起产生。也就是说，经济法的产生和发展，从发生学的角度说，同样要依赖特定的背景。

经济法产生和发展的背景，主要体现为经济法赖以产生和发展的经济基础和社会基础。由于基础不同，因而其基本理念、精神、目标等，也就不可能与传统部门法完全一致。虽然单纯规范意义上的经济法也许在古代社会即已存在，但从较为广泛的领域来看，作为部门法意义上的经济法，则产生于国家对市场经济进行积极的调控与规制以后，尤其是产生于 20 世纪 30 年代的大萧条和第二次世界大战以后。之所以作出这样的判断，是因为经济法有其独特的精神追求或称价值取向。

经济法产生和发展的经济基础和社会基础，不是传统的近代市场经济或近代市民社会，而是现代市场经济和现代多元社会。恰恰是在这个超越了近代社会的特定时期，出现了一系列重要的经济现象和经济问题，并且，它们是靠传统部门法理论和规范不能有效地予以解释和解决的。正是这些问题，促成了经济法的产生和发展。

从总体上看，经济法的产生，其重要前提是市场经济的充分发展，以及需由新兴部门法加以解决的市场失灵等问题的存在。如果市场机制在各个方面都能够有效地发挥其作用，能够完全实现其自发的调节，则经济法就无需产生。可以说，市场经济的充分发育，特别是自由竞争导致的垄断的普遍出现，私人成本外在化所导致的外部性问题的突出，因消费的非排他性和不可分割性所导致的市场供给公共物品的不可能性，以及信息的不对称、分配的不公平、币值的不稳定等问题的普遍存在，是经济法得以产生的重要经济基础。

与上述的经济基础相对应，从社会的角度看，在现代社会，社会分工的细化，社会的多元化和抽象化，社会成员之间的"互赖与互动"的强化，以及由此而导致的社会公益保护的虚化，使得市场无法提供的公共物品受到重视，导致权利保护从个人本位向社会本位转变，公共利益越来越被强调，同时，也促进了在传统的政治国家与市民社会之间的"社会中间层"的迅速发展，这些都为经济法的产生和发展提供了重要的社会基础。

上述的经济基础和社会基础，是经济法赖以产生的重要背景，而这一背景与传统部门法的产生背景是不同的。

3. 经济法在制度建构上的现代性。在制度层面上，无论是制度形成、制度构成，还是制度运行，经济法都具有现代性。这是应当特别重视的重要问题。

（1）制度形成上的现代性。经济法制度的形成，与经济政策的联系十分密切，具有很强的"政策性"，这是以往的传统部门法所没有的。由于现代社会是一个分工复杂，变化多端的社会，从而对经济运行效率有更高的要求，而法律本身却有相对的滞后性，因此，能够灵活地及时应对各种复杂问题的经济政策，便得到了广泛的重视和运用。

充分重视和广泛运用经济政策，是现代国家的普遍特点。经济政策作为整个公共政策的重要组成部分，在当代各国都发挥着非常重要的作用。在片面强调"法治"的情况下，经济政策的重要作用，以及经济政策对经济法的重要影响，往往容易被忽视。事实上，在现代社会，体现现代国家职能的多种政策或政策组合，如经济政策、社会政策等，影响都非常巨大。特别是经济政策中的财政-货币政策、产业-外贸政策、竞争-消费者政策等，以及社会政策中的环境政策、人口政策、社会保障政策等，都引人瞩目。由于许多"现代问题"以往并不突出，因而传统部门法并不以其为规制对象，这使得那些具有"补漏"价值的政策的影响越来越强。

（2）制度构成上的现代性。现代社会的重要特征是强调程序与效率，为此，在制度的构成上，就必须体现程序价值和效率理念，由此使现代经济法制度具有了突出的"自足性"。经济法制度的自足性，表现为在经济法的制度构成中，既有实体法制度，又有程序法制度，从而在制度供给或运作上是自给自足的。这与传统的刑法、民法、行政法等在实体制度之外再单独构筑一套程序制度是有所不同的。

从制度构成上看，经济法不仅包含了大量的实体法规范，而且还包含越来越多的程序法规范。这当然是经济法所要解决的日益复杂的现代问题对程序性的要求，同时也是对效率价值的追求。

产生于现代市场经济基础上的经济法，直接对应的是一个"综合的时代"。要解决复杂的现代经济问题，不仅需要各类经济政策的综合运用，而且也需要各类经济法制度的综合运用。因此，从解决复杂的现实问题的角度，以及从确保制度运作的公平与效率的角度，经济法从一开始就把实体法规范与程序法规范融合于一体。

（3）制度运行上的现代性。在经济法制度的运行方面，随着执法机关权力的膨胀，以及经济法制度构成上的自足性的突出，使那些具有调制职能的执法机关成了经济法的主要执法主体。正因如此，经济法的制度运作主要是体现在行政领域，而不是司法领域，因而经济法领域的纠纷有许多并不是在司法机关解决的，这与传统的刑法、民商法、行政法方面的案件大量由司法机关来审理是有很大不同的。这也是经济法与传统部门法有所不同的现代性的体现。

现代国家所制定的法律是非常大量的，其中已有许多由法院以外的主体来执行；并且，就经济法等现代法而言，把大量问题解决于诉讼之外，更是应追求的目标。经济法的执行主要体现为政府所进行的积极的宏观调控和市场规制，而不是消极的司法审判。因此，对经济法的可诉性问题也要有客观的理解。

应当看到，随着现代经济与社会的发展，整个法律制度已从过去的侧重于"秩序性法律"向重视"调控规制性法律"发展，而经济法等现代法正是现代国家"调控规制性法律"的主要表现形式。因此，经济法的发展无疑对整个法律体系的发展产生重要影响。

（四）经济法的社会性

经济法是社会本位法。现代市场经济是一种兼具国家因素的市场经济体制，经济法调整的领域既然与国家介入社会经济生活密切相关，每一个经济法主体都必须以发展社会生产力、提高社会整体的经济效益为宗旨。社会公共利益是经济法关注的中心。因此，经济法强调权力（权利）与义务的相互统一。政府行政部门不得以过度的行政权力干涉生产力发展，破坏经济秩序。市场主体也不得片面追求个体利益，而置社会利益于不顾。政府公权力与个体私权利之间应当保持分界，前者法无授权不可为，后者法无禁止皆可为。公权力干预市场时，应当以社会公共利益为指导，由此实现对政府公权力的约束与限制。在法益保护上，突破传统公法与私法对国家利益、个人利益的视野，关注和保障公共利益。

训练项目一：关于经济法概念与调整对象的案例分析

【训练目的与要求】

通过训练，理解并掌握经济法的概念与调整对象，认识并理解经济法的本质为国家干预经济之法。

【实例训练】

案例： 安徽省市场监管局依法查处 A 公司等 9 家瓶装液化气经营者达成并实施垄断协议案

2024 年 8 月 29 日，安徽省市场监管局依法对 A 公司等 9 家瓶装液化气经营者达成并实施垄断协议案作出行政处罚决定，责令当事人停止违法行为，并处罚款合计 75.08 万元。

安徽省市场监管局根据线索，经前期核查，于 2021 年 9 月对 A 公司等瓶装液化气经营者涉嫌垄断协议行为立案调查。经查，A 公司等瓶装液化气站属于具有竞争关系的经营者。2018 年 9 月 15 日，A 公司等瓶装液化气站负责人经过协商，按照各液化气站当时在该县所占的市场份额，确定各站认缴股份比例（即销售利润分配比例），共同入股联合经营 B 公司，销售利润由 B 公司按月统一汇总并按约定的比例进行分配，达成划分销售利润的垄断协议，并于 2019 年底至 2021 年 8 月实施了该垄断协议。上述行为违反了 2022 年修正前的《中华人民共和国反垄断法》（简称《反垄断法》）第 13 条的规定。

问题：

1. 结合案例，运用经济法理论论证政府干预市场的必要性。

2. 结合案例，阐明何为经济法？

3. 结合案例，分析经济法的调整对象。

核心提示： 瓶装液化气作为生活能源，与居民日常生活密切相关。涉案企业分割销售市场的行为，阻碍了市场价格机制正常发挥作用，排除、限制了市场竞争，损害了消费者利益。市场监管局依法查处案件，及时纠正违法行为，恢复公平竞争的市场秩序，有效遏制市场乱象，推动区域内民用瓶装液化气价格趋于稳定合理，切实维护了消费者利益和社会公共利益。本案属于典型的经济法范畴，调整对象体现为市场监管局与涉案企业之间因企业的垄断行为而产生的市场规制关系。

训练项目二：关于经济法产生与特征的案例分析

【训练目的与要求】

通过训练，理解并掌握经济法产生的原因，认识其社会本位等实质特性，能够运用经济法基本原理分析解决经济法实际问题与案例。

【实例训练】

案例1： 1995年美国网景公司通过推出可在多个不同的操作系统上运行的导航者（Navigator）浏览器而迅速崛起。微软公司为争夺互联网客户平台的控制权，开发了Internet Explorer（简称IE）浏览器，并在为电脑制造商预装Windows操作系统时，通过排他性合同捆绑IE浏览器。在微软的强大攻势下，网景公司的市场份额急剧降低。1996年网景公司向美国司法部投诉微软。1998年5月，美国司法部、20个独立州和哥伦比亚特区一纸诉状将微软公司告上法庭，声称微软公司对个人电脑操作系统市场进行垄断，在很多方面违反了《谢尔曼法》第1条和第2条。1999年11月，托马斯·杰克逊法官公布了"事实认定书"，认定微软公司在个人电脑操作系统领域利用垄断地位打击竞争对手、损害消费者的利益。

2000年4月，哥伦比亚地区法院作出初审判决。对于浏览器和操作系统的捆绑及协议是否违反《谢尔曼法》第1条，法院认为并没有足够的证据证明存在排他性。但法院认为微软公司违反了《谢尔曼法》第2条，其垄断行为主要有：①通过反竞争行为维持操作系统市场垄断；②将其浏览器与操作系统捆绑试图垄断浏览器市场。另外就是纠正措施，杰克逊法官接受原告提议，限制微软公司使用排他性的合同以及其对个人电脑操作系统的控制行为。具体包括：法院要求微软公司停止在Windows 95的销售中捆绑销售IE浏览器；微软公司将被拆分成两部分，一部分专营电脑操作系统，另一部分则专营Office系列应用软件、IE浏览器等其他软件，并且10年之内两部分不能合并。微软公司不服上述判决并上诉至哥伦比亚特区巡回上诉法院。

微软公司的上诉案件由哥伦比亚特区巡回上诉法院中符合条件的法官共同审理。2001年6月，上诉法院作出了双方均可接受的裁决：从微软公司的角度上，上诉法院否认了微软试图垄断浏览器市场的意见，撤销了拆分微软的判决并将该案发回下级法院，对纠正方案重新审理；从原告角度上，上诉法院支持了其对微软公司维持垄断的指控，也认定微软采取了一系列排他性和掠夺性行为。该案被发回重审后，地区法院科林·科特莉法官开始负责主持本案。2002年11月1日，科特莉法官宣布有条件地批准了微软公司与司法部和9个州达成的反垄断和解协议。2002年11月12日，正式作出确定判决（Final Judgment）。科特莉法官也同时驳回了另外10个州和哥伦比亚特区针对微软的更严厉的补救措施的请求。

根据批准的和解协议，计算机厂商和用户可以在桌面上隐去一些微软公司的标志图标，使用微软公司竞争对手的软件。协议还禁止微软公司对使用竞争对手软件的计算机厂商进行报复，同时也禁止微软公司与计算机厂商签署专门支持某些微软公司软件的协议。尽管仍然可以根据许可数量打折，但微软公司必须以统一的协议向计算机厂商许可Windows。向其他软件开发商开放部分内核技术，使微软的竞争者也能在视窗操作系统上编写应用程序。这就给了计算机厂商更大的自由。科特莉法官认为这个协议符合民众的利益。制裁措施将持续至少5年，并有可能会延长两年的期限，以削弱微软的垄断地位，增加行业竞争性。不过，科特莉法官也提出了一些修改意见，比如要求微软向竞争对手公开敏感技术的时间进一步提前；取消原来和解协议中要求建立技术委员会来评估微软是否履行协议的做法，改为成立一个包括微软董事会成员在内的由3个人组成的委员会，来负责监督微软执行协议的情况，并定期向司法部进行汇报。

2004年6月，联邦上诉法院全体一致地批准了司法部和多数州与微软达成的和解协议，同时驳回了马萨诸塞州有关对微软的制裁措施不适当的上诉。由此给这场"世纪垄断案"按下暂停键，并确立了标杆性的司法裁判原则。

然而微软的垄断诉讼并未完结。此后几年在美国反垄断私人（竞争者和消费者）诉讼不断发生，这些私人原告在诉讼中可以使用联邦政府与微软公司反垄断案中发现的证据，即可以以杰克逊法官的事实认定为基础，这对微软来说显然是不利的，它为此支付了大笔的赔偿金。

欧盟对微软的调查始于1998年12月。欧盟委员会于2004年3月24日裁定，微软公司滥用其在操作系统软件领域的垄断地位，将自己的媒体播放器和视窗操作系统捆绑销售，妨碍了正常竞争。因此，委员会决定对微软处以4.97亿欧元（相当于6.13亿美元）的罚款。此外，欧盟还要求微软采取两项改正措施：一是要求微软在120天内向竞争对手公开更多的软件代码；二是要求微软在90天内向电脑制造商提供不带自身媒体播放器的"视窗"操作系统版本，并将指定一位代理人监督这两项措施的落实。虽然微软提出了上诉，但是2004年12月22日，欧洲初审法院（European Court of First Instance）作出裁决，判定微软应立即接受欧盟对其作出的反垄断惩罚措施，驳回其要求暂缓执行这项惩罚措施的上诉请求。2008年2月27日，欧盟委员会对微软公司开出8.99亿欧元（约合13.5亿美元）的罚单，理由是微软公司拒不遵守欧盟反垄断决定。

韩国公平贸易委员会（简称KFTC）根据举报对微软在韩国的行为进行了调查。2005年，KFTC判定对微软处以3543万美元的罚款，并在操作系统中取消对MSN即时通信软件的捆绑，微软对此提出上诉。2006年5月，KFTC驳回其上诉，微软则向韩国高等法院提出上诉。2007年10月，微软撤回上诉，最终接受3543万美元的罚款，并在视窗系列操作系统中解除对MSN即时通信软件的捆绑。

2004年7月，微软受到日本公正交易委员会的指控。2008年9月16日，日本公正交易委员会发布裁决，认定微软的行为违反了日本禁止垄断法并采取了相应的救济措施。

2013年6月，根据企业举报反映的信息，原国家工商总局对微软公司涉嫌违反中国《反垄断法》的情况进行了核查。其间，先后约谈了微软公司和相关企业，微软公司就原国家工商总局关注的问题提交了报告。由于经过前期核查不能消除微软公司上述行为具有反竞争性的嫌疑，根据法律规定，原国家工商总局在2014年7月对微软公司涉嫌垄断行为立案调查。2014年7月28日，根据《反垄断法》的规定，原国家工商总局专案组对微软公司在中国的四个经营场所，即微软（中国）有限公司以及上海、广州、成都的分公司同时进行突击检查。

问题：

1. 结合案例，分析经济法产生的原因。

2. 结合案例，阐明政府干预市场经济的缘由。

3. 由案例说明反垄断法（经济法）的发展演进及其现代性。

核心提示： 微软案是美国反垄断法发展过程中一个比较典型的案例，一方面说明在现代市场经济条件下包括倡导经济自由的西方政府并未对私人经济活动放任不管，另一方面也说明政府规制市场秩序的法律——反垄断法本身也在不断发展演变，这一变化突出体现在微软最终逃脱了被一分为二或者一分为三的解体命运。在一定程度上，这种变化体现了经济法的现代性。

案例2： 2019年，吉林"私搭浮桥"事件在网上引发热议，似乎成了一个现实版的"罗生门"。有人说私搭浮桥便利村民出行，也有人说这是强制收取"过桥费"扰乱社会秩序。有人说搭桥者故意挖低河床迫使村民不得不交费过桥，也有人说搭桥者耗费大量成本，收点过桥费理所应当。有人说18名搭桥者被集体判刑是罪有应得，也有人说未免量刑过重。一时间众说纷纭，究竟孰是孰非短期内也很难有一个定论。2023年12月25日，吉林省白城市中级人民法院对黄某甲等18人寻衅滋事再审一案进行公开宣判，依法维持对黄某甲、何某甲的定罪量刑；对黄某乙、黄某丙、黄某丁、黄某戊、刘某甲免予刑事处罚；宣告黄某己、黄某庚、黄某辛、刘某乙、何某乙、佐某某、武某某、龙某、刘某丙、李某、边某某无罪。作为刑事案件，似乎已经尘埃落定。但是，"私搭浮桥"的背后折射出的公共物品的供给困境却引人深思。

问题：

1. 结合案例，分析私人可否成为公共物品的提供者？

2. 结合案例，分析提供公共物品的私人可否收费？如何保证其收费行为的正当性与合法性？

3. 结合案例，从经济法产生原理分析"私搭浮桥案"中的政府责任。

4. 结合案例，探讨化解公共物品供给困境的对策。

核心提示： 每个人在生活中都无法回避公共物品而独立生存，医疗、教育、卫生、道路等等与我们生活息息相关的事物本质上都是公共物品。即具有非排他性和非竞争性的物品均是公共物品。简而言之，非排他性意味着无论该物品是由何人提供的，都不能将社会中的任何一个人排除在该物品的使用范围内。非竞争性意味着无论再增加多少人对该物品的使用，都不会增加提供该物品的成本。

在政府、市场主体、非营利组织与公民这四种社会主体中，公民个体的力量最为薄弱，其所能调动的资源往往是有限且稀少的。因为公共物品的受益者往往是广大的社会群体，单独依靠一个部门来提供，成本太大、受众太多、风险太高，因此理论上而言以上所有主体都具有提供公共物品的资格。

浮桥的本质与高速路是一样的，都是具有高度排他性和低度竞争性的公共物品。建桥者为此付出了建造成本，而且也在成本后期承担了浮桥的维护成本，搭桥者通过收费的方式，才能够弥补他为此而付出的金钱、时间、劳力等成本，其他人也才能够更好地享受该公共物品的带来的便利。提供公共物品，需要明确提供的主体、成本分摊的方法、后期管理模式等问题，从而保障提供公共物品的有效性。

学习单元二　经济法的地位与体系

单元知识体系导图

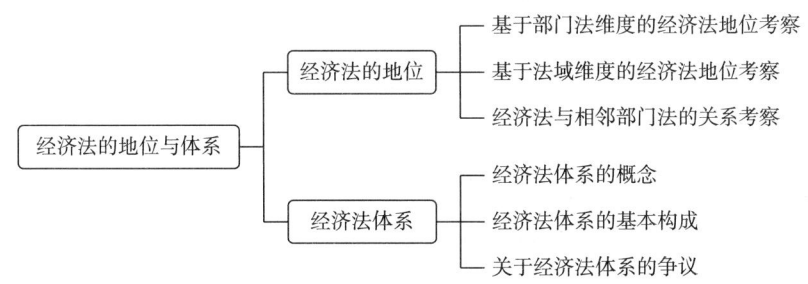

学习内容 1　经济法的地位

经济法的地位是指经济法在整个法律体系中有无自己的位置，以及具体位阶如何的问题。在经济法理论的发展历史上，是否承认经济法的独立地位，是否承认经济法是一个独立的法律部门，曾被作为划分经济法理论流派的一个重要标准，所谓经济法的肯定说和否定说，也主要是由此而产生的。

经济法地位的探讨可以从不同的维度展开，如法律部门或称部门法的维度，调整对象、法律体系、法律价值等从多重视角进行。下面就选取几个重要的维度，来说明经济法的地位问题。

一、基于部门法维度的经济法地位考察

从部门法理论的角度来看，经济法是否能够成为一个独立的法律部门，直接关系到它在法律体系中是否有独立的地位，关系到其存在的合理性、合法性等问题；而要论证经济法是一个独立的法律部门，以便说明其独立地位，就必须说明经济法有自己独特的调整对象。因为只有存在自己独立的调整对象，只有存在调整性质相同的社会关系的那些法律规范，才能够构成一个独立的部门法。

正是在上述思路的影响下，经济法学界乃至整个法学界才非常关注经济法调整对象的研究，并根据对经济法是否存在独立的调整对象的认识，提出了经济法的肯定说和否定说。由于经济法是新生事物，学界尚对其缺少深入研究，因而最初往往会有各个领域的法学家参与有关经济法问题的探讨。诸如德国的拉德布鲁赫、日本的美浓部达吉等著名学者，都加入了有关经济法问题的探讨，并提出了各自的真知灼见。在我国，许多在今天看来属于经济法学领域以外的著名学者，当年也都参加了相关问题的讨论，他们从不同视角提出的问题甚至诘问，对经济法学的全面发展大有裨益。

随着人们认识的逐渐深入，特别是随着市场经济的理念和相关法律知识的引入，我国学者对经济法调整对象的认识也日益清晰，并认为经济法不仅有自己独立的调整对象，而且主要是调整宏观调控关系和市场规制关系。在明确界定了调整对象的情况下，按照传统的部门法理论，经济法当然可以成为一个独立的法律部门，在整个法律体系中当然可以有自己独立的地位，并且是整个法律系统中日益重要的一个子系统。

上述认识，不仅已被经济法学界所认同，而且即使非经济法学领域的重要学者也逐渐承认了经济法的独立部门法地位。法学界的上述共识，加之经济法在现实经济和社会生活中所发挥的重要作用，相关国家机关的认识也逐渐清晰。例如，《第九届全国人民代表大会第四次会议关于全国人民代表大会常务委员会工作报告的决议》正式明确经济法是我国法律体系中的七个部门法之一。自此经济法在整个法律体系中的地位得到了国家立法机关等官方的全面肯定，经济法的独立地位成为一个无需争论或毋庸置疑的问题。

二、基于法域维度的经济法地位考察

从法域理论来看，整个法律体系由公法和私法两大法域构成，这是对法律的一个基础性的划分。正是基于两大法域的不同，才产生了不同的公法原理和私法原理，才产生了繁盛的公法研究和私法研究。

在传统的公法和私法这两大法域的基础上，有的学者提出了所谓的"公法的私法化"和"私法的公法化"的命题，进而得出了"第三法域"——社会法的结论。但对于社会法究竟是隐含于公法内部，还是公法与私法的交集，抑或是独立于两大法域之外，学者尚有不同的看法。

在把社会法理解为法域而不是部门法的情况下，社会法往往被认为是一个包罗甚广的领域，它既可以包含经济法、劳动法、环境法等部门，也可以包含部门法意义上的社会法，因而是一个跨越诸多新兴部门法的法域。这种认识应当说是具有一定的解释力的，在一定程度上回应了社会本位、社会公益、社会责任等理念或观念的发展，但其中仍然有许多问题值得深入思考和研究。

概括而言，"社会法"一词至少会在两个层面上被使用，一个是部门法层面，一个是法域层面。从部门法层面看，社会法作为一个部门法，与经济法是并列的关系，两者互不包含，也不应存在交叉重叠，而都应当是法律体系中的重要组成部分。只是在把社会法视为一个包含了诸多部门法的法域的情况下，才会产生经济法是否属于社会法的问题。

从法域层面来看，学者的认识并不一致。例如，有人认为，经济法作为一个部门法，既不属于公法，也不属于私法，而是属于独立的社会法法域。也有人认为，社会法法域是公法法域与私法法域的交集，因而经济法是公法与私法的混合法。此外，还有人认为，社会法法域与公法法域、私法法域并非处于同一个层面，而是位于传统的两大法域之上的一个层次，社会法法域内的各类法都是一种高层次的法。还有观点认为，传统的公法与私法的二元划分尚未完全过时，处于社会法领域中的经济法具有更为突出的公法特征，因而仍然可以把它归入公法之中。

无论把经济法放入争论中的社会法法域，还是将其放入经过拓展的公法法域，学界都认为经济法在上述法域中有其独立的地位，而且都不将其归入私法的法域。

三、经济法与相邻部门法的关系考察

经济法与其相邻近部门法之间的关系揭示的是经济法的外部关系。由于只有在法律体系中具有独立地位的部门法，才可能同其他相关部门法之间既存在一定的区别，又发生一定的关联，从而使整个法律体系自成系统，因而学者普遍认为：通过说明经济法与其他部门法之间的相邻关系，就可以揭示经济法的价值和独立地位。

在经济法与其他部门法的关系方面，较为引人注目的是经济法同宪法、民商法、行政法、社会法的关系。此外，经济法同诉讼法、刑法等部门法的关系，在某些方面也颇受关注。这反映了各个部门法的分工及其职能方面的差异。

（一）经济法与宪法的关系

从总体上说，两者之间是普通法与根本法的关系。宪法中的相关规范，是经济法规范确立的基础；经济法规范，是宪法规范的具体化。事实上，现代宪法已经有了很强的"经济性"，从一定的意义上说，一部现代宪法同时也是一部经济宪法，从经济体制到产权制度，从经济主体到经济权利，从经济管理权限到经济利益分配等等，都离不开宪法的照护，同时具体地体现在经济法规范之中。

此外，宪法作为一部分权法，不仅要在国家与国民之间分权，而且要在相关国家机关之间分权，而这些分权的规定对经济法调控与监管主体制度的影响极为突出，由此形成了经济法上的各类体制法，如财政体制法、税收体制法、金融体制法、计划体制法，等等。因此，从制度形成上说，宪法为经济法提供了重要基础；经济法的各类制度，是对宪法规定的具体化。

（二）经济法与民商法的关系

在过去很长的一段历史时期，经济法与民法的关系曾经备受关注。随着公共部门与私人部门、公共经济与私人经济等二元结构的日益明晰，经济法与公共经济、公共部门的对应关系，以及民法与私人经济、私人部门的对应关系，也日渐清晰。由此使得两大部门法的区别更加明朗。它们在法律调整上具有互补性，二者的有效配合，能够更好地保障公共物品和私人物品的供给，共同实现对各类复杂的社会经济关系的法律调整。

民法是典型的私法，而经济法在性质上不属于私法，两者在调整对象以及由此衍生出的各类区别要素较为明显。但是，商法作为民法的补充和发展，与经济法的关系如何，则还存在一些不同的看法。尽管对于商法能否独立存在，在民法学界和经济法学界都有不同的看法，但仍然有一些学者认为商法可以独立存在，并由此认为经济法与商法的联系非常密切，甚至存在相互包含或交叉的关系。

其实，即使在承认商法的情况下，也应看到，经济法与商法的区别是较为明显的，例如：一是，经济法属于社会法，而商法属于私法，是民法的特别法，两者在宗旨、保护法益、主体地位等方面都有所不同。二是，在调整对象方面，经济法调整政府干预市场关系，而商法调整商事关系，它一般被看作是关于商人和商行为的法，两者在法域、功能等方面各不相同。从总体上说，从民法到商法再到经济法的发展，大体上是从任意法到强行法、从私法到公法的发展路径，从中不难发现它们之间的联系和区别。

（三）经济法与行政法的关系

经济法与行政法的关系，也曾引起过学界的广泛关注。从区别的角度来看，两者的不同主要有：一是，调整对象不同。行政法调整行政关系，即在行政主体行使行政职能和接受监督的过程中发生的各种关系，主要是行政管理关系；经济法主要调整特定的经济关系，即宏观调控关系和市场规制关系，它们是在国家行使经济和社会职能过程中发生的社会关系。二是，宗旨、手段不同。行政法主要解决行政领域的问题，特别是政府失灵的问题，因而要规范和控制行政权，确保依法行政，保护人权；经济法则主要解决经济运行中存在的问题，特别是市场失灵的问题，因而要运用间接的调制等干预手段，协调矛盾。

经济法与行政法之间的密切联系是较为显见的，因为经济法的执法主体，甚至某些情况下的立法主体，在形式上主要是行政机关；同时，经济法和行政法所调整的社会关系，又都主要侧重于所谓"纵向关系"，由此就产生了行政法是否包含经济法，或者二者是否存在同一性的疑问。由于行政法的研究相对较早，国内外的相关法制实践也有了一定的规模，因而有人会认为经济法不过是行政法的一部分，并有人提出了经济法就是经济行政法的观点。这种观点只是看到了经济法与行政法的密切联系，但没有看到它们的上述重要区别。

其实，行政机关作为执行机关，要执行多种类型的法，行政法只是其中的一种。因此，并非行政机关执行的法就都是行政法。随着国家经济、社会职能的日渐重要，经济法、社会法也需要由行政机关作为主要的执行主体，因此，很难将行政机关执行的经济法、社会法等也都一同归入行政法之列。

（四）经济法与社会法的关系

经济法和社会法都属于现代法，都具有突出的现代性，并由此都具有一定的政策性、社会性，二者在基本理念、制度构建，以及产生的经济基础和社会基础等基本方面都存在着较多的一致性，从而体现出密切的联系。尽管如此，二者的区别也比较明显。经济法与社会法作为两个独立的部门法，其调整对象不同，所要解决的问题也不同。经济法主要侧重于解决经济运行过程中产生的经济问题；社会法则更侧重于解决社会运行过程中产生的社会问题，只不过这些社会问题与经济问题直接相关。同时，经济法和社会法虽然都具有一定的政策性，但经济法与经济政策联系更密切，因而经济性的特征更突出；社会法与社会政策的联系更密切，因而社会性更突出。虽然经济法在某些方面也具有一定的社会性，但相对于经济性而言，这一特征并不突出。

（五）经济法与诉讼法的关系

经济法与各类程序法，特别是与诉讼法的关系较为密切。有关经济法上的权利救济或纠纷解决等问题，如何通过诉讼的途径来解决，也自然会凸显其重要性。如何在经济法制度中解决"可诉性"问题，如何确保相关经济法主体实体权利的实现，是在经济法实体制度有了一定的发展之后，要着力研究和解决的问题。

（六）经济法与刑法的关系

一方面，刑法与各个部门法在调整对象、调整手段方面都存在着明显的差异，同样，经济法与刑法的不同之处也较为明显。另一方面，二者的紧密关联性必须予以重视。经济法与刑法在保护社会公共利益、国家利益等公益方面，具有一致性；同时，在一些保护私权的原理上，刑法上有罪刑法定原则，经济法上有预算法定原则、税收法定原则等一系列法定原则，因而也具有一致性。另外，经济法上的各类违法行为，如税收违法行为、金融违法行为、竞争违法行为等，严重的都可能构成犯罪，因而经济法的规定还需要与刑法的规定相衔接。诸如此类的情况，都使得经济法与刑法的联系甚为密切。

事实上，社会关系是普遍地、紧密地联系的，以调整各类社会关系为己任的部门法，当然也会存在紧密的联系，从而形成经济法与各个部门法之间的密切关联；此外，由于各类社会关系毕竟不同，各个部门法的调整功能也不同。因此，各个部门法在调整对象、调整手段、调整目标等方面，必然又会有所不同，从而形成了经济法与各个部门法之间的差异。

从总体上说，经济法作为社会法中的一类规范的总称，与宪法、行政法、刑法等传统的公法规范在某些原理上存在着一致性。如对于"法定"的要求，对于基本权利的保护等。同时，经济法与私法规范也存在着一定的互补性，经济法的有效调整，在很大程度上要以私法调整所形成的私法秩序为前提和基础。

上述经济法与相关部门法的关系，主要体现的是经济法的外部关系，即经济法在法律体系内同经济法系统外部的其他各个部门法系统的关系。除此之外，还应当研究经济法系统内部的关系，即经济法的体系。由此引出下一学习内容。

学习内容2　经济法体系

一、经济法体系的概念

经济法体系，是经济法理论中的又一个重要问题。它同经济法的调整对象有着直接的内在联系，两者都是把握经济法理论的关键。对经济法体系的认识，可以折射出学界对经济法在总体上达成共识的程度。

所谓经济法体系，通常是指各类经济法规范所构成的和谐统一的整体。由于经济法体系是由不同类型的法律规范构成的，因而各种类型的经济法规范，便分别构成了经济法的一个部门法。因此，首先需要明确经济法的部门法有哪些，以及它们是如何组成一个和谐的整体的。为此，需要从经济法规范的分类开始研究，再研究经济法体系的内部结构。研究经济法规范的分类与结构问题，才能更好地把握经济法体系的构成，更好地研究经济法体系内部的各个组成部分之间的关系。

此外，经济法的体系，作为相关的经济法规范所构成的一个内在和谐统一的整体，可称为经济法系统。运用系统分析的方法，可以更好地认识经济法的体系，揭示经济法规范的类别及其所形成的特定结构。

二、经济法体系的基本构成

依据一般法理，一个部门法体系的构成主要取决于该部门法的调整对象，经济法体系的构成概莫能外。如前所述，在国家进行宏观调控和市场规制的干预过程中，形成了两类社会关系，即宏观调控关系和市场规制关系，这些社会关系是传统的部门法都不调整的，因而成为了新兴的经济法的调整对象。由此使经济法规范被分成了两类，一类是调整宏观调控关系的法律规范，一类是调整市场规制关系的法律规范。前者可以总称为宏观调控法，后者可以总称为市场规制法。

在把经济法规范分为宏观调控法和市场规制法的基础上，还可根据各类规范的具体调整范围，作出进一步的分类。例如，从宏观调控的角度来看，世界各国主要运用财税、金融、计划这三类经济政策以及相应的三类经济手段，来进行宏观调控，这些政策及其手段的法律化，就构成了调整宏观调控关系、规范宏观调控行为的法律规范，它们可以相应地进一步分为财税调控法规范、金融调控法规范、计划调控法律规范，从而构成了宏观调控法的三大类别。又如，从市场规制的角度来看，各国主要通过竞争政策和消费者政策来进行直接的市场规制，而这些政策的法律化，就构成了一国的竞争法和消费者保护法，并可以进一步分为反垄断法、反不正当竞争法、消费者权益保护法等法律规范，这与市场规制所保护的不同主体的不同法益以及所运用的不同手段是一致的，它们构成了市场规制法的三大类别。

从上述经济法规范的分类来看，既然经济法规范可以分为宏观调控法律规范和市场规制法律规范，则经济法体系首先可以分为宏观调控法和市场规制法这两大部分，由此便形成了一个重要的"二元结构"，这与经济法调整对象上的"二元结构"是相对应的。其次，上述的宏观调控法律规范和市场规制法律规范还可以作进一步的细分，由此形成了经济法体系中的各个部门法。其中，宏观调控法包括三个部门法，即财税调控法、金融调控法和计划调控法，分别简称财税法、金融法和计划法；市场规制法也包括三个部门法，即反垄断法、反不正当竞争法和消费者权益保护法。上述各个部门法都可以有具体的立法体现；各类具体的经济法规范，可能分散在经济法的各个部门法中。概括而言，经济法体系包括"财金计划调控法，两反一保规制法"。

依据部门法原理，对上述部门法还可以进一步细分。如财税法包括财政法与税法两个具体的部门法，其中，财政法包括财政体制法和财政收支法，具体包括预算法、国债法、政府采购法、转移支付法等；税法又包括税收体制法与税收征纳法，而税收征纳法又可以进一步分为税收征纳实体法（商品税法、所得税法和财产税法）与税收征纳程序法等。

三、关于经济法体系的争议

如同法律体系会随着时代的发展而发展一样，经济法体系也会随着社会经济的发展而发展，绝非一成不变。将经济法体系分为宏观调控法和市场规制法的"二分法"，是目前人们对于经济法规范作出的一个基本分类，将这两个部分作为经济法体系的最核心、最基本的部分，已成为经济法学界乃至整个法学界的"基本"共识。

从纵向的历史发展看，在"二分法"基础上，有学者认为应当再分出其他一种或一种以上类型的经济法规范，从而形成了关于经济法体系的"三分法""四分法"等"多分法"观点。对此，学界存有争议，有赞同者，也有反对者。其他类型主要涉及以下几个方面：

第一，市场主体法。有人认为市场主体法规范属于经济法规范，应当纳入经济法体系。但反对者认为，市场主体的资格实际上主要由民商法来确立，只要其符合经济法的要求，同样可以成为经济法上的主体。经济法的主体资格是通过宏观调控法、市场规制法来加以确定的。其中，宏观调控主体和市场规制主体的资格，是由宏观调控法或市场规制法中的组织法或称体制法来确立的；而受调控或规制的主体资格，除特殊情形下由宏观调控法或市场规制法加以确定外，一般可依民商法确立。因此，无需在宏观调控法和市场规制法之外，再设置一个单独的市场主体法。宏观调控法和市场规制法，对于经济法主体及其行为，都要加以规定和规范，其性质并非仅是"行为法"、还有"组织法"属性。

第二，市场运行法。曾经有人认为，市场运行法规范应当属于经济法规范，应当纳入经济法体系。但反对者认为，市场运行是一个大的概念，在市场运行中涉及市场交易、市场竞争等众多问题，从而涉及合同法、票据法等诸多民商法规范的适用。经济法的主要功用，是保障和规范宏观调控与市场规制，维持市场竞争的秩序，并确保公平、正当的市场秩序。对于一般的市场竞争，经济法无须特别规范，但对于不公平的和不正当的竞争，则需要经济法加以规范。因此，应当只把市场规制法而不是整个市场运行法都纳入经济法体系。

第三，社会保障法。有人认为，社会保障法规范同其他经济法规范密切相关，在市场经济条件下非常重要，因而应当将其纳入经济法体系。但反对者认为，虽然社会保障法规范与经济法规范密切相关，但因其有自身不同于经济法的宗旨和调整对象，随着社会保障法制度的建立和不断完善，其独立性日益突出。社会法的调整目标是着重解决社会运行中产生的社会问题，而经济法则是着重解决经济运行过程中产生的经济问题，故多数学者已经把社会保障法归入作为独立部门法的社会法。

第四，政府投资法。有人认为，涉及政府投资经营的规范在一定程度上体现了国家干预，因而应当将其纳入经济法体系。但反对者认为，政府投资，如果意在宏观调控，则应由宏观调控法来规范；如果是作为营利性活动出现，则同样要受市场规制法规范。更为重要的是，随着市场经济的进一步发展，政府应尽量避免"与民争利"，退出竞争性领域。特别是随着政府职能的转变，应限缩其直接投资的领域，集中力量致力于公共物品的供给，而这恰恰密切关涉到预算支出或具体的转移支付、政府采购等财政法问题。鉴此，将政府投资法作为一个与宏观调控法和市场规制法相并列的领域则似无必要。

此外，还有人认为，涉外经济法应当分立，尽管这种观点曾经有相当多的立法支持，但随着中国的入世，以及国民待遇的普遍实施，许多领域都废止了"内外有别"的两套制度，以更好地维护法治的统一，由此使涉外经济法的特殊性变得愈加模糊。据此，学界普遍认为没有必要把涉外经济法作为一个独立领域来与宏观调控法等相并列。

以上只是列举了几个方面的关于经济法体系归属的不同观点，对这些观点的不同态度，都会直接影响对经济法体系的具体结构的认识。尽管人们的认识尚存分歧，但对依据"二分法"所确立的宏观调控法和市场规制法这两大部分作为经济法体系的核心组成部分，殆无异议。由于经济法始终处于变化发展之中，经济法体系的开放性成为其应有之义。经济法"二元结构"体系的核心框架，也会发生变化甚至发生突破。

训练项目一：关于经济法地位的案例分析

【训练目的与要求】

通过训练，能够认识并区分经济法与民商法、行政法之间的差异。能够运用经济法地位的相关理论分析和解决经济法律实务问题。

【实例训练】

案例： 2023 年 3 月，新闻媒体曝光福建省龙岩市长汀县部分美容机构存在无从业资质、超经营范围宣传、销售过期药品等危害消费者合法权益问题。2023 年 3 月 7 日，该县人民检察院启动行政公益诉讼立案程序。经调查查明 8 家医疗美容机构存在从业人员无执业医师资格证明、上岗人员未办理健康证或健康证已过期、使用过期药品、虚假宣传、未向消费者提示医疗美容项目风险隐患等违法行为。

福建省龙岩市人民检察院（简称龙岩市院）在指导办案中认为，上述个案问题可能具有普遍性，于 2023 年 4 月 14 日决定在全市部署医疗美容行业公益诉讼专项监督行动，并建立大数据法律监督模型。该模型通过查询大众点评、美团、高德地图等 App 获取美容服务机构信息，与龙岩市市场监督管理局、卫生健康委员会注册登记信息进行分析比对筛查，从 4000 余家美容机构中筛查出 210 家医疗美容机构无营业执照、512 家无医疗机构执业许可证、12 家违规使用美容药品或医疗器械、15 家违法发布医疗广告。

2023 年 4 月至 6 月间，全市检察机关共摸排医疗美容行业案件线索 40 件，全部启动行政公益诉讼立案程序。

2023 年 9 月 12 日，根据《产品质量法》《医疗机构管理条例》《医疗美容服务管理办法》《医疗广告管理办法》相关法律法规规定，龙岩市院向龙岩市市场监督管理局、卫生健康委员会提出检察建议，建议相关部门依法履行医美安全监管职责，开展专项整治，建立多部门协作共管机制，凝聚医美安全监管合力。收到检察建议后，龙岩市市场监督管理局开展全面排查整治，全市共查处虚假宣传、假冒专利、违规使用医疗美容器械或化妆品等各类案件 150 件，责令限期改正 111 家、拆除医疗美容宣传广告 12 家，罚没金额 158 万余元，开展医疗美容安全普法宣传 616 次，签订承诺书 1350 余份；龙岩市卫生健康委员会部署开展美容机构专项治理，立案查处违法开展医疗美容相关案件 23 件，罚没金额 35

万余元。2023 年 12 月，为巩固治理效果，龙岩市院组织召开圆桌会议，出台《关于在医疗美容服务领域加强协作配合的实施意见》，建立健全线索移送、联席会议、定期开展专项活动等工作机制，凝聚多部门监管合力，有效保障消费者医疗美容服务安全需求。

检察机关通过个案研判，部署开展医疗美容行业专项监督活动，借智借力数字检察，建立大数据法律监督模型，同步开展"线上数据模型线索分析+线下联合整治"，从源头上整治医疗美容行业乱象。在办案中注重加强与相关行政部门的履职配合，建立健全医疗美容监管长效机制，充分保护消费者合法权益。

问题：

1. 结合案例，依据经济法原理分析本案的联合整治模式的可行性与合法性。

2. 结合案例，比较经济法与行政法的联系与区别。

3. 结合案例，探讨行政公益诉讼与经济法之间的关系。

核心提示：经济法具有经济性、规制性等特征。在本案中市场监管机关凝聚多部门监管合力，查处虚假宣传、假冒专利、违规使用医疗美容器械或化妆品等各类案件 150 件，具有典型的经济性和规制性特点，应归属于经济法范畴，而非行政法范畴。经济法的社会公共利益属性与公益诉讼具有极高的契合度，实践中对违反经济法行为提起的诉讼，很多属于"公益诉讼"。

训练项目二：关于经济法体系的案例分析

【训练目的与要求】

通过训练，能够了解和掌握经济法的体系结构，通过对实际经济法案例的理解与分析进一步理解经济法体系的主要理论知识。

【实例训练】

案例：2024 年初，山东省税务局稽查局根据精准分析线索，依法查处了山东 A 公司偷税案件。山东 A 公司通过将消费税应税产品变名为非应税产品销售、进行虚假申报等违法手段，少缴消费税等税费 1.54 亿元。税务稽查部门依法追缴该公司少缴税费，加收滞纳金并处罚款，共计 2.52 亿元。

问题：

1. 结合案例，分析山东 A 公司因偷税被处罚的法律依据是什么？并阐明理由。

2. 结合案例，分析税法为什么属于经济法的宏观调控法？试比较宏观调控法与市场规制法的联系与区别。

核心提示：税法作为宏观调控法的一部分，在宏观调控中扮演着重要角色，通过税收政策和税率调整，实现对经济的调控和管理，促进国民经济的稳定增长和优化经济结构。宏观调控法对市场主体的干预具有间接性特点，通过表现为法律规范的经济政策（如货币政策、财政税收政策），引导市场主体的市场交易活动，影响其对具体经济行为的选择。

学习单元三　经济法价值、功能、理念与基本原则

单元知识体系导图

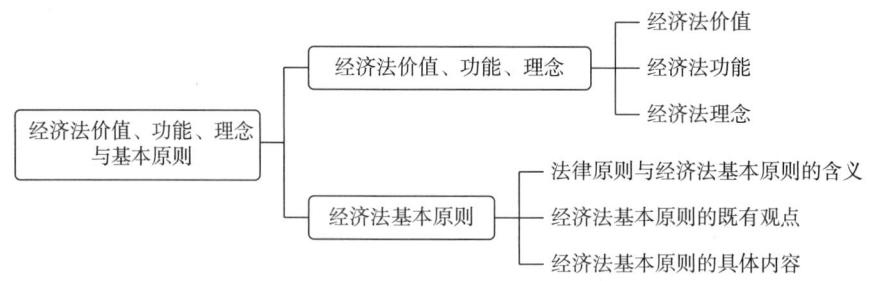

学习内容1　经济法价值、功能、理念

一、经济法价值

法的价值，在国外是个古老的话题。美国法学家庞德（Roscoe Pound）说："在法律史的各个经典时期，无论在古代或近代世界里，对价值准则的论证、批判或合乎逻辑的适用，都曾是法学家们的主要活动。"而经济法价值，由于其产生于19世纪末20世纪初，则无论在国内或国外，都是一个新问题。

经济法作为法体系中的一个部门法，其价值同其他部门法价值、一般法的价值有着共性，但又有特殊性。经济法价值也包含着诸如自由、安全、秩序、效率、公平、正义等方面，但其具体内涵有所不同。

经济法价值的特殊性是由经济法在法体系中的特殊本质属性决定的。经济法的本质特征可以概括为两个方面：一是经济性特征；二是社会性特征。所谓经济性特征是指经济法在法体系中同其他部门法在调整对象上存在区别，经济法主要调整经济领域和经济生活，其内容是经济性的，因此，经济法价值主要偏重于经济性。同时，相较于民商法，经济法关注的主要是社会经济的宏观和总体的结构与运行，调整具有社会公共性的经济管理关系，侧重保护社会整体经济利益，以维护社会公共利益为其首要价值目标。从时代发展看，现代意义上的经济法是于19世纪末产生的，是现代经济的产物。现代经济的基本特性在于其社会性。经济社会化带来了需求与供给的矛盾，信息占有与信息需求的矛盾；社会化产生了经济生活中多元利益主体，他们之间的利益冲突日益白热化；社会化导致宏观经济发展利益与微观的经济个体利益之间的矛盾，个体利益与公共利益的矛盾等等。从法律上对上述问题的回应就逐渐产生了现代经济法律制度。可见，社会性应是经济法的首要特征与价值选择。经济法价值体系中的各项价值都必须充分体现经济性与社会性这两大底色。

经济法价值中的秩序，这是关于经济领域和经济生活的秩序，重在维护社会经济总体

和运行的秩序。在这种经济法秩序下，个体虽然仍是自由的，享有充分的权利，但不得侵害和损害他人和其他公众的自由和权利，不得损害社会经济的运行和发展。个体自由权的行使受到社会必要限制。要协调个体与团体、个体与社会之间的矛盾冲突，社会尊重个体，个体服从社会。并且，经济法以社会为本位，侧重于从社会整体角度来协调和处理个体与社会的关系。经济法秩序不同于民商法秩序，它们关注的重点（本位）不同；经济法秩序已不同于行政法秩序（特别是早期"国家主义"的专制秩序），它应是超越统治者"国家利益而关注真正社会利益的秩序。

经济法价值中的效率，经济法中的效率主要是指经济效率（经济效益），并且这主要是社会总体经济效率，包括劳动生产效率、经营效率、资源利用效率、利润率等。社会总体经济效率由个体和团体经济效率构成，为了提高总体效率，必须重视个体和团体效率。但某些个体和团体效率也会妨害社会总体效率，因此为了总体效率，有时需要限制、牺牲某些个体和团体的效率。社会总体既指静态，也包含动态。社会总体效率包括社会经济总体的长远效率。为了长远效率，必须重视眼前效率，从眼前效率抓起。但两者也有矛盾冲突，有眼前效率会妨害长远效率。这需要协调平衡，需要统筹兼顾，将眼前利益同长远利益乃至未来子孙后代的利益通盘考虑，重视社会经济长期可持续增长。当然，这里需要明确的是，所谓"社会总体效率（利益）"和"长远效率（利益）"应当是经过严格认定的，真实的。要防止他们以此为借口而侵害民众利益，把民众的正当利益随意宣布为"狭隘的个人主义"。此外，经济法的效率虽然主要和直接是指经济效率，但它不仅指经济量的增长，也重视经济质的提高。经济的质量不局限于经济性指标，还包括如对环境、社会公平正义和人思想精神等方面的影响，即人们所谓与经济效益相对应的社会效益。

经济法价值中的公平，这里首先是指经济生活的公平，注重的是社会总体的经济公平，即要求绝大多数个体和团体间必须公平，但不要求所有个体和团体间都绝对公平。为了总体公平，有时需要允许某些个体和团体间存在某种"不公平"。经济法虽然笼统地反对"形式公平"，但它注重的是一种"实质公平"，是符合社会正义的公平。公平是相对的，也是变动的。绝对公平是不存在的，静止的公平意味着停滞和落后。从动态（再生产过程各环节）来说，经济法首先也重视机会公平，但要顾及各主体的不同情况和不同起点还要正视结果上存在的实际差异。否则，虽说是机会公平，而在实际上却往往是很不公平。

在经济法价值链中，虽然各项价值都很重要，但其中的效率和公平尤其应当予以重视。地位。通过经济法的立法和实施有效地维护社会总体效率，实现社会公平。有了效率和公平，所谓秩序、自由、安全等才有意义；一个既无效率又无公平的社会，广大民众是无自由和安全可言的，那样的秩序是民众所不需要的。

至于效率与公平这两者之间是什么关系，或者说哪个更为重要，首先，应当承认这两者都重要，不可或缺。无效率的公平或无公平的效率都是无意义和有害的。其次，应当认识到，效率与公平这两者是相关的，虽有矛盾，但并不绝对排斥；特别是对于经济法的社会总体效率与社会（实质）公平而言尤其如此。因为既然是讲社会总体效率，而不是只强调个体和局部效率，其中就包含社会（实质）公平之义。最后，从"法尚公平"的角度来看，则应该成为法的首要价值。这对经济法而言也不例外。考察经济法最初产生的社会根源（典型的如美国），正是由于放任市场自发作用引发经济和社会问题，特别是社会不公平问题，社会才呼吁国家出面调节，颁布经济法。

当然以上对经济法价值的分析是从应然法角度出发，现实中各国立法者出于对经济法价值的认识和动机目的的不同，会赋予其制定法各不相同的价值取向。例如，通过经济法实施要实现怎样的秩序，怎样的自由、安全、效率、公平，可能差异甚大。在对待效率与公平的关系上也如此，有的可能更重视效率，有的更重视公平。一般来说，民主法治程度高的国家都会非常注重公平，集权专制国家则会把维护其统治效率、统治秩序放在首位。对于经济社会处于发展中或正在进行体制改革和转型的一些国家来说，开始时由于急于发展经济而往往更加重视效率，特别是经济效率；有了初步发展后，经济和社会不公平问题凸显出来，法的公平价值便会逐步引起人们重视。中国 20 世纪末体制改革初期提出的口号便是"效率优先，兼顾公平"。21 世纪以来发现原提法欠妥，改变了观念，逐步重视公平，特别是社会公平。经济法所固有的社会公平价值将会得到越来越充分的发挥。

二、经济法功能

法的价值是怎样释放和实现的呢？为什么通过法律的实施就能使法的价值释放，并达到预定的秩序、自由、安全、效率和公平正义等价值目标呢？这就涉及法的功能问题。

法律是规范人们行为，调整一定社会关系的，但法律这样做的终极目的却是确认和调整社会上人们之间的利益关系。人们都说法律"定分止争"，其实人们之间的"分"和"争"，说到底全都是为了利益，包括物质利益和精神利益。因此可以说"法律是社会利益资源和权利的分配书"。一个国家的宪法其实就是该国的利益资源和权利的总分配书、总合同，各部门法则是各个方面和领域的利益和权利的分配书，是宪法总合同下面的各有关方面和领域的分合同。由于法律具有这种利益和权利分配的功能，所以通过法律的实施才能实现法律内在价值，实现人们预定的秩序、自由、安全、效率和公平等相结合的价值目标，即理念目标。而所谓理想的价值目标或理念目标，其实不过就是人们所希望和满意的一种社会利益分配局面而已。

经济法也是一种利益和权利的分配书。不过，同民商法等法律部门比较，经济法分配功能的特点在于它应当充分尊重民商法等法律对于利益和权利的分配，并以后者为基础。也就是说，经济法只是在民商法等法律所作的权利分配的基础上，对原有权利安排作出适当调整（应当主要是一种"微调"）和再分配，而不应当是一律否定和推倒重来。所以，经济法功能其实是对利益和权利的一种再分配，经济法是对利益和权利的一种再分配法。

从社会经济生活领域来说，民商法依据宪法所确立的基本原则，在调整自然人和法人之间的财产和经济关系时，贯彻各自然人、法人等个体之间自由、平等原则，维护各个体间平等。这种利益和权利分配安排是社会平等、公平的基础。一个国家和社会如果不充分尊重个体的自由和平等权利，所谓社会公平只能是一句空话。为什么在有了民商法等法律对权利的分配安排后，还需要经济法（还有其他一些社会性法律）来对既有权利秩序作出调整和分配呢？其原因在于仅凭民商法的"个体权利本位"难以避免和解决某些社会不公平问题。个体公平有时会妨害社会公平，形式公平往往并不就意味着实质公平，宣扬机会公平其实未解决起点公平、过程公平和结果公平问题。特别是到了19世纪末出现生产社会化以后，问题更加突出了。所以需要"国家之手"出面干预。从经济调节机制方面来说，放任市场调节会引发经济结构和运行问题，并导致包括经济在内的整个社会生活的许多问题。社会经济需要新的调节机制即国家调节，规范国家调节之法——经济法于是出现。经济法规范国家调节，让"国家之手"对经济领域的利益资源和权利的原有民商法分配安排，作出适当调整，进行某种再分配。也正由于经济法具有利益和权利再分配功能，才能够弥补市场机制不足和民商法的局限，使经济法具有的特殊价值——社会总体效率、社会（实质）公平、符合正义要求的秩序、自由等价值得以实现。对经济上的垄断、不正当竞争或者其他不公平交易行为等民商法无法解决的问题，经济法通过规范，让国家调节采取市场规制方式反垄断，反不正当竞争及为广大消费者提供其他特殊保护，在垄断企业、其他经营者、广大消费者之间调整利益和权利关系实现社会效率、社会公平正义等价值目标，实现经济法理念。

对于经济部门、行业、地区等之间的投资和经济发展不平衡，或对于公共产品供给不等情形，在市场机制和民商法（主张投资自愿、自由）不能很好解决，并且国家采用相关政策引导也难奏效的情况下，经济法规范国家调节，采取国家直接投资经营方式；而当民间资本乐于进入上述领域投资时，国家投资会适时退出。这也是经济法调整期间各方利益关系的一种方式。通过这种方式实现社会效率、社会公平正义等经济法价值目标和理念目标。

对于因市场盲目性和滞后性而造成的经济结构和运行问题，当市场本身不好解决，在商法秩序下也无法解决（如信息滞后和不对称、经济和社会发展的计划性等问题）时，经济法通过规范国家调节，运用计划和财政、税收、金融等经济政策及政策工具，从宏观上引导约束经济运行，对有关各方利益关系进行调整，以实现经济法价值和理念目标。

当然，经济法再分配的功能要正确恰当地发挥和利用，才能收到好的效果，否则，经济法应有的价值目标和理念目标便不能实现。这里关键要处理好经济法再分配同民法等法律作出的权利分配（基础性分配）的关系。

经济法的再分配基于对社会总体和实质意义上的效率和公平正义等目标的考量和追求，实践中对于哪些才符合"社会总体"和"实质"的要求，也就是说什么才是真正的社会总体（或公共）利益、长远利益和根本利益，只有在什么情况下才能要求个体服从总体、局部服从全局、眼前服从长远等，这些问题是需要认真论证的（还应当经过必要的法定程序确认）。要防止某些当权者用冠冕堂皇的借口肆意进行"再分配"，侵犯普通民众的正当利益和权利。

三、经济法理念

所谓理念，含理想与信念之义，指的是人们对于某种理想的目标模式及其实现的基本途径和方式的一种信仰、期待和追求。它包括对于理想目标的憧憬和对于通过某种基本途径和方式实现理想目标的信念两层含义。

法律理念是人们对于通过制定和实施法律以实现某特定理想目标的一种信念。经济法理念是人们对于通过经济法的制定和实施以实现人们预想的经济和社会理想目标的信念。

法律理念也包括理想的法律目标模式及其该目标模式实现的途径和方式两方面含义。经济法理念所包含的理想目标模式，是国家调节的预定目的，即影响社会经济的结构和运行，实现社会经济协调、稳定和发展，有时也不排除当权者借以达到其政治、军事目的。其实现途径便是通过经济法的制定和实施，规范国家调节活动。

法律理念与法律价值既有区别，也密切联系。它们是不同的两个概念：事物的价值是由事物固有属性决定的，具有客观性；人们的理念则是主观的。事物的价值需要人们去实际利用才能实际释放，此前只是该事物的一种属性、可能性，但它是客观存在的；理念则必须由人们借助某些事物的价值和功能，使之由主观的内在变为客观的外在，在转变之前它只是一种观念，仅存在于人的头脑之中。在这里，我们同时也可以看出理念与价值的联系：法律理念中的理想目标模式的实现，需要凭借法律固有价值的释放和实现；假如法律无该种价值，或人们不能在实际上使该价值释放，则法律理念中的理想目标便不可能实现。另外，理念中的理想目标模式必须同所借助事物的价值目标（该种价值所能达到的目标）是一致的，或者说法律理念的目标应当同法的价值目标尽量保持一致。如果不一致，是不能指望通过该事实现理念中的目标的。当然，理念也可以反作用于对事物的价值判断。理念也可以说是人们对某种事物固有价值的判断。价值判断正确，付诸实行，事物价值就能充分、有效地释放，最终能够达到该种价值的总目标；价值判断不准或错误，则付诸实行后该种价值便不能很好地释放，价值目标便不能顺利实现。此时，人们的理念也便会部分或全部落空。

法律理念直接同立法宗旨相关。一是，由于人们相信某种法律具有某种价值和功能，通过其价值和功能的释放和发挥能够实现人们特定的理想目标模式，才决定进行该种立法；二是，由于人们对该种法律内部固有的某种特定的价值和功能有所认识，才会围绕如何有效释放和发挥这些特定价值和功能，从立法技术上作出恰当安排，规定合适的法律规范。所以，立法宗旨往往是立法理念的集中体现。

经济法价值、功能和理念三者的关系是：人们（立法者与实施者）需要正确认识和把握经济法的固有价值（体系和特点），在经济法的固有价值体系基础上形成人们关于经济法价值取向（人们头脑中的价值目标模式）以及经济法理念（理想目标模式）；借助于经济法再分配的功能，调整有关人们间的利益和权利关系，使经济法的固有价值释放，实现人们关于经济法价值目标和理念目标，从而最终实现经济法理念。

学习内容2　经济法基本原则

一、法律原则与经济法基本原则的含义

法律原则是一种法律准则、法律规范。从功能上讲，法律原则是为法律规则或其他法律要素提供原理或价值准则或出发点，是发展立法所使用的原则，甚至可直接用于判决；从内容上讲，法律原则是法的某种基本价值或其他道德层面要求的载体。法律原则为法的适应性和确定性提供了保障，使法能最大限度地适应社会经济的发展。面对飞速发展变化的社会实践，法律永远是保守和滞后的。法律的这种确定性让人们感受到了法律的规范价值和约束力。然而，法律规范的确定性与适应性永远是一对相伴相生的矛盾。随着社会经济的变化发展，规则必然会出现空白。此时，秉承着法的内在品格的法律原则，不管是实定的还是非实定的法律原则都将成为法官适用法律或创造新法的依据和根源。由此，法律原则成为法律规则发展的根基、促进法律体系协调统一的纽结点、指导法律推理和司法裁决的依据。法律原则可分为基本法律原则和具体法律原则。经济法原则相对于法律原则是具体法律原则，相对于经济法的部门法的具体法原则是基本法律原则。根据原则间的种属关系，经济法基本原则应具有法律原则的属性，是经济法基本精神和价值的承载，反映着经济法理念，是经济法规则和具体原则的出发点，是隐藏于经济法具体原则背后的原则，贯穿于经济法运行始终，具有最高层次的效力[1]。

二、经济法基本原则的既有观点

在经济法理论研究与发展过程中，众多学者对经济法基本原则提出了各自独到的见解，但众说纷纭，概括而言主要有四种代表性观点。李昌麒以经济法调整对象为轴心提炼经济法基本原则，将其概括为资源优化配置、国家适度干预、社会本位、经济民主、经济公平、经济效益和可持续发展。寻求资源的优化配置是经济法的首要价值目标，在追求和实现经济法价值目标中，国家干预起着关键性的作用。但国家干预必须以社会公共利益为出发点和归宿，必须有利于促进经济民主和经济公平实现，经济效率的提高，达到维护经济安全和实现可持续性发展的目的。史际春和邓峰坚持由经济法价值到经济法基本原则的提炼路径，将经济法原则归结为平衡协调原则、维护公平竞争原则和责权利相统一原则。经济法具有社会性和公私交融性，不是在国家与私人极端对立下维护任何一方利益的工具，不是国家单纯用以矫正社会不公、保护经济弱者的手段，而是以实现个人、国家、社会调和和实现经济自由与经济秩序、社会效益与经济效益、经济民主与经济集中的统一。维护公平竞争是社会化市场的内在要求，将其作为经济法的基本原则，从而引导经济主体的行为。张守文通过系统—网络分析方法确立经济法基本原则的地位及其与经济法宗旨、理念的关系，通过行为—结构—绩效方法，将经济法基本原则的内容确定为调制法定原则、调制适度原则和调制绩效原则。从结构角度来说，规范的形成特别是公法性质的经济法的规范结构与公共物品的提供，与市场主体的利益都密切相关，涉及国民基本权利的保护，因而"国民同意"及"法律保留"是经济法规范的应有之意。从行为角度来说，国家对经济的调制行为是经济法应当规制的重要问题，确保调制的适度是其中的核心。从绩效角度来说，经济法的社会性要求强调经济效益和社会效益，是经济法宗旨要求。刘水林从经济学的视角总结出效率是经济法基本原则之一，认为经济法产生于高度发达的市场经济，而现代市场经济是一种市场和政府共同作用的经济体制。这种机制运行结果完全取决于政府对经济的干预程度。政府作用于市场机制的最有利评价方式就是社会经济效率，同时，随着文明的进步，公平也成为国家组织经济的目标，且公平在某种意义上是实现高效率的手段。经济法作为达到组织经济目标的制度设计，应当以效率和公平为导向。

三、经济法基本原则的具体内容

（一）适度干预原则

适度干预是指国家在遵循市场调节机制的基础性和保护自由竞争的前提下，依据实体性和程序性权力，运用经济、法律、行政手段对市场经济进行的干预。资本主义从自由竞争发展到垄断时期，为了规避垄断带来的经济无序性、负外部性和无效率性，国家干预逐渐兴起和发展。直到20世纪60年代国家全面干预主义导致了"滞胀"的出现，西方国家对凯恩斯主义进行了修正，新凯恩斯主义提出了"适度干预"原则，如克林顿政府的"第三条道路"。国家干预经济的发展与变迁过程既是经济法产生与发展以及相关理论孕育、确立和成熟的过程，也是适度干预原则的形成过程。经济法规制的目的，概括地说，是在于从经济政策上实现资本主义社会中的社会协调的要求。适度干预原则体现国家通过宏观和微观措施，克服"市场失灵"问题，实现有序竞争、经济效益、经济公平、经济民主和可持续发展等经济法价值。

（二）社会本位原则

法律部门的本位思想是指这个法律部门在解决社会矛盾中的基本立场。国家采用什么样的法律形式来平衡和解决这些矛盾就构成了法律部门之间的权力分配状况，并成为一个法律部门区别于另一个法律部门的重要标志。经济法的理论研究，立法和司法实践均应从社会整体利益出发，以尊重个体利益为基础，维护社会整体利益为己任，把社会整体利益作为衡量一切行为的标准。这即是经济法社会本位的基本含义。垄断资本主义时期，经济人的利己本性使得自由竞争秩序混乱、社会公共利益被危害，导致恶性垄断、权力寻租、贫富悬殊、环境污染等重大社会问题不断出现。以个人为本位的私法只能在微观上对社会整体利益做出有限的调整，无法解决全局性问题。为调和社会公共利益、个人利益与国家利益间的矛盾，以社会为本位的经济法应运而生。社会本位成为经济法区别于其他法律部门的标志。社会本位原则成为经济法特有的原则，承载着政治道德原则和经济法价值：社会整体利益——经济民主、经济效益、经济自由、实质公平、自由竞争秩序、可持续发展等要求。经济法社会本位原则反映了经济法调整对象的内在要求，体现了经济法的本质特性，成为解决经济法法规间、具体原则间及法规与原则间冲突的最终落脚点。

（三）经济民主原则

经济民主原则的内涵，意为给予经济主体更多的经济自由和尽可能多的经济平等。经济自由是指经济主体在市场机制有效运作的领域，自由参与、退出市场，享有不受国家行政权力随意干预的权利。经济平等是该原则追求的目标，某种程度上限制着自由。在宏观调控领域，市场规律发挥作用需要经济自由，市场主体在竞争性领域可以自由进出；同时，由于市场本身的缺陷，可能导致市场失灵，为体现平等，需要国家的宏观调控。在微观经济领域，市场需要自由的竞争，但是过度竞争会破坏公平竞争，所以需要竞争法的规制。经济法领域首倡的保护弱者理念也秉承了经济民主的精髓。通过对弱者的利益倾斜，实现实质公平，是经济法重要的价值目标。经济法就是以自己特别的方式保护和维护社会公平，而弱者保护是对实质公平价值最直观的解释，所以弱者保护原则也可以称为公平原则。

在市场经济条件下，人们在追求个人利益的同时，被一只"看不见的手"引导着促进社会经济的增长。由于价值规律的作用导致收入与消耗的极大不平等，而这种不平等是市场固有的缺陷。这一缺陷只能由经济法来弥补，否则再高的效益经过一定发展阶段后，都必然会回落或倒退。一般认为，社会资源占有的份额相对较少的个人或组织可以称之为弱者。例如，消费关系中的消费者、垄断关系中的小经营者等；反之则为强者。强者与弱者之间利益差别不仅会影响弱者的基本生存，也会影响整个社会的公正形象和秩序。所以为了保障国民经济的良性运行，保护弱者，经济法必须为市场主体的公平竞争提供条件，制止违法行为，保护弱者原则的确立使得法律对权利和利益分配同等对待[1]。例如，各国的竞争法，无论在其立法宗旨或各种具体规定中，都鲜明地体现着上述经济法基本原则。对于为什么要反对垄断，哪些垄断和限制竞争行为应在反对之列，哪些应当适用除外，哪些甚至应予以扶助或由国家参与垄断等，都是从维护社会经济总体效益这一原则精神出发的。经济法的经济民主原则既可以保障对整个社会的管理格局的维护，更可以促进经济个体法律地位的平等。

训练项目一：关于经济法价值与理念的案例分析

【训练目的与要求】

通过训练，学生能够理解经济法价值与理念，能够正确运用经济法价值与理念等理论原理来分析和解决经济法实务问题与案例。

【实例训练】

案例： 中小企业是我国数量最大、最具活力的企业群体，是社会主义市场经济的重要组成部分，是实体经济的重要基础。根据第四次全国经济普查的数据显示，截至 2018 年末，我国中小企业法人单位一共是 1807 万家，占全部规模企业法人单位的 99.8%，可以说中小企业稳则就业稳、经济稳。

2020 年 2 月 25 日，国务院常务会议研究决定，鼓励金融机构对中小微企业贷款给予临时性延期还本付息安排，并新增优惠利率贷款；部署对个体工商户加大扶持。

为此，各地、各部门陆续出台了一系列财税、金融、社保等方面的支持政策。例如，财政部阶段性降低小规模纳税人增值税征收率，完善创业担保贷款贴息和融资担保等政策措施。发展改革委阶段性降低企业用电、用气成本。人民银行牵头设立规模为 3000 亿元的专项再贷款，新增阶段性优惠利率贷款。银保监会鼓励金融机构对中小微企业贷款给予临时性支持延期还本

---

〔1〕　江帆：《经济法的价值理念和基本原则》，载《现代法学》2005 年第 5 期。

付息安排，不盲目抽贷、断贷、压贷。市场监管总局加大了对个体工商户扶持力度。我部提出帮助中小企业有序生产经营的六个方面20条措施，召开经验交流电视电话会。

问题：

1. 结合案例，分析针对中小微企业的融资优惠政策如何体现经济法价值与理念。

2. 结合案例，分析经济法如何促进和优化营商环境？

核心提示：中小企业的优势源于其规模的"中小"，而其劣势也往往与规模的"中小"相关。在激烈的市场竞争中，中小企业往往是竞争中的弱者。当外部环境发生轻微的变化时，其生存就受到威胁，不仅在资金、信息的取得以及市场影响力和技术创新能力等方面处于劣势，还经常受到大企业的排挤与打击。中小企业的这种不利地位在各国是普遍存在的，由此形成了国家通过法律保护与扶持中小企业发展的客观需要。

中小企业问题作为专门的法律问题，主要是指中小企业作为竞争中与大企业相较的弱者，由国家对其进行保护、扶持和引导的问题，属于典型的经济法范畴。它直接体现了经济民主和平等、保护弱者权益、经济协调、充分适度的市场竞争、可持续发展、政府的经济管理职能和相应立法所追求的社会正义目标等深层次问题。

在本质上，中小企业是一个保护经济弱者的问题，同时也是一个国家的产业政策问题，按其性质来说后者更为重要。对弱者权益给予特别保护是确保经济民主和社会公正的具体措施，是经济法的一项重要的任务与职能。而且，从经济法的观点看，中小企业法是产业政策的法律化，是经济法上平衡协调原则的具体体现。国家鼓励和扶持中小企业发展的政策法律措施体现了实质公平和社会整体效率的经济法价值。

训练项目二：关于经济法基本原则的案例分析

【训练目的与要求】

通过训练，能够认识经济法调整对象的内容，能够区分经济法律关系与民事法律关系，以及行政法律关系之间的差异。对经济法律实务问题能够识别，并能够正确运用经济法原理进行分析和解决。

【实例训练】

案例1： 2023年9月27日，浙江省市场监管局依法对嘉兴市南湖区人民政府涉嫌滥用行政权力排除、限制竞争行为立案调查。

经查，2023年5月29日，当事人印发《南湖区支持建筑业高质量发展的十项措施》（南政办发〔2023〕31号），规定南湖区区级机关各部门、各镇（街道）园区、各区属国资公司，对政府投资的施工单项合同估算价在60万元人民币以上（含60万元）、400万元人民币以下（不含400万元）的项目，单项合同估算价在30万元人民币以上（含30万元）、200万元人民币以下（不含200万元）的重要设备、材料等货物的采购，单项合同估算价在30万元人民币以上（含30万元）、100万元人民币以下（不含100万元）的勘察、设计、监理等服务的采购，应优先选择区属中小建筑业企业建设或者承接。

浙江省市场监管局认为，当事人印发文件要求部分政府投资项目由区属中小建筑业企业建设或者承接，排除、限制了外地建筑业企业平等参与相关市场竞争，违反了《反垄断法》第 42 条规定的："行政机关和法律、法规授权的具有管理公共事务职能的组织不得滥用行政权力，以设定歧视性资质要求、评审标准或者不依法发布信息等方式，排斥或者限制经营者参加招标投标以及其他经营活动。"和第 45 条规定的："行政机关和法律、法规授权的具有管理公共事务职能的组织不得滥用行政权力，制定含有排除、限制竞争内容的规定。"构成滥用行政权力排除、限制竞争行为。

调查期间，当事人积极落实整改，及时废止原文件并在政府网站公布，向浙江省市场监管局提交整改报告，全面开展自查自纠，要求区司法局牵头制定《嘉兴市南湖区建筑产业合规指引》，举一反三落实公平竞争审查制度，防止排除、限制竞争的政策措施出台。

问题：

1. 案例中的滥用行政权力限制排除竞争的行为违反了经济法的哪些原则？

2. 浙江省市场监管局对结论进行分析，阐明理由。

核心提示：行政垄断的实质就是政府权力机关利用行政权力对市场的不当干预，违反了经济法国家适度干预、实质公平等原则，模糊了政府与市场的边界，政府的越权行为一定程度上取代了市场竞争机制，冲击了市场经济的基础；损害了其他经营者的公平竞争机会和消费者的利益。同时，政府机关的权威性与廉洁性也被破坏。

案例 2：房地产限购政策，作为中国宏观调控的重要组成部分，起始于 2010 年，旨在应对当时部分城市房价过快上涨的问题，满足居民合理的住房需求。十多年来，限购政策经历了多次调整，从最初的"一刀切"到后来的"因城施策"，反映了政府对房地产市场调控的日益精细化和灵活性。进入 2020 年末，面对全球经济的不确定性增强、国内经济增长放缓以及房地产市场自身调整压力加大，限购政策的进一步优化成为了必然趋势。2024 年 5 月 9 日，杭州市与西安市全面取消限购，除京沪深等极少数城市外，多数二三线城市也已采取或即将采取限购松绑措施。这一趋势反映了地方政府在经济发展和房地产市场稳定之间寻求新平衡的努力。

限购政策的取消，是房地产市场调控政策调整的一个缩影，预示着中国房地产市场正朝着更加市场化、差异化、精细化的方向发展。面对新时代的挑战，中国房地产市场需要在政府的引导下，充分发挥市场机制的作用，建立健全长效机制，以实现平稳健康发展。未来，房地产市场不再是单一的"限购"或"不限购"，而是在多种政策工具的协同作用下，形成一个既能适应经济周期变化，又能满足人民居住需求的新型市场体系。这一过程虽充满挑战，却也孕育着无限可能，是中国经济高质量发展不可或缺的一环。

问题：

1. 运用"适度干预原则、经济民主原则"，分析我国商品房限购政策的演变。

2. 结合案例，运用经济法的基本理论，分析我国商品房限购政策的实质及其正当性问题。

核心提示：一般而言，市场机制被认为是最有效的资源配置方式，但市场失灵时政府的干预不可或缺。限购政策，本质上是政府对房地产市场的一种外部宏观干预，旨在纠正市场过度投机导致的资源配置扭曲。然而，长期过度依赖限购，可能会抑制正常市场需求，影响市场效率。因此，适时调整限购政策，是基于市场实际情况进行的相应抉择，体现了政府宏观调控的适度艺术。

学习单元四　经济法行为、责任与实施

单元知识体系导图

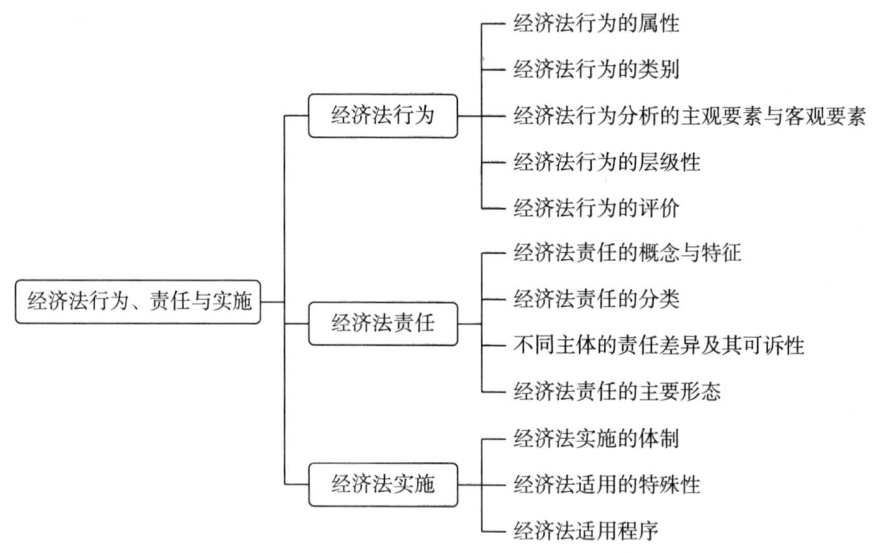

学习内容1　经济法行为

社会关系构成法律的调整对象，前者的建立离不开人与人之间的交互行为。无主体之间的行为，则无社会关系。因此，可以说行为是法律的直接调整对象，社会关系则是法律的间接调整对象。

经济法主体是多元的，其资格、能力、地位等都不尽相同，因而其所从事的行为也各异其趣。对于纷繁复杂的经济法主体的行为及其属性，应当作出界定；同时对经济法行为的具体类别，也有必要作出区分。因为不同主体可能从事不同的行为，而不同的行为可能与不同的权利、义务或职权、职责，以及责任等相关联。为此，应当从普遍性与特殊性相结合的角度，即从一般的法律行为的普遍性，以及经济法行为的特殊性两个维度，对经济法行为的属性和具体类别作出辨别和厘定。

一、经济法行为的属性

人们从事的行为是多种多样的，如政治行为、经济行为等，它们是政治学、经济学等学科的研究对象。在法学领域，人们最为关注的是各类法律行为。"法律行为"一词，在

德语中的原初语义是合法的表意行为，但在苏联的法学理论体系中，法律行为则是一个广义概念，包括一切有法律意义和属性的行为，我国学者一般也都在广义上使用此概念，把法律行为视为"有法律意义和法律属性的行为"，使其成为能够概括和反映人们在法律领域全部活动的概念。法律行为并非都是合法行为，与法律行为相对应的概念是"非法律行为"，而不是"违法行为"。

依据对法律行为的广义理解，可以认为，经济法主体的行为亦属于法律行为，具有法律行为的一般属性。首先，它具有社会性，会对相关主体产生社会影响，是经济法所调整的社会关系得以产生的桥梁，从而构成了经济法调整的前提；其次，它具有法律性，是具有法律意义或能够发生法律效果的行为，能够引起经济法主体之间的权利、义务的发生、变更和消灭，并可以依法作出评价；最后，它具有表意性，体现或表达了行为者的意思或意志，包括国家一方的意志和市场主体一方的意思，尽管这些意志或意思未必一致。

经济法行为，作为特定主体的特定行为，同样要体现出主体的特殊意志或意思，反映主体的不同利益追求和价值目标。其中，国家一方所从事的行为，是国家为了实现国家利益和社会公共利益所从事的宏观调控行为和市场规制行为；而市场主体一方所从事的行为，则是体现其自身利益追求的相关对策行为。这些行为，不仅会产生社会效应，而且也会产生法律效果，从而会涉及法律评价，因而完全符合法律行为的突出特征。

作为具有法律意义的、能够产生法律效果的法律行为，经济法行为的合法性是需要依法作出评判的。经济法主体所从事的行为，可能是合法的行为，也可能是违法的行为；可能是为经济法所鼓励的，也可能是为经济法所禁止的。因此，需要对各种类型的行为进行具体分析。

二、经济法行为的类别

（一）基本分类：调制行为与对策行为

经济法主体的行为，主要集中在宏观调控和市场规制领域。发动和实施宏观调控和市场规制的主体，可概括为调制主体，其所从事的行为，可称为"经济调制行为"（简称调制行为）；与调制主体相对应的另一方，为调制受体，对于调制主体所作出的调制行为，调制受体可以选择是否接受或遵从，其行为可称为"市场对策行为"（简称对策行为）。由此可见，各类经济法主体的行为可以在总体上分为两大类，即调制行为和对策行为。

1. 调制行为的分类。所谓调制行为，就是调制主体所从事的调控、规制行为，其目的是在宏观上通过调节来控制，在微观上通过规范来制约，从而在总体上通过协调来制衡。由于调制行为是经济法体为了特定的经济目的而在经济领域实施的，因而其全称应当是经济调制行为。

对于调制主体的调制行为，还可以从不同的角度，作出多种分类。例如，从调制行为领域来看，可以分为宏观调控行为和市场规制行为。其中，宏观调控行为又可以分为财税调控行为、金融调控行为、计划调控行为等；市场规制行为可以分为一般市场规制行为和特殊市场规制行为等。

上述各类调制行为，还可以作出进一步的分类，如财税调控行为，还可以分为预算调控行为、国债调控行为、税收调控行为等；金融调控行为还可以分为银行调控行为、证券调控行为等；计划调控行为还可以分为产业调控行为、价格调控行为等。又如，一般市场规制行为可以分为不公平竞争的规制行为、不正当竞争的规制行为等；特殊市场规制行为可以分为金融市场规制行为、电信市场规制行为、石油市场规制行为、房地产市场规制行为等。当然，上述调制行为，仍可以作进一步的细分

可见，调制行为可以细分为诸多种类。在经济法上，调制行为是非常重要的、具有主导地位的行为，对于不同类别的调制行为加以规范，恰恰是经济法调整的重点。

2. 对策行为的分类。所谓对策行为，是市场主体所从事的具有经济法意义的博弈行为，它可以分为横向对策行为和纵向对策行为两类。

所谓横向对策行为，是市场主体在相互之间的市场竞争中所从事的各类行为，这些行为如果是公平竞争行为和正当竞争行为，则经济法同样予以保护；如果是破坏市场经济秩序的垄断行为和不正当竞争行为，以及侵害消费者权益的行为，则在经济法上将得到否定的评价，并要承担相应的法律责任。

所谓纵向对策行为，是市场主体针对国家的调制行为所实施的博弈行为，既包括对国家调制行为的遵从、合作行为（如依法纳税），也包括对国家调制行为的规避、不合作行为（如逃税、避税）；前者一般会得到经济法上的肯定评价，而后者则可能会受到经济法的制裁。

尽管调制行为在经济法上具有主导地位，但对策行为同样也很重要。事实上，既然调制受体可以从事对策行为，就意味着并非只是被动地接受调制，而是同样可以依据自己的利益追求和可能选择，来从事相关的博弈行为。而调制行为的效果如何，则在很大程度上与调制受体的对策行为有关。对此，以卢卡斯为代表的理性预期学派早已有所揭示。因此，确保调制行为能够得到调制受体的有效遵从，尽量减少其不合作行为产生的消极影响，同样是法律调整方面需要考虑的重要问题。

上述的调制行为和对策行为，是经济法行为的两大基本类型。调制行为与对策行为所构成的二元结构，体现了经济法行为的基本构成。尽管对于经济法主体的行为，也可以从其他的角度进行分类，但上述分类是更为基本的，对于解决法治实践中的相关问题也是更为有益的。

（二）经济法行为的其他分类

上述经济法行为的分类，是能够从经济法的调整对象、体系、主体等理论中推演出来的基本分类。由于经济法主体的行为也属于法律行为，因而还可以从法律行为的一般分类的角度，对经济法主体的行为作出其他分类。

1. 从主体角度作出的分类。从主体的角度，可以把法律行为分为角色行为与非角色行为、单方行为与非单方行为、自为行为与代理行为。这些分类在经济法行为中也是适用

的，易言之，经济法主体的行为可以归属于上述不同的类型。

通常，法律行为可以分为角色行为与非角色行为。依据角色理论，角色是主体在特定的社会或团体中所占据的一定地位或拥有的身份，每个主体只要在社会上担当了一定的法律角色，就有一套与其角色相应的权利和义务。担当一定角色的主体，按照法律为其规定的权利和义务进行的活动，就是角色行为，反之，超越或背离法律规定所从事的与自己身份无关的行为，就是非角色行为。上述区分，对于确认行为的法律效力或责任意义重大。依据经济法领域的调制法定原则，具有特定法律地位的主体，只有依照特定的权利和义务行事，才是有效的，否则，就是无效的，甚至因违反角色期待而需要承担相应的"角色责任"。

此外，单方行为与非单方行为的分类，在经济法上也是适用的。一般来说，调制行为是国家单方面的法律行为，不需要在形式上与调制受体达成合意。但从目标实现的角度来说，单方的行为需要得到其他主体的配合、响应和支持。此外，市场主体的市场对策行为当然可以是非单方的行为。

另外，从自为行为与代理行为的分类来看，调制行为，特别是调制立法行为，往往需要贯彻法律保留原则，因而一般应当是自主的、独立的自为行为，但也不排除在法律允许的情况下进行授权立法；市场主体的市场对策行为，则具有较大的灵活度，可以是自为的行为，也可以是代理行为。

2. 从行为对象角度作出的分类。依据行为对象，可以把法律行为分为抽象行为与具体行为。其中，抽象行为是针对不特定对象作出的，具有普遍法律效力的行为；而具体行为则是针对特定对象作出的，仅具有一次性法律效力的行为。例如，调控行为往往被看作是抽象行为；而对策行为则一般属于具体行为，市场主体的对策往往是针对特定对象分散作出的。

上述的调控行为因其事关重大，直接影响相关主体的利益保护，也关系到相关主体的理性预期，对于经济和社会发展往往影响重大，因而不仅是抽象行为，一般也是要式行为；而市场主体的对策行为则主要关系到自身的利益，法律对其未必有特别的形式要求。

3. 从行为效果角度作出的分类。法律行为可以分为积极行为与消极行为。调制行为究竟应当是积极行为还是消极行为，究竟应当强调作为还是不作为，不能一概而论，而应当根据经济规律，依调制的需要而定。因此，调制行为既可能有积极的，也可能有消极的。市场主体的对策行为也与此相类似。

此外，法律行为还可以分为合法行为与非合法行为。上述的调制行为和对策行为，从合法性的角度来看，既可能合法，也可能非合法。如某些对策行为，可能是一种"法不责众"的"失范行为"，但从性质上说，也是一种违法行为；又如，某些调制行为，可能是违法的作为或违法的不作为，也可能是不当作为，即在行使调制权的过程中采取了不适当的方式，这些行为同样涉及合法性评价问题。

与上述分类类似，法律行为还可以分为有效行为与无效行为。经济法主体的哪些行为有效，哪些行为无效，都需要根据一定的要件，或行为构成要素来加以衡量。例如，征税行为就需要符合税法规定的课税要件，若征税不符合课税要件，则行为无效。

上述法律行为的一般分类，不仅有助于揭示调制行为与对策行为的某些特征，同时，也可以从不同侧面对经济法行为的类别加以细化，从而有助于提高法律规制的针对性，因而是有其理论价值和现实意义的。

三、经济法行为分析的主观要素与客观要素

在对经济法主体的行为进行具体分析时，应当关注主观要素与客观要素，下面就简要介绍这两类要素。

（一）主观要素

在各类主观要素中，通常人们较为关注的，是行为目的和认知能力。

经济法主体的行为目的，作为主体力求实现的目标，对于各类主体的行为都很重要。事实上，调制主体在从事调制行为时，调制受体在从事对策行为时，都会将其追求的目标融入行动之中。从调制主体来看，在其调制行为中，首先要实现一定的经济目标，并进而实现一定的社会目标；同时，不仅要实现基础性的目标，还要实现高层次的目标，这些目标与经济法的调整目标是一致的。从调制受体来看，其市场对策行为的目标，主要是如何实现利润的最大化或效用的最大化，同时，在同调制主体的博弈过程中，也要力图实现自身利益的最大化，对效率、利益的追求，恰恰是其进行相关对策行为的动因。

此外，在认知能力方面，调制主体的认知能力，以及企业或消费者的认知能力等，不仅会直接影响调制行为，也会影响市场主体的利益。在考查主体的能力时，主要应考查主体的认知能力。而主体的行为是否超乎认知能力，又与其是否要承担某种责任，以及相关的竞争行为或者合同内容是否合法有效等，都会发生关联。如果企业的行为超过了一般消费者的认知能力，并且利用消费者在认知能力上的弱势来从事违法行为，就会涉及责任的承担问题。

对于调制主体的认知能力，在经济法上应当特别强调，它尤其关系到对经济规律、对客观形势的分析和把握，关系到调制行为的成败得失。因此，要规范经济法主体的行为，就要对主体的认知能力予以特别关注，如计划制订的科学化与民主化，财政政策、货币政策的调整、市场主体的竞争行为以及消费者的消费行为等，都涉及认知能力的问题，需要从相关的侧面加以体现。

（二）客观要素

在各类客观要素中，通常人们较为关注的，是手段和结果。

手段作为实现主体行为目的的具体方式和方法，对于确保相关主体目的的有效实现可谓十分重要。在经济法领域，要实现调制目的，就必须采取与之相一致的手段，如财政手段、税收手段、金融手段等，从而形成了宏观调控和市场规制的各种手段。而这些手段的法律化，则构成了经济法的重要内容。其实，经济法之所以能够具有突出的经济性和规制性特征，同这些手段本身所具有的经济性和规制性特征直接相关。对于调制主体的调制手段的研究，对于调制受体的对策手段的研究，应当在经济法学研究中占有重要地位。

结果是行为完成的一种状态，它可能与预期目标一致，也可能同所希望实现的目标有很大差距。在经济法领域，无论是调制行为，还是对策行为，都与经济法主体的行为目的直接相关，因此，行为的结果，恰恰是经济法主体非常关注的。经济法主体的行为绩效如何，是否有经济效益或社会效益，直接涉及对行为的评价；同时，已经实施的行为所产生的结果，也存在合法与否等法律评价问题。这些评价都与行为外在的客观方面相关。

上述主观要素和客观要素，构成了行为分析的"主客二元结构"，为深入、具体地研究各类经济法主体的行为提供了一个重要的框架，从而有助于丰富经济法上的行为理论。上述"主客二元结构"强调，经济法主体基于一定的认知能力，为实现一定的目的，而采取一定的手段，会在客观上形成一定的结果；这些主观要素与客观要素，对于分析经济法主体的行为，特别是分析和评价行为的合理性与合法性，都是很重要的。

四、经济法行为的层级性

如前所述，经济法的主体结构是一种非对称的二元结构，它会影响经济法主体的行为结构，使其呈现出层级性。事实上，经济法主体的行为性质并非统一，同一经济法主体也可能因其具有多种角色而从事不同的行为。从层级上说，经济法行为还可以分为两大类，即基础性行为和高层次行为，这与主体行为目的的不同有关。例如，调制主体要实现其调制目标，必须以一些基础性行为的实施为基础，从而使调制行为具有了高层次性，这与经济法整体上的高级法特征也是一致的。

经济法行为的层级性，在经济法上是普遍存在的。之所以如此，是因为面对"复杂性问题"，要实现经济法多元的职能和宗旨，就需要有环环相扣的行为组合，这样才能通过规范经济法主体的某些基础性的行为，来实现高层次的调制目标。

例如，在财政法领域，预算的收支行为，国债的发行行为等都是基础性行为，而在预算收支、国债的发行中体现的调控，则是高层次行为。要实现调控行为及其目标，就必须通过基本的收支行为、国债的发行行为等来实现。此外，在税法领域，税收的征收行为是基础性的，而税收调控行为则是高层次的。又如，在金融法中，货币的发收行为直接影响货币供应量，是基础性行为，而通过货币市场、资本市场等金融市场上的货币供应量的变化而实施的调控行为，则是高层次行为。上述的行为层级结构，与经济法调整目标上的多元化直接相关。

此外，在市场规制法中也是如此。例如，规制行为，需要以既存的市场行为为基础，特别要以市场主体之间的对策行为为基础。应当说，市场行为是基础性行为，而体现规制精神的规制行为，则是高层次行为；对垄断和不正当竞争行为的规制，对消费者的保护，对竞争秩序的维护，都是建立在市场行为的基础之上的。正因如此，在反垄断法、反不正当竞争法、消费者保护法的具体立法中，才会有大量的关于经营者、消费者等市场主体的权利和义务的规定。

由于在经济法上存在着复杂的行为构成，在行为的组合上总是存在着基础性行为和高层次行为，因此，在经济法上不能像民法那样单独生成"民事行为"之类的概念。因为民法上的行为是单一的，假设主体是无差别的并因而是平等的。而在经济法上，主体的行为恰恰是非单一的，在主体的地位和行为目的上也都是不同的，因而必须分层级分别探讨。

五、经济法行为的评价

由于经济法主体从事各类行为都是为了实现一定的目标，因而对行为需要作出评价在评价标准方面，可以有政治标准、经济标准、法律标准等，但从经济法的角度来看，法律评价是非常重要的。

经济法上的调制行为，是担负特定的调制职能的调制主体做出的，这些行为所体现的经济目标和社会目标等，与国家利益和社会公益直接相关，也与政府的合法化能力直接相关因而不可避免地会涉及政治评价问题，这在宏观调控、保障稳定方面尤其重要。此外，经济法主体的行为，还往往会涉及经济评价，如经济增长率、通货膨胀率、宏观税负、预算赤字的高低多少，都与调控行为相关；而市场自由度等经济指标，则与规制行为相关。

当然，对经济法主体的各类行为，都可以进行法律评价，这是其法律行为的属性使然。法律评价是综合性的，因而可能涉及其他的评价标准，但又与其他标准有所不同。立法者在立法时可能要考虑多种标准，而法律一旦出台，就应依照法律标准来进行评判，就应强调法律的独立性和权威性。

法律评价的重心，是对行为的合法性作出判断。无论是调制行为还是对策行为，都牵涉到合法性的问题，这既涉及形式上的合法性，也涉及实质上的合法性。调制行为虽然由行使调制权的主体实施，但并不能保证调制行为都具有合法性。如果调制行为违法，其所造成的危害可能更大，因此对调制行为的法律评价更为重要。此外，在实践中，市场主体违法的行为大量存在，对其加强规制，对于宏观调控法和市场规制法的有效实施，无疑也是非常重要的。

需要强调的是，对经济法行为进行法律评价的目的，是为了更好地对行为进行法律规范，以使相关主体能够更好地把握可为、当为、必为和禁为的事项及程序，从而可以依法作为或不作为。由于合法的肯定性的评价与违法的否定性的评价所产生的激励作用不同，因而在经济法上，应当有效地利用相关的手段，利用法律的评价，去约束、引导调制主体与调制受体的行为。

目前，人们对于各类行为的法律评价的关注程度并不相同。在调制主体的调制行为中，人们似乎对于调控行为的关注度更高一些，这可能同宏观调控行为的影响面等因素有关；在市场主体的对策行为中，人们似乎更关注市场规制法领域所涉及的对策行为，如垄断行为、不正当竞争行为等，这与国情、经济法制的发展阶段等诸多因素都有关系。其实，对宏观调控法中的相关市场主体的博弈行为，如税收逃避行为等，也应当重视其法律评价。这不仅会直接影响相关法律的调整效果，也会影响对相关主体的法律保护。

学习内容 2 经济法责任

一、经济法责任的概念与特征

依据一般的法理，经济法责任，或称经济法主体的法律责任，是经济法主体因实施违反经济法规定的行为而应承担的法律后果。换言之，是因实施违法行为，侵害经济法保护的法益，而应受到的经济法上的制裁。

有观点将经济法主体的责任分为民事责任、行政责任和刑事责任，并认为经济法责任不具有独立性；也有人认为，经济法责任包含上述三类责任，恰恰是经济法责任的特殊性。随着相关理论的发展，人们越来越关注经济法责任的独立性问题。

如前所述，经济法是为解决现代问题而产生的高层次的法，因而它必然要以传统部门法的发展为基础，必然要与之存在密切的关系，人为地割断它们之间的内在联系是不对的。但是，这并不意味着经济法没有自己的责任形式，也不意味着经济法主体的责任只是传统部门法各类责任的简单相加或随机综合。

事实上，经济法主体的责任同其他部门法主体的责任有着明显的不同。例如，同民事责任相比，由于调制主体与调制受体并非处于同一层面，而是各自负有不同的职责和义务，因而它们所承担的法律责任必然与平等的民事主体所承担的民事责任有很大区别，并且，不同类别的经济法主体所承担的法律责任可能各不相同，而民事主体所承担的民事义务和相应的法律责任则一般是无差别的。

又如，同行政责任相比，由于调制主体与调制受体的权利义务同行政法主体的权利义务亦不相同，它不是在行政管理过程中发生的，因而相应的责任也不同于一般的行政责任。也就是说，调制主体与调制受体所需要承担的法律责任，并不是行政法上的行政责任。经济法责任的特征可以概括如下：

（一）经济法主体承担法律责任的双重性特征

经济法主体承担法律责任的双重性，是指其具体承担的法律责任，可能由"本法责任"和"他法责任"构成。其中，"本法责任"是经济法主体违反了经济法规范所应当承担的法律责任，此即经济法责任；而"他法责任"是指经济法主体在违反了经济法规定的同时，也违反了其他部门法规范，从而也应承担相应的法律责任，这些责任不属于经济法责任，如民事责任、行政责任等。

譬如在宏观调控法中，调控主体如果不能依法有效地进行宏观调控，就需要承担宏观调控法所规定的法律责任；同时，因其也违反了相关的组织法甚至宪法的规定，故也应当承担相应的责任。

在我国现行立法中，由于诸多方面的原因，对于调控机关或规制主体本身的责任一般不直接作出规定，而往往是通过对调控主体的相关工作人员的行政责任甚至是刑事责任规定来体现。这主要是因为作为非营利性组织体，调制主体在保障公共利益方面负有连续责任，需要持续地对社会公众负责，因而在目前的情况下，往往很难直接追究相关机关民事责任或刑事责任，于是，只能由其相关工作人员代其承担法律责任，而调制主体本身要承担道义上的、政治上的责任。

在经济法责任的承担上，本法责任是第一位的，他法责任是第二位的。没有本法责任，就谈不到他法责任。在经济法的具体立法上，存在着两种责任的融合，往往使人不易察觉和确定经济法本法责任的存在及其形式。要发现和解决这些问题，不仅需要立法质量与技术水平的进一步提高，也需要学界转变传统法学观念，以发现问题的实质。

其实，同上述的双重性特征密切相关，如果从实证的角度来看，经济法主体在责任承担上具有"非单一性"的特征，即经济法主体所承担的责任并非单一，表现为存在着多种责任的竞合。这主要是因为经济法主体的违法行为不仅会侵害具体的个体利益，而且还会侵害公共秩序和公共利益。因此，经济法主体往往不仅要承担民事责任和行政责任，而且还可能受到刑事制裁，这也是为什么在形式意义的经济法中往往有承担刑事责任的规定的重要原因从中外经济法的具体立法来看，在税法、金融法、反垄断法与反不正当竞争法、消费者保护法等立法中，都可能有刑事责任方面的规定。

上述承担责任的双重性或非单一性，与法律责任的社会性有关。由于经济法上的法律责任制度与其所保护的社会公益密切相关，因而经济法对违法行为的制裁，是站在全社会的高度上的，既然经济法主体的违法行为不仅可能侵害第三人的利益，而且还会侵害社会公益，如宏观调控不当，就可能给社会、经济发展带来很大的损害；如果市场规制不当，则可能会严重损害市场秩序。因此，经济法主体的违法责任应当比民事责任和行政责任的规定更加严格。其责任承担的目标、内容、方式，不仅有经济性的，而且有社会性的；不仅有补偿性的，而且还有惩罚性的，从而要融入更多的关于社会成本的考虑。这与民商法上主要考虑对私人成本的影响还有所不同。

（二）经济法责任的经济性

经济法责任具有突出的经济性，因而经济法上的责任主要是经济性的责任。在传统的法律制度中，经济性责任被分散到民事、行政和刑事责任中，但其共有的经济性往往被忽视。在经济法上，尤其应当关注责任的经济性，因为经济法主要是通过引导人们的趋利避害的行为来实现其调整目标的，经济性责任能够在规范人们的行为方面发挥重要作用，并确保经济法的实效。经济性既是说明经济法责任与传统法责任的内在联系的纽带，也是论证经济法责任独立性的重要角度。

（三）经济法责任的规制性

经济法责任具有突出的规制性。由于经济法的调整要把积极的鼓励促进和消极的限制禁止结合起来，它并不单纯强调传统法上的限制或禁止，因而在经济法上的法律后果，并非只是消极的法律后果，而是也可能包括积极的法律后果。事实上，积极的"励进"和消极的"限禁"，是相得益彰的。消极的"限禁"与经济法责任相一致，而积极的"励进"则与经济法褒奖相统一。因此，不仅要研究狭义的经济法上的责任，而且还可以从其反面，来研究经济法上的褒奖。

　　经济法上的褒奖，可能是一个新的范畴。经济法责任是由于违反经济法上的义务，而受到经济法的问责与处罚；而经济法褒奖，则是由于积极地履行经济法上的义务，而受到经济法的褒扬与奖励。因此，经济法上的责罚与经济法上的褒奖，应当是同规制性相对应的。

　　从规制性的角度来看，经济法上的评价不仅有责罚，而且还有褒奖。因此，有时还可以通过相关的褒奖，来从另一个侧面研究责罚问题。事实上，在给一方责罚的同时，有时也就是给另一方的褒奖（如市场规制法规范中规定的3倍的惩罚性赔偿，就有人认为是对受害主体的一种奖励）。从规制性的角度，有助于更为全面地理解经济法责任的独立性。

二、经济法责任的分类

　　根据传统的责任理论，法律责任的具体形态可能有多种，其中，最为重要的是民事、刑事、行政这三种责任形态，有时还可能追加违宪责任，从而形成所谓"三大责任"或"四大责任"。这样的分类主要是以行为人所违反的三个或四个主要部门法为基础的。但由于部门法并不仅限于上述几个，上述分类并未穷尽，且部门法的划分本身就存在诸多问题，因此，以所谓"三大责任"或"四大责任"的分类并不宜简单套用于各类法律。由于部门法的划分在整体上是一种"异面"划分，不仅会有许多遗漏，而且在局部上还可能存在一些交叉。

　　法律责任被视为是违反法定义务所应承担的法律后果，依据该后果的具体情况，可以对经济法责任进行不同分类。除了按照所违反部门法的属性这一常见标准进行分类外，还可以按照承担责任的主体、追究责任的目的、承担责任的性质等标准，提出一些同样有重要价值的分类方法：

　　第一，按照承担责任主体的不同，可以先分为违反宏观调控法的责任和违反市场规制法的责任两类依据违法主体的不同，可以分为调制主体的法律责任和调制受体的法律责任，或者细分为国家责任、企业责任、社团责任、个人责任，等等。

　　上述法律责任，还可以做进一步的划分。例如，违反宏观调控法的责任，可以分为财政法律责任、税收法律责任、金融法律责任、计划法律责任等，同时，每类法律责任又可以再作出进一步的细分。例如，财政法律责任，可以再分为预算法律责任、国债法律责任等；而金融法律责任，则可以再分为银行法律责任、证券法律责任等。上述各类责任是违反相应的调控法律制度而应承担的违法后果，因此，并不是传统的行政责任或民事责任。

　　第二，对于各类主体的法律责任，也可以作进一步的划分。由于在经济法领域，主体的责任都是"角色责任"，不同的经济法主体都要具体地扮演不同的法律角色，享有不同的职权或权利，履行不同的职责或义务，因此，各类主体实际所要承担的责任并不相同。不同的调制主体或调制受体，在违反不同的经济法规范的情况下，可能承担不同类型的法律责任。据此，虽然都是调制主体，但计划主体、征税主体、中央银行等所承担的经济法责任可能在依据、类型等方面各不相同；虽然同为调制受体，但纳税主体、竞争主体等所承担的经济法责任也存在诸多不同。在经济法主体呈现"多面性"的情况下，主体的责任与主体所从事的行为直接相关，并可能会因违反不同的法律而承担不同的责任。

经济法主体所承担的责任，不仅因主体的角色不同而不同，同时，还因对各自具体法定义务规定的不同，而在法律责任的规定上各异。因此，经济法责任不仅是角色责任，而且也是法定责任。

例如，在某些宏观调控法律规范中，如果是以规定调控主体的义务为主，则有关调控主体的法律责任的规定也应较多，这样才能确保法律的有效实施，才能使调控主体义务的履行落到实处。同理，如果在市场规制法中对受制主体的义务规定较多（如反不正当竞争法中对经营者义务的规定相对较多），则其法律责任的规定也应较多。

第三，按照追究责任的目的，可以把法律责任分为赔偿性责任（或称补偿性责任）和惩罚性责任。这在各个部门法上都可以广泛适用。例如，民法上的损害赔偿、税法上的滞纳金等，一般都被看作是赔偿性或称补偿性责任的形式；而财产罚、自由罚、声誉罚等，无论是侧重于物质还是侧重于精神，无论是体现为传统的刑罚还是行政罚，抑或新型的某种"罚"，往往会被看作惩罚性责任的形式。同理，经济法主体可能承担的诸多责任，既可能是对私人主体和公共主体损失的一种补偿，也可能是对违法行为人的一种惩罚。因此，赔偿性责任并非都是民事责任，惩罚性责任也并非都是行政责任或者刑事责任。

第四，依据责任的性质，还可以把法律责任分为经济性责任和非经济性责任，或财产责任和非财产性责任。由于明确责任的重要目的在于"定分止争"，而各类纷争实际上都与一定的利益相关联，因此，要使法律保护的法益不受侵害，就必须注意经济上的补偿或惩罚从而使罚款、罚金、没收财产等经济性责任的追究较为普遍。但除此之外，非经济性的责任也很重要，如政治责任、社会责任、道义责任等，若已体现在具体的立法上，则同样亦属经济法研究需予关注的重要责任类型。

可见，法律责任的分类标准是多方面的，并非只是单一的"三大责任"或"四大责任"。不同类型的责任之间可能存在一定的交叉和内在关联，各个不同的部门法可能只是对某类责任形式更为侧重，但未必意味着要排除其他的责任类型。无论是赔偿性的还是惩罚性的责任，也无论是经济性的责任还是非经济性的责任，同样可能体现或贯穿于多个部门法的责任体系。

例如，从赔偿性责任和惩罚性责任的分类来看，在违反民法所要承担的法律责任中，损害赔偿就具有赔偿性或称补偿性，而惩罚性的违约金则具有惩罚性；在违反行政法所要承担的法律责任中，国家赔偿就具有补偿性，而罚款则具有惩罚性，等等。

此外，经济性责任与非经济性责任的分类，也可以适用于诸多部门法。例如，在因违反民法而可能承担的法律责任中，经济性的责任可以是损害赔偿、违约金等形式，而非经济性的责任则可以是赔礼道歉、消除影响、具结悔过等；在违反行政法所承担的法律责任中，经济性的责任可以是罚款、没收财产等；非经济性的责任形式则可以是记过、开除等形式；在违反刑法所承担的法律责任中，所受的自由罚是非经济性的责任，而所受的财产罚则是经济性的责任，等等。当然，经济性责任同非经济性责任也存在内在关联。

三、不同主体的责任差异及其可诉性

与可诉性由于经济法的两类主体的权源不同，其权利或权力的法律依据不同，相应的义务各异，因而所需承担的违法责任也不同。这是"责任法定"的体现。

事实上，经济法主体的角色不同，其身份和地位、行为目标和宗旨有别，法律待遇或权利与权力各异，决定了其违法责任的不同，从而形成了不同的"角色责任"。例如，调制主体的权力和义务来源于宪法性的组织法或称体制法，并在经济法上加以明确，其违反法定义务所需承担的责任，就不可能是民事主体承担的私法性质的责任，而应当是公法性质的责任，甚至是违宪责任。

由于调制主体与调制受体的责任存在差异，对其能否追究责任以及如何追究责任，在法律规定上会有所不同，因而在可诉性方面也有很大不同。通常，调制受体的责任，同一般的市场主体在其他法域中应承担的责任在"形式"上并无大异，因而在可诉性方面并不存在特别的问题。但在调制主体责任领域，则无论在制度设计还是理论研究方面，都还存在着很多盲点与难点，这在可诉性的问题上体现得尤其突出

从经济法的部门法领域来看，在市场规制法领域，由于相关主体及其责任一般是可以特定化的，因而可诉性问题并不突出。但在宏观调控法领域，由于调制主体的行为往往被认为属于抽象行为，并因而在现行制度上不具有可诉性，要追究其责任比较困难。由于调制主体本身的角色就具有多重性（如既是调制主体，又可能是行政主体或立法主体，等等），它在保障经济和社会稳定发展，保障社会公共利益，或者是其他的公共物品提供方面，具有十分重要的作用，因而一般很难让它歇业、关闭，或者处以自由罚；同时，由于经济来源的财政补偿性，处罚的经济后果最终还是要由纳税人来承担，一般也很难对其进行有实际意义的经济处罚，因此，通常只能由相关的直接责任主体承担直接责任，而调制主体则承担政治责任（如内阁辞职或阁员辞职等），并由此付出"合法性减损"或"信用减等"的代价。

在宏观调控法领域，与调制受体有关的情况可能有两类，一是，在调制受体可以特定化的情况下，相关损害或所造成的侵害是易于明确、可以计量的，如具体的预算单位、纳税人、银行的违法行为等，此类情况是可以归责的；同时，调制主体对于各类具体主体可能造成的损害，也是大致可以计量的。二是，当调制受体为不确定的多数人，且具体的个体足够多，以及调控主体并无过错但却造成了客观损害时，在可诉性上存在着一定的问题。是否要追究调控主体的责任，以及如何追究其责任，往往是制度设计上的重要难题。

四、经济法责任的主要形态

如前所述，经济法责任的主要形态，既可能是赔偿性责任，也可能是惩罚性责任；既可能是经济性责任或称财产性责任，也可能是非经济性责任或称非财产性责任；既可能外现于一些实然规定，也可能内潜于一些应然形态。在各类责任形态中，有些形态已经引起了人们的关注，如国家赔偿、超额赔偿、实际履行、信用减等、资格减免、引咎辞职，等等。下面着重以赔偿性责任与惩罚性责任为例，来分析经济法具体责任形态的特殊性。

（一）赔偿性责任

经济法主体可能承担的赔偿性责任，主要有两类：一类是国家赔偿，一类是超额赔偿。国家赔偿的主体是国家，但又与行政法上的国家赔偿不同；超额赔偿的主体是市场主体，但又不是一般的民事主体，因为经济法上的责任都是"角色责任"。

经济法上的国家赔偿，不是狭义上的行政赔偿或司法赔偿，而可能更主要的是立法赔偿，因为在严格的"调制法定原则"的约束之下，调制主体的调控失当，往往与立法上的失误或者立法性决策的失误有关，因而当其给国民造成损害时，就不应当给予一般的行政赔偿或司法赔偿，而应当给予立法赔偿。这与传统的国家赔偿的发生原因、存在领域、制度目标、法律依据、赔偿对象、基本理念等，都是不同的。

与国家的赔偿性责任相关联，国家还可能承担一种"实际履行"的责任。因为国家或政府的主要责任，就是提供公共物品，如外部竞争环境的营造，市场秩序的维持，必要的宏观调控等等。如果政府不作为，有时就会对调制受体产生不良影响，因而在上述公共物品提供的领域，需要政府"实际履行"。

国家赔偿责任主要是由调制主体来承担的。除了国家的赔偿性责任以外，在经济法上还必须关注调制受体之间存在的超额赔偿。通常，各类法律制度所涉及的赔偿责任，主要包括等额赔偿、少额赔偿、超额赔偿三种类型。其中，民事责任中的损害赔偿一般要求等额赔偿，因而具有补偿性；狭义的国家赔偿制度，一般实行少额赔偿（即受偿主体往往不能得到等额或足额补偿）；而在经济法上，则强调超额赔偿，如市场规制法中的双倍赔偿、三倍赔偿制度等。所谓超额补偿，同样也是相对的，实际上是强调在对私人成本进行补偿的同时，对违法行为导致的社会成本也要进行补偿，这样，同传统的赔偿相比，就看似是超额补偿。这也是经济法责任同传统法律责任的不同之处。

上述的超额赔偿责任，也有人称之为惩罚性赔偿（Punitive Damages），其称谓表明，它带有一定的惩罚性，因此，它在一定的意义上，反映了赔偿性责任与惩罚性责任的结合，反映了人类在责任运用和责任创新方面的发展，同时也说明，研究赔偿性责任的同时，也必须关注惩罚性责任。

（二）惩罚性责任

通常，在给私人造成损害的情况下，只要依据私法的规定来确立和追究赔偿责任，就可以使私人损害得到补偿。但是，如果违法者损害了社会公共利益，给更多的或不特定的主体，造成了更大范围的秩序损害的情况下，就必须在尽量补偿私人损害的同时，对其予以更为严厉的惩戒和处罚，使其承担惩罚性责任。这在市场规制法中体现得尤其突出。

由于违法主体不同，其所受经济或财政方面的约束不同，所能够承担的责任及其具体形式，以及权利人所获得的补救措施也不同。随着法律的发展，对违法者的惩罚，就不仅限于罚款、罚金，也不仅限于金钱罚或自由罚，而是还可以包括资格罚、能力罚、声望罚等，这些惩罚直接影响市场主体的行为能力，因而会对其产生根本性的甚至是致命的影响。

　　与上述的资格、能力、声望等方面的惩罚性责任相对应，经济法上的信用减等、资格减免等惩罚性措施，也有着不同于传统责任形态的特点。

　　例如，在资格减免方面，国家可以通过对经济法主体（特别是调制受体）的资格减损或免除，来对其作出惩罚。因为在市场经济条件下，主体的资格非常重要，它同主体的存续、收益等都紧密相关。因此，取消各种资格（如吊销营业执照、褫夺其某种经济法主体的资格），使其失去某种活动能力，特别是进入某种市场的能力，无疑是对经济法主体的一种重要惩罚。

　　在信用减等方面，由于市场经济通常被称为"信用经济"，因此，如果对某类主体减降信用等级，则同样是一种较重的惩罚。在普遍实行的信誉评估制度、纳税信息公告制度、各种"黑名单"制度等相关制度中，都可能涉及信用减等措施。此外，国家信用的下降或减等，也可以视为一种广义上的责任形式。

　　此外，在惩罚性责任中，罚款是很常用的形式。对于罚款、惩罚性的违约金、罚金等责任形式，过去人们过于强调其部门法归属，但它们在经济实质上是没有区别的，因而不能认为罚款就是行政法所特有的责任形式，在经济法上，同样可以有罚款的责任形式。

学习内容3　经济法实施

一、经济法实施的体制

　　法律实施，即法律规范在社会生活中的贯彻和实现。它既指法在实际上调整一定社会关系并产生一定社会效果的过程，也指国家有关法律实施的各种制度。法律实施是在国家严格控制之下的，国家建立一系列制度保障该过程的实现。法律实施体制属于国家法治范畴，是整个法治运动中的一个重要环节。法律实施体制既包括有关立法中确立的诸如实施机关、实施程序等规定，还包括在立法以外国家采取的其他各种措施，如法治宣传教育、道德措施、纪律措施等。

　　法律实施体制包括法律的遵守和法律的适用两个方面。遵守法律是法律实施的基础，是其最基本的一个方面。国家需要采取各种措施，教育、鼓励国家各级机关及其工作人员和广大人民群众自觉遵守法律。这些措施包括：广泛进行法治宣传教育，增强人们的法律意识和遵守法律的自觉性，树立"守法光荣"的道德标准；制定各种规章制度（包括乡规民约），把自觉守法纳入各种纪律规范，引导人们遵纪守法；建立各种奖励制度，表彰遵纪守法的人和事。奖励制度包括两种性质的奖励：一是对模范遵守纪律的奖励，二是对模范地、成绩显著地遵守提倡性法律规范的一种法律后果形式的奖励。这两种奖励都是鼓励人们自觉遵守法律的重要手段，但它们有着许多不同特征。例如，奖励适用依据不同，前者依据各机关、团体、企事业单位制定的纪律、规则，后者依据国家制定的法律规范；奖励适用主体和程序不同，前者适用主体通常为制定纪律性规范的单位，并按该单位规定的程序和办法施行，后者适用主体为执法机关，施行办法和程序一般由法律作了规定；奖励适用对象不同，前者为模范遵守纪律规范者，后者为模范遵守法律规范者，后者适用对象的范围较前者更具普遍性。两种奖励在奖励形式、效力等方面，也各有不同。虽然对于遵守纪律的奖励本身不属于规范结构的一个要素，但它对于保障法律的实施有重要作用，因此也属于法律实施体制的一项内容。

经济法是政府调节市场经济之法，而现代国家调节社会经济重在采取引导和间接调控方式，教育和鼓励人们遵守法律显得尤其重要。这方面的各种制度是经济法实施体制的十分重要的内容。

法律实施体制还包括法律适用制度，即对于违反法律的确认和处理方面的制度和它是法律实施体制的一项核心内容。法律适用，是指有关国家机关依据法律（实体法）的行为规则及法律后果，并按照法律（程序法）规定的程序，对当事人的具体行为是否遵守或违反以及遵守或违反的情节进行认定，并决定当事人是否和怎样承担具体的法律后果的活动或指上述活动中的各项制度。

法律适用包括对某具体行为是否违法及违法情节进行认定，并决定行为人是否和怎样承担法律责任、是否和怎样受到法律制裁，还包括对某具体行为是否遵守及遵守情节进行认定，并决定行为人是否和怎样接受肯定式法律后果、是否和怎样受到奖励。但由于法律侧重于强行性规范和法律制裁，提倡性规范和奖励未引起足够重视，也未建立过相应的制度，因此所谓的法律适用一般指前一种情况，即对于行为违法的认定处理。

法律适用可根据适用机关与适用程序等的不同，划分为司法与行政执法两种：司法是指专门司法机关处理案件的活动；行政执法则指国家行政机关及国家授权的其他机关依据法定职权和程序适用法律的活动。

二、经济法适用的特殊性

（一）经济法执法主体的突出重要性

"法律的生命在于实施"，正因如此，执法才被作为法律运行中的核心环节。事实上，执法因素对经济法运行的影响非常巨大，因为依据调制法定原则，在执法环节，调制主体必须依法办事。

经济法运行与传统部门法运行的一个重要区别是，经济法实施的主体，主要是政府，而不是法院。因此，经济法实施，更侧重于积极的执法，而不是消极的执法。由于政府是最主要的执法主体，在经济法实施的过程中，扮演着极为重要的角色，从而使执法因素在经济法运行中具有特殊的重要性。

从通常的观点来看，政府性的调制主体在执法活动中，一般都拥有准立法权、准司法权，不仅可以自行制定或解释相关的经济法，而且还可以进行经济法的某些司法性活动，从而其执法行为会对经济法的运行产生十分重要的影响。正是由于政府性调制主体对于经济法的运行具有特别重要的作用，因而对其行为必须要设定法律上的边界。

目前，在经济法运行过程中存在的突出问题，恰恰是政府性调制主体超越职权或滥用职权，以及职权不清等所带来的诸多问题。要严格实行"调制法定原则"，就必须考虑哪些立法权应当完全由立法机关行使，而不能由政府性的调制主体超越其职权去行使。同时，必须对执法主体享有的法律解释权进行限制，防止其滥用该权力，以免对经济法的良性运行产生负面影响。

在实践中，无论是财政部门、税收部门、中央银行、金融监管部门，还是涉及价格、质量、技术等方面的市场监管部门，都需要注意依法调控，合法规制，全面贯彻依法调制原则。根据前述的行为理论，调制主体的行为可能既包括基础性行为，也包括高层次行为。而在一些基础性行为方面，往往容易存在很多问题，如预算支出问题、转移支付问题、政府采购问题、税收征纳问题，等等，这些问题很容易影响内在于基础性行为并附加于其上的调制行为，亦即基础性行为的不规范性或违法性，可能会进一步影响调制行为的合法性，从而影响经济法的有效运行。

上述基础性行为，在实践中往往可能被看成是政府的具体行政行为，特别是税收征管、银行监管、价格规制、质量监管等，都可能被看作政府行为，这些行为能否依法实施，都会直接影响经济法的运行。

从总体上说，在经济法的运行中，政府是非常重要的。政府并不仅仅是行政法的主体，而是具有多种角色的。特别是负责经济法具体执行的政府性调制主体，其作用就更是值得重视。在传统的民法、刑法、诉讼法等领域，政府的作用并不突出，这是由各个部门法所产生的时代、所要解决的问题，以及部门法由此所具有的特点所决定的。同样是由于上述因素的影响，在经济法的运行方面，政府性调制主体的作用却是非常突出的。如果没有调制主体从事的上述基础性行为，就不可能有高层次的调制行为，就不可能有真正意义上的经济法的运行，或者说，经济法的运行只能停留在立法阶段，而不可能真正进入实施阶段。

在执法阶段，有一系列因素会影响经济法的运行。从法定原则的要求来看，对经济法实施产生重要影响的，当然首先是经济法的立法，但同时，相关的经济政策、社会政策等政策性因素，同样会起到非常巨大的作用。这些政策在一定时期，不仅可能成为未来立法的重要内容，而且还可能在实践中具体地填补法律的立法空白或漏洞，成为实际上被运用的一类规范。事实上，财政政策对预算、国债、转移支付等调制行为的影响，税收政策对税收征管的影响、货币政策对金融调控的影响、竞争政策对市场规制的影响等，都是非常巨大的。这种情况在各个国家都不同程度地存在着，是经济法的现代性在经济法运行方面的一种表现。

此外，经济法的制定与实施有时还会存在很大的距离，即使是在法治比较健全的国家，也不乏其例。学者的研究表明，美国1890年的《谢尔曼法》是一种妥协的结果，小商人和普通的中产阶级公民要求对托拉斯采取行动，大企业则进行反抗，国会只是在纸面上使托拉斯成为非法，但在法规中却没有建立执行法律的任何机制。在这种情况下，自然会对反托拉斯法的实施产生负面影响。这也是对经济法运行产生负面影响的重要实例。

（二）司法环节影响偏弱

对传统法律的运行而言，司法因素是至关重要的。但是，对于经济法的运行而言，司法因素虽然也很重要，但却不像传统法领域那样，地位至为显赫。之所以如此，是因为经济法所要解决的主要问题是市场失灵问题，主要是在执法阶段，通过依法实施宏观调控和市场规制来解决，即主要是通过积极的执法来实现经济法的目标。此外，传统的法律纠纷，主要是在法院解决，但在经济法等现代法领域却并非如此。在经济法实施的过程中，不仅在某些领域存在着一些可诉性不足，并由此影响法院对相关案件的审理，而且还可能由于政府权力膨胀或基于效率的考虑，而由政府部门通过准司法权前置等制度安排，使得司法因素的影响"缩水"，从而使司法因素对经济法运行的影响，远不及对传统部门法的影响。

司法环节是整个经济法运行的重要一环。诉讼作为纠纷解决的最终救济手段，经济法也概莫能外。如果经济法缺乏在法院等司法机关的适用，则整个经济法的运行机制就存在缺陷。在我国司法实践中，存在人民法院所审理的经济法领域的纠纷相对较少的问题，主要是由于立法、执法、司法的体制、认知能力等诸多原因造成的。随着经济法立法的日益完备，特别是有关法律责任规定的日益完备，司法因素对于经济法运行的影响将会增强。

如前所述，司法因素对于经济法运行的影响相对较小的一个重要原因，是在经济法的某些领域可诉性相对较弱。而对于市场规制领域的调制受体和调制主体而言，经由诉讼而获得救济的渠道是畅通的，因而可诉性问题并不突出；相对说来，在宏观调控领域，特别是对于宏观调控主体的抽象行为，往往在立法上欠缺可诉性。但这并非应然的状态。随着法治进程的逐渐推进，各类体制（特别是法院体制）的进一步完善，调控主体的抽象行为可能也会被逐渐纳入司法审查之列，对于调制主体的责任，也可能在司法领域展开全面的追究，那时，所谓经济法的可诉性相对较弱的问题，就能在很大程度上得到解决。

此外，基于效率等诸多方面的考虑，现代社会的纠纷解决，越来越多地会采用非诉讼的解决方式，如协商、复议、调解、仲裁等，从而使许多经济法上的纠纷，也可能在司法程序之外得以解决。特别是在经济法的相关立法中，往往有大量程序性的规定，调解主体享有一定的纠纷处理权，从而更有可能使一些纠纷被解决在司法程序之外。上述各种因素的存在，都会导致司法因素对于经济法运行的影响相对降低。

（三）经济法守法环节的特殊价值

在影响经济法运行实效的诸多因素中，守法因素的重要性已日渐为人们所重视。事实上，经济法的运行状况或态势如何，与守法的情况直接相关。守法因素对于经济法运行具有特别价值。

从守法的角度来讲，需要关注的问题主要是守法主体的法律意识，以及对法律的遵从度，而这个问题，又与经济法的合法性，特别是其实质意义上的合法性有关。

第一，从法律意识上看，经济法主体的法律意识普遍有待于提高。调制主体的行政法意识相对较强，而宪法意识、经济法意识、民商法意识则相对较弱。这当然与调制主体的特殊情况及其历史传承等有关。此外，调制受体的民商法意识相对较强，宪法意识经济法意识、行政法意识等则相对匮乏。因此，从总体上看，对于各类经济法主体而言，都必须大力提高其宪法意识和经济法意识。只有具备这些方面的法律意识，才有可能在守法方面取得更好的经济法运行实效。

第二，经济法运行如何，在很大程度上还取决于守法主体的遵从。如果相关主体不守法、不遵从，则经济法的运行实效就可能丧失殆尽。因此，在经济法的运行过程中，必须有效地解决主体的遵从问题，努力提高经济法的运行实效。

从具体情况来看，经济法上的遵从，体现为很多方面，例如，税法上的纳税人遵从问题，金融法上的商业银行、证券公司或保险公司等金融机构的遵从问题，竞争法上的经营者遵从问题，等等，都是需要关注的重要问题。如果不解决这些问题，经济法的良性运行也就无从谈起。

经济法主体对经济法的遵从，可能受制于文化因素，也可能来自第三种力量的支持，或者两者兼而有之。为此，学者们很关注诸如道德、良心、宗教等因素对主体的遵从行为的影响。事实上，影响经济法主体遵从的因素有很多，其中，利益或合法性是不应遗忘的重要因素。

经济法主体作为理性的"经济人"，必然有其利益追求。如果经济法实施有利于某类主体的利益实现，则该主体当然乐于遵从。如果经济法实施，与其利益追求相左，则该主体可能从事逃避、讨价还价或其他不遵从行为。因此，利益是非常核心的影响因素。经济法实施，必须兼顾各类主体的利益。只有兼顾各类主体的利益，经济法的立法和实施，才可能因取得"合法性"而呈现"良性"。

经济法的运行，必须具有合法性，这不仅体现在严格执行经济法的有关规定方面，或者说，不仅要具有形式上的合法性，而且更为重要的是实质上的合法性，即经济法必须真正平等地保护各类相关主体的利益，与宪政的基本精神保持一致，等等。唯如此，经济法才能得到广泛的遵从，经济法实施的效益也才会更好。

总之，除了上述执法、守法等因素外，经济因素、政策因素、社会因素等非法律因素对经济法实施也有重大影响。

三、经济法适用程序

（一）经济法适用程序概述

经济法适用程序也大致有三种情况：一是经济法特有的适用程序；二是普通行政执法程序；三是普通司法程序。目前各国对于反垄断法的适用，多规定了特别程序，对其他经济法规范的适用，则基本上按照普通行政执法程序和普通司法程序。

各国的反垄断法在规定实体权利义务的同时，往往同时规定程序法。例如各国立法都较详细地规定了对于各种垄断和限制竞争行为进行调查、登记、报告、扣押或没收财产并发布其他禁令、起诉、审理、处罚等程序，规定了各执法机关和司法机关在查处案件中的分工、衔接和配合。美国于1962年制定了《反托拉斯民事程序法》，规定了授权司法部强制企业在反托拉斯民事调查中提供有关资料和其他方面的程序，1974年通过《反托拉斯诉讼程序和惩罚法》，这些都是专门的经济法适用程序法。

各国基本都规定了各种行政执法程序。如我国《中华人民共和国行政复议法》（简称《行政复议法》），详细规定了申请复议范围和复议管辖、复议机构、复议参加人、申请与受理、审理与决定、期间与送达等行政复议程序。政府监管市场发生的许多争议也适用普通行政执法程序。

普通司法程序规定在各国的民事诉讼法、行政诉讼法或刑事诉讼法之中。许多经济性质的案件，除经济法中另有特别规定以外，也分别适用这些普通司法程序的规定。

（二）经济法适用程序的特殊性

在经济法适用程序问题上，中国经济法学界曾经存在两种较极端的观点：有的认为经济法作为一个独立部门法，在适用程序上也是"独立"的，要在传统"三大诉讼"之外，另建一套被他们称为"经济司法"的特有的经济法诉讼程序；有的则完全否认经济法适用程序特殊性，认为可以完全适用既存的民事诉讼程序、刑事诉讼程序和行政诉讼程序。作为独立部门法，主要在于它有其特殊的调整对象和任务，不在于必须建立另外一套法律适用程序。社会关系越来越复杂，法律体系中分立出的部门法越来越多，不可能每一个部门法都立一套自己的程序法。传统三大诉讼程序已经基本适应各种部门法的诉讼需要，另搞一套既无必要，也是不可能的。但经济法及其他一些部门法由于所调整的社会关系的一些特性，在诉讼程序上确实也总会有这样那样一些特点，未必能完全适用传统三大诉讼程序。因此，经济法纠纷的解决一般适用三大诉讼程序，仅就其特殊性制定某些特别的程序规定，如反垄断案件的处理。除司法程序外，在行政执法中，许多经济法案件的处理程序也有着许多特点的，可以根据具体情况作出适当规定。

（三）经济法适用程序的特殊规则

1. 域外适用制度。从空间维度看经济法的适用范围，通常人们关注的是经济法适用的空间效力。一般说来，法律主要是在立法者的管辖权所及的领域内适用，不同层级的立法适用的空间范围也各不相同。这些原理对于经济法也是适用的。除此以外，经济法的适用情况还可能更为复杂。它不仅涉及一国国内领域的法律适用问题，而且还涉及"域外适用"问题；不仅涉及一国的全境适用问题，还涉及局部地区的"特别适用"或"除外适用"问题；不仅涉及一国同外国在法律适用上的"国际冲突"，而且也涉及一个主权国家内部的"区际冲突"，等等。因此，在经济法的空间效力方面，既存在传统法律适用的一般问题，也有基于经济法自身的特殊性而产生的一系列问题。

例如，由于经济法主体、主体的行为或者行为的效果，都可能会跨越国境，从而产生跨国影响，并可能会侵害相关主体的利益，由此就产生了"域外适用"的问题。事实上，在税法、反垄断法、金融法、反倾销与反补贴法等领域，都可能存在"域外适用"问题。

2. 域内区际管辖冲突。除了上述的"域外效力"问题，在一国存在多种管辖权的情况下，还可能产生一国内部多种管辖权的冲突。事实上，经济法上的各种调制权都体现为不同领域的管辖权，正是在这个意义上，调制权和管辖权具有内在的一致性。由于各个国家体制有别，调制权的分配也各具特色，并可能在相关的不同国家机关之间，或者不同级次的国家机关之间进行分解与配置，因此，可能形成不同的管辖权冲突。

此外，在一国的各个地区之间，也可能会有管辖权或调制权的冲突问题。在我国，存在着各种类型的特殊区域，尤其是政治特区（如特别行政区）、经济特区（如已经在对外开放方面起到重要作用的经济特区，以及实际上享受着类似待遇的区域）的存在可能使经济法的适用也会受到影响。例如，保税区这种"国家保留征税权力的区域"，在空间上属于"境内关外"，只要商品在"关境"之外，则尽管其已进入"国境"之内，相关的税法规范也不适用，或者暂停适用。这说明经济法的适用与区域的特殊性直接相关。

其实，只要存在着诸多层次或不同类型的管辖权，就可能发生相关的管辖权冲突，从而会带来一国境内的经济法适用上的区际冲突。

此外，空间因素就像时间因素一样，也是对相关主体权利义务或职责权限的限定，同样也会对法律效力产生重要影响，有时还是导致法律效力减损的重要因素。

例如，宏观调控法的调整通常是覆盖全国的空间，而市场规制法的调整，则通常要考虑具体的"市场空间"，针对不同的"市场空间"，再作出不同的判定，这对于反垄断法尤其重要。类似的问题，在反不正当竞争法中，也同样存在。例如，对于驰名商标的界定与保护等很多问题，都涉及空间范围的问题。

一般说来，随着空间范围的扩大，法律的效力往往还会呈现一种递减的趋势。例如，法律在城市与乡村的实施，会有不同，在较为偏远的地方，国家法律的效力可能会递减；在跨越国界的地方，法律在适用上往往会发生很大的变化。我国地广人众、发展不平衡，经济法的适用需要针对这些现实问题，通过制度设计上的区别对待，来与调整的领域、对象的特殊性相对应。

训练项目一：关于经济法行为的案例分析

【训练目的与要求】

通过训练，能够掌握经济法行为制度，能够区分经济法行为与民事行政等法律行为，能够正确运用经济法行为规范与理论原理分析和解决经济法行为的实务问题与案例。

【实例训练】

案例： 2022年，面对复杂严峻的国内外形势和多重超预期因素冲击，我国强化宏观政策跨周期和逆周期调节，及时果断部署实施新的组合式税费支持政策、稳经济一揽子政策和接续措施。减税降费、退税缓税缓费并举，"重头戏"则是大规模增值税留抵退税。

从国家税务总局公布的数据来看，2022年，全国新增减税降费及退税缓税缓费超4.2万亿元，主要包括三部分：一是累计退到纳税人账户的增值税留抵退税款2.46万亿元，超过2021年全年办理留抵退税规模的3.8倍；二是新增减税降费超1万亿元，其中新增减税超8000亿元，新增降费超2000亿元；三是办理缓税缓费超7500亿元。

分行业看，制造业新增减税降费及退税缓税缓费近1.5万亿元，占比35%左右，是受益最明显的行业。同时，餐饮、零售、文化旅游、交通运输等服务业，新增减税降费及退税缓税缓费超 8700 亿元。

分企业规模看，小微企业和个体工商户是受益主体，新增减税降费及退税缓税缓费超 1.7 万亿元，占总规模的比重约四成；值得注意的是，有近八成的个体工商户在 2022 年无需缴纳税款。

问题：

1. 案例中的税费政策是基于何种原因出台？其目标和结果如何？

2. 结合案例，分析经济法中宏观调控行为的特点。

3. 结合案例，试比较宏观调控行为与市场规制行为的联系与区别。

核心提示： 2022 年的组合式税费支持政策、稳经济一揽子政策和接续措施是我国宏观调控的关键性举措。它有效减轻了企业负担、激发了创新活力，优化了经济结构，促进了居民消费，为宏观经济大盘的稳定发挥了关键作用。

训练项目二：关于经济法责任的案例分析

【训练目的与要求】

通过训练，学生能够掌握经济法责任制度，能够区分经济法责任与民事等法律责任。能够正确运用经济法责任规范与理论原理分析和解决经济法责任的实务问题。

【实例训练】

案例： 浙江 A 公司的下属公司近 40 名高级管理人员及技术人员先后离职赴 B 公司及其关联公司（简称甲方）工作，其中 30 人于 2016 年离职后即入职。2018 年，浙江 A 公司、浙江 C 公司（简称乙方）发现甲方两公司以上述部分离职人员作为发明人或共同发明人，利用在原单位接触、掌握的新能源汽车底盘应用技术以及其中的 12 套底盘零部件图纸及数模承载的技术信息（简称涉案技术秘密）申请了 12 件专利，且甲方推出的威某 EX 系列型号电动汽车，涉嫌侵害涉案技术秘密。乙方向一审法院提起诉讼，请求判令甲方停止侵害并赔偿经济损失及合理开支共 21 亿元。一审法院经审理认为，甲方公司侵害了乙方涉案 5 套底盘零部件图纸技术秘密，酌定其赔偿乙方经济损失及维权合理开支共 700 万元。乙方、甲方公司均不服，提起上诉。

最高人民法院二审认为，本案是一起有组织、有计划地以不正当手段大规模挖取新能源汽车技术人才及技术资源引发的侵害技术秘密案件。通过整体分析和综合判断，甲方实施了以不正当手段获取全部涉案技术秘密、以申请专利的方式非法披露部分涉案技术秘密、使用全部涉案技术秘密的行为。二审判决在总体判令威某方应立即停止披露、使用、允许他人使用涉案技术秘密的基础上，进一步细化和明确其停止侵害的具体方式、内容、范围，包括但不限于：除非获得乙方的同意，甲方停止以任何方式披露、使用、允许他人使用涉案技术秘密，不得自己实施、许可他人实施、转让、质押或者以其他方式处分涉案 12 件专利；将所有载有涉案技术秘密的图纸、数模及其他技术资料予以销毁或者移交乙方；以发布公告、公司内部通知等方式，将判决及其中有关停止侵害的要求，通知甲方及其所有员工以及关联公司、相关部件供应商，并要求有关人员和单位签署保守商业秘密及不侵权承诺书等。考虑威某方具有明显侵权故意、侵权情节恶劣、侵害后果严重等因素，对甲方 2019 年 5 月至 2022 年第一季度的侵权获利适用 2 倍惩罚性赔偿，甲方应赔偿乙方经济损失及合理开支约 6.4 亿元。为保障非金钱给付义务的履行，二审判决进一步明确如甲方违反判决确定的停止侵害等非金钱给付义务，应以每日 100 万元计付迟延履行金；如甲方擅自处分 12 件专利，应针对其中每件专利一次性支付 100 万元等

问题：

1 案例中二审法院为什么判决被告承担违反非金钱义务履行的延迟履行金的责任？请阐明理由。

2. 案例中的惩罚性责任的适用，其理由是什么？

3. 结合案例，阐述经济法惩罚性赔偿制度的由来、特征及适用条件。

核心提示： 案件中，人民法院在整体判断与认定侵害技术秘密行为的基础上，考虑威某方具有明显侵权故意、侵权情节恶劣、侵害后果严重等因素，适用惩罚性赔偿法律规定确定赔偿数额。同时，还对于停止侵害民事责任的具体承担及非金钱给付义务迟延履行金的计付标准等进行积极有益的探索。

<h3 style="text-align:center">训练项目三：关于经济法适用的案例分析</h3>

【训练目的与要求】

通过训练，能够掌握经济法适用制度，能够正确运用经济法实施规范与理论原理分析和解决经济法实施的实务问题与案例。

【实例训练】

案例 1： 2014 年，缪某从 A 汽车销售服务公司（简称 A 公司）购买涉案车辆。2016 年，上海市物价局作出涉案处罚决定书，认定在 2014 年分销汽车过程中，B 汽车销售公司（简称 B 公司）存在与上海地区经销商达成并实施限定向第三人转售商品最低价格垄断协议的事实，责令其立即停止违法行为，并处以上一年度相关销售额 4% 的罚款。缪某认为，其于 B 公司实施上述纵向垄断协议期间购买涉案车辆，其合法权益受到了涉案垄断行为的侵害，故向一审法院起诉，请求判令 B 公司赔偿其购车损失 1 万元及维权合理开支 7500 元，A 公司对上述损失承担补充赔偿责任。一审法院以证据不足为由判决驳回缪某的诉讼请求。缪某不服，向最高人民法院提起上诉。

最高人民法院二审认为，反垄断执法机构认定构成垄断行为的处罚决定在法定期限内未被提起行政诉讼或者已为人民法院生效裁判所确认，原告在相关垄断民事纠纷案件中据此主张该垄断行为成立的，无需再行举证证明，但有相反证据足以推翻的除外。基于本案证据可以认定有关垄断行为和损失，故撤销一审判决，改判支持缪某全部诉讼请求。

问题：

1. 结合案例，分析反垄断执法与司法的特殊性。

2. 结合案例，分析反垄断执法与司法程序应如何衔接？

3. 试分析最高人民法院二审改判的理由。

核心提示：反垄断执法机构作出行政处罚后，消费者就垄断行为主张损害赔偿的民事诉讼，即反垄断后继诉讼。该案裁判明确了后继诉讼中原告的举证责任，有利于切实减轻原告举证负担，有效强化反垄断民事救济，对于反垄断行政执法和司法衔接机制的落实具有示范意义。

案例 2：2024 年 4 月 16 日，北京市大兴区市场监管局依法对北京 A 公司使用未经定期检验的压力容器和未经安装监督检验的压力管道的违法行为，责令当事人改正，并作出罚款 11 万元的行政处罚。

2023 年 12 月 4 日，执法人员对当事人位于北京市大兴区中关村科技园区内供热机房进行特种设备检查时，发现供热机房在用并直接相连的 2 台压力容器和压力管道，当事人无法提供压力容器定期检验报告和压力管道安装监督检验报告。经查，当事人为上述特种设备的使用单位，未办理上述压力容器的特种设备使用登记且未按要求进行定期检验。

问题：

1. 结合案例，分析经济法实施中行政执法的事前性与事中性，与民事司法的事后性有何关联与区别？

2. 结合案例，从经济法与司法诉讼的比较视角，分析经济法在执法环节的突出重要性。

核心提示：压力管道作为一种对群众人身财产安全有较大危险性的特种设备，一旦发生问题不仅会造成人员伤亡，还可能损坏附近设备造成二次爆炸或火灾。

市场监管部门将持续加大特种设备领域执法力度，严查安全生产领域违法行为，督促企业严格落实主体责任，杜绝安全隐患。

当事人行为违反了《中华人民共和国特种设备安全法》（简称《特种设备安全法》）第 32 条第 1 款、第 40 条第 3 款的规定。大兴区市场监管局依据《特种设备安全法》第 84 条第 1 项的规定，作出上述行政处罚。

第二模块　企业法

学习目的与要求

　　了解企业法的基本体系，学习并掌握公司法、合伙企业法和个人独资企业法的主要内容。理解并能灵活区别三种经济组织形式的不同，对实务中出现的问题能够及时准确地加以分析，并提出解决方案。

学习重点与提示

　　公司法的基本原理与主要制度；合伙企业法的基本原理与主要制度；个人独资企业法的基本原理与主要制度。

学习单元一　公司法律基础与案例分析

单元知识体系导图

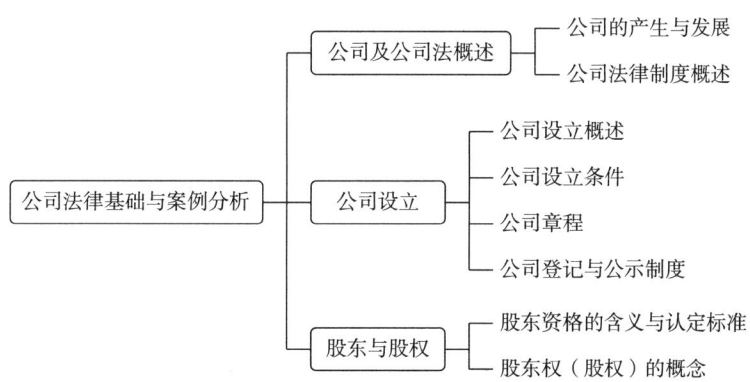

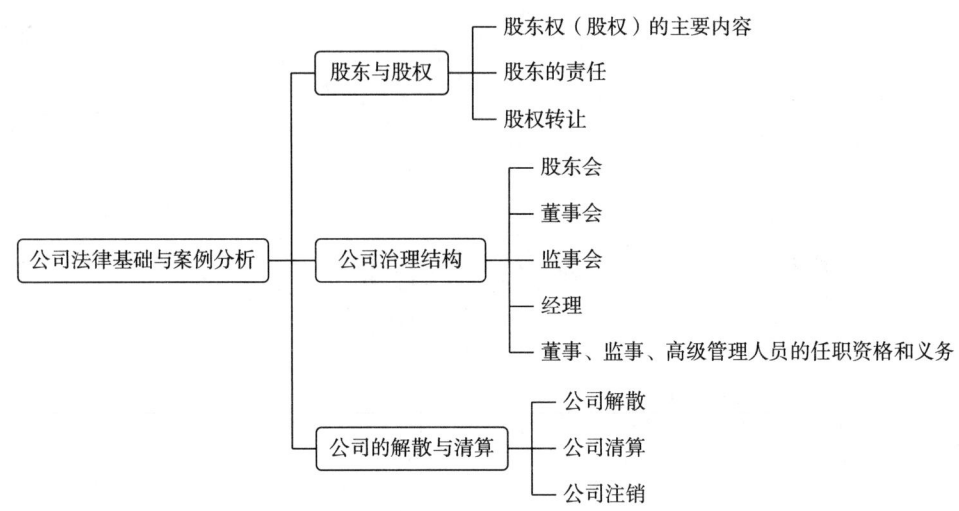

学习内容 1 公司及公司法概述

一、公司的产生与发展

（一）公司萌芽时期

在 14、15 世纪，文艺复兴背景下的欧洲，资本主义的生产关系正在商品经济比较发达的地中海沿岸城市萌芽。随着地中海沿岸海上贸易的不断发展，资本家为了获取利益同时规避海运风险，康曼达（Commenda）商事契约应运而生。康曼达的主要特征是，资本所有者不参加经营管理，将资本托付给船舶所有者或其他人，由其经营管理，此中经营模式一定程度上体现了法人成员有限责任的运用。除此之外，索塞特（Societas）作为一种在中世纪欧洲由家族经营发展而成的一种合伙团体，也被广泛承认。索塞特制度下，经营者拥有代理权，资本所有者负无限责任。

萌芽期公司的特征如下：其一，这些组织不具有法人主体资格。康曼达与索塞特开始只不过是契约关系，甚至谈不上是商业组织。只是到了中世纪的后期，随着社会经济的发展，这些较为松散的团体或契约关系才逐渐形成稳定的商业组织。在形成稳定的商业组织后，它们已经有了事实上的独立地位，以企业的商号从事经营，但是尚未被国家赋予法人地位。因此，从严格意义上来讲，它们并非私法人；其二，这些组织的成员并未普遍获得有限责任。有限责任的因素只在康曼达中才存在，但它只是企业部分成员的有限责任，而并非全体成员的有限责任；其三，这些组织绝大多数都是依商事习惯而存在，非依成文法律而存在。

（二）近代公司的发展

16 世纪末 17 世纪初，荷兰、英国等国家逐渐开始了殖民争夺。王权的行使与商人的利益达成了短暂妥协，进而产生了类似于股份有限公司的新型商业组织。1600 年，为了垄断东方贸易，英国商人在伊丽莎白女王特许下，率先成立了股份制的英国东印度公司。英国与荷兰的东印度公司树立了以特许主义方式设立股份公司的原型，其特许状成为其后荷兰甚至欧洲大陆一般的股份公司的样板。自此具有法人地位的股份公司以星火燎原之势在欧洲蔓延。1807 年,《法国商法典》第一次对股份有限公司作了完备、系统的规定。

近代公司已普遍拥有了现代公司的基石之一——法人地位,与原始公司相比较,这是近代公司的一个巨大进步。然而,它与现代公司有着明显的差别:其一,近代的特许公司带有浓厚的王权色彩。不仅它的成立是基于王室的特许状,而且它成立后也履行着一定的国家职能;其二,公司股东的有限责任未能确立。虽然有的特许公司经特别授权而使其股东享受有限责任,但总体来说,无限责任仍是这一时期整个社会的共识;其三,集资是公司设立的主要目的。由于近代特许公司大多从事远洋贸易或公共服务等特殊的行业,个人远远不可能提供公司运作所需的全部资金,因而集资成为近代公司设立的根本动因。

（三）现代公司的发展

现代公司是指自 19 世纪中后期开始出现的依成文公司法设立的、具有独立法人地位、其股东享受有限责任并且组织机构完善的公司。

19 世纪中叶,以蒸汽机的发明为标志的第一次工业革命使社会经济发生了翻天覆地的变化,以机械生产为手段的新工业经济呼唤着更大的资本投入和更有效的资本利用方式。因此,现代公司——这种堪与蒸汽机的发明媲美的新的生产组织方式应运而生。在 19世纪上半期风起云涌的公司立法中,公司走向了现代化。1807 年,法国开欧洲各国之先河,颁布了影响深远的《拿破仑商法典》,首次普遍地赋予股份公司股东以有限责任之特征。此后,随着拿破仑的征服行动,该法律成就被西班牙、意大利、瑞士等国所采纳。美国各州于 18 世纪上半叶几乎是以竞争的方式,以成文法的形式确立了股东有限责任。现代公司与近代公司在法律上的进步就在于股东有限责任的普遍确立以及公司治理结构的日趋完善。以公司法人独立人格与股东有限责任为基本支撑的现代公司制度最终得以确立,并在现代经济中发挥着越来越重要的作用。

二、公司法律制度概述

（一）公司法与公司章程

公司法有广义和狭义之分,狭义的公司法是指《中华人民共和国公司法》(简称《公司法》),广义的公司法是指规定公司的设立、组织、活动、解散及其他对内对外关系的法律规范的总称。除包括《公司法》外,还包括其他法律、行政法规中有关公司的规定。

根据我国《公司法》第 2 条的规定,本法所称公司,是指依照本法在中华人民共和国境内设立的有限责任公司和股份有限公司。有限责任公司的股东以其认缴的出资额为限对公司承担责任;股份有限公司的股东以其认购的股份为限对公司承担责任。公司是企业法人,有独立的法人财产,享有法人财产权。公司以其全部财产对公司的债务承担责任。公司的合法权益受法律保护,不受侵犯。公司股东对公司依法享有资产收益、参与重大决策和选择管理者等权利。

（二）公司法的特征

1. 私权团体人格法（组织法）。一是，公司法作为私权团体人格法（组织法），与个人人格法不同。法人属于团体人格而不是个人人格，团体人格是法律设计的结果，具有很强的人为性。比如允许哪些法人存在，具有人格的标志包括哪些，法人如何产生、变更和终止等都需要法律作出明确的规定。传统的公司法理论将公司划归为社团法人，公司法就是规范公司这种法人团体组织和行为的法律。二是，公司法作为私权团体人格法（组织法），与公权团体人格法（组织法）等不同。其区别主要在于，公司法规范的主体主要是以营利为目的，公权团体人格法（公共机构组织法）规范的主体主要是以公共利益和秩序为目的。私权团体人格虽然也可以成为公法法律关系的主体，但是对公司法作为私权团体人格法（组织法）没有影响。

2. 私权团体自主治理法。公司法属于规范团体自主治理（组织自治）的法律。团体自主治理，是指以一个特定团体（组织）为自治范围，主要由该团体（组织）的构成主体行使自治权，其目的在于实现成立团体（组织）的目的的自治模式。公司作为一种团体，需要"公司器官"——公司机关（公司机构）的运转，即公司自主治理。团体自主治理不能没有任何规则，需要法律的规范。规范团体自主治理的法律就是团体自主治理法。

公司法是团体自主治理法的一种类型。公司法主要调整个人利益、个人权利，自由选择、平权关系体现的权利平等和意思自治的原则属于私法的范畴。公司法通过规约公司自主治理，使公司有效利用由股东投资到公司中的资本，使公司的资本不断保值增值达到公司经济效益的最大化。公司法的内容也就涉及股东股权制度、公司组织构造、资本制度和财务会计制度等。

3. 与公司团体特点相关的对外活动法。与公司这种团体的特点相关，公司也有不少颇具特色的对外活动。如何规约这些活动成为公司法的使命，比如公司债的相关活动，公司出资的转让（公司股票的交易）等，与公司这种私权团体特点密切相关，在公司法上就形成了相应的公司债制度、公司出资转让制度（股票交易制度）等。

（三）公司的类别

1. 无限公司、有限公司与两合公司。无限公司，是指由两个以上股东组成的，股东对公司债务负无限连带责任的公司。

有限公司是一个相对广泛的术语，其核心要义在于股东对公司债务负有限责任。理论上来讲可以是"有限责任公司"也可以是"股份有限公司"。有限责任公司是指股东以其所认缴的出资额对公司承担有限责任，公司以其全部资产对其债务承担责任的企业法人。股份有限公司，是指公司资本由等额股份构成，股东以其所认购的股份对公司承担有限责任，公司以其全部资产对公司债务承担责任的企业法人。在我国公司仅分为两种，即"有限责任公司"和"股份有限公司"。

两合公司，是指由1人以上的无限责任股东与1人以上的有限责任股东所组成的公司。

2. 封闭式公司与开放式公司。这是一种按照公司资本筹集方式及出资转让方式进行的分类。英美法系国家多采用此类概念。

封闭式公司，又称少数人公司、不上市公司、私公司，是指资本全部由设立该公司的股东所拥有，不能对外发行股份，股东的出资证明不能在股票市场上自由流通的公司。例如大陆法系中的有限责任公司就属此种类别。

开放式公司又称多数人公司、上市公司，是指可以公开招股，股票可以在股票市场公开进行交易的公司。例如，股份有限公司中的上市公司就是典型的开放型公司。

3. 总公司与分公司。按照公司内部的管辖系统及隶属关系，可以分为总公司与分公司。总公司是管辖该公司全部组织（包括分公司）的总机构，在法律上具有法人资格。与此相对应，分公司是受总公司管理控制的分支机构，在生产经营、资金调度、人事管理等方面接受总公司的指挥、管理、监督。我国法律规定，设立分公司，应当向公司登记机关申请登记，领取营业执照。分公司不具有法人资格，其民事责任由公司承担。

4. 母公司与子公司。按照公司资本以及控制关系，可分为母公司与子公司。母公司是指拥有另一家公司一定比例以上的股份或能够直接掌握其经营活动的公司。与之相对应的，资本大部分受母公司控制的公司，则是子公司。母公司与子公司一样，具有法人资格，依法独立承担民事责任。

学习内容 2　公司设立

一、公司设立概述

（一）公司设立的基本概念与原则

公司设立是指设立人依照公司法规定以组建成立公司为目的实施的行为。

公司设立有四种不同的原则，即自由设立原则、特许设立原则、核准设立原则和准则设立原则。在学理上，这四个原则被分别概括为自由设立主义、特许设立主义、核准主义和准则主义。不同的设立原则对公司设立的基本程序有不同的要求，由此形成了不同的市场主体准入制度。自由设立主义指政府对公司设立不施加任何干预，公司设立完全依设立者的主观意愿进行。特许设立主义是指公司须经特别立法或基于国家元首的命令方可设立。核准主义指公司首先须经过政府行政机关的审批许可，然后再经政府登记机关登记注册方可设立。准则主义是指法律规定公司设立要件，公司只要符合这些要件，经登记机关依法登记即可成立，而无需政府行政机关的事前审批或核准环节。

我国《公司法》以准则主义为原则，核准主义为例外。对于一般的公司设立适用准则主义，只要符合法定条件与程序，直接向登记机关申请设立登记即可。对于银行、信托、保险等涉及国计民生的行业，采取核准主义，申请公司设立登记前须取得主管机关的行政审批手续。

（二）公司设立的方式

公司设立的方式有两种，即发起设立和募集设立。

发起设立（又称同时设立或者单纯设立）是指公司的全部股份或首期发行的股份由发起人自行认购而设立公司的方式。采用发起设立方式设立公司，可以有效缩短公司设立的周期，减少设立费用，降低设立成本。有限责任公司和股份有限公司均适用这种设立方式。

募集设立（又称渐次设立或者复杂设立），是指发起人只认购公司股份或首期发行股份的一部分，其余部分对外募集而设立公司的方式。募集设立既可以是通过向社会公开发行股票的方式设立，也可以是不发行股票而只向特定对象募集而设立。这种方式只为股份有限公司设立之方式。由于募集设立的股份有限公司资本规模较大，涉及众多投资者的利益，故各国公司法均对其设立程序进行严格限制。如为防止发起人完全凭借他人资本设立公司，损害一般投资者的利益，各国大都规定了发起人认购的股份在公司股本总数中应占的比例。我国《公司法》第 97 条第 2 款规定："以募集设立方式设立股份有限公司的，发起人认购的股份不得少于公司章程规定的公司设立时应发行股份总数的百分之三十五；但是，法律、行政法规另有规定的，从其规定。"

二、公司设立条件

依据《公司法》的规定，有限责任公司与股份有限公司在设立条件上基本相似。其中的核心要素为投资者、资本和公司章程。

（一）投资者

我国《公司法》对于投资者的要求依照不同公司类型而有所不同。有限责任公司由 1 个以上 50 个以下股东出资设立。设立股份有限公司，应当有 1 人以上 200 人以下为发起人，其中应当有半数以上的发起人在中华人民共和国境内有住所。

（二）资本

1. 公司资本制度简介。公司资本对公司有着极其重要的意义。为保护债权和交易安全，各国公司立法都将其作为重要内容加以规范。目前形成的资本制度有三类，即法定资本制、授权资本制和折衷资本制。

法定资本制（Statutory Capital System）又称为确定资本制，是指公司在设立时，必须在章程中对公司的资本总额作出明确规定，并须由股东全部认足，否则公司不能成立。因法定资本制中的公司资本，是公司章程载明且已全部发行的资本，所以在公司成立后，要增加资本时必须履行一系列的法律手续，即由股东（大）会作出决议，变更公司章程中的资本数额，并办理相应的变更手续。法定资本制由法国、德国公司法首创，后为意大利、瑞士、奥地利等国家公司法所继受，成为大陆法系国家公司法中的一种典型的资本制度。

授权资本制（Authorized Capital System），是指在公司设立时，资本总额虽然记载于公司章程，但并不要求发起人全部发行，只需认缴其中的一部分，公司即可成立；未认缴的部分可授权董事会根据公司经营发展的需要随时发行，不必经股东会决议，也无需变更章程。授权资本制为英、美公司法所创设，其中美国是典型的实行授权资本制的国家。

折衷资本制（Compromise Capital System），又称认可资本制或许可资本制，是指公司资本总额在公司设立时仍由章程明确规定，但股东只需认足一定比例的资本数额，公司即可成立；其余部分授权董事会在一定期限内发行，其发行总额不得超过法律的限制。它是介于法定资本制和授权资本制之间的一种新型资本制度。目前，德国、日本的公司法中在一定程度上实行了这一制度。

一般认为，法定资本制具有确保公司资本真实、可靠，从而保障债权人利益和交易安全的优点，但比较僵化，从而影响资本和公司的效益。授权资本制具有更大的灵活性，更符合现代经济发展的要求，但容易造成公司滥设和公司资本虚空；同时，将新股发行权赋予董事会，对股东利益的保护不够周全。折衷资本制吸收了法定资本制和授权资本制的优点，被看作是一种更具优越性的资本制度，并且被认为是我国公司资本制度改革的发展趋势。

2. 我国的公司资本制度。长久以来，我国《公司法》采用的是大陆法系普遍适用的法定资本制，但经过近年的修改，逐渐体现出向授权资本制迈进的特征。

对有限责任公司而言，《公司法》采取了注册资本认缴登记制与最长认缴期限相结合的方法。有限责任公司的注册资本为在公司登记机关登记的全体股东认缴的出资额。全体股东认缴的出资额由股东按照公司章程的规定自公司成立之日起5年内缴足。通过认缴制与5年的期限的规定，体现了资本灵活性与安全性相结合。

对股份有限公司而言，不论是发起设立还是募集设立，股份有限公司的注册资本为在公司登记机关登记的已发行股份的股本总额。在发起人认购的股份缴足前，不得向他人募集股份。发起人应当在公司成立前按照其认购的股份全额缴纳股款。换言之，在发起设立方式下，股份有限公司的发起人负有实缴义务。此外，股份有限公司章程或者股东会可以授权董事会在3年内决定发行不超过已发行股份50%的股份，但以非货币财产作价出资的应当经股东会决议。由此可见，我国《公司法》在股份有限公司中引入授权资本制，允许公司章程或者股东会授权董事会发行股份，同时要求发起人全额缴纳股款，既方便公司设立、提高筹资灵活性，又减少注册资本虚化等问题。

三、公司章程

（一）公司章程的概念与特征

公司章程是公司必须具备的，由发起设立公司的投资者制定，并对公司、股东的经营管理人员具有约束力的调整公司内部组织关系和经营行为的自治规则。公司可以修改公司章程，变更经营范围。有限责任公司和股份有限公司的股东会作出修改公司章程的决议，应当经代表2/3以上表决权的股东通过。

公司章程的记载事项包括绝对必要记载事项、相对必要记载事项和任意记载事项。绝对必要记载事项是指章程中必须予以记载的、不可缺少的事项，公司章程缺少其中任何一项或任何一项记载不合法，就会导致整个章程的无效。对于章程的绝对必要记载事项，各国公司法都予以明文规定，主要是公司性质所要求的必备条款。通常包括公司名称、住所地、公司的宗旨、注册资本等。

（二）公司章程的法律效力

公司章程一经生效，即发生法律约束力。公司章程的社团规章特性，决定了公司章程的效力及于公司及股东成员，同时对公司的董事、监事、经理具有约束力。我国《公司法》规定设立公司必须依照本法制定公司章程。

1. 对公司的效力。公司章程是公司组织与行为的基本准则，公司必须遵守并执行公司章程。根据公司章程，公司对股东负有法律义务。因此，一旦公司侵犯股东的权利与利益，股东可以依照公司章程对公司提起诉讼。

2. 对股东的效力。公司章程是公司的自治规章，每一个股东，无论是参与公司初始章程制订的股东，还是以后因认购或受让公司股份而加入公司的股东，公司章程对其均产生契约的约束力，股东必须遵守公司章程的规定并对公司负有义务。股东违反这一义务，公司可以依据公司章程对其提起诉讼。但应当注意的是，股东只是以股东成员身份受到公司约束，如果股东是以其他的身份与公司发生关系，则公司不能依据公司章程对股东主张权利。

3. 对股东相互之间的效力。公司章程一般被视为已构成股东之间的契约关系，使股东相互之间负有义务，因此，如果一个股东的权利因另一个股东违反公司章程规定的个人义务而受到侵犯，则该股东可以依据公司章程对另一个股东提出权利请求。但应当注意，股东提出权利请求的依据应当是公司章程中规定的股东相互之间的权利义务关系，如有限责任公司股东对转让出资的优先购买权，而不是股东与公司之间的权利义务关系。如果股东违反对公司的义务而使公司的利益受到侵害，则其他股东不能对股东直接提出权利请求，而只能通过公司或以公司的名义进行。

4. 对高级管理人员的效力。作为公司的高级管理人员，董事、监事、经理对公司负有诚信义务，因此，公司的董事、监事、经理违反公司章程规定的职责，公司可以依据公司章程对其提出诉讼。然而，董事、监事、经理是否对股东直接负有诚信义务，则法无定论。一般认为，董事等的义务是对公司而非直接对股东的义务。因此，在一般情形下，股东不能对董事等直接起诉，而可以进行股东的代表诉讼。

四、公司登记与公示制度

《公司法》2023年的修订在体例结构上的一项重大创新在于对"公司登记"进行专章规定，其中包含了设立登记、变更登记和注销登记。此外，国家将优化公司登记办理流程，提高公司登记效率，加强信息化建设，推行网上办理等便捷方式，以法律条文的形式确定下来。设立过程中，针对申请材料不齐全或者不符合法定形式的，公司登记机关应当一次性告知需要补正的材料。

（一）设立登记

我国《公司法》第29条规定："设立公司，应当依法向公司登记机关申请设立登记。

法律、行政法规规定设立公司必须报经批准的，应当在公司登记前依法办理批准手续。"

《公司法》对公司登记事项进行了列举规定，更加明确了公司登记事项的具体内容。名称、住所、注册资本等信息是公司的核心营业信息，对交易安全和市场秩序有重要影响。[1]就申请设立公司的材料而言，应当提交设立登记申请书、公司章程等文件，提交的相关材料应当真实、合法和有效。登记机关按照所设立公司的类别，分别登记为有限责任公司或者股份有限公司。

依法设立的公司，由公司登记机关发给公司营业执照。公司营业执照签发日期为公司成立日期。设立分公司也应当申请登记并领取营业执照。公司登记机关可以发给电子营业执照。电子营业执照与纸质营业执照具有同等法律效力。

（二）变更与注销登记

由于公司登记具有公信力，因此法律规定，公司登记事项未经登记或者未经变更登记，不得对抗善意相对人。公司申请变更登记，应当向公司登记机关提交公司法定代表人签署的变更登记申请书、依法作出的变更决议或者决定等文件。

公司变更登记的内容涉及登记事项的各方面，包括：公司章程变更，法定代表人变更，营业执照记载的事项变更等，应当提交修改后的公司章程。

公司因解散、被宣告破产或者其他法定事由需要终止的，应当依法向公司登记机关申请注销登记，由公司登记机关公告公司终止。此外，法律还规定了虚报注册资本、提交虚假材料或者采取其他欺诈手段隐瞒重要事实取得公司设立登记的，公司登记机关应当依照法律、行政法规的规定予以撤销。

针对实践中出现的大量"僵尸公司"，此次《公司法》第241条规定了强制注销登记制度："公司被吊销营业执照、责令关闭或者被撤销，满三年未向公司登记机关申请注销公司登记的，公司登记机关可以通过国家企业信用信息公示系统予以公告，公告期限不少于六十日。公告期限届满后，未有异议的，公司登记机关可以注销公司登记。依照前款规定注销公司登记的，原公司股东、清算义务人的责任不受影响。"这一规定对于净化公司登记信息系统、防止公司登记中的垃圾信息误导交易相对方或者市场监管部门具有实践意义。

（三）公司信息的公示

公司应当按照规定通过国家企业信用信息公示系统公示下列事项：有限责任公司股东认缴和实缴的出资额、出资方式和出资日期，股份有限公司发起人认购的股份数；有限责任公司股东、股份有限公司发起人的股权、股份变更信息；行政许可取得、变更、注销等信息；法律、行政法规规定的其他信息。

由此可见，对于有限公司股东认缴和实缴的出资额、出资方式和出资日期等内容，虽不属于登记事项，法律仍然规定了公示义务，但对于保护交易安全和提高交易效率仍有着

---

〔1〕 参见《公司法》第32条。

经济法律与案例分析

不可忽视的作用。

学习内容3　股东与股权

一、股东资格的含义与认定标准

股东资格又称股东地位，是投资人取得和行使股东权利、承担股东义务的基础。一般认为投资者或者股票的拥有者即为股东。规范运作的有限责任公司，其股东应具备的主要特征包括合法取得股权；在公司章程上被记载为股东并在章程上签名盖章，在工商登记的公司文件中列名为股东；被载入股东名册；取得公司签发的出资证明书等。

界定股东身份一般依据两个标准：出资这一实质标准，公司确认这一形式标准。一般而言，投资者即为股东，但在立法上就存在种种例外。例如，允许分期缴纳出资额，投资者按照章程规定支付所认缴的首期出资后，即成为公司股东；又如，公司有权收购发行在外的股票奖励给本公司职工。可见，投资者通常为公司股东，但未实际出资者也可以成为公司股东，即公司股东未必都是出资者。

二、股东权（股权）的概念

股东权（股权）是股东基于其股东资格而享有的从公司获取经济利益并参与公司经营管理与监督的权利。通常包括重大事项表决权；选举公司董事权、监事权；管理监督权；分派股利权；优先认股权；股份转让权；剩余财产分配权等。根据股东平等原则，任何股东均享有股东权，非依法律和章程规定，任何人不得予以剥夺。根据我国法律的规定，公司股东依法享有资产收益，参与重大决策和选择管理者等权利。

股东权具有以下特征：

第一，股东权的内容具有综合性。公司法理论将股权分为自益权和共益权。自益权一般属于财产性的权利，如股息或红利分配请求权、新股优先认购权、剩余财产分配权、股份转让权等。共益权则是公司事务参与权，一般为非财产性权利，如表决权、公司文件查阅权、召开临时股东会请求权、对董事及高级职员监督权等。从公司的本质上讲，公司只不过是为股东谋取利益的工具，因而自益权是目的性权利，而共益权不过是为了实现自益权的手段性权利。

第二，股东权是股东通过出资所形成的权利。出资者通过向公司出资，以丧失其出资财产所有权为代价，换取股权，成为公司股东。

第三，股东权是一种社员权。股东出资创办作为社团法人的公司，成为该法人成员，因而取得社员权。社员权是一种独立类型的权利，包括财产权和管理参与权。社员权既不同于传统私法中纯粹的物权或债权，又不同于传统私法中纯粹的人格权或身份权。社员权谓之权利，其实更像一种资格或权限，其实质是团体中的成员依其在团体中的地位而产生的具有利益内容的权限。换言之，社员权有法律资格之外观而具法律权利之实质，其本质属性乃为新型之私法权利，而这种权利是与法律主体的财产权、人身权、知识产权相并列的权利类型。

68

三、股东权（股权）的主要内容

（一）公司决策参与权

普通股股东有权参与股东大会，并有建议权、表决权和选举权，也可以委托他人代表其行使其股东权利。

（二）知情权

知情权是指公司股东了解公司信息的权利，由查阅公司章程权、查阅股东会会议记录权、查阅公司会计报告权、查阅董事会会议决议权等一系列权利构成。现代公司实行所有权与控制权的分离，股东不直接运营公司事务，股东要对公司事务进行参与和监管，首先要获取公司经营的有关信息，只有在获取了公司经营信息的基础上，才可能行使对公司的监督权，在重大经营决策上，以维护股东的终极利益，从而达到维护股东利益的目的，所以可以说知情权是实现其他权利的前提和基础。

（三）利润分配权

普通股股东有权从公司利润分配中得到股息。普通股的股息是不固定的，由公司盈利状况及其分配政策决定。普通股股东必须在优先股股东取得固定股息之后才有权享受股息分配权。

（四）优先认股权

如果公司需要增发普通股股票，现有普通股股东有权按其持股比例，以低于市价的某一特定价格优先购买一定数量的新发行股票，从而保持其对企业所有权的原有比例。

（五）提起诉讼权

2023 年修订的《公司法》规定了双重股东代表诉讼制度。董事、监事、高级管理人员执行职务违反有关规定，给公司造成损失的，应当承担赔偿责任。如果公司、董事会（执行董事）、监事会（监事）怠于行使权利诉权或者情况紧急，股东可以依法以自己的名义直接向人民法院提起诉讼。为了防止股东滥用诉权，《公司法》对原告资格设定了一定限制，即必须是连续 180 天以上单独或者合计持有公司 1% 以上股份的股东才具有主体资格，同时《公司法》要求原告应当先竭尽公司的内部救济措施，股东的书面请求只有遭到公司董事会、监事会的拒绝或收到请求后 30 天董事会、监事会不起诉的，股东才能以自己名义代表公司起诉。《公司法》还将全资子公司的董事、高级管理人员，纳入股东代表诉讼的范围，防止全资子公司的实际控制人员滥用权利，有利于维护母公司中小股东的利益。

此外，《公司法》还规定了股东直接诉讼制度。如果董事、高级管理人员违反法律、行政法规或者公司章程的规定，损害股东利益的，股东可以向人民法院提起诉讼。股东代表诉讼与股东直接诉讼的区别在于，前者侵犯的是公司的利益，后者侵犯的是股东的利益。

（六）剩余资产分配权

当公司破产或清算时，若公司的资产在偿还欠债后还有剩余，其剩余部分按先优先股股东、后普通股股东的顺序进行分配。

（七）少数股东股权回购请求权

公司的控股股东滥用股东权利，严重损害公司或者其他股东利益的，其他股东有权请求公司按照合理的价格收购其股权。

四、股东的责任

股东的责任主要是围绕股东出资义务展开的。现实生活中，怠于出资、出资瑕疵、抽逃出资、财产混同等现象屡见不鲜，因此《公司法》在股东出资义务下，衍生了大量条款规定了股东的出资义务。

（一）股东的出资义务

有限责任公司的股东可以用货币出资，也可以用实物、知识产权、土地使用权、股权、债权等可以用货币估价并可以依法转让的非货币财产作价出资，此处，非货币财产应当评估作价，如何核实财产数额。2023年修订的《公司法》首次将股权、债权纳入了出资范围，更好地规范了公司的资本组成形式。股东以货币出资的，应当将货币出资足额存入有限责任公司在银行开设的账户；以非货币财产出资的，应当依法办理其财产权的转移手续。

（二）瑕疵出资的连带责任

法律还规定了瑕疵出资引发的连带责任：有限责任公司设立时，股东未按规定实际缴纳出资，或者实际出资的非货币财产的实际价额显著低于所认缴的出资额的，设立时的其他股东与该股东在出资不足的范围内承担连带责任。与之相对应，股份有限责任公司中，发起人瑕疵出资的，其他发起人与该发起人在出资不足的范围内承担连带责任。这一规定将瑕疵出资义务扩大到其他股东和发起人，便于公司设立时各股东、发起人之间互相督促履行出资义务。

（三）股东催缴失权制度

2023年修订的《公司法》还规定了股东催缴失权制度。《公司法》第51条第1款规定："有限责任公司成立后，董事会应当对股东的出资情况进行核查，发现股东未按期足额缴纳公司章程规定的出资的，应当由公司向该股东发出书面催缴书，催缴出资。"宽限期一般来说不得少于60日，宽限期届满，股东仍未履行出资义务的，公司经董事会决议可以向该股东发出失权通知。这一制度的设计本质上是利用了民法的合同解除原理。按照公司章程，股东应当履行出资义务，在规定的时间内足额缴纳出资。当股东未履行其出资义务，依据合同解除原理，公司作为合同相对人有权催缴，并在该股东经催告仍不履行的情形下单方解除合同。解除合同的法律后果即为该股东丧失未缴纳出资对应部分的股权。

在股东催缴失权的程序上，未足额出资的股权应当依法转让，或者相应减少注册资本并注销该股权；6个月内未转让或者注销的，由公司其他股东按照其出资比例足额缴纳相应出资，以保障公司股权架构的稳定。当然，法律也设计了股东失权异议制度，为未及时履行出资义务的股东提供了救济方式，如股东对失权有异议的，应当自接到失权通知之日起 30 日内，向人民法院提起诉讼。

（四）抽逃出资

公司成立后，股东不得抽逃出资。抽逃出资的股东应当返还抽逃的出资；给公司造成损失的，负有责任的董事、监事、高级管理人员应当与该股东承担连带赔偿责任。相比起 2018 年修正的《公司法》（已失效），2023 年修订的《公司法》将责任主体从单一股东扩大到包括董事、监事、高级管理人员，以连带赔偿责任的形式，保护公司的资本充实。

（五）出资义务加速到期

公司不能清偿到期债务的，公司或者已到期债务的债权人有权要求已认缴出资但未届出资期限的股东提前缴纳出资。这一规定，本质是对债权人的保护，最早来源于最高人民法院 2019 年 11 月印发的《全国法院民商事审判工作会议纪要》（简称《九民纪要》）。特别是在注册资本认缴制下，存在着出资的宽限期，导致公司的注册资本与实收资本长期差异巨大，为了更好保障公司正常运作，法律特规定股东的出资义务加速到期制度。

（六）法人人格否认

公司的独立人格和股东有限责任是当代公司制度的基础和公司法的基本原则。法人人格否认制度，又称"揭开公司面纱"，是有限公司的例外情形。

公司法区分了股东与公司之间人格混同与关联公司之间人格混同的情形，这两种类别又被实务界称为"纵向"法人人格否认与"横向"法人人格否认。"纵向"法人人格否认，其核心在于对公司股东滥用公司法人独立地位和股东有限责任，逃避债务，严重损害公司债权人利益的行为予以规制。在此种情况下，应当否认法人独立地位，股东对公司债务承担连带责任。《九民纪要》明确了股东滥用公司法人独立地位的三种情形："人格混同""过度支配与控制""资本显著不足"。"横向"法人人格否认，主要是指股东利用其控制的两个以上公司实施上述行为的，各公司应当对任一公司的债务承担连带责任。这一规定，将横向的两个公司通过人格否认制度关联起来，保障债权人的合法权益。

对于一人公司而言，股东有限责任与法人人格否认是其两个不同的方面。一人公司制度既赋予了这种只有一名股东的公司具备独立法人人格、股东享有有限责任的权利，保护了股东免受公司债务的无限责任风险，同时又要防止唯一股东滥用公司有限责任，逃避债务和责任。为此，法律作了特殊设计，对于只有一个股东的公司，股东不能证明公司财产独立于股东自己的财产的，应当对公司债务承担连带责任。

（七）股东违法减资下的赔偿责任

违反《公司法》规定减少注册资本的，股东应当退还其收到的资金，减免股东出资的应当恢复原状；给公司造成损失的，股东及负有责任的董事、监事、高级管理人员应当承担赔偿责任。

（八）违法分红的退还及赔偿责任

股东出资最终目的就是分红。实践中，控股股东往往会利用股东会，违法分配利润。为防止这种情况的出现，《公司法》第 211 条规定："公司违反本法规定向股东分配利润的，股东应当将违反规定分配的利润退还公司；给公司造成损失的，股东及负有责任的董事、监事、高级管理人员应当承担赔偿责任。"

五、股权转让

股权转让可以在公司持续经营的同时，实现投资者的高效进入和权益转移。股权的转让能"赋予资本流通之自由，是对其本能的复位"。客观而言，投资与收益是股权转让当事人考虑的最直接经济因素，资本获利的要求也正是股权转让纠纷产生的症结所在。

（一）有限责任公司的股权转让

1. 股权转让的两种形式。股权转让主要有自愿转让和强制转让两种形式。

自愿转让是指股东出于本人意愿自愿将其股权向其他股东或者第三人转让。2023 年《公司法》相比起先前的一个较大的突破在于，对外转让股权不需要其他股东同意，而是改为履行通知义务。这也是为了更好地保障股东的意思自治，强调了股东的转股自由。当然，为了保障有限责任公司的股权组织架构，法律还是规定了其他股东在同等条件下拥有优先购买权，其他股东自接到书面通知之日起 30 日内未答复的，视为放弃优先购买权。当然，股东向股东以外的人转让股权的，应当履行如实告知义务，将股权转让的数量、价格、支付方式和期限等事项书面通知其他股东。

强制转让主要是指人民法院依照法律规定的强制执行程序转让股东的股权。此时，人民法院应当通知公司及全体股东，其他股东在同等条件下有优先购买权。其他股东自人民法院通知之日起满 20 日不行使优先购买权的，视为放弃优先购买权。

股权转让的程序涉及变更股东名册，公司拒绝变更的，受让人可以提起诉讼。该制度的目的在于完善股权转让的程序性保障，防止出现股权转让后公司拒不配合、拒绝变更登记、阻止股权转让等行为。[1]

2. 未届出资期限的股权与瑕疵股权转让。由于法律赋予了股东五年的期限来履行其认缴出资额，实践中股东可能因各种原因转让股权，股权转让时实缴金额未必已经达到了认缴出资额，在这种情况下，法律对转让未届出资期限的股权进行了规定，防止此类纠纷的产生。一般而言，转让但未届出资期限的股权，由受让人承担缴纳该出资的义务。但如受让人未按期足额缴纳出资的，转让人还应承担补充责任。

对于瑕疵出资的股权转让，法律亦作了规定。由于转让人（原股东）未及时缴纳出资或者出资不足的股东转让股权的，转让人与受让人在出资不足的范围内承担连带责任。受让人在不知道且不应当知道存在上述情形下，可以豁免连带责任，由转让人承担责任。

（二）股份有限公司股份转让

1. 转让原则与方式。股份有限公司的股东持有的股份可以向其他股东转让，也可以向股东以外的人转让；此外，公司章程也可以对股权的转让作出规定。股份的转让应当在依法设立的证券交易场所进行或者按照国务院规定的其他方式进行。2023 年修订的《公

---

[1] 参见《公司法》第 86 条。

司法》改变了以往股份有限公司股票分为记名和不记名的形式，而是一律改为发行记名股票，这符合目前我国商事实践中基本不存在不记名股票的实际情况。股票的转让，由股东以背书方式或者法律、行政法规规定的其他方式进行；转让后由公司将受让人的姓名或者名称及住所记载于股东名册。

2. 公司股权回购的例外。法律规定，公司不得收购本公司股份。但是，有下列情形之一的除外：减少公司注册资本；与持有本公司股份的其他公司合并将股份用于员工持股计划或者股权激励；股东因对股东会作出的公司合并、分立决议持异议，要求公司收购其股份；将股份用于转换公司发行的可转换为股票的公司债券；上市公司为维护公司价值及股东权益所必需。

上述股权回购，依照事由不同需履行不同的手续。例如，减少公司注册资本，应当经股东会决议，并在收购之日起 10 日内注销。上市公司收购本公司股份的，应当依照《中华人民共和国证券法》（简称《证券法》）的规定履行信息披露义务。为了保障交易秩序，公司不得接受本公司的股份作为质权的标的。

3. 对发起人及董监高的转让限制。发起人持有的本公司股份，自公司股票在证券交易所上市交易之日起 1 年内不得转让。

公司董事、监事、高级管理人员作为公司的主要控制人，应当向公司申报所持有的本公司的股份及其变动情况，在就任时确定的任职期间每年转让的股份不得超过其所持有本公司股份总数的 25%；所持本公司股份自公司股票上市交易之日起 1 年内不得转让。上述人员离职后半年内，不得转让其所持有的本公司股份。此外，公司章程还可以对公司董事、监事、高级管理人员转让其所持有的本公司股份作出其他限制性规定。

（三）异议股东的股份回购请求权

法律赋予了有限责任公司和股份有限公司的异议股东回购请求权。

对有限责任公司而言，有下列情形之一的，有限责任公司对股东会该项决议投反对票的股东可以请求公司按照合理的价格收购其股权：公司连续 5 年不向股东分配利润，而公司该 5 年连续盈利，并且符合本法规定的分配利润条件；公司合并、分立、转让主要财产；公司章程规定的营业期限届满或者章程规定的其他解散事由出现，股东会通过决议修改章程使公司存续。

自股东会决议作出之日起 60 日内，股东与公司不能达成股权收购协议的，股东可以自股东会决议作出之日起 90 日内向人民法院提起诉讼。

公司的控股股东滥用股东权利，严重损害公司或者其他股东利益的，其他股东有权请求公司按照合理的价格收购其股权。

股份有限公司制度下股份回购请求权的前提与有限责任公司大致相同，只不过少了公司合并、分立主要财产这一情况，且法律规定，股份有限公司的股份回购，应当在 6 个月内依法转让或注销，防止封闭性股份有限公司的股东压迫。

学习内容 4 公司治理结构

公司治理结构（Corporate Governance），又称法人治理结构，公司治理，是一种对公司进行管理和控制的体系，它不仅规定了公司的各个参与者，例如，董事会、经理层、股东和其他利益相关者的责任和权利分布，而且明确了决策公司事务时所应遵循的规则和程序。

一、股东会

股东会是指依照公司法和公司章程的规定而设立的，由全体股东组成的公司最高权力机关，股东会应有权将自己的股份财产委托董事会经营管理并对其进行有效约束。

自 1993 年《公司法》（已失效）公布以来，我国就将"股东会"这一概念用于有限责任公司，"股东大会"这一概念用于股份有限公司。这一区分是为了体现有限责任公司股东数量较少，有最高 50 人的限制，而股份有限公司的股东少于 200 人，多者经履行法律程序后可以超过 200 人。2023 年《公司法》修订，删去了这一概念的区分。事实上，"股东会"与"股东大会"在本质上并无区别，均是公司的权力机构，在形式上都是股东开会讨论并就公司重大事项进行表决。

（一）股东会的职权

股东会的职权主要包括：选举和更换董事、监事，决定有关董事、监事的报酬事项；审议批准董事会的报告；审议批准监事会的报告；审议批准公司的利润分配方案和弥补亏损方案；对公司增加或者减少注册资本作出决议；对发行公司债券作出决议；对公司合并、分立、解散、清算或者变更公司形式作出决议；修改公司章程；公司章程规定的其他职权。

股东会可以授权董事会对发行公司债券作出决议。对上述事项，有限责任公司的股东以书面形式一致表示同意的，可以不召开股东会会议，直接作出决定，并由全体股东在决定文件上签名或者盖章。

只有一个股东的有限责任公司不设股东会。股东行使前述职权时，应当采用书面形式，并由股东签名或者盖章后置备于公司。

（二）股东会的种类

股东会分为首次会议、定期会议和临时会议三种。

由于首次股东会会议还未选举董事，因此首次股东会会议由出资最多的股东召集和主持。

有限责任公司的定期会议应当按照公司章程的规定按时召开。代表 1/10 以上表决权的股东、1/3 以上的董事或者监事会提议召开临时会议的，应当召开临时会议。

股份有限公司应当每年召开一次股东会年会。有下列情形之一的，应当在 2 个月内召开临时股东会会议：

1. 董事人数不足本法规定人数或者公司章程所定人数的 2/3 时。

2. 公司未弥补的亏损达股本总额 1/3 时。

3. 单独或者合计持有公司 10% 以上股份的股东请求时。

4. 董事会认为必要时。

5. 监事会提议召开时。

6. 公司章程规定的其他情形。

有限责任公司和股份有限公司在股东会的召集主持、[1]会议通知[2]等程序性规定上大体类似，原则上由董事会召集，在具体制度上也存在一些差别。

（三）表决权的分配与决议

1. 表决权的分配。有限责任公司股东会会议由股东按照出资比例行使表决权，但是，公司章程另有规定的除外。而在股份责任公司，股东出席股东大会会议，所持每一股份有一表决权。但是，公司持有的本公司股份没有表决权。

2. 决议种类。普通决议中，有限责任公司的股东会会议由股东按照出资比例行使表决权；但是，公司章程另有规定的除外。原先公司法对有限责任公司的普通决议并未规定通过比例，2023 年修订的《公司法》第 66 条第 2 款新增了："股东会作出决议，应当经代表过半数表决权的股东通过。"股份有限公司股东出席股东会会议，所持每一股份有一表决权，类别股股东除外。公司持有的本公司股份没有表决权。股东会作出决议，应当经出席会议的股东所持表决权过半数通过。

特别决议中，有限责任公司股东会作出修改公司章程、增加或者减少注册资本的决议，以及公司合并、分立、解散或者变更公司形式的决议，应当经代表 2/3 以上表决权的股东通过。股份有限公司股东会作出修改公司章程、增加或者减少注册资本的决议，以及公司合并、分立、解散或者变更公司形式的决议，应当经出席会议的股东所持表决权的 2/3 以上通过。

二、董事会

董事会是股东会决议的执行机关，是公司日常经营决策机关。法律对董事会的组成做出了规定。[3]

董事会行使下列职权：召集股东会会议，并向股东会报告工作；执行股东会的决议；决定公司的经营计划和投资方案；制订公司的利润分配方案和弥补亏损方案；制订公司增加或者减少注册资本以及发行公司债券的方案；制订公司合并、分立、解散或者变更公司形式的方案；决定公司内部管理机构的设置；决定聘任或者解聘公司经理及其报酬事项，并根据经理的提名决定聘任或者解聘公司副经理、财务负责人及其报酬事项；制定公司的基本管理制度；公司章程规定或者股东会授予的其他职权。

公司章程对董事会职权的限制不得对抗善意相对人。

不论是有限责任公司还是股份有限公司，董事任期由公司章程规定，但每届任期不得

---

[1] 参见《公司法》第 63 条、第 114 条。

[2] 参见《公司法》第 64 条、第 115 条。

[3] 参见《公司法》第 68 条、第 75 条、第 122 条第 1 款。

超过 3 年。董事任期届满，连选可以连任。此外，两种公司类别均赋予了股东会决议解任董事的权力，决议作出之日解任生效。2023 年修订的《公司法》还沿袭了 1993 年《公司法》（已失效）"无因"解除董事的规定，即无正当理由，在任期届满前解任董事的，该董事可以要求公司予以赔偿。

《公司法》对董事会的召集做了较为详尽的规定。[1]

有限责任公司董事会的议事方式和表决程序，一般来说由公司章程规定。董事会会议应当有过半数的董事出席方可举行。董事会作出决议，应当经全体董事的过半数通过。董事会决议的表决，应当一人一票。董事会应当对所议事项的决定作成会议记录，出席会议的董事应当在会议记录上签名。

股份有限公司董事会决议的表决，应当一人一票。董事会应当对所议事项的决定作成会议记录，出席会议的董事应当在会议记录上签名。董事会会议，应当由董事本人出席；董事因故不能出席，可以书面委托其他董事代为出席，委托书应当载明授权范围。董事应当对董事会的决议承担责任。董事会的决议违反法律、行政法规或者公司章程、股东会决议，给公司造成严重损失的，参与决议的董事对公司负赔偿责任；经证明在表决时曾表明异议并记载于会议记录的，该董事可以免除责任。

公司股东会、董事会的会议召集程序、表决方式违反法律、行政法规或者公司章程，或者决议内容违反公司章程的，股东自决议作出之日起 60 日内，可以请求人民法院撤销。但是，股东会、董事会的会议召集程序或者表决方式仅有轻微瑕疵，对决议未产生实质影响的除外。未被通知参加股东会会议的股东自知道或者应当知道股东会决议作出之日起 60 日内，可以请求人民法院撤销；自决议作出之日起 1 年内没有行使撤销权的，撤销权消灭。

2023 年修订的《公司法》在股东会、董事会决议的撤销问题上有两大亮点，一是对于召集程序或者表决方式仅有轻微瑕疵的股东会、董事会的决议，如不产生实质影响，保留其决议的效力。二是规定了未被通知参加会议的股东有行使撤销权的权利，自股东知道或应当知道决议作出之日起 60 日内，可以请求人民法院撤销；自决议作出之日起 1 年内没有行使撤销权的，撤销权消灭。这一典型的除斥期间规定，在一定程度上保护了中小股东在公司决策中的参与权。

三、监事会

（一）监事会的组成

一般来说，有限责任公司下设监事会。但按照公司章程的规定在董事会中设置由董事组成的审计委员会行使监事会的职权时，可以不设监事会或者不设监事。公司董事会成员中的职工代表可以成为审计委员会成员。此外，对于规模较小或者股东人数较少的有限责任公司，可以不设监事会，设一名监事，行使法律规定的监事会的职权；经全体股东一致

---

〔1〕 参见《公司法》第 72 条、第 122 条第 2 款、第 123 条。

同意，也可以不设监事。

相较起2018年《公司法》（已失效）中第51条第1款"有限责任公司设监事会，其成员不得少于三人……"的规定，新的《公司法》给予了有限责任公司在管理决策上更大的能动性和自主空间。然而，对于董事组成的审计委员会来行使监事权，犹存在着董事会的决策执行权与审计的监督权职能混淆的可能，审计委员会的独立性难以体现，一定程度上不利于对公司权力行使的监督。对于小规模的有限责任公司，以一名监事行使职权，主要沿袭了旧法中的规定，较为契合中小企业管理运行的实际情况。

股份有限公司设监事会，与有限责任公司相类似，也存在两个例外：一是按照公司章程的规定在董事会中设置由董事组成的审计委员会，行使本法规定的监事会的职权，不设监事会或者监事。其中，审计委员会成员为3名以上，过半数成员不得在公司担任除董事以外的其他职务，且不得与公司存在任何可能影响其独立客观判断的关系。公司董事会成员中的职工代表可以成为审计委员会成员。审计委员会作出决议，应当经审计委员会成员的过半数通过。审计委员会决议的表决，应当一人一票。二是规模较小或者股东人数较少的股份有限公司，可以不设监事会，设一名监事，行使本法规定的监事会的职权。

（二）监事的任期

有限责任公司和股份有限公司关于监事的任期的规定是一致的。监事的任期每届为3年。监事任期届满，连选可以连任。监事任期届满未及时改选，或者监事在任期内辞任导致监事会成员低于法定人数的，在改选出的监事就任前，原监事仍应当依照法律、行政法规和公司章程的规定，履行监事职务。

（三）监事会（监事）的职权及实现

有限责任公司和股份有限公司关于监事的职权也是一致的。

监事会行使下列职权：检查公司财务；对董事、高级管理人员执行职务的行为进行监督，对违反法律、行政法规、公司章程或者股东会决议的董事、高级管理人员提出解任的建议；当董事、高级管理人员的行为损害公司的利益时，要求董事、高级管理人员予以纠正；提议召开临时股东会会议，在董事会不履行本法规定的召集和主持股东会会议职责时召集和主持股东会会议；向股东会会议提出提案；对董事、高级管理人员提起诉讼；公司章程规定的其他职权。

监事可以列席董事会会议，并对董事会决议事项提出质询或者建议。监事会发现公司经营情况异常，可以进行调查；必要时，可以聘请会计师事务所等协助其工作，费用由公司承担。

监事会可以要求董事、高级管理人员提交执行职务的报告。董事、高级管理人员应当如实向监事会提供有关情况和资料，不得妨碍监事会或者监事行使职权。

（四）监事会的议事（法定）规则

1.有限责任公司的议事规则。监事会每年度至少召开一次会议，监事可以提议召开临时监事会会议。监事会决议应当经全体监事的过半数通过。监事会决议的表决，应当一人一票。监事会应当对所议事项的决定作成会议记录，出席会议的监事应当在会议记录上签名。

2. 股份有限公司的议事规则。股份有限公司的监事会每6个月至少召开一次会议。监事可以提议召开临时监事会会议。与有限责任公司的表决类似，股份有限公司的监事会决议应当经全体监事的过半数通过。监事会决议的表决，应当一人一票。

四、经理

有限责任公司可以设经理，股份有限公司应当设经理。经理由董事会决定聘任或者解聘。股份有限公司的董事会可以决定由董事会成员兼任经理。经理列席董事会会议，经理对董事会负责，根据公司章程的规定或者董事会的授权行使职权：值得注意的是，2023年修订的《公司法》取消了对经理职权的法定限制，而是由董事会和公司章程来具体决定经理的权限。这一改变虽然赋予了公司经营管理一定的自主性，但也不利于公司的职权行使的公开透明，更可能带来"表见经理"的现象。

五、董事、监事、高级管理人员的任职资格和义务

（一）董事、监事、高级管理人员的任职资格

《公司法》第178条从消极条件方面，对董事、监事、高级管理人员（简称董监高）的任职资格进行了规定："有下列情形之一的，不得担任公司的董事、监事、高级管理人员：（一）无民事行为能力或者限制民事行为能力；（二）因贪污、贿赂、侵占财产、挪用财产或者破坏社会主义市场经济秩序，被判处刑罚，或者因犯罪被剥夺政治权利，执行期满未逾五年，被宣告缓刑的，自缓刑考验期满之日起未逾二年；（三）担任破产清算的公司、企业的董事或者厂长、经理，对该公司、企业的破产负有个人责任的，自该公司、企业破产清算完结之日起未逾三年；（四）担任因违法被吊销营业执照、责令关闭的公司、企业的法定代表人，并负有个人责任的，自该公司、企业被吊销营业执照、责令关闭之日起未逾三年；（五）个人因所负数额较大债务到期未清偿被人民法院列为失信被执行人。违反前款规定选举、委派董事、监事或者聘任高级管理人员的，该选举、委派或者聘任无效。董事、监事、高级管理人员在任职期间出现本条第一款所列情形的，公司应当解除其职务。"

（二）董事、监事、高级管理人员的义务

1. 忠实勤勉义务。董事基于股东的信任取得了法律和公司章程赋予的参与公司经营决策的权力，就应当在遵循法律和公司章程的前提下，为公司的最大利益服务。从学理上讲，董监高的忠实勤勉义务分为勤勉义务和忠实义务两大类。勤勉义务又称为注意义务或善管注意义务，是指董监高履行职责时，应当为公司的最佳利益，具有一个善良管理人的细心，尽一个普通谨慎之人的合理注意。忠实义务，是指董监高应当忠实履行职责，其自身利益与公司利益发生冲突时，应当维护公司利益，不得利用其地位牺牲公司利益为自己或者第三人牟利。

2. 关联交易的披露与限制。为保障公司的合法利益不受实际管理控制人员的损害，

法律规定了董监高、其近亲属、董监高或者其近亲属直接或者间接控制的企业，以及与董监高有其他关联关系的关联人，如直接或者间接与本公司订立合同或者进行交易，均应当就与订立合同或者进行交易有关的事项向董事会或者股东会报告，并按照公司章程的规定经董事会或者股东会决议通过。

3. 竞业禁止义务。董监高未向董事会或者股东会报告，并按照公司章程的规定经董事会或者股东会决议通过，不得自营或者为他人经营与其任职公司同类的业务。

4. 违反规定的赔偿责任。董监高执行职务违反法律、行政法规或者公司章程的规定，给公司造成损失的，应当承担赔偿责任。

5. "影子董事"承担连带责任。公司的控股股东、实际控制人指示董事、高级管理人员从事损害公司或者股东利益的行为的，与该董事、高级管理人员承担连带责任。值得注意的是，这里被指示人不含监事，这是因为监事的职务特性在于监督，而非决策与管理。

实践中，存在许多董事高管受实际控制人控制，而进行职务行为的情况。为防止其为追求自身利益而损害公司和其他股东利益，基于侵权行为有共同意思联络，有损害公司或股东利益的实行行为，法律特别对"影子董事"设立了连带责任。

6. 不得谋取公司商业机会。"禁止篡夺公司机会"系英美法体系下董事、高级管理人员忠实义务的基本内容。董监高作为公司的核心力量，应当主动"采取措施避免自身利益与公司利益冲突"、并应当追求"公司的最大利益"，在行为表现上也体现为不得利用职务便利为自己或者他人谋取属于公司的商业机会。[1]

7. 违法分红的赔偿责任。公司违反规定向股东分配利润的，股东应当将违反规定分配的利润退还公司；给公司造成损失的，股东及负有责任的董监高应当承担赔偿责任。

8. 违规提供财务资助取得本公司或其母公司股份。原则上，公司不得为他人取得本公司或者其母公司的股份提供赠予、借款、担保以及其他财务资助，公司实施员工持股计划除外。此外，经股东会决议，或者董事会按照公司章程或者股东会的授权作出决议，公司可以为他人取得本公司或者其母公司的股份提供财务资助，但财务资助的累计总额不得超过已发行股本总额的10%。董事会作出决议应当经全体董事的2/3以上通过。违反上述规定，给公司造成损失的，负有责任的董监高应当承担赔偿责任。当然，并非所有因提供财务资助给公司造成损失的，董监高均要负责。如果董监高恪尽职守，在公司实施员工持股计划，经股东会或董事会授权决议，作出的财务资助行为，无需负赔偿责任。

学习内容5 公司解散与清算

一、公司解散

（一）公司解散的概念

公司解散是公司最终消亡的前提，是清算的源头，故又被称为公司清算的前置程序。

---

[1] 参见《公司法》第183条。

公司解散有广义和狭义之分，广义的公司解散包括宣告破产，破产也是公司消亡的形式。狭义的公司解散则排除宣告破产这一解散事由。两者主要区别在于公司是否有可分配的剩余财产，两者在公司清算期间有时还会出现转换的情况，即当清理财产时发现无剩余财产，则公司应启动破产清算程序。破产清算均是强制性的，无选择的，是完全的司法干预清算，且破产的前提需要由人民法院裁决的形式确定，无公司私权利自治的内容。而公司解散和解散清算则可以由公司通过自愿的程序，由公司自行进行处理。因此，导致公司解散的原因较多。

（二）公司解散的类型

根据我国公司解散制度规定的不同解散事由，公司解散可以分为自行解散、法定解散和强制解散。强制解散包括行政解散和司法解散。

自行解散，又称任意解散，或公司自愿解散，这种方式是依据公司和股东或出资人的意志决定解散公司，具体表现为基于公司章程规定和公司最高决策机构决议解散。

法定解散是指公司基于法律规定而解散。公司以吸收合并方式合并时，被吸收的公司解散；公司以新设公司的方式合并时，合并各方解散；公司分立中以派生分立方式分立时，不存在公司解散问题；以新设分立方式分立时，原公司解散。公司合并或分立而导致公司解散，不必履行解散清算程序，只需要按照《公司法》第220条规定："……公司应当自作出合并决议之日起十日内通知债权人，并于三十日内在报纸上或者国家企业信用信息公示系统公告……"这是因为公司主体并没有彻底消灭，只是改变了公司的存在形态，其债权债务仍由存续公司概括承继。

强制解散，又分为行政解散和司法解散。两者均是基于公权力的介入而使公司主体资格消亡，所以称之为强制解散。行政解散主要包括被吊销营业执照和责令关闭或被撤销两种情形。司法解散，本质是合同解除导致的解散，是指人民法院基于股东的申请，在公司经营管理出现显著困难，持续经营会严重损害股东利益，或董事、股东之间出现僵局等一系列情况出现，通过其他途径不能解决的解散事由出现，持有公司10%以上表决权的股东，可以请求人民法院解散公司。

（三）解散程序下的公司存续

对于因营业期限届满、章程规定的其他解散事由出现或股东会决议解散而解散的，如尚未向股东分配财产的，可以通过修改公司章程或者经股东会决议而存续。其中，有限责任公司须经持有2/3以上表决权的股东通过，股份有限公司须经出席股东会会议的股东所持表决权的2/3以上通过。

可见，并非所有进入解散程序的公司最终都走向注销，对于非强制解散、法定解散的情形下，经过公司股东会的多数决，仍存在使公司存续的可能。

二、公司清算

（一）公司清算的含义与种类

公司清算是指公司解散后，负有公司清算义务的主体按照法律规定的方式、程序对公司资产、负债、股东权益等公司的状态进行全面的清理和处置，清理债权债务，处理公司财产，了结各种法律关系，并最终消灭公司法人资格的一种法律行为。公司解散后，除因各种合并或分立的事由外，都要经过清算程序。公司清算包括破产清算和解散清算，破产清算适用《中华人民共和国企业破产法》（简称《破产法》）的规定，解散清算分为自行清算和强制清算。

1. 自行清算。自行清算又称普通清算，是指公司解散后由自己组织清算机构进行的清算。自行清算依赖于股东和清算义务人的诚信和公司资产是否足以清偿债务。

由于营业期限届满或章程规定的解散事由出现；股东会决议解散；依法被吊销营业执照、责令关闭或者被撤销；合同僵局导致的司法强制解散，应当进入清算程序。董事为公司清算义务人，应当在解散事由出现之日起 15 日内组成清算组进行清算。清算义务人未及时履行清算义务，给公司或者债权人造成损失的，应当承担赔偿责任。

2. 强制清算。强制清算主要有两种情形：一是在解散清算下，逾期不成立清算组进行清算或者成立清算组后不清算的，利害关系人可以申请人民法院指定有关人员组成清算组进行清算。人民法院应当受理该申请，并及时组织清算组进行清算；二是因依法被吊销营业执照、责令关闭或者被撤销的，作出相应决定的部门或者公司登记机关，可以申请人民法院指定有关人员组成清算组进行清算。

3. 破产清算。破产清算是指在公司不能清偿到期债务的情况下，依照《破产法》的规定所进行的清算。破产清算是人民法院以裁定方式作出的认定债务人已经缺乏清偿债务的能力，应当依照破产程序进行的清算。

破产清算完全由公权力介入，是否具备破产条件需要人民法院审查确定，破产清算的程序也需要人民法院全程监督。管理人指定的法定性、债权人会议积极参与制度、破产费用和共益债务、重整机制等均是破产清算有别于一般清算（包括自行清算和强制清算）之处。同时由于清算目的不同，破产清算关注的是债权人的债权是否得到了公平的清偿，而一般清算则关注终止法人资格问题，只在发现公司资产不能清偿债务时才转入破产清算程序。一般清算在程序和处理上与破产清算的操作模式互有借鉴意义，除具有剩余财产内容外，破产清算与一般清算有异曲同工之处。

（二）清算人的地位与作用

1. 清算组的组成。2023 年修订的《公司法》第 232 条规定："……董事为公司清算义务人，应当在解散事由出现之日起十五日内组成清算组进行清算。清算组由董事组成，但是公司章程另有规定或者股东会决议另选他人的除外。清算义务人未及时履行清算义务，给公司或者债权人造成损失的，应当承担赔偿责任。"

2. 清算组的职责。清算组在清算期间行使下列职权：清理公司财产，分别编制资产负债表和财产清单；通知、公告债权人；处理与清算有关的公司未了结的业务；清缴所欠税款以及清算过程中产生的税款；清理债权、债务；分配公司清偿债务后的剩余财产；代表公司参与民事诉讼活动。

3. 解散清算中公司的能力。解散清算中的公司由于其主体资格未登记注销，公司仍然具有完整的民事权利能力，只是经营权利受到限制（公司的行为能力方面只能围绕着清理公司财产的相关事宜进行），公司的代表发生了变更，变更为公司登记机关备案的清算组，但公司仍然以其自身为主体独立行使民事权利和承担民事义务。

（三）公司清算中的债权处置

1. 清算中的一般债权处置。解散清算中公司有剩余财产，能够足额偿还债务、完整保护债权人的利益后公司仍有剩余财产。而破产清算中，由于破产企业财产不足以清偿债务，债权人的债权不会得到全额或完整的保护，则债权偿还方案关系到每个债权人的重要利益。这一重要区分导致解散清算中不需要引入债权人会议，而且法律对债权的确认仍然规定了诉讼确认和质疑的权利，并且规定了对超期申报债权的救济，这些都是债权人可以一步到位寻求法律帮助的途径。

与此同时，在公司自行清算程序中，债务的清偿方案是否需要经全体债权人确认并无法律规定，当其向破产清算转化时则采取债权人通过理论，若通过可不向破产清算转换，而直接终结解散清算，则减少了司法成本。

2. 清算中劳动债权处置。企业拖欠职工工资和保险等费用的情况下，在企业的相关财务会计资料和劳动保障部门等书面文件中一般都有明确记载，清算组应该对上述资料进行调查核实后列出清单，并将清单在企业经营场所予以公示，职工对清单记载有异议的，可以请求清算组予以更正，若不予更正的，职工可以向人民法院提起诉讼，请求确认债务人拖欠工资和福利的具体数额。我国《公司法》及相关规定中的一般债权的质证途径，应该同样适用于劳动债权。

三、公司注销

在法律意义上法人人格的消灭在于公司的注销。除了传统意义上在相关工商管理部门登记注销外，《公司法》额外规定了简易程序注销与强制注销。简易程序注销，是指公司在存续期间未产生债务，或者已清偿全部债务的，经全体股东承诺，可以按照规定通过简易程序办理公司注销登记。强制注销是在前些年我国市场主体退出制度改革的基础上，为公司登记机关履行注销职责提供民事法律依据。其内容主要是对于被吊销营业执照、责令关闭或者被撤销的公司，满 3 年未向公司登记机关申请注销公司登记的，公司登记机关可以通过国家企业信用信息公示系统予以公告，公告期限不少于 60 日。公告期限届满后，未有异议的，公司登记机关可以注销公司登记。

训练项目一：公司设立纠纷的案例分析

【训练目的与要求】

通过训练，掌握公司设立的条件，熟悉公司设立的具体流程，了解发起人的责任，同时对公司设立实务中的主要法律问题能够进行认定与分析，并提出合法、合理的解决方案。

【实例训练】

案例：江苏 A 有限责任公司（简称 A 公司）向一审法院起诉请求：判令张某、刘某在未缴出资范围内对扬州 B 公司欠其的 5 418 230 元（其中利息暂算至 2018 年 9 月 7 日）债务承担赔偿责任，彭某、潘某作为公司发起人承担连带责任；本案诉讼费用由张某、刘某、彭某、潘某承担。

一审法院认定事实：扬州 B 公司于 2014 年 3 月 4 日核准开业，公司章程规定公司注册资本 5000 万元，股东为彭某、潘某、张某、刘某，要求各股东于 2014 年 2 月 26 日分别实缴出资 300 万元、300 万元、200 万元、200 万元，于 2016 年 3 月 2 日分别实缴出资 1200 万元、1200 万元、800 万元、800 万元。扬州 B 公司 2017 年度报告显示，张某、刘某分别仅实缴出资 200 万元、260 万元，彭某、潘某实缴出资各 1500 万元。

2017 年 9 月 4 日，人民法院受理 A 公司起诉扬州 B 公司代理合同纠纷一案，判决扬州 B 公司支付 A 公司剩余预付票款 3 285 210 元及自 2016 年 9 月 16 日起至实际给付之日止以 3 285 210 元为基数按年利率 24% 计算的滞纳金；扬州 B 公司支付 A 公司 50 万元保证金及自 2017 年 4 月 22 日起至判决确定的给付之日止以 50 万元为基数按中国人民银行同期同类贷款基准利率计算的利息。

问题：

发起人的资本充实责任是什么？发起人应否对其他发起人全部出资承担连带责任？

核心提示：按照资本充实责任的原理，设立公司的股东未按照公司章程的规定全面履行出资义务，致使公司资本不能按照公司章程规定缴足时，其他设立公司的股东需承担连带的补足出资义务。此处需说明的是，一是，资本充实责任系因公司设立行为而产生，其承担者为公司设立股东，担保的"主体范围"也限于其他设立股东，公司成立后因增资或受让股权而成为股东的主体，不在资本充实责任规制的"主体范围"内；二是，资本充实责任所担保的"出资范围"应系设立公司的股东在公司章程中承诺的全部出资义务，而不论该出资系一次性出资还是分期出资。一次性出资与分期出资只是出资的履行期限不同，出资义务本身未变，故并不会影响资本充实责任的承担。

<h3 style="text-align:center">训练项目二：公司法人人格否认的案例分析</h3>

【训练目的与要求】

1. 通过训练，深入理解和重点掌握公司的独立法人资格与股东的有限责任等基本法律属性。

2. 认识并掌握公司法人人格否认制度适用的基本条件，并能够分析实际个案，判断法人人格否认制度能否适用于某一具体案件。

3. 理解公司法人人格与公司法人人格否认制度之间的关系，前者是公司的基本制度，是公司赖以存在的基石和灵魂，而后者是公司人格制度的例外。

【实例训练】

案例：原告赵某某系蔬菜供应商，自 2018 年以来长期为被告 B 公司各门店供应蔬菜。

2020 年 5 月 8 日，B 公司出具《欠货款确认书》，确认欠付原告 617 015 元。之后，B 公司偿还部分款项，并于 2020 年 7 月 4 日重新出具《欠货款确认书》，确认还欠原告货款 600 000 元。因 B 公司未继续偿还欠款，原告委托律师催款，B 公司仍未支付，故原告起诉至人民法院，要求 B 公司偿还欠款及利息，且要求被告吴某甲对 B 公司支付义务承担连带责任。经查明，2010 年，吴某甲与妻子汪某出资设立 A 公司，各自持股 50%。2013 年 3 月，吴某甲与 A 公司作为股东出资设立 B 公司，吴某甲持股 10%，A 公司持股 90%，吴某甲担任 B 公司法定代表人，汪某担任 B 公司监事。2015 年 11 月，吴某甲作为经营者开设个体工商户 C 餐饮店。B 公司经营期间，多家门店收款商户设置为 C 餐饮店。2017 年至 2020 年间，B 公司财务记账中存在大量吴某甲私人款项往来，且使用多名自然人个人银行账户用于公司对外经营支付。2019 年 4 月，B 公司法定代表人由吴某甲变更为吴某乙，其继续担任总经理。2020 年 10 月 13 日，原告提起本案诉讼。当月，吴某甲将其持有的 B 公司 10% 股权以零元对价转让给 B 公司。

问题：

1. 本案是否可构成公司人格否认？

2. 股权转让后，人格混同的认定是否能够免除？

核心提示：《九民纪要》第 10 条至第 12 条列举了三种常见的滥用公司法人独立地位和股东有限责任的行为，分别是人格混同、过度支配与控制、资本显著不足。人格混同具体可以分为财产混同、人事混同、业务混同、场所混同等四种情形。

人民法院生效裁判认为，本案的争议焦点在于吴某甲应否对永和公司债务承担连带责任。公司法人人格独立和股东有限责任是现代公司法的基本原则，公司法人人格否认制度是该原则的例外。能否适用公司人格否认制度最根本的判断标准是公司是否具有独立意思和独立财产，其着眼点是看公司财产与股东财产是否混同且无法区分。

股东转让股权的，公司股东滥用公司法人独立地位和股东有限责任，实施与公司财产混同的侵权行为，严重损害公司债权人利益的，应当对公司债务承担连带责任。股东之后转让股权的，不影响该连带责任的承担。

训练项目三：股权代持股协议的案例分析

【训练目的与要求】

通过训练，掌握股东资格认定的基本标准。对于代持股协议有基本的认识，能够分析处理股东资格纠纷案件。

【实例训练】

案例：2012 年 2 月，A 公司成立。黄某通过 B 公司向 A 公司实缴出资 500 万元。B 公司是工商登记股东，黄某是实际出资人。各方对此无异议，且黄某以股东身份参与 A 公司经营管理。

皮某与 B 公司民间借贷纠纷一案，皮某向人民法院申请强制执行，冻结了 B 公司持有的 A 公司 5% 的股权。

黄某、李某（黄某、李某为夫妻）提出执行异议遭到驳回，然后向一审法院起诉请求：①判令 B 公司持有的 A 公司 5%（对应出资额 500 万元）股权属于黄某、李某所有；②立即解除对 B 公司持有的 A 公司 5%股权的冻结措施，不得执行该股权；

2017 年，四川省的一审法院判决支持了黄某、李某的诉讼请求。皮某不服一审判决，向四川省高级人民法院院提起上诉，四川省高级人民法院判决：撤销一审判决，驳回黄某、李某的诉讼请求。黄某、李某向最高人民法院申请再审，最终 2019 年最高人民法院经审查，驳回其再审申请。

问题：

本案黄某、李某的执行异议遭到驳回的理由是什么？

核心提示：本案系因代持股权引发的纠纷，投资权益显名化的核心是确认代持股权的法律关系。

确认代持股权的法律关系，并非对已查封股权的处分和转移，不构成执行阻碍，仅是保护实际出资人的实际权益，确权结果也不能阻却执行。

核心提示：工商登记是对股权情况的公示，与公司交易的善意第三人及登记股东之债权人有权信赖工商机关登记的股权情况并据此做出判断。其中"第三人"并不限于与显名股东存在股权交易关系的债权人。根据商事外观主义原则，有关公示体现出来的权利外观，导致第三人对该权利外观产生信赖，即使真实状况与第三人信赖不符，只要第三人的信赖合理，第三人的民事法律行为效力即应受到法律的优先保护。基于上述原则，名义股东的非基于股权处分的债权人亦应属于法律保护的"第三人"范畴。

训练项目四：股权回购及对赌协议的案例分析

【训练目的与要求】

通过训练，我们可以理解并掌握股东资格与股东权之间的关联，掌握股权的具体类型和主要内涵，了解对赌协议及其法律效力，并能够分析处理股权纠纷案件。

【实例训练】

案例：廖某某经人介绍，拟入股 A 设备制造公司（简称 A 公司）。2019 年 6 月 19 日，双方签署《A 公司投资认购协议》一份，协议编号 000068。协议包含三部分：《认购说明书》《风险提示说明书》及《投资认购协议》。第一部分《认购说明书》列明认购条件及认购流程。第二部分《风险提示说明书》列明 A 公司运营过程中可能面临的经营风险、延期风险、政策风险、不可抗力等风险。廖某某手书"本人已认真阅读并理解所有的认购文件，并愿意依法承担相应的投资风险"。第三部分《投资认购协议》约定：廖某某认购股数50 000 股，认购价格 4.2 元/股，出资认购金额 210 000 元。A 公司承诺每年给投资人进行股东分红，分红计算公式为：企业营业收入金额×1%÷总股本×持股股数。协议第 9 条"业绩对赌"约定：A 公司经具有证券从业资格的会计师事务所审计的 2019 年营业收入不低于 4000 万元、2020 年营业收入 7000 万元，2021 年 12 月 31 日完成 1 亿元的营业收入。如未达到上述条件，公司实际控制人同意回购投资人所持有 A 公司股份。

问题：

1. 关于"对赌"回购权的性质和行使期限应该如何认定？

2. 本案回购权行使是否符合《公司法》的规定？是否会构成权利滥用？

核心提示： 实践中俗称的"对赌协议"，又称估值调整协议，是指投资方与融资方在达成股权性融资协议时，为解决交易双方对目标公司未来发展的不确定性、信息不对称以及代理成本而设计的包含了股权回购、金钱补偿等对未来目标公司的估值进行调整的协议。投资人与公司创始股东之间的对赌只涉及平等商事主体间的法律关系，按合同约定履行即可。但涉及与目标公司对赌时，需一并考虑是否违反《公司法》强制性规定的问题。

此类协议中的回购权本质上是赋予了投资方在特定条件下以单方意思表示形成股权转让关系的权利，当基础条件成就且权利存续时，一旦权利人及时、合法发出回购通知，则双方之间即按照事先约定的对价产生股权转让合同关系，回购义务人并无缔约选择权。因此，此种回购权系由当事人约定产生的形成权，能够单方变更法律关系，与合同解除权类似，需促使法律关系早日确定，保护相对人信赖利益，应适用除斥期间的规则。

训练项目五：一人公司的案例分析

【训练目的与要求】

通过分析与训练，了解并掌握一人公司的法律特征，特别是公司人格否认中的举证责任倒置等相关规定。

【实例训练】

案例： A公司股东为廖某、张某，该二人曾系夫妻关系。2018年9月，B公司因买卖合同纠纷将A公司起诉至人民法院，2018年11月，人民法院判令A公司给付B公司货款149 555元。后A公司申请强制执行，因A公司没有财产可供执行，人民法院裁定终结本次执行程序。廖某、张某确认，该二人于1991年3月登记结婚，于2019年4月离婚，前述债务发生在二人夫妻关系存续期间。B公司以A公司实质为一人公司，股东与公司财产混同等为由，请求廖某、张某在机电公司应付B公司债务范围内承担连带清偿责任。

问题：

1. 人民法院应当如何判决？

2. 夫妻公司能否认定为一人公司？

3. 一人公司在法人人格混同上，有什么特殊要求？

核心提示： 一人公司不仅适用于有限责任公司，而且适用至只有唯一股东的股份有限公司。《公司法》在关于人格否认制度的规定中保留了一人公司人格否认的举证责任倒置制度《公司法》第23条第3款规定："只有一个股东的公司，股东不能证明公司财产独立于股东自己的财产的，应当对公司债务承担连带责任。"

实践中，关于夫妻公司是否为一人公司的判例各有不一。有些观点认为，夫妻二人同为公司股东，应依照公司章程或工商登记的股权比例分别行使股东权利，享有各自股东权益。出资来源与利益归属于夫妻共同财产，不代表夫妻二人股东意思表示必然一致，不能得出夫妻股东实为同一股东的结论。也有观点认为，从股东数量上看，"夫妻档"公司具有两名股东并不符合一人有限责任公司只有一个股东的形式要件。该案中，公司的注册资本来源于夫妻共同财产，实质来源于同一财产权，并为一个所有权即同一家庭单位共同享有和支配，该股权具有利益的一致性和实质的单一性，据此应当认定公司为实质上的"一人公司"。

但值得注意的是，能否刺破"夫妻公司"面纱要求夫妻股东承担连带责任，并不是以"夫妻关系"为判断要件，仍应以夫妻股东财产与公司财产是否混同、夫妻是否过度支配与控制公司等作为认定标准。

训练项目六：董监高义务的案例分析

【训练目的与要求】

通过训练，理解并掌握公司董监高义务的具体内容，并能判断、分析、处理相关法律纠纷。

【实例训练】

案例：A 公司设立于 2008 年，李某系该公司股东，2015 年 4 月 28 日前，担任该公司法定代表人、董事长、总经理职务。B 公司设立于 2013 年，股东系 A 公司，持股 100%。

2014 年 1 月 10 日，广东省 D 医院和 B 公司签订《合作框架协议》，约定双方合作共建广东省医学影像阅片中心平台、检验分析中心平台和互联网医院、应急无线医疗项目。

2014 年 11 月 20 日，C 公司与广东省 D 医院签订《友德医网络医院合作协议》，约定双方视对方为广东省内唯一的合作方，双方共同合作组建"D"网络医院，并对用户提供网上诊疗、双向转诊等医疗服务，独家授权 C 公司合作共建网络医院项目。

另查明，C 公司设立于 2014 年 8 月 7 日，李某是 C 公司实际控制人。

A 公司、B 公司起诉至人民法院，认为李某违反勤勉义务，侵占公司财产，要求判令李某因其侵权行为赔偿 B 公司 1.2 亿元，广东省 D 医院对李某的上述债务承担连带赔偿责任。

问题：

1. 董事对公司所负的忠实义务、竞业禁止义务能否包括公司所属的子公司？

2. 董监高承担的义务还有哪些？

核心提示：《公司法》关于董事对公司所负的忠实义务、竞业禁止义务应不限于董事所任职的公司自身，还应包括公司的全资子公司、控股公司等，如此方能保障公司及其他股东的合法权益，真正实现公司法设置忠实义务、竞业禁止义务的立法本意。

此外，《公司法》还对事实董事、影子董事等进行了规定，进一步明确了忠实义务、勤勉义务。值得注意的是，对于董监高利用职务便利为自己或他人谋取属于公司的商业机会，公司法采取的立场也是限制而不是绝对禁止。针对此类和公司存在利益冲突的交易行为，程序控制要求和关联交易一样，董监高也需向有权审议机关（公司章程规定的董事会或股东会）履行报告义务，并经有权审议机关决议通过后方可实施。

董监高违反忠实、勤勉义务，情节严重的，还可能构成《中华人民共和国刑法》（简称《刑法》）中的非法经营同类营业罪、为亲友非法牟利罪、背信损害上市公司利益罪等。

训练项目七：股权转让的案例分析

【训练目的与要求】

通过训练，了解并掌握股权转让的要点，能够结合案例进行具体的法律分析。

【实例训练】

案例： A 公司持有 B 公司 52.5% 的股份。2014 年 3 月 27 日，B 公司股东 C 公司、D 公司及 A 公司三方召开股东会议，并形成 B 股字〔2014〕2 号股东会决议，决定：公司 2013 年度实现利润总额 227 050 779.10 元，可供股东分配的利润为 218 930 221.51 元，本年度已分配支付利润 162 000 000 元，剩余未分配利润 56 930 221.51 元暂未支付，决定 2014 年 6 月份之前，将该部分剩余未分配利润分配完毕。2014 年 6 月 25 日，C 公司、A 公司召开 2014 年第二次临时股东会，并形成《临时股东会议纪要》，该会议纪要第 6 条为："会议同意对 B 公司 2013 年未分配利润在 7 月底之前进行分红，2014 年按季度分红。"

2015 年 9 月 24 日，A 公司将其持有的 B 公司 52.5% 股权转移登记到 A 公司下属全资子公司名下。2015 年 6 月 18 日，A 公司与赵某某签订《股权转让协议书》，A 公司以 48 000 万元将其全资子公司 100% 的股权转让给赵某某，该协议第 6.3 条约定："自本协议签署后，甲方承诺不再对 A 全资子公司、B 公司进行直接或间接分红，不再动用 A 全资子公司、B 公司资金账户内的资金，不得出现任何可能减少乙方股东权益的行为"。2015 年 12 月 17 日，A 全资子公司 100% 的股权从 A 公司名下转移登记到案外人赵某某名下。2017 年 10 月 10 日，A 公司向 B 公司、C 公司、D 公司、A 全资子公司、赵某某送达一份《公司函件》，函件主要内容为：A 公司要求 B 公司向 A 公司支付 2015 年 6 月 18 日前的利润 34 732 804.98 元。A 公司通过顺丰速递向 B 公司、B 公司股东及赵某某邮寄送达了该函件，各公司相关人员对该函件进行签收。

另查明，2012 年度 B 公司执行 B 股字〔2013〕1 号股东会决议，以现金形式向各股东按持股比例分配了利润。

问题：

股东将其持有的公司股权转让后，是否仍享有利润分配请求权？

核心提示： 股东要求公司分配利润的必要条件是提交载明具体分配方案的股东会决议。具体的利润分配方案应当包括待分配利润数额、分配政策、分配范围以及分配时间等具体分配事项内容。判断利润分配方案是否具体，关键在于综合现有信息能否确定主张分配的权利人根据方案能够得到的具体利润数额。如公司股东会决议确定了待分配利润总额、分配时间，结合公司章程中关于股东按照出资比例分取红利的分配政策之约定，能够确定股东根据方案应当得到的具体利润数额的，该股东会决议载明的利润分配方案应当认为是具体的。

载明具体分配方案的股东会决议一经作出，抽象性的利润分配请求权即转化为具体性的利润分配请求权，从股东的成员权转化为独立于股东权利的普通债权。股东转让股权时，抽象性的利润分配请求权随之转让，而具体的利润分配请求权除合同中有明确约定外并不随股权转让而转让。当分配利润时间届至而公司未分配时，权利人可以直接请求公司按照决议载明的具体分配方案给付利润。

训练项目八：公司解散的案例分析

【训练目的与要求】

通过训练，了解公司解散的情形，特别是因公司僵局导致的解散，能够结合具体案例进行分析。

【实例训练】

案例：2015年6月24日，陕西A有限公司（简称A公司）成立，股东为任某、陈某。2019年5月5日至6月6日，A公司先后向陈某邮寄催缴出资函、股东会议通知、股东会决议、解除股东资格通知，陈某表示均未收到。陈某曾于2015年3月4日代表公司与B公司签订土地租赁合同。陈某称其曾部分出资，先后出资120 000元（如向场地出租方经办人张某先后支付100 000元、20 000元）。任某对100 000元租金不予认可，2015年度50 000元租金及现金垫付租金6000元系陈某分别受任某、财务委托代为缴纳，2016年度续租租金50 000元系任某自行缴纳。A公司起诉请求陈某配合A公司按照2019年6月6日《股东会决议》在工商行政管理机关办理股东、股权变更登记。人民法院依法审理后作出民事判决，该判决认为陈某及任某向A公司的出资均存在争议，A公司向陈某邮寄的股东会决议等文件也存在送达争议，故对A公司该诉请依法未予支持，并判决驳回了A公司的诉讼请求。任某及A公司均表示对该判决不服，现已提出上诉。

问题：

股东因未履行或者未全面履行出资义务而受限的股东权利包括哪些？是否影响其提起解散公司之诉的权利？

核心提示：股东未履行或者未全面履行出资义务或者抽逃出资，公司根据公司章程或者股东会决议对其利润分配请求权、新股优先认购权、剩余财产分配请求权等股东权利作出相应的合理限制。并不包括其提起解散公司之诉的权利。

《公司法》第231条规定："公司经营管理发生严重困难，继续存续会使股东利益受到重大损失，通过其他途径不能解决的，持有公司百分之十以上表决权的股东，可以请求人民法院解散公司。"其中的"严重困难"包括对外的生产经营困难及对内的管理困难，公司是否盈利并非判定严重困难的必要条件。

学习单元二　合伙企业法律基础与案例分析

单元知识体系导图

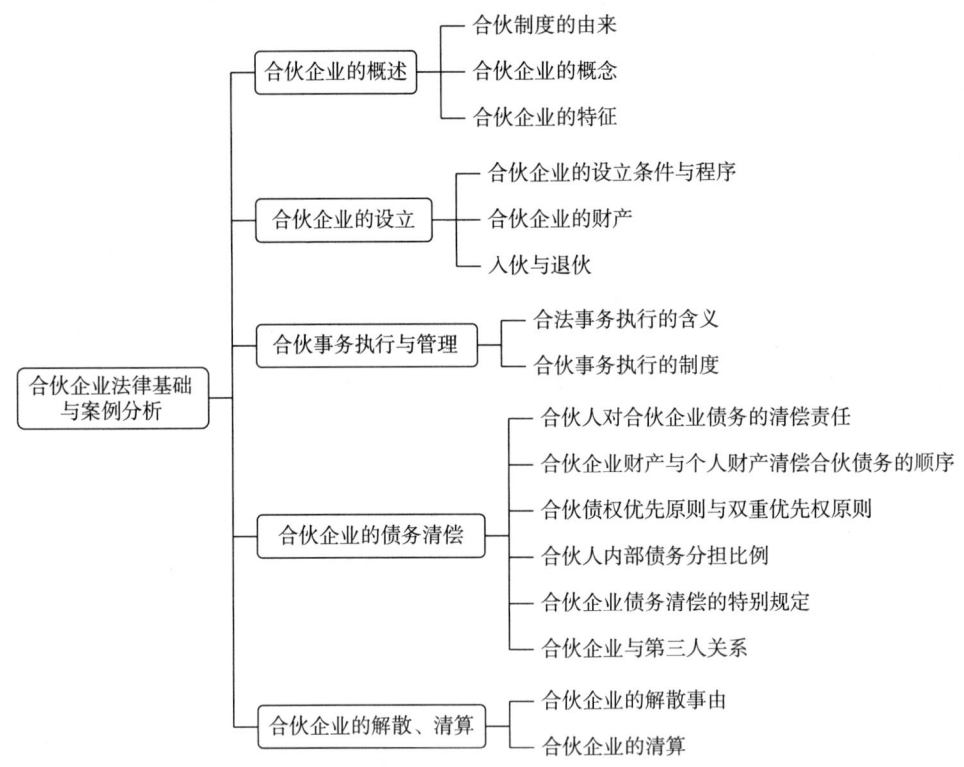

学习内容1　合伙企业的概述

一、合伙制度的由来

从合伙的产生来看，合伙最初是为了解决共同生产劳动中的问题而以契约的形式实现。后来，合伙人由最初具有一定血缘关系的人扩展到纯粹的"外人"，对于外人之间的相互合伙亦以契约来约束。因此，合伙在西方各国立法史上最初都表现为契约。在古罗马时期，合伙就作为一种典型的诺成契约在债法编中予以规定。罗马共和国末期以后，商品经济空前发达，罗马法上把合伙作为一种无需任何法定形式的诺成契约，罗马人常采取合伙的形式经营奴隶、粮食、油脂。在优士丁尼法中，"合伙根据不同的标准被分为不同的种类。根据所贡献的东西，合伙可以被分为"物合伙（Rerum）""劳作合伙（Operarum）""混合合伙（Mixtae）"等不同类型。[1]经过几千年的发展、演变和完善，合伙已经成为现代三大企业形式之一。

---

〔1〕 ［意］彼德罗·彭梵得：《罗马法教科书》，黄风译，中国政法大学出版社1992年版，第380页。

随着社会经济交往的发展，合伙不仅突破了原来"契约"之意，也同时具有了"组织体"的内在含义。特别是随着近代工业化大发展以及生产社会化，人们订立契约是为了共同经营事业，为实现该目的全体合伙人必须共同合作。在此过程之中，合伙人与第三人之间民事法律关系增多，合伙所产生的权利义务需要由整个合伙组织承担，迫切要求合伙不能局限于或侧重于合伙内部之间法律关系的调整，而应当将其视为一个整体，关注合伙作为组织体与外界之间的民事交往。当然，此处需要明确的是，在现代社会，合伙指称为组织并不否认形成合伙的前提条件即要求合伙人订立合伙契约。

虽然合伙制自产生之日起历经了上千年的演化，却并未因法人制度在世界范围内的兴起而衰落，相反仍然在往前发展，进行着制度创新。从契约型合伙到组织型合伙，从民事合伙到商事合伙，再从普通合伙到有限合伙等，合伙形式的制度设计日益丰富和多样化。

二、合伙企业的概念

合伙企业，与公司（包括有限责任公司与股份有限公司）、个人独资企业共同构成我国三大企业组织形式。法律明确了除自然人外，法人和其他组织可设立合伙企业，实现了企业投资主体的多元化，有利于合伙企业规模的扩大和合伙事务的发展。同时，《中华人民共和国合伙企业法》（简称《合伙企业法》）坚持商事主体法定原则，采取严格的法定主义立法模式，要求投资人采取合伙企业形式进行经营活动必须依法设立合伙企业并进行注册登记，才能以合伙企业的名义对外开展经营活动，否则相关机关有权查处。因此，只有符合《合伙企业法》的强制性规定以及符合设立条件才能成为合法的合伙企业。此外，合伙企业是在中华人民共和国境内设立的，这是其适用的地域范围。

从学理上看，合伙通常分为以下几类：

（一）民事合伙与商事合伙

秉承罗马法传统的大陆法系国家将合伙分为民事合伙与商事合伙，分别规定在民法典和商法典中。所谓民事合伙，"是一个共同体，但不是组织体，主要是指以自由职业者组成的从事民事活动的合伙，由合伙人以自身及雇员的某种特长或技能为他人提供民事服务。"[1]典型的民事合伙主要有会计师事务所、律师事务所等。而商事合伙，是指"合伙人组成的从事生产经营等商事活动的合伙"，[2]这种合伙多追求一定商业目的，多从事相对固定的营业事业，合伙关系的连续性和稳定性较强。商事合伙与民事合伙的主要区别如下：商事合伙必须是以营利为目的，而民事合伙则不必以营利为目的；民事合伙多表现为契约性的共同体，而商事合伙多表现为组织性的共同体；商事合伙要求达到一定的程度和规模，民事合伙可以是临时的甚至随机的；商事合伙在我国主要通过《合伙企业法》予以调整，即属于组织法的范畴，民事合伙则主要表现为协议，无法适用《合伙企业法》，更多适用《中华人民共和国民法典》（简称《民法典》）合同编的关系来调整。英美法系中没有这种分类，

---

〔1〕　任华哲：《中小企业基本法立法研究》，武汉大学出版社2007年版，第84页。
〔2〕　同上。

我国采取的是民商合一的立法模式，目前也没有民事合伙与商事合伙这一分类。

（二）一般合伙与隐名合伙

此分类同样也是大陆法系的特殊规定，英美法系中亦无此规定。一般合伙是具有合伙一般特征的合伙，包括通常的民事合伙和商事合伙。而隐名合伙在大陆法系上只是一种契约关系，没有团体人格，成立方式也比较简易和自由。"根据该契约，隐名合伙人负责向企业提供一定数额的资金，并相应地参与企业的利润分配，分担企业的亏损。隐名合伙人并不因这样一种契约而成为商人及企业财产的共有人，也不从企业财产增值中取得一份。"[1]可见，这是由两种合伙人组成的合伙，一种是显名合伙人，另一种则是隐名合伙人。隐名合伙即向显名合伙人即营业人一方出资获取利润，不参与经营，对合伙的债务承担有限责任。

（三）普通合伙与有限合伙

普通合伙是全部由普通合伙人组成的合伙。在这种合伙中，各合伙人要对企业债务承担无限连带责任。有限合伙企业由普通合伙人和有限合伙人组成，普通合伙人对合伙企业债务承担无限连带责任，有限合伙人以其认缴的出资额为限对合伙企业债务承担责任。换言之，即使在有限合伙企业中，也存在至少一位普通合伙人对合伙企业债务承担无限连带责任。与普通合伙企业的所有合伙人都承担无限连带责任不同，有限合伙人以其认缴的出资额为限，承担有限责任。有限合伙中的有限责任，能使有限合伙人降低投资风险，有利于最大化激发市场活力。普通合伙企业和有限合伙企业在设立条件、合伙协议、出资规定与事务执行等方面都有所不同。

（四）特殊普通合伙企业

我国《合伙企业法》中，特殊普通合伙企业并非作为一种独立的合伙类型，而是作为普通合伙的一种特殊形式出现的。该类合伙企业主要是针对以专业知识和专门技能为客户提供有偿服务的专业服务机构，如会计师事务所等。制度设计的目的就是使这些专业服务机构的合伙人避免承担过度风险，从而有利于其发展壮大和在异地开展业务。

特殊合伙企业有着独特的区分责任承担方式。一是，对于因故意或者重大过失造成企业债务的，确立了连带责任这类较为强势的归责方式。二是，若合伙人无辜——即该合伙人不是直接的责任行为人或不是该项侵害事由的管理者、权利掌控者或虽然事后知晓但已经尽力弥补损失的，其只在合伙企业无力承担所有该项债务时，以其出资为限承担该项债务。此外，对于合伙人在执业活动中非因故意或者重大过失造成的合伙企业债务以及合伙企业的其他债务，法律并未对此类合伙人加以过分严苛的责任，而是由全体合伙人承担无限连带责任。

特殊的普通合伙企业的优点如下：

第一，它较好地解决了合伙企业中所有合伙人的责任问题。一般的普通合伙企业所适用的归责原则是所有合伙人承担无限连带责任，这样就直接带来了普通合伙的"归责轻

---

〔1〕 任华哲：《中小企业基本法立法研究》，武汉大学出版社2007年版，第84页。

率"问题。其显著特征之一就是"人合性"。但是,合伙人或者雇员在一般的法律意义上也是独立主体,他们都会有自己的处世原则和行事方式。尤其是在当今社会,人们常常会处于一种法律关系和经济关系纵横交错、复杂烦冗的境地。仅因为一个合伙人,或者一个雇员的故意或重大过失职务行为,就要求无过错的合伙人承担巨大的债务责任显然有失公平。同时,过分强调无限连带责任原则,必然妨碍合伙企业长期化和大型化的发展。

第二,它进一步确立了合伙人之间彼此的相对独立性,给予了合伙人发挥能动性与承担责任的空间。在普通合伙企业中,一般而言,每个合伙人都代表合伙企业,每个合伙人的行为都会产生必然的连带后果。可以说,一个合伙人的一次不法侵害行为所造成的后果不仅可能危及合伙企业,也可能累及其他合伙人,这就使得普通合伙企业在具有灵活性优势的同时欠缺稳定性。特殊普通合伙的制度设计就使得普通合伙企业在解决由于个别合伙人或其雇员的不法侵害所造成的债务承担问题同时,通过引入划分责任原则,限制无限连带责任原则的适用。

(五)合伙的其他分类

除以上几种分类外,还可将合伙分为个人合伙、法人合伙或者混合合伙、营利合伙与公益合伙、临时合伙与长期合伙、简易合伙与合伙组织等。顾名思义,个人合伙是以自然人为成员的合伙,法人合伙是以法人为成员的合伙,而混合合伙是以自然人、法人、其他组织为成员的合伙。营利合伙与公益合伙是以合伙设立的目的来划分的。临时合伙与长期合伙是从合伙存续时间角度出发的。简易合伙与合伙组织主要聚焦在合伙结构复杂程度上。

三、合伙企业的特征

合伙企业的特征可以概括为以下四个方面:

第一,合伙企业是根据合伙协议组成的社会实体。合伙人的权利义务建立在合伙协议基础上,并通过该协议来均衡各方的权利义务。企业内部关系主要适用合伙协议来确定。合伙企业实为契约式组织。

第二,合伙企业具有强烈的人合性特色。合伙人之间多存在着比较亲密的关系,是基于信任而组合的。一般而言,合伙人不但要对合伙企业出资,还要参与合伙企业的经营。这决定了合伙成员结构具有相对的稳定性。

第三,在责任形态上,普通合伙人对合伙企业债务承担无限连带责任。当然,有限合伙人对合伙企业的债务以其认缴的出资额为限承担有限责任。

第四,在组织性质上,合伙企业是非法人组织。合伙企业是自然人和法人之外的第三类民事主体,介于自然人和法人之间,既不同于自然人,又不具有法人资格,但从其存在形式和组织构成上看更接近于法人。

实际上,合伙企业是独资企业向公司过渡的一种形态,它往往是从原本单一的业主模式转化为多人模式。较之独资企业,合伙企业的资金来源较大,企业抵御风险的能力增强,扩大规模经营成为可能,企业的发展前景更为良好。然而它也有局限性,主要体现在连带责任等方面。

学习内容2　合伙企业的设立

一、合伙企业的设立条件与程序

在我国，设立合伙企业的条件有五个方面：合伙人须符合法律规定的条件；须有书面合伙协议；合伙人实际缴付的出资；合伙企业的名称；有经营场所和从事合伙经营的必要条件。

在设立程序上，由申请人提出申请，登记机关决定是否登记。合伙企业的营业执照签发日期，为合伙企业成立日期。合伙企业领取营业执照前，合伙人不得以合伙企业名义从事合伙业务。合伙企业设立分支机构，应当向分支机构所在地的企业登记机关申请登记，领取营业执照。合伙企业登记事项发生变更的，执行合伙事务的合伙人应当自作出变更决定或者发生变更事由之日起15日内，向企业登记机关申请办理变更登记。

二、合伙企业的财产

合伙企业的经营运作离不开财产，此处的财产可以指有形财产如货币、实物、厂房等，也可以指知识产权、技术等无形财产。合伙企业财产是经营的命脉，也关系着合伙债权人的利益和市场交易秩序是否稳定。我国现行法律还赋予了合伙企业财产的额外性保护，合伙合同终止前，合伙人不得请求分割合伙财产，以确保合伙关系的持续稳定。

（一）合伙财产的含义

合伙企业的历史悠久，但是法律关于合伙财产的定义却鲜有规定。目前学界对于合伙企业财产的定义概括如下：

第一种观点认为，合伙财产包括合伙财产和合伙债务两部分。郑玉波先生认为，合伙财产有广义和狭义之分；广义的合伙财产包括合伙财产（积极财产）及负债（消极财产）。狭义的合伙财产，则以合伙之资产为限，也就是为达成经营共同事业之目的，而与合伙人个人财产划分独立之特别财产是也。它包括合伙人出资和其他合伙财产。[1]梅仲协先生认为，合伙财产除包括各合伙人之出资外，兼及其他与经营合伙事业有关之一切资产。合伙债务亦属于合伙财产，即合伙之消极财产也。[2]

第二种观点认为，合伙财产是指合伙人出资及合伙所得其他财产的总和。史尚宽先生认为，"合伙财产由各合伙人出资及其他财产而构成"。[3]其他财产，为因业务执行所生之财产。这些财产可以是有体物、无体物和权利，权利既可以是物权也可以是债权。基于合伙财产所生之财产，例如天然孳息及法定孳息，以及合伙财产之灭失毁损对于第三人所生之损害赔偿债权等均属合伙财产的内容。我国基本采纳这一观点。

第三种观点以德国为代表，认为合伙财产包括以下内容：①各合伙人的出资以及通过

---

〔1〕　郑玉波：《民法债编各论》（下），中国台湾三民书局1981年版，第654页。
〔2〕　梅仲协：《民法要义》，中国政法大学出版社1998年版，第1页、第465页。
〔3〕　史尚宽：《债法各论》，中国政法大学出版社2000年版，第695页。

为合伙执行事务而取得的物件；②因属于合伙财产的权利而取得的物件或对灭失、毁损或侵夺属于合伙财产的物件作为赔偿而取得的物件。[1]

在我国，合伙企业的财产由两部分组成：一是原始财产，即全体合伙人的出资；二是积累财产，即合伙企业存续期间所有以合伙企业名义取得的收益，以及依法取得的其他财产，如合伙企业因被侵权而获得的赔偿。依据《合伙企业法》第16条第1款的规定，合伙人可以用货币、实物、知识产权、土地使用权或者其他财产权利出资，也可以用劳务出资。对劳务是否也属于合伙企业财产应当从不同角度进行理解。出资并不能等同于财产，因此不宜将作为出资对象的劳务简单地归入合伙企业财产的范畴。首先，财产指的是各种物、权利和利益，而劳务具有内在的"行为性"，难以归入任何一种财产类型。其次，根据现代民法理论，人不能作为所有权的客体，不能被当作财产。而劳务必须依靠人的活动才能发挥出来，不可能与人分离而存在，因而也就不能称为财产。最后，从我国《合伙企业法》的立法本意看，也是将劳务排除在企业财产之外的。该法第38条规定："合伙企业对其债务，应先以其全部财产进行清偿。"这一规定中的"财产"，显然不包括劳务。因为劳务既不具有强制执行性，也不具有可转移性。

（二）合伙企业的出资

《民法典》第968条规定："合伙人应当按照约定的出资方式、数额和缴付期限，履行出资义务。"实践中，合伙出资的形式多样，可以接纳不同类型的出资人入伙。实践中，最常见的就是货币出资、实物出资、土地使用权出资、知识产权出资、劳务出资。

现代各国（地区）法律关于合伙财产的法律性质的规定主要有以下两种：

第一，确认合伙财产为共同共有财产。如大陆法系的德国、瑞士，英美法系的英国、美国、我国的香港地区均采此种立法例。《德国民法典》第718条第1款规定："各合伙人的出资以及通过合伙执行事务而取得的物件，均为全体合伙人的共同财产。"美国《统一合伙法》（2013年修订）第203条规定："合伙财产为全体合伙人的共同共有财产。"

第二，认为合伙财产是按份共有财产。日本法采此种立法例。《日本民法典》第668条规定："各合伙人的出资及其他合伙财产，属于合伙人全体共有。"而该法第256条第1款规定："各共有人，无论何时均得请求共有物的分割，但不妨碍订立超过五年期间不为分割的契约。"这实际上是按份共有的特征。因此，日本民法所规定的合伙财产的全体共有，实际上是我们所说的按份共有。它沿袭了罗马法的原则，个人色彩极其浓厚，不适应合伙之团体性的要求，已日益受到批评。

我国《合伙企业法》第20条规定："合伙人的出资、以合伙企业名义取得的收益和依法取得的其他财产，均为合伙企业的财产。"据此可以认为，合伙财产属于合伙企业所有。这样立法并未直接规定合伙财产的共有性质。我国《民法典》第969条第2款规定："合伙合同终止前，合伙人不得请求分割合伙财产。"从体系解释的角度来看，可以发现我国

---

〔1〕　参见《德国民法典》第718条。

立法间接认可了合伙财产的共同共有属性。

三、入伙与退伙

入伙是指在合伙企业存续期间，合伙人以外的第三人加入合伙，从而取得合伙人资格。新合伙人入伙时，除合伙协议另有约定外，应当经全体合伙人一致同意，并依法订立书面入伙协议。订立入伙协议时，原合伙人应当向新合伙人如实告知原合伙企业的经营状况和财务状况，入伙的新合伙人与原合伙人享有同等权利，承担同等责任。此外，普通合伙企业中，新合伙人还应对入伙前合伙企业的债务承担无限连带责任。

（一）入伙人的资格

按照法律规定，普通合伙人必须是完全民事行为能力人。但是，普通合伙人的行为能力会因各种原因而发生变化，如果在合伙存续期间，普通合伙人丧失民事行为能力，或者普通合伙人死亡后其继承人为欠缺民事行为能力人的，依合伙协议规定可以转换为有限合伙人的，应当按照合伙协议的规定转换为有限合伙人；如果合伙协议未予规定的，经过全体合伙人一致同意后可以转换为有限合伙人。

《合伙企业法》明确了法人既可以成为普通合伙人，又可以成为有限合伙人。法人的有限责任是指法人成员的有限责任，而并非法人本身。法人成为普通合伙人后，法人成员依旧以出资额为限对法人承担责任。但《合伙企业法》同时又明确禁止国有独资有限公司、国有企业、上市公司以及公益性的事业单位、社会团体等成为普通合伙人。公益性事业单位和社会团体必须保持一定的稳定性，如果允许这些单位和团体成为普通合伙人，一旦合伙管理不善而使其承担大量债务，不利于其发挥应有的社会作用。而禁止国有独资公司和国有企业成为普通合伙人的原因主要是为了防止国有资产流失。

由于合伙企业具有人合性，对于继承人继承合伙身份的问题，法律也对此做出了相应的规定。[1]

（二）入伙人对入伙前合伙债务的承担

在英美法系中，新入伙的合伙人无论是普通合伙人还是有限合伙人，对入伙前的合伙债务都以出资额为限承担责任。其法理在于入伙人对入伙前的合伙事务行为并不存在过错，如果要求普通合伙人对其入伙前的合伙债务承担无限连带责任，无疑是对"对价原则"与"公平原则"的破坏。大陆法系则普遍要求新入伙的普通合伙人对入伙前债务承担无限连带责任；新入伙的有限合伙人以其对合伙的出资为限承担有限责任。理由在于每一民事主体都应当是理性的，都应当对自己的各种经济行为负责。我国亦采取此种规定。[2]

《合伙企业法》第44条第1款规定："入伙的新合伙人与原合伙人享有同等权利，承担同等责任。入伙协议另有约定的，从其约定。"入伙协议为合伙人内部之约定，在合伙

---

〔1〕 参见《合伙企业法》第50条。
〔2〕 参见《合伙企业法》第43条、第44条。

人内部具有法律效力。由于入伙协议并不为外部所知晓，该内部约定对合伙之外的第三人债务不能产生法律效力。为加强对债权人债权的保护，第2款规定："新合伙人对入伙前合伙企业的债务承担无限连带责任。"其中第1款规定是针对合伙人内部关系而言的，而第2款则是针对合伙之外的第三人而言的，并不存在矛盾。同理，如果入伙协议约定不承担责任的，此约定仅对合伙人内部有效，对外部第三人则无效。

（三）退伙的类型与效力

合伙企业的退伙形式主要包括法定退伙、声明退伙和通知退伙。[1]由于有限合伙与普通合伙之间的明显差异，有限合伙人的退伙制度中没有普通合伙人的协议退伙、声明退伙、除名退伙的规定。有限合伙人当然退伙的主要基于：作为合伙人的自然人死亡或者被依法宣告死亡；作为合伙人的法人或者其他组织依法被吊销营业执照、责令关闭、撤销，或者被宣告破产；合伙人在合伙企业中的全部财产份额被人民法院强制执行。

《合伙企业法》还对无民事行为能力人或者限制民事行为能力人的合伙身份作出了格外规定，在满足一定条件下，无民事行为能力人或者限制民事行为能力人可以退伙。退伙事由实际发生之日为退伙生效日。此外，由于我国《合伙企业法》建立了有限合伙制度，为了强化合伙组织的独立性和稳定性，为合伙期间变为无民事行为能力和限制民事行为能力者提供了一条新的投资途径，即转化为有限合伙人。[2]

退伙使合伙人身份归于消灭，退伙导致部分出资的返还、盈余部分的分配或亏损的负担。对于其他合伙人而言，退伙涉及合伙企业是否继续存在及是否要求退伙人承担赔偿责任的问题。对于合伙企业的债权人而言，退伙意味着减少了债务担保人和担保财产。实际上，有限合伙人原则上不存在退伙问题。有限合伙人以出资为限承担有限责任，其出资可以出质，可以自由转让（只须提前通知其他合伙人）。因此，正如股东出资一样，有限合伙人的出资不能从合伙企业中抽回，而可以通过自由转让收回投资。因此，除法律规定或者合伙协议约定有限合伙人必须退伙外，在其他情况下有限合伙人都不能退伙。为此，法律对有限合伙人出资的无条件继承和承受作出了规定（普通合伙无此规定）。[3]此外，《民法典》对合伙份额的转让也作出了规定，其第974条规定："除合伙合同另有约定外，合伙人向合伙人以外的人转让其全部或者部分财产份额的，须经其他合伙人一致同意。"

学习内容3　合伙事务执行与管理

一、合伙事务执行的含义

合伙事务是指合伙从设立到解散所发生的与合伙相关的各方面事宜，是合伙企业的公共事务，事务的执行情况涉及每个合伙人的利益。合伙事务主要涉及合伙的经营管理，包括合伙企业内部入伙与退伙、转让与继承、解散与清算、处分合伙企业的财产、改变合伙

---

[1] 参见《合伙企业法》第45条、第46条、第48条第1款、第49条。
[2] 参见《合伙企业法》第48条第2款。
[3] 参见《合伙企业法》第80条。

企业的名称、延长经营期限、日常例行的业务经营等，而合伙人是否拥有经营管理事务的权利则取决于合伙人的决策权和投票权。

合伙事务执行是指合伙企业为了实现其设立合伙企业的目的而进行的一切活动，合伙企业不必像法人那样设立专门的执行机关，它以合伙人的行为为其行为。每一个合伙人都有参与合伙事务的决策、执行、监督、检查的权利。

有限合伙企业中的有限合伙人不参与合伙事务执行，因此《合伙企业法》第68条第2款所规定的有限合伙人行为并不属于执行合伙事务。可见，对有限合伙企业中的合伙事务执行定义还有待商榷。

二、合伙事务执行的制度

（一）合伙事务执行的基本内容

各国合伙法一般规定，除合伙协议另有约定外，合伙人均有执行合伙事务的权利和义务，合伙人这种资格使其享有参与合伙的经营管理决策和控制的权利。合伙企业各普通合伙人都具有同等的执行合伙事务的权利，但是由于企业不同于个人，它的正常营运是需要比较健全的组织管理的，比如：日常生产的安排、重大问题的决策、经营事务的选择等，这都需要专门人员负责。因此，对于合伙企业事务执行方式等必须通过合伙协议加以明确规定，合伙事务执行更需要遵循一定的原则。

我国《民法典》第970条第1款规定："合伙人就合伙事务作出决定的，除合伙合同另有约定外，应当经全体合伙人一致同意。"合伙事务由全体合伙人共同执行。按照合伙合同的约定或者全体合伙人的决定，可以委托一个或者数个合伙人执行合伙事务；其他合伙人不再执行合伙事务，但是有权监督执行情况。合伙人不得因执行合伙事务而请求支付报酬，但是合伙合同另有约定的除外。

（二）合伙事务执行的监督制度

合伙企业是由合伙人共同出资、共同经营的，因此，合伙人有权利对合伙企业的事务执行进行监控，以便更好地了解合伙企业的营利和运营状况。这项权利对于放弃合伙事务执行的合伙人来说，尤为重要。一旦合伙事务执行人作出错误决策导致企业负债，每个合伙人都要承担无限连带责任。为了防止权利滥用，合伙人享有对合伙事务执行进行监督的权利。具体而言，合伙事务执行人承担报告义务，而其他合伙人享有监督、查账、异议、撤销等权利。

1. 报告义务。为了防止执行合伙事务的合伙人滥用权利进而损害其他合伙人或合伙企业的利益，我国《合伙企业法》规定了合伙事务执行人的报告义务。《合伙企业法》第28条第1款规定："由一个或者数个合伙人执行合伙事务的，执行事务合伙人应当定期向其他合伙人报告事务执行情况以及合伙企业的经营和财务状况，其执行合伙事务所产生的收益归合伙企业，所产生的费用和亏损由合伙企业承担。"报告的内容、时间等细则，可以在合伙协议中进一步明确。

2. 监督权。监督权是指不执行合伙事务的合伙人有权监督执行事务合伙人执行合伙事务的情况。不执行合伙事务的合伙人行使监督权主要有两种方式：一是询问和检查执行情况。不执行合伙事务的合伙人对合伙事务情况不了解，如果执行合伙事务人对不执行合伙事务人不予披露，那么就可能导致不执行合伙事务人作出错误的决策。因此，不执行合伙事务执行人对合伙企业状况有知情权，也理应赋予他们监督合伙事务执行的权利。二是合伙人分别执行合伙事务时，当发现正在执行合伙事务人行为不当或者决策错误，且极有可能造成合伙企业利益损害时，不执行合伙事务的合伙人有权对此提出异议；提出异议后，其他合伙人应当暂停该项事务的执行。

3. 查账权。为了解合伙企业的经营状况和财务状况，合伙人有权查阅合伙企业会计账簿等财务资料。其中，账簿是指由具有一定格式而又互相联系的账页所组成，用以全面、系统、连续记录各项经济业务的簿籍，是编制财务报表的依据，也是保存会计资料的重要工具，主要分为日记账、分类账、备查账。合伙企业应当遵循国家统一的财务会计制度，如实记录财务状况。

查阅合伙企业会计账簿等财务资料，作为了解合伙企业营利活动一种极为有效的手段，是合伙企业法赋予合伙人的重要权利。这样既有利于保护合伙人的合法权益，又有利于合伙企业的发展。当然，需要注意的是，不能随意查阅，以免影响合伙事务执行人的正常工作。因此，对于查阅权的具体规定，应当在合伙协议中作出特别的说明。

4. 异议权。异议权是其他合伙人执行监督权的外化表现。我国法律也赋予了合伙人对其他合伙事务执行人的异议权，提出异议时，应当暂停该项事务的执行。在合伙企业事务的执行和日常运营中，各合伙人往往会采取分工或者委托等形式，这个过程中难免会存在考虑不周或者执行合伙事务人未谨慎处理的情况。因此，赋予合伙人提出异议的权利，是必不可少的。同时，为了预防其他合伙人对于提出的异议不予处理，法律还规定应当暂停该项事务的执行。不过，基于合伙企业的人合性考虑，在行使此项权利时需要慎重，原则上应该在确实认为执行人越权执行或者出现违规行为且言之有据时提出比较合适。

5. 撤销权。《合伙企业法》还规定了合伙人的撤销权。《合伙企业法》第29条第2款规定："受委托执行合伙事务的合伙人不按照合伙协议或者全体合伙人的决定执行事务的，其他合伙人可以决定撤销该委托。"通常情况下，全体合伙人在委托授权时，会要求受委托执行事务的合伙人在合伙协议约定的范围内行使权利，并不得与全体合伙人的共同决定相抵触。如果执行事务的合伙人未尽职责甚至故意危害而导致合伙企业利益受损，那么其他合伙人可以决定撤销该委托。

至于如何判断执行事务的合伙人决定的内容是否恰当，这可能要依赖于合伙协议的约定或者全体合伙人的决定。只有当受委托执行合伙事务的合伙人没有按照合伙协议约定或者全体合伙人的决定来执行合伙事务时，其他合伙人才可以解除这种委托代理的关系。

（三）合伙事务执行的表决制度

一般来说，合伙企业是人合性企业，依赖于人的相互信任。为避免出现矛盾，伤及合伙人的感情，全体合伙人在协商合伙协议时，就应该详细地就合伙企业决定事项的表决方式作出规定。如果合伙协议并没有约定或者没有明确约定表决方法，基于公平原则，各国立法例一般都认为每个合伙人仅有一票的表决权。

我国《合伙企业法》第30条规定："合伙人对合伙企业有关事项作出决议，按照合伙协议约定的表决办法办理。合伙协议未约定或者约定不明确的，实行合伙人一人一票并经全体合伙人过半数通过的表决办法。本法对合伙企业的表决办法另有规定的，从其规定。"也就是说，无论合伙人出资多少，不论出资方式怎样，每个合伙人对合伙企业的有关事务享有同样的表决权。

除合伙协议另有约定外，合伙企业的下列事项应当经全体合伙人一致同意：改变合伙企业的名称；改变合伙企业的经营范围、主要经营场所的地点；处分合伙企业的不动产；转让或者处分合伙企业的知识产权和其他财产权利；以合伙企业名义为他人提供担保；聘任合伙人以外的人担任合伙企业的经营管理人员。

（四）合伙事务执行的竞业与交易禁止

对于合伙人来说，合伙企业是一种比较灵活的经营和投资方式，因此在实践中，可能会出现某一合伙企业的合伙人在合伙企业外还有投资经营其他业务的情况。各国合伙法普遍将合伙人负有不得同本企业竞争的义务，作为对合伙人权利限制的规定而明确下来。这就是所谓的"竞业禁止"，我国亦有此规定。[1]

合伙企业的合伙人执行合伙事务，往往比较熟悉企业内部的经营状况，而且基本上合伙人之间不存在经营秘密。如果某个合伙人利用其掌握的知识、信息等自营或者与他人合伙经营与本合伙企业相竞争的业务，那么极有可能会损害合伙企业的利益。《合伙企业法》第32条第2款规定："除合伙协议另有约定或者经全体合伙人一致同意外，合伙人不得同本合伙企业进行交易。"这就是对"自我交易"的禁止。

（五）合伙事务执行的盈亏后果

合伙企业的基本特征是由全体合伙人协商一致，通过订立合伙协议来设立，因此无论合伙企业是盈余还是亏损，首先尊重意思自治，在当事人未约定或未协商的情况下，遵照法律规定按照实缴出资比例或者平均分摊。[2]

其中，"利润"是指合伙企业财产多于合伙企业债务与出资之和的部分，而"亏损"则是合伙企业财产少于合伙企业债务与出资之和的部分。利润分配关系着每个合伙人的切身利益，因此要慎重对待。按照法律条款的规定，我国合伙企业的损益分配首先应当按照合伙协议的约定办理。合伙人应该根据企业自身特点在合伙协议中约定如何分配损益。对此，有学者总结了五种分配方法，分别是按初始投资额比例分配损益，按期初或期末资本额比例分配，按年度平均资本额比例分配，先分配工资报酬、余额按约定比例分配，先分配工资报酬和资本报酬、余额再按约定比例分配。[3]不管采取何种分配方式，都必须明确合伙企业损益的分配是合伙契约中的重要内容，对保护各合伙人的切身经济利益具有一定保障作用。

---

〔1〕 参见《合伙企业法》第32条第1款。

〔2〕 参见《合伙企业法》第33条。

〔3〕 牛丽文、张键：《合伙企业的损益分配》，载《河北建筑科技学院学报》（社科版）2000年第1期。

学习内容4　合伙债务清偿

合伙债务清偿问题在《合伙企业法》中是一个相当重要的问题。它关系到合伙债权人的权利保护，关系到合伙人内部关系的处理，关系到整个交易秩序的稳定。

我国所谓合伙债务，指在合伙存续期间，合伙企业因合同行为、侵权行为或其他根据法律规定而对相对人产生的债务。合伙的债权人，通常是合伙人以外的第三人，包括公民、法人和其他组织，在特殊情况下，也可以是合伙人中的某一人。无论基于什么原因形成的合伙债务，在最终表现形态上，都可以表现为营业债务和清算债务。营业债务是指合伙成员在共同经营、共同劳动的过程中，根据合伙业务的需要而发生的债务。清算债务是指合伙解散时尚未清偿或合伙资不抵债时所发生的债务。这样的分类有如下意义：营业债务，多发生在合伙经营过程中，用合伙的财产就可以清偿，而且营业债务的清偿，也不会导致合伙的解散；清算债务则发生在合伙解散或资不抵债时，这一债务不仅需要用合伙财产清偿，还需要用合伙人的个人财产清偿。合伙的清算债务涉及合伙债权人、合伙人个人债权人、合伙企业、合伙人个人等一系列重大关系。

一、合伙人对合伙债务的清偿责任

合伙人对合伙债务的清偿责任的立法模式，直接反映国家对合伙的价值取向。对合伙债务清偿责任的规定，直接关系到合伙债权人的债权最终是否能够得到清偿，也即债权人与合伙企业交易时的风险大小。从世界各国对合伙债务清偿责任的法律规定上看，合伙债务不仅要以合伙财产承担清偿责任，而且要以合伙人个人财产承担清偿责任，这就是我们所说的合伙债务的无限责任。

无限责任的规定，扩大了清偿合伙债务的财产范围，把合伙人的个人财产也纳入到合伙债务清偿的履行担保中来，这种加重责任规定，对债权人债权的实现无疑是非常有利的。但经常会发生合伙人个人财产不足以清偿自己应承担的合伙债务份额的情况，在此情况下，其他合伙人是否有义务以其个人财产代替合伙企业财产为其他合伙人清偿合伙债务？对此，世界各国的立法主要分为两种模式：分担主义和连带主义。

第一，分担主义。分担主义是指合伙的债权人在行使债权时，对于合伙人个人仅按其出资比例或损益分配比例请求清偿，要求其承担无限责任。分担主义最早由英美法系所确定，但现在实行分担主义的国家主要是日本和法国。[1]

第二，连带主义。连带主义就是合伙的债权人可以对合伙人中的一人或数人乃至全体合伙人同时或先后主张全部或部分债权，合伙人中的一人如果被请求偿还债务时，不得以其他合伙人应承担责任为由提出抗辩并申请其他合伙人作为被告，而应该依债权人的请求

---

〔1〕 参见《日本民法典》第675条规定："合伙人对合伙债务按损益分配比例分担清偿责任，合伙人的债权人在其债权发生时，不知合伙人损益分配比例的，对各个合伙人得就同等比例行使权利。"《法国民法典》第1857条规定："合伙对于第三人的债务，按其在应偿还之日，或在停止清偿之日，在合伙资金所占份额的比率，合伙人负永久偿还之债。合伙人如仅以其技艺出资者，应与合伙资金中投资份额最少的合伙人负偿还等同数额之债。"

承担无限责任。当然，该合伙人可向其他合伙人追偿其应承担的部分。连带主义的立法模式为世界大多数国家所采用，我国亦属此类。

二、合伙企业财产与个人财产清偿合伙债务的顺序

各国立法通例一般都规定合伙人对合伙债务负无限责任，大多数国家规定了无限连带责任，但就个人财产、合伙财产用于清偿合伙债务的顺序规定则采用不同的原则，主要有并存主义和补充连带主义。

所谓并存主义就是指针对合伙债务，合伙债务的债权人就合伙财产和个人财产可同时行使请求权或选择行使请求权。并存主义更好地保护了债权人的利益，赋予债权人在行使请求权时的选择权，使债务的履行直接获得合伙组织财产和合伙人个人财产的双重担保，但同时，它加重了合伙人个人的责任，对合伙人极为不利。在当今世界上，采取并存主义的国家主要有德国和瑞士。[1]

补充连带主义，是指合伙债务的债权人应该首先对合伙财产行使请求权，当合伙财产不足清偿时，各合伙人对不足之额负连带清偿责任。补充连带主义对债权人的行使请求权做出了限制，只有在合伙财产不足以清偿合伙债务时，债权人才可以对合伙人的个人财产行使请求权。我国《合伙企业法》第39条规定："合伙企业不能清偿到期债务的，合伙人承担无限连带责任。"由此可见，我国采用的是补充连带主义。

并存主义和补充连带主义各有其利弊，并存主义对债权人的债权的实现是非常有利的，但是，它太侧重于对债权人利益的保护，而对合伙人的要求过严，不符合权利义务一致的要求。相反，补充连带主义既能保证债权人债权的实现，又在一定程度上使合伙人的个人财产得到保护，平衡了双方的关系。具体说来，补充连带主义从理论上和实践上均比并存主义合理。

第一，从理论上说，首先，合伙作为市场主体进行交易，虽然财产担保能力不如公司财产担保能力强，但是法律规定合伙人以个人财产承担无限连带责任作为一般担保能力的弥补。然而，合伙人个人财产与合伙财产毕竟不同。合伙债务的产生基于合伙事业的经营，合伙作为共同体，拥有独立于合伙人个人的财产，其对外所负的债务，自然是合伙共同债务，合伙财产的主要功能是用于合伙事业的经营，也应对合伙经营债务直接负责。合伙债务不应当成为合伙人的当然债务。对于共同债务，应当先用合伙共同财产清偿。合伙债务的责任承担与个人经营的责任应当有所区别，只有在合伙财产不足以清偿合伙债务时，各个合伙人对于尚未清偿的部分，才能承担连带清偿责任。如果合伙财产足以清偿合伙债务，债权人只能请求用合伙财产清偿。其次，在合伙债务清偿过程中，合伙债务中的营业债务不会超过合伙财产，用合伙财产完全可以清偿，不用涉及合伙人的个人财产。如果债权人在合伙财产足以清偿的情况下，就要求合伙人以其个人财产单独承担全部合伙债务，就可能会对某一或某些合伙人不利：合伙债务是设有担保的连带之债，连带之债消灭

---

〔1〕 参见《德国民法典》第427条规定："数人因契约对同一可分的给付负有共同责任者，在发生疑问时，作为连带债务人负其责任。"而规定补充连带主义的国家和地区有巴西等。

而在合伙人内部转变为按份之债就成了无担保之债，某个合伙人单独履行了给付义务之后只能分别向其他合伙人求偿，而不能要求其他合伙人对他承担连带责任，他能否及时得到补偿取决于许多因素。他的债权远远不及合伙的债权人可靠，这样有可能发生一系列权利义务的争议。因此，合伙人的连带责任，只是对不足额的部分即亏损的部分承担连带责任。最后，补充连带主义足以保护债权人的利益。债务发生后，债权人首先对合伙人主张权利。债务得到清偿，权利得到维护，合伙人的连带责任无需产生。当不能得到保障时，又得以向合伙人个人行使请求权，来弥补未得到清偿的债权。补充连带主义与并存主义，就保护债权人的利益而言，只是债权人求偿次序不同；就债权担保而言，二者的效力和后果完全相同。补充连带主义的规定，强调了合伙事业的团体性，界定了合伙财产与合伙人个人财产的范围，既保护了债权人的债权，又公平合理地解决了合伙人的债务负担。

第二，我国法律规定了补充连带主义，从实践上也是可行的。在实践上补充连带主义能够减少讼累。通常而言，采用并存主义，债权人为使自己的债权得到充分的保障，会将合伙组织及全部合伙人作为被告行使诉权，它不但要求合伙组织要应诉，同时合伙人个人也要应诉，这样会增加诉讼的成本和讼累。补充连带主义则可避免上述情况的发生。合伙的债权人应先就合伙财产受偿，如合伙财产不足清偿时，各合伙人对于不足之额，始负补充的连带责任。因此，在合伙的债权人不能证明合伙财产不足以清偿合伙债务的情况下，其不应将合伙人与合伙一同作为被告起诉。依据《中华人民共和国民事诉讼法》（简称《民事诉讼法》），合伙企业作为非法人组织的一种，是一种独立的民事诉讼主体。从既判力上来讲，以合伙之名起诉或应诉，该判决的效力也及于合伙人个人。在合伙成为被告时，胜诉之原告得基于该判决对于各合伙人追究个人责任，对各合伙人之个人财产予以执行。合伙组织可以作为合伙债务应诉的当事人，一般情况下合伙财产作为保障即可满足债权人的请求，当不能满足时，由于法定的合伙人承担无限连带责任，判决可直接确认合伙人的无限连带责任，这样就达到了诉讼经济的目的。

三、合伙债权优先原则与双重优先权原则

在实践中，合伙人作为一个独立的民事主体，也可能从事独立的民事活动并对外负债，这样就造成了一种局面：合伙债务与合伙人个人债务并存。在这种情况下，当合伙人与合伙组织都处于资不抵债的困境时，如何确定清偿这两种债务的先后顺序？对此我国《合伙企业法》中没有规定解决办法。纵观世界各国对于清偿合伙债务与合伙人个人债务的先后顺序的规定，大致有两种做法。合伙债权优先原则与双重优先权原则（Dual Priorities Rule）。

所谓合伙债权优先原则，就是指合伙债权人就其债权在合伙财产中优先受偿，不足部分与合伙人个人债权人就合伙人的个人财产共同受偿。双重优先权原则是指合伙债务应先以合伙财产清偿，合伙人个人债务应先以其个人财产清偿。这是"对等即公平"这个古老的衡平法原则的发展和具体体现。这一原则平等对待合伙债务和合伙人个人债务。从现有的立法例和司法实践看，有的国家和地区采用合伙债权优先原则。而英美国家的合伙法，解决这一问题时，大都采取双重优先权原则。

总体来说，合伙债权优先原则着眼于充分全面地保护合伙债权人的债权，体现了合伙债务清偿的彻底性和无限连带性。但是这种保护对合伙人个人债权人极为不利，它过分强调了合伙人对合伙债务的无限连带责任，漠视了合伙人个人债权人的利益。一般说来，合伙债务大于合伙人的个人债务，因而如采用合伙债权优先原则，合伙人的个人债权人就很可能得不到清偿，这对合伙人的个人债权人是不公平的。而双重优先权原则则认为合伙企业的债权人立足于企业财产，个人的债权人立足于个人财产，区分了合伙债务和合伙人个人债务的不同，区分了两种财产的不同性质，更强调合伙债务应当用合伙财产偿还，更符合合伙的团体性特征，公平合理地维护了合伙债权人和合伙人个人债权人双方的利益，使双方都有均等的机会从合伙企业财产和合伙人个人财产中得到清偿。从我国有关最高人民法院的司法解释，以及《合伙企业法》债务清偿条款的规定，一定程度上体现了双重优先权原则的价值取向。

四、合伙人内部债务承担比例

我国合伙人对债务的承担方式，对外而言，合伙人对合伙债务承担连带责任。对内而言，清偿合伙债务超过自己应当承担份额的合伙人，有权向其他合伙人追偿。这就涉及合伙人之间的债务分担问题。

合伙人内部各自承担的债务比例问题十分重要，它关系到每个合伙人的切身利益，特别是合伙人追偿权的实现。关于合伙人内部债务承担比例，按照我国《合伙企业法》和《民法典》的规定，是按照合伙协议、协商确定、实缴出资比例、平均分担的顺序先后确定。[1]我国合伙企业的债务分担以约定优于法定，充分尊重了当事人的意思自治。事实上，合伙是一种合同关系，合伙人可以就合伙的一切方面进行约定，合伙损益分配比例的约定亦是合伙人的内部事务，不会损害合伙人对合伙债务的连带关系。

五、合伙债务清偿的特别规定

（一）新入伙人对合伙债务的承担

所谓新入伙，是指在合伙企业成立以后，合伙企业存续期间，非合伙人申请加入合伙企业并被全体合伙人接纳的行为。这就进而产生了新入伙人对合伙企业的债务承担问题。

在我国，入伙的新合伙人与原合伙人享有同等权利，承担同等责任。入伙协议另有约定的，从其约定。新合伙人对入伙前合伙企业的债务承担无限连带责任。我国新入伙人对合伙债务的承担方式采取较为严苛的无限连带责任。对于新入伙人而言，在入伙之前应当对合伙企业的资产负债情况进行全面了解，以免出现入伙后因合伙债务的无限连带导致自身承担大量债务。

（二）退伙人的债务承担问题

退伙，是指已经取得合伙人身份的合伙人脱离合伙企业，使他的合伙人资格归于消灭的法律事实。世界上绝大多数国家都规定退伙人应当对其退伙前的合伙企业债务承担无限连带责任。但容易产生争议的是退伙人实际退伙的时间与合伙企业进行退伙登记的时间不一致。[2]那么，

---

〔1〕 参见《合伙企业法》第 33 条、《民法典》第 972 条。
〔2〕 参见《中华人民共和国合伙企业登记管理办法》（简称《合伙企业登记管理办法》）第 20 条、《合伙企业法》第 13 条。

以哪个时间作为合伙人退伙的时间，退伙人是否需要对这段时间发生的合伙债务承担责任，对此应当从两个方面来考察。

第一，从退伙人与债权人的关系来说，退伙登记（变更登记）是为了保护第三人的利益，要求退伙人退伙要办理变更登记手续，这是法律强制退伙人履行的公示其退伙意思表示的义务。退伙人需要在法律规定的期限内向法定机关表明其退伙事项。如果未办理变更登记，则视其退伙不为第三人知悉，其退伙对第三人不发生效力，不能对抗第三人，退伙人仍然要对合伙的债务负担无限连带责任。当然，存在可以排除退伙人责任的情形，例如，在债权人与合伙企业作交易之前或交易之时，如果退伙人向债权人充分提供了其实际上已经退伙的证据，则可免除其责任。

第二，就退伙人与其他合伙人的关系来说，尽管退伙人的退伙在办理变更登记前不能对抗债权人，但就退伙人与其他合伙人的关系来说，应当以实际退伙的时间为退伙生效的时间，否则，对退伙人不公平。我国《合伙企业法》也是这样规定的。也就是说，尽管退伙人要对合伙债务向第三人负无限连带责任，但退伙人在承担了无限连带责任以后，可基于退伙向其他合伙人追偿。

综上所述，合伙人之退伙，未办理登记，则不具有公信力，不能对抗第三人，但退伙在合伙人内部有效。

六、合伙企业与第三人关系

（一）合伙企业与其债权人之间的关系

根据我国相关的法律规定，合伙企业对合伙人执行合伙事务以及对外代表合伙企业权利的限制，不得对抗善意第三人。

（二）合伙人的个人债权人与合伙企业之间的关系

在我国，合伙人发生与合伙企业无关的债务，相关债权人不得以其债权抵消其对合伙企业的债务；也不得代位行使合伙人在合伙企业中的权利。合伙人的自有财产不足清偿其与合伙企业无关的债务的，该合伙人可以以其从合伙企业中分取的收益用于清偿；债权人也可以依法请求人民法院强制执行该合伙人在合伙企业中的财产份额用于清偿。人民法院强制执行合伙人的财产份额时，应当通知全体合伙人，其他合伙人有优先购买权；其他合伙人未购买，又不同意将该财产份额转让给他人的，依照《合伙企业法》第51条的规定为该合伙人办理退伙结算，或者办理削减该合伙人相应财产份额的结算。《民法典》对这一条款也予以确认，其第975条规定："合伙人的债权人不得代位行使合伙人依照本章规定和合伙合同享有的权利，但是合伙人享有的利益分配请求权除外。"

由此可见，合伙人的债权人得以合伙人在合伙企业的财产份额主张债权，但此中债权仅限于利益分配请求，而非及于其他表决权、异议权等权利，这也是法律保护合伙人的债权人和合伙企业利益之间，作出的平衡考量。

学习内容 5　合伙企业的解散、清算

一、合伙企业的解散

合伙企业有下列情形之一的，应当解散：（一）合伙期限届满，合伙人决定不再经营；（二）合伙协议约定的解散事由出现；（三）全体合伙人决定解散；（四）合伙人已不具备法定人数满 30 天；（五）合伙协议约定的合伙目的已经实现或者无法实现；（六）依法被吊销营业执照、责令关闭或者被撤销；（七）法律、行政法规规定的其他原因。[1]合伙企业有较强的人合性，一旦合伙事由基础不复存在，或者合伙企业经营过程中有违法行为被吊销营业执照、责令关闭等情形的，合伙企业应当解散。

二、合伙企业的清算

（一）执行清算人的确定

《合伙企业法》第 86 条对清算人作了规定："合伙企业解散，应当由清算人进行清算。清算人由全体合伙人担任；经全体合伙人过半数同意，可以自合伙企业解散事由出现后十五日内指定一个或者数个合伙人，或者委托第三人，担任清算人。自合伙企业解散事由出现之日起十五日内未确定清算人的，合伙人或者其他利害关系人可以申请人民法院指定清算人。"

（二）清算人的职责与程序

合伙企业的清算人在清算期间需负责处理合伙企业财产盘点清算债权债务等相关事宜。

清算人在清算期间执行下列事务：（一）清理合伙企业财产，分别编制资产负债表和财产清单；（二）处理与清算有关的合伙企业未了结事务；（三）清缴所欠税款；（四）清理债权、债务；（五）处理合伙企业清偿债务后的剩余财产；（六）代表合伙企业参加诉讼或者仲裁活动。[2]

清算人自被确定之日起 10 日内将合伙企业解散事项通知债权人，并于 60 日内在报纸上公告。债权人应当自接到通知书之日起 30 日内，未接到通知书的自公告之日起 45 日内，向清算人申报债权。债权人申报债权，应当说明债权的有关事项，并提供证明材料。清算人应当对债权进行登记。清算期间，合伙企业存续，但不得开展与清算无关的经营活动。[3]

（三）清偿债务的原则

根据企业解散清偿债务的原则，合伙企业因解散而清偿债务的，如有未到期的债务，应视为已到期；处于诉讼中的债务，应保留偿还债务的财产份额，待诉讼完结后处理。

清算人在清理完毕合伙企业财产后，该财产应用于支付清算费用和职工工资、社会保险费用、法定补偿金、缴纳所欠税款、清偿债务；合伙企业财产在清偿全部债务后仍有剩余的，则按约定或法定的比例在原合伙人间分配。如果合伙企业财产不足以清偿全部债务

---

[1]　参见《合伙企业法》第 85 条。
[2]　参见《合伙企业法》第 87 条。
[3]　参见《合伙企业法》第 88 条。

的，由原普通合伙人承担无限连带责任。

合伙企业注销后，原普通合伙人对合伙企业存续期间的债务仍承担无限连带责任。[1]

合伙企业不能清偿到期债务的，债权人可以依法向人民法院提出破产清算申请，也可以要求普通合伙人清偿。

合伙企业依法被宣告破产的，普通合伙人对合伙企业债务仍应承担无限连带责任。[2]

训练项目一：普通合伙企业案例分析

【训练目的与要求】

通过训练，理解并掌握普通合伙企业的主要法律制度——设立、出资、对外债务承担、入伙与退伙等，能判定并分析具体的合伙纠纷，并提出解决方案。

【实例训练】

案例1： 原告盛某与被告郑某签订《玩具投资协议》，约定原告向被告投资45 000元购买被告开设的淘宝店的玩具，合同到期后，被告应归还原告投资本金并支付投资回报，双方另约定每月20日结算一次投资回报，合同到期后，被告归还约定的所有钱款给原告。因郑某到期未支付款项，故盛某诉请要求郑某返还投资款，并支付利息。

问题：

盛某与郑某的《玩具投资协议》构成合伙协议还是普通借款合同？构成合伙协议需要什么特别的要件？

核心提示： 合伙关系的认定是许多投资协议的核心难点。本案的主要争议点是案涉款项的性质。原被告双方之间签署的《玩具投资协议》，名义上是合伙合同，但是原告并不参与经营，只按照被告实际销售情况获得销售利润，实质上并无共同出资、共同经营并共同承担风险的意思表示，不符合正常投资合作协议的基本特征。出资方无需对共同的事业承担风险，在一定期限内可获得固定收益，且到期后可收回本金，这一形式更符合借款合同的特征，可认定双方之间的关系更趋向于借款合同关系。

案例2： 2021年，原告以被告上海A公司黄浦分公司拖欠货款为由诉至人民法院，案件审理中，被告上海A公司黄浦分公司确认拖欠相应款项，但被告上海A公司辩称，被告上海A公司与案外人冀某签署《承包经营合同书》，约定被告上海A公司提供场地，并设立黄浦分公司，冀某以上海A公司黄浦分公司名义对外经营，双方约定，冀某因经营产生的债务与被告上海A公司无关。

问题：

冀某与上海A公司之间形成什么关系？《承包经营合同书》中关于经营产生的债务与能否对抗第三人？

核心提示： 自然人、法人和其他组织可以成为合伙企业的投资主体，国有独资公司、

---

[1]　参见《合伙企业法》第91条。
[2]　参见《合伙企业法》第92条。

国有企业、上市公司以及公益性的事业单位、社会团体不得成为普通合伙人。

合伙合同纠纷所反映的仅为合伙人内部的争议，但合伙经营情形下，对外收益及亏损的承担方式也不能忽视。合伙人内部的约定与经营外观不一致的，无法以内部约定对抗第三人。换言之，经营外观与合伙人内部约定无关，合伙人不能以合伙项目系以某一合伙人为名对外经营，而拒绝分配相应利润或承担相应亏损或债务。

案件审理中，人民法院向当事人释明，根据《民法典》第74条第2款的规定，分支机构以自己的名义从事民事活动，产生的民事责任由法人承担；也可以先以该分支机构管理的财产承担，不足以承担的，由法人承担。冀某与被告上海××实业有限公司基于《承包经营合同书》形成的关系与合伙无异，其内部约定不能对抗第三人。后，原告与两被告达成调解协议，由两被告连带向原告支付款项。

案例3：原告与被告A医院于2017年2月18日签订《商铺租赁合同》，租期从2017年5月1日至2022年4月30日，商铺面积为23.69平方米，租金每平米15元，年租金4264.2元。合同约定，合同每5年为一个签订周期，下次签订合同时租金重新议定，第一阶段租赁期从2017年5月1日至2022年4月30日。租金在每年4月30日前一次付清，不得拖欠。若被告续租，应于合同租赁期满半年前书面申请续租，租金由双方根据当时区位商场市场租赁价格协商确定，被告不续租应提前一月书面通知原告，并在原告和物业验收合格后，出具《物业验收合格书面确认书》（一式三份，若验收不合格视为被告违约，应承担相应的赔偿责任），合同到期被告不续租应自行搬离，交回所承租商铺。合同签订后，被告仅向原告支付2017年5月1日至2020年7月30日的租金，截至目前，被告尚拖欠原告2020年8月1日至2022年4月30日租赁费7462.35元，原告多次与被告协商支付租赁费事宜，但被告以各种理由推脱不予支付。依据《商铺租赁合同》第7条第3款约定，被告拖欠房租，原告有权解除合同。被告逾期不向原告支付房租，已构成违约，应立即向原告支付房屋租赁费及占有使用期间的各项费用。被告某医院系普通合伙企业，其于2020年12月进行了投资人合伙事务变更，将执行事务合伙人由赵某、余某变更为鲁某、刘某、王某甲、王某乙。依据《合伙企业法》相关规定，合伙企业对其债务，先以其全部财产清偿，不足部分，合伙人承担无限连带责任。故原告依据《民法典》《民事诉讼法》相关规定诉至人民法院。

问题：

试评析上述案例，并结合合伙企业债务承担问题予以分析。

核心提示：可参考《合伙企业法》第38条，第39条，第44条，第53条。

训练项目二：有限合伙企业案例分析

【训练目的与要求】

通过有限合伙企业的实例分析，掌握合伙企业的合伙人出资义务，合伙企业合伙经营、利益共享、风险共担的特性，合伙企业清算与解散等内容。

【实例训练】

案例：2013年7月，上海A公司和B基金公司签订《合伙协议》，成立C投资基金有限合伙企业，B基金公司为普通合伙人，上海A公司为有限合伙人，通过中国银行以委托贷款的方式投资于D公司，用于某寺庙建设项目。2013年8月13日至2013年12月13日，上海A公司向C投资基金有限合伙企业实缴出资49 230万元，C投资基金有限合伙企业与中国银行深圳某支行、D公司签订《人民币委托贷款合同》，通过委托贷款的方式，将49 230万元转贷给D公司。D公司的实际控制人李某甲在收到上述贷款后，将大部分资金用于支付前期经营公司的债务、李某乙（B基金公司实际控制人）的顾问费等，少部分用于中央公园项目和某寺庙项目。

之后，上海A公司以委托贷款纠纷将D公司、C投资基金有限合伙企业等诉至人民法院，请求判令C投资基金有限合伙企业支付49 230万元本金及利息，广东省高级人民法院作出（2015）粤高法民二初字第××号民事判决，判令D公司向C投资基金有限合伙企业偿还借款本金49 230万元及利息。

2017年9月12日，上海A公司起诉至云南省高级人民法院，请求：①解除《合伙协议》；②C投资基金有限合伙企业、B基金公司和D公司共同返还上海A公司出资款及损失。云南省高级人民法院认为不构成欺诈，并以出资款已成为合伙财产为由驳回上海A公司诉请。上海A公司不服，上诉至最高人民法院，2018年，最高人民法院以相同的理由驳回其诉请。

问题：

1. 合伙人返还出资的请求应当向谁主张？

2. 出资成立合伙企业后，合伙人能否直接对合伙财产主张所有权？

3. 合伙人在何种情况下有权要求合伙企业返还出资？

核心提示：合伙财产不可随意取回。《合伙企业法》第20条规定："合伙人的出资、以合伙企业名义取得的收益和依法取得的其他财产，均为合伙企业的财产。"第21条规定："合伙人在合伙企业清算前，不得请求分割合伙企业的财产；但是，本法另有规定的除外。合伙人在合伙企业清算前私自转移或者处分合伙企业财产的，合伙企业不得以此对抗善意第三人。"《民法典》第969条规定："合伙人的出资、因合伙事务依法取得的收益和其他财产，属于合伙财产。合伙合同终止前，合伙人不得请求分割合伙财产。"无论是有限合伙人还是普通合伙人，未经法定程序取回出资均可能构成对合伙财产的侵害，更遑论有限合伙人还要对未按约出资承担补缴出资的法定义务。

在合伙财产受侵害时的权利主张上，应以合伙名义主张权利，进行追偿、诉讼仲裁等，合伙人不能够以自己的名义要求清偿赔偿。这是因为一旦合伙人出资履行完毕，合伙企业的财产具有独立性，独立于合伙人财产。

合伙企业利用合伙人的出资与他人进行交易，该交易行为已独立于合伙人存在。换言之，合伙人并不与合伙企业的债务人形成直接法律关系，其享有的只是合伙份额。

训练项目三：特殊普通合伙企业的案例分析

【训练目的与要求】

通过训练，理解并掌握特殊普通合伙企业的主要制度，把握合伙人的责任承担方式，能够判断并分析特殊普通合伙企业案例。

【实例训练】

案例： 原告487人均系债券投资者，购买了A建设集团股份有限公司（简称A建设集团）发行在外的公司债券，陈某系A建设集团董事长、控股股东，B证券股份有限公司（简称B证券公司）系上述债券的承销商与受托管理人，C会计师事务所（特殊普通合伙）（简称C会计事务所）、上海市D律师事务所（特殊普通合伙）（简称D律所）、E国际资信评估有限公司（简称E资信公司）系上述债券发行的第三方专业机构。

因A建设集团存在债券欺诈发行、违反信息披露义务作出虚假陈述等违规行为，原告购买的案涉债券受到投资损失。鉴于本案被告多已受到中国证监会作出的行政处罚，原告起诉请求A建设集团对原告损失承担赔偿责任，陈某作为A建设集团违规行为的直接负责人、B证券公司作为债券承销商、C会计事务所等作为中介机构未履行勤勉尽责义务应承担连带赔偿责任。根据中国证监会对案涉欺诈发行、虚假陈述行为作出的行政处罚决定，本案虚假陈述实施日应确定为案涉债券上市日即2015年9月10日与2015年11月2日，虚假陈述揭露日应确定为中国证监会立案调查公告日即2017年8月11日。

具体审查承销机构与中介机构的工作内容，发现各机构均存在不同程度未尽责履职的情形。B证券公司作为债券承销商，违反证券承销业务规定，未充分核查公开发行募集文件的真实性、准确性，专业把关不严。C会计事务所为用于债券发行的年度财务报表出具审计报告，在未获取充分、适当的审计证据加以验证的前提下，认可A建设集团关于应收账款和应付账款"对抵"的账务处理，出具存在虚假记载的审计报告，未勤勉尽职。E资信公司作为资信评级机构，对项目核查中发现的五洋建设重大资产处置问题，未进一步核实关注并合理评定信用等级。D律所为债券发行出具法律意见书，在E资信公司《2015年公司债券信用评级报告》已提示重大资产变化事项的情况下，未见D律所对该重大合同及所涉重大资产变化事项进行核查，对不动产权属尽职调查不到位，未能发现占比较高的重大资产减少情况对A建设集团偿债能力带来的法律风险，存在过错。

问题：

1. 在公募债券发行中存在欺诈发行、虚假陈述行为的情况下，承销机构与中介机构是否要对其未尽勤勉尽责之注意义务负责？

2. D律所、C会计事务所是否需要对债权发行机构的行为承担责任，如需，承担什么样的责任？

3. 就其特殊合伙企业内部而言，责任如何分配？

核心提示： 发行人、发行人的实际控制人以及债券承销机构、会计师事务所、律师事务所、信用评级机构等中介机构违反证券法律规定，在证券发行或者交易过程中，对重大事件作出违背事实真相的虚假记载、误导性陈述，或者在披露信息时发生重大遗漏、不正当披露信息，导致投资者产生损失的，应当对投资者的损失承担相应赔偿责任。《证券法》第63条、第69条对此也有类似的规定。

《合伙企业法》第57条、第58条对特殊普通合伙企业的债务承担作了规定。

《中华人民共和国律师法》第15条（简称《律师法》）对设立合伙律师事务所做出了规定："设立合伙律师事务所，除应当符合本法第十四条规定的条件外，还应当有三名以上合伙人，设立人应当是具有三年以上执业经历的律师。合伙律师事务所可以采用普通合伙或者特殊的普通合伙形式设立。合伙律师事务所的合伙人按照合伙形式对该律师事务所的债务依法承担责任。"

学习单元三　个人独资企业法律基础与案例分析

单元知识体系导图

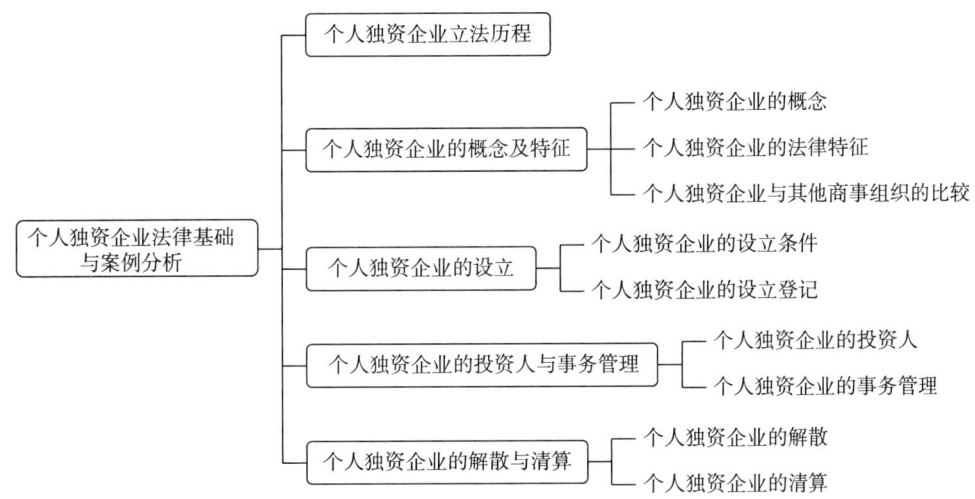

学习内容1　个人独资企业立法历程

20世纪末，为适应经济形势与现代企业制度发展的需要，现代企业制度改革浪潮兴起，当时实行市场经济的各国普遍存在着三种基本的现代企业制度：个体业主制、合伙制和公司制。此类企业制度，主要是按照产权制度、企业组织形式和经营管理制度来进行划分。

改革开放以后，我国坚持以公有制为主体、多种所有制经济共同发展，坚持按劳分配为主体、多种分配方式并存，加快完善社会主义市场经济体制，这使得个体工商户、个人独资企业等得到了迅速的发展。顺应这一形势，1988年4月12日第七届全国人民代表大会第一次会议通过的《中华人民共和国宪法修正案》（简称《宪法修正案》）中增加了关于私营经济的规定，其中第1条指出："宪法第十一条增加规定：'国家允许私营经济在法律规定的范围内存在和发展。私营经济是社会主义公有制经济的补充。国家保护私营经济的合法的权利和利益，对私营经济实行引导、监督和管理。'"随后，国务院于1988年6月25日公布的《中华人民共和国私营企业暂行条例》（已失效）、《中华人民共和国私营企业所得税暂行条例》（已失效）、《国务院关于征收私营企业投资者个人收入调节税的规定》（已失效），使得党和国家对私营经济的基本政策得到具体体现与落实。其中《中华人民共和国私营企业暂行条例》规定了私营企业的三种主要形态：独资企业、合伙企业和有限责任公司。

1997年9月，中国共产党第十五次全国代表大会进一步明确了非公有制经济的地位和作用。1999年3月，第九届全国人民代表大会第二次会议通过的《宪法修正案》第16条提高了非公有制经济的地位，并规定："'在法律规定范围内的个体经济、私营经济等非公有制经济，是社会主义市场经济的重要组成部分。'……"1999年《宪法修正案》，不仅表明党和国家对个体私营经济有了新认识，而且表明党和国家发展个体私营经济的大政方针已定。1999年8月30日第九届全国人民代表大会常务委员会第十一次会议通过了《中华人民共和国个人独资企业法》（简称《个人独资企业法》），自2000年1月1日起施行。该法对有关个人独资企业的设立、个人独资企业的投资人及事务管理、个人独资企业的解散和清算等进行了全面规定。

学习内容2　个人独资企业的概念及特征

一、个人独资企业的概念

个人独资企业，又称单一业主制企业，或独资商号、独资所有制、单人公司、个体企业等。《个人独资企业法》第2条规定："本法所称个人独资企业，是指依照本法在中国境内设立，由一个自然人投资，财产为投资人个人所有，投资人以其个人财产对企业债务承担无限责任的经营实体。"

我国目前对独资企业的理解存在差异，传统学者认为独资企业主要是指自然人作为投资人，也有学者撇开自然人作为投资人的限制，而把所有由一个投资者单独设立的企业都称之为独资企业，而不论唯一的投资者是个人、法人或是其他社会组织，如全体所有制企业、集体所有制企业、外商独资企业等等。为避免对独资企业理解不同，我国《个人独资企业法》特别将独资企业限定为"个人独资企业"。

二、个人独资企业的法律特征

个人独资企业是由个人出资经营、归个人所有和控制，由个人承担经营风险和享有全部经营收益的企业。因此，相较于公司企业、合伙企业等其他企业法律形态，个人独资企业具有以下法律特征：

第一，从投资主体来看，我国的个人独资企业的投资主体只能是一个自然人。换言之，个人独资企业的投资人不包括法人或其他社会团体组织。相较之下，我国公司的投资主体可以是自然人，也可以是法人或其他组织，除了一人公司外，往往由两个或两个以上股东投资设立。而合伙企业不仅需要两个以上投资人，而且投资人不限于自然人，还包括法人和其他组织。从法律地位来看，个人独资企业是典型的非法人企业。按照法律人格理论，民事主体人格分为自然人人格和法人人格，个人独资企业由于与投资人财产、责任的混同，加之存在意思能力上的同一性，因而不具有法人人格。

第二，从经营管理模式来看，由于投资人只有一个自然人，投资人对企业的事务有绝对的控制与支配权，即经营决策权归属于投资人，其意思表示与企业的意思表示具有同一性。

第三，从财产属性来看，个人独资企业的财产由投资人享有所有权，但具有相对独立性。个人独资企业是由自然人投资设立的，不具有法人地位，故由投资人享有企业的收益和盈利，并对企业财产拥有自由处分权。然而，在财务制度上，企业财产是相对独立于投资者的其他个人财产的，此点也体现在责任承担顺位上。

第四，从责任承担上来看，投资人对企业的债务承担无限责任。个人独资企业财产对其债务承担，应当优先以企业财产清偿，当企业财产不足以清偿债务时，投资人应当以其个人的其他财产予以清偿。

三、个人独资企业与其他商事组织的比较

在权利外观上，个人独资企业与个体工商户、一人有限责任公司存在许多相似之处。公民在法律允许的范围内，依法经核准登记，从事工商业经营的，为个体工商户。一人有限责任公司是指只有一个自然人股东或者一个法人股东的有限责任公司。其区别如下表：

表 2-1　个体工商户、个人独资企业与一人有限公司的区别

	法律依据	投资主体	法律地位	责任承担
个体工商户	《民法典》	可以由自然人出资，也可以由家庭共同出资	不具备法人资格	个体工商户的债务，个人经营的，以个人财产承担；家庭经营的，以家庭财产承担。个体工商户对债务负无限责任。
个人独资企业	《个人独资企业法》	一个自然人投资	不具备法人资格	以其个人财产对企业债务承担无限责任。
一人有限责任公司	《公司法》	只有一个自然人股东或者一个法人股东	具备法人资格	以认缴的出资额为限承担有限责任，仅在股东不能证明公司财产独立于股东自己的财产的情况下对公司债务承担连带责任。

学习内容 3　个人独资企业的设立

一、个人独资企业的设立条件

（一）投资人为一个自然人

自然人以外的团体或组织作为投资者单独投资设立的企业，虽可称之为"独资企业"，但各国在立法实践中通常将其当作一人公司看待。个人独资企业的投资人，必须是具有相应的权利能力和完全民事行为能力，且具有中国国籍，法律、行政法规禁止从事营利性活

动的人不得作为投资人（包括法官、检察官、人民警察以及其他国家公务人员、现役军人、商业银行的工作人员等）。除此之外，农村村民、城镇待业人员，个体工商户经营者，自由职业者等，都可以申请设立个人独资企业，从国家机关辞职、退职人员和离休、退休人员，也可以申请设立个人独资企业。

（二）合法的企业名称

企业名称也是企业对外交往的标志。在有的情况下，也将这种企业名称称作"商号"。个人独资企业的名称应当与其责任形式及从事的营业相符合。对个人独资企业来说，有确定的企业名称十分必要。否则，对第三人而言，就很容易弄不清究竟是投资人个人的行为还是个人独资企业的企业行为。按我国有关企业名称登记管理的规定，企业名称在企业申请登记时，就由企业名称的登记主管机关核定，方可使用并在规定的范围内享有专用权。另外，个人独资企业名称不得使用"有限""有限责任"或者"公司"字样。

（三）投资人申报的出资

《个人独资企业法》未具体规定企业的最低资本限额，一般来说投资人申报的出资额应当与企业的生产经营规模相适应。

（四）固定的生产经营场所和必要的生产经营条件

个人独资企业在生产经营过程中需要一定的场所设施，也需要满足必要的生产经营条件，如配备机器设施等。此处强调生产经营场所是"固定的"，是指在相同的比较固定的地点，提供相应的服务或商品，目的是区别于行商游贩，走街串巷叫卖的小本生意人。值得注意的是，这里的"固定的"也应作较为宽泛的理解，既可以考虑时间长短的因素，也可以考虑地点相对固定的因素。

（五）必要的从业人员

按照法律规定，个人独资企业可以依法招用员工。此外，个人独资企业投资人可以自行管理企业事务，也可以委托或者聘用其他具有民事行为能力的人负责企业的事务管理。这里的从业人员，应作较为宽泛的理解，在没有招用和聘用其他人员的情况下，独资企业投资人自己从事业务活动，也说明该个人独资企业具有了"必要的从业人员"的条件。

二、个人独资企业的设立登记

申请设立个人独资企业，应当由投资人或者其委托的代理人向个人独资企业所在地的登记机关提交设立申请书、投资人身份证明、生产经营场所使用证明等文件。委托代理人申请设立登记时，应当出具投资人的委托书和代理人的合法证明。个人独资企业不得从事法律、行政法规禁止经营的业务；从事法律、行政法规规定须报经有关部门审批的业务，应当在申请设立登记时提交有关部门的批准文件。

个人独资企业设立申请书应当载明下列事项：（一）企业的名称和住所；（二）投资人的姓名和居所；（三）投资人的出资额和出资方式；（四）经营范围。[1]

---

〔1〕 参见《个人独资企业法》第9条、第10条。

学习内容 4　个人独资企业的投资人与事务管理

一、个人独资企业的投资人

（一）投资人的条件

个人独资企业的投资人只能是一个自然人，法律并未直接规定投资人需满足的积极条件，而是通过消极条件予以规制。法律、行政法规禁止从事营利性活动的人，不得作为投资人申请设立个人独资企业。从现有法律来看，禁止从事营利性活动的人员主要是指国家公务员，包括行政机关公务人员和司法人员（如公检法等）。禁止上述人员从事营利性活动，一方面是由于此类人员承担着相应的监督管理权或检察权、审判权、处罚权等，为了防止此类权利被用作谋取私利，规范社会主义市场经济秩序；另一方面也是为了避免商品交换的原则影响到国家机关的公务活动，促进国家机关工作人员公正履职，保障权利行使之公正。

（二）投资人的权利

1. 投资人对本企业的财产依法享有所有权。法律对个人独资企业财产的权属进行了规定，企业的财产由投资人享有，换言之，企业成立时的出资和经营管理过程中累积的财产都归投资人享有。此处的财产既包括企业的厂房、设备、收益，原材料等有形财产，也包括工业产权、专有技术等无形财产。一般而言，投资人对本企业财产的所有权主要通过以下四种方式取得：生产经营过程中创造的财富而取得所有权；因收取孳息而取得财产所有权；因添附财产而取得所有权；继受取得财产所有权。

2. 投资人的有关权利可以依法进行转让或继承。投资人得以对企业的财产享有占有、使用、收益和处分的权利，换言之即拥有完整的支配与处置权，因此可以将企业的部分财产或全部财产转让给他人。当投资人死亡或被宣告死亡时，其继承人可以依照《民法典》继承编的相关规定，对个人独资企业行使继承权。

3. 投资人对个人独资企业的生产经营活动享有完全的决策权、管理权和监督权。投资人作为个人独资企业唯一的投资者，是个人独资企业的"创始人"及唯一"股东"，对个人独资企业的运营有完全的决策、管理与监督的权利。

4. 投资人有权委任、聘任人员管理企业事务的权利，且对受托人或被聘用人员管理个人独资企业事务的行为有监督权。投资人若发现受托人或者被聘用人员违反合同或有其他不法行为时，可撤销委托或解除聘用关系。

5. 投资人有扩大企业经营规模，设置分支机构的权利。法律规定，个人独资企业可以设置分支机构，这也是与个体工商户的重要不同点之一，投资人有权决定企业的发展规模并决定是否设立分支机构。

（三）投资人的责任

投资人以个人财产出资的，对个人独资企业的债务承担无限连带责任。投资人在申请企业设立登记时明确以其家庭共有财产作为个人出资的，则以家庭共有财产对企业债务承担无限责任。

二、个人独资企业的事务管理

个人独资企业的事务管理是控制和协调个人独资企业生产经营活动的行为，包括个人独资企业的生产经营管理以及个人独资企业对内对外事务的处理。根据我国《个人独资企业法》，个人独资企业的管理模式主要有自行管理、委托管理和聘任管理三种。

自行管理，是指投资人亲自负责管理事务，并亲自负责个人独资企业的生产、管理、运营。委托管理，是投资人委托他人管理事务，应当签订书面合同，明确委托的具体内容。聘任管理是指投资人聘用他人管理个人独资企业事务，聘用过程中应当签订书面合同，明确被聘用人的权利范围。投资人对受托人或者被聘用的人员职权的限制，不得对抗善意第三人。值得注意的是，委托管理和聘用管理最大的区别在于内在法律关系不同，委托管理属于民法意义上的委托，聘用则归属于劳动法调整。

根据《个人独资企业法》的规定，受托人或者被聘用人在管理企业事务过程中应承担相应义务和责任。

1. 受托人或者被聘用的人员应当履行诚信、勤勉义务，按照与投资人签订的合同负责个人独资企业的事务管理。[1]

2. 投资人委托或者聘用的管理个人独资企业事务的人员不得有下列行为：（一）利用职务上的便利，索取或者收受贿赂；（二）利用职务或者工作上的便利侵占企业财产；（三）挪用企业的资金归个人使用或者借贷给他人；（四）擅自将企业资金以个人名义或者以他人名义开立账户储存；（五）擅自以企业财产提供担保；（六）未经投资人同意，从事与本企业相竞争的业务；（七）未经投资人同意，同本企业订立合同或者进行交易；（八）未经投资人同意，擅自将企业商标或者其他知识产权转让给他人使用；（九）泄露本企业的商业秘密；（十）法律、行政法规禁止的其他行为。[2]受托人或被聘用的人员违反规定从事上述行为，侵犯个人独资企业财产权益的，责令退还侵占的财产；给企业造成损失的，依法承担赔偿责任；有违法所得的，没收违法所得；构成犯罪的，依法追究刑事责任。应承担相应义务和责任，并接受个人独资企业投资人对其管理企业事务行为的监督。

学习内容5　个人独资企业的解散与清算

一、个人独资企业的解散

个人独资企业的解散，是相对于个人独资企业的成立而言的。解散即意味着个人独资企业作为一个经济体运营的终止。法律规定，个人独资企业有下列情形之一时，应当解散：

1. 投资人决定解散。个人独资企业是由一个自然人投资，财产为投资者个人所有。

---

〔1〕 参见《个人独资企业法》第19条第3款。
〔2〕 参见《个人独资企业法》第20条。

由于只有一个投资人，因此，投资人个人可以自己决定解散企业的问题。

2. 投资人死亡或者被宣告死亡，无继承人或者继承人决定放弃继承。投资人死亡是指其生理死亡。投资人被宣告死亡是指在法律上推定其死亡，从而发生与生理死亡相同的法律后果。如果投资人有继承人，在投资人死后个人独资企业将作为遗产由继承人继承。如果无继承人或继承人放弃继承的，个人独资企业就应当解散。

3. 被依法吊销营业执照。法律规定，个人独资企业成立后无正当理由超过6个月未开业的，或者开业后自行停业连续6个月以上的，吊销营业执照。在这种情形下，个人独资企业就应当解散。

4. 法律、行政法规规定的其他情形。

二、个人独资企业的清算

个人独资企业的消灭，并非在发生解散事由后立即消灭，个人独资企业的清算即是处理解散企业未了结的法律关系的程序。清算结束，进行注销登记，个人独资企业才算最后消灭。

个人独资企业的清算，由投资人自行清算或者由债权人申请人民法院指定清算人进行清算。

（一）清算人的产生

清算人是指清算企业中执行清算事务及对外代表者。清算企业因解散而丧失经营活动的能力，不能继续进行经营活动，而只存在清算事务。因此，企业的管理人应代之为清算人。法律规定，个人独资企业解散时，由投资人自行清算或者由债权人申请人民法院指定清算人进行清算。

（二）通知与公告程序

投资人自行清算的，应当在清算前15日内书面通知债权人，无法通知的，应当予以公告。债权人应当在接到通知之日起30日内，未接到通知的应当在公告之日起60日内，向投资人申报其债权。

（三）登记债权

债权人申报债权，说明债权的有关事项，并提供债权的有关证明材料，由投资人或人民法院指定的清算人对债权进行登记。

（四）清理企业债权债务

投资人或者人民法院指定的清算人清理企业财产，编制财务清单，清理企业债权债务。在清算期间，个人独资企业不得开展与清算目的无关的经营活动。在清偿债务前，投资人不得转移、隐匿财产，个人独资企业及其投资人在清算前或清算期间转移或者隐匿财产、逃避债务的，依法追回其财产，并按照有关规定予以处罚；构成犯罪的，追究刑事责任。

（五）按照法律规定的程序清偿企业债务

个人独资企业解散的，支付清算费用后，应当按照下列顺序清偿：所欠职工工资和社会保险费用；所欠税款；其他债务。个人独资企业财产不足以清偿债务的，投资人应当以其个人的其他财产予以清偿。个人独资企业解散后，原投资人对个人独资企业存续期间的债务仍应承担偿还责任，但债权人在 5 年内未向债务人提出偿债请求的，该责任消灭。

（六）投资人取回剩余财产

个人独资企业的财产在清偿企业债务后还有剩余的，则投资人有权取回该剩余财产。

（七）注销登记

个人独资企业清算结束后，投资人或者人民法院指定的清算人应当编制清算报告，并于 15 日内到登记机关办理注销登记。注销登记一旦完成，个人独资企业即告终止。

训练项目一：个人独资企业的事务管理案例分析

【训练目的与要求】

1. 了解个人独资企业事务管理的基本规则。

2. 掌握确定受托人和被聘用者管理个人独资企业权限的主要依据。

3. 了解个人独资企业和投资人对外责任的承担规则，并能够理解其中原因。

【实例训练】

案例 1：张某投资设立了专营电脑维修业务的个人独资企业 A，并委托赵某管理企业事务，授权赵某可以决定 10 万元以下的交易。赵某以 A 企业的名义向 B 公司购买 15 万元的商品。B 公司不知张某对赵某的授权限制，依约供货，而 A 企业却未按期付款，由此发生争议，B 公司起诉了 A 企业要求其支付货款和逾期付款的利息。

问题：

1. A 企业向 B 公司购买商品的行为是否有效？

2. 张某可否依据与赵某的授权委托书而拒绝履行付款义务？如果 A 企业付款 10 万元，其余款项是否应由赵某支付？

3. 本案应当如何解决？相关当事人应承担何种责任？

核心提示：委托管理，须由投资人与受托人签订书面合同，明确委托的具体内容和授予的权利范围。但是，投资人对受托人或者被聘用的人员职权的限制，不得对抗善意第三人。

个人独资企业投资人对企业债务承担无限责任。

案例 2：王某投资设立 A 个人独资企业（简称 A 企业），委托宋某管理企业事务。授权委托书中明确宋某可以决定 20 万元以下的交易。宋某未经王某同意，以 A 企业的名义向 B 企业购买 30 万元原材料，B 企业不知 A 企业对宋某权利的限制。

问题：

合同效力如何，A 企业是否需要履行合同义务？

核心提示：个人独资企业的投资人对受托人或者被聘用的人员职权的限制，不得对抗善意第三人。本题中，B 企业并不知道甲企业对宋某权利的限制，为善意第三人，宋某所受的限制不直接约束善意的 B 企业，双方所签订合同有效。

训练项目二：个人独资企业解散的案例分析

【训练目的与要求】

通过训练，能够分析并认定个人独资企业解散法律纠纷的主要问题，并提出解决问题的建议。

【实例训练】

案例1： 2018年7月，王某个人投资兴办了A服装厂。由于服装市场竞争日益激烈，2019年5月，王某决定解散该服装厂并投资于其他行业。

问题：

其后王某实施了以下行为，其中哪一项是违反《个人独资企业法》的规定的？

1. 王某自己担任清算人对A服装厂进行清算。

2. 在清算前15日内通知债权人相关情况。

3. 在报纸上发表声明"A服装厂已经解散，请其债权人尽快提出偿债请求，五年内未提出的，本人将不再承担清偿责任"。

4. 在清算期间，客户霍某找到王某要最后订购一批服装，王某本不愿再接生意但在其再三请求之下答应了他的请求，并与之订立了买卖协议（清算的企业经营能力受限制，不得开展与清算无关的事情）。

核心提示： 个人独资企业的清算，是终结个人独资企业的法律关系，消灭个人独资企业作为商事组织的经营实体资格的程序。解散和清算的程序，可见《个人独资企业法》第4章的相关内容。

案例2： 王某以夫妻共有的写字楼作为出资设立个人独资企业。企业设立后，其妻丁某购买体育彩票中奖100万元，后提出与王某离婚。离婚诉讼期间，王某的个人独资企业宣告解散，尚欠银行债务120万元。

问题：

该项债务的清偿责任应如何确定？

核心提示： 个人独资企业投资人在申请企业设立登记时明确以其家庭共有财产作为个人出资的，应当依法以家庭共有财产对企业债务承担无限责任。丁某中奖的100万元也属于家庭共有财产。

训练项目三：个人独资企业营业转让的案例分析

【训练目的与要求】

1. 通过训练，理解我国法律对个人独资企业营业转让的一般规定。

2. 认识实务中个人独资企业营业转让涉及的焦点与难点问题。

3. 能够分析并解决个人独资企业营业转让纠纷存在的问题。

【实例训练】

案例：原告：江苏省昆山市A有限公司（简称A公司）。

被告：江苏省昆山市开发区 B 汽车修理厂（简称原 B 修理厂）。

被告：王某公司。

原告 A 公司诉称：自 2005 年开始，原 B 修理厂向 A 公司购买汽配零件，至今拖欠 A 公司货款 21 970 元。2012 年 6 月 6 日，原 B 修理厂更名为 B1 修理厂，投资人由李某变为被告王某。B1 修理厂所欠货款至今未付，A 公司为维护自身合法权益，遂向人民法院提起诉讼，请求判令：①B1 修理厂支付货款 21 970 元，王某以其个人财产对 B1 修理厂资产不足部分承担无限责任；②本案诉讼费用由 B1 修理厂、王某承担。

被告 B1 修理厂、王某共同辩称：A 公司所称的买卖合同关系，与 B1 修理厂、王某无关。王某是帮原 B 修理厂搭棚子，金额共计 275 000 元，原 B 修理厂没钱支付，便把厂里的设备折价抵给王某。经过公证处公证，设备只有 6 万元，原 B 修理厂还欠 20 多万元，原 B 修理厂的投资人李某即将该厂过户给王某，以抵欠款，工商登记已经变更，但是道路许可证尚未过户。李某作为投资人的原 B 修理厂在外的欠债约有 1400 多万元，不应要求王某来偿还。本案不是 B1 修理厂、王某欠 A 公司的钱，因此不予偿还。

昆山市人民法院一审查明：自 2005 年开始，A 公司与 B1 修理厂的前身原 B 修理厂发生业务往来，由 A 公司向原 B 修理厂出售汽配零件。2012 年 5 月 6 日，经双方确认，原 B 修理厂结欠 A 公司货款 21 970 元，并出具了欠条一份。

另查明，据工商登记信息显示，2012 年 6 月 6 日，"昆山市开发区 B 汽车修理厂"更名为"昆山市开发区 B1 汽车修理厂"，投资人由"李某"变更为"王某"。B1 修理厂所欠货款至今未付，A 公司为维护自身合法权益，遂向人民法院提起诉讼。

问题：

1. 个人独资企业变更后如何确定诉讼主体？

2. 个人独资企业投资人变更前产生债务的责任承担如何？

3. 原投资人对于投资人变更前产生的债务的具体责任有哪些？

核心提示：

诉讼主体的争议主要在于以个人独资企业还是投资人为被告，或者是应当将个人独资企业和投资人列为共同被告。对此，其一，应当明确个人独资企业是否具有诉讼主体资格。个人独资企业具有自己的名称，且必须以企业的名义活动，其财产也具有相对独立性，这些特性使个人独资企业在法律人格上具有相对独立性。而从民事诉讼法关于当事人的规定来看，除了公民、法人，其他组织也可以作为诉讼当事人。《最高人民法院关于适用〈中华人民共和国民事诉讼法〉的解释》第 52 条规定："民事诉讼法第四十八条规定的其他组织是指合法成立、有一定的组织机构和财产，但又不具备法人资格的组织……"故《民事诉讼法》中已对于个人独资企业的法律地位予以了确认，个人独资企业具备诉讼主体资格。其二，个人独资企业投资人变更的，并不影响其诉讼主体资格，对于以企业名义对外产生的债务，应当由变更后的企业承继，企业应当对于变更前产生的债务承担责任，且首先应当以企业财产进行清偿，不足清偿的部分，投资人以个人财产进行清偿。

对于个人独资企业投资人变更前产生的债务的债权人来说，与其发生法律关系的相对人是个人独资企业，而非投资人个人。故原投资人和现投资人因转让个人独资企业而对债务承担事宜所作的约定仅存在于原投资人和现投资人之间，对外不能对抗第三人。因此，现投资人应当对于个人独资企业投资人变更前产生的债务的不足清偿部分，承担清偿责任。在现投资人承担责任以后，其可以依据其与原投资人之间的约定或法律规定主张权利。

对于投资人变更前个人独资企业的债务，原投资人应当与现投资人对于个人独资企业财产不足清偿的部分承担连带责任。

第三模块　市场规制法律体系

学习目的与要求

了解市场规制法律体系的主要内容，理解国家依法规范市场主体的市场竞争行为的深层含义。掌握反不正当竞争法、反垄断法、消费者权益保护法、产品质量法、广告法等法律内容。对市场行为中出现的法律问题能够准确判断与分析，并提出解决对策。

学习重点与提示

反不正当竞争法的基本原理与主要制度；反垄断法的基本原理与主要制度；消费者权益保护法的基本原理与主要制度；产品质量法的基本原理与主要制度；广告法的基本原理与主要制度。

学习单元一　反不正当竞争法津基础与案例分析

单元知识体系导图

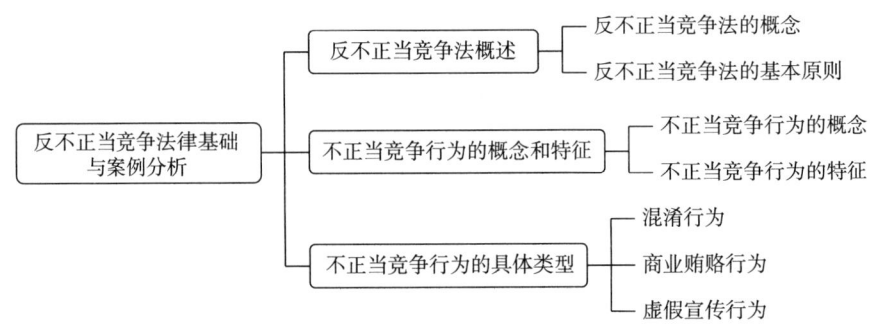

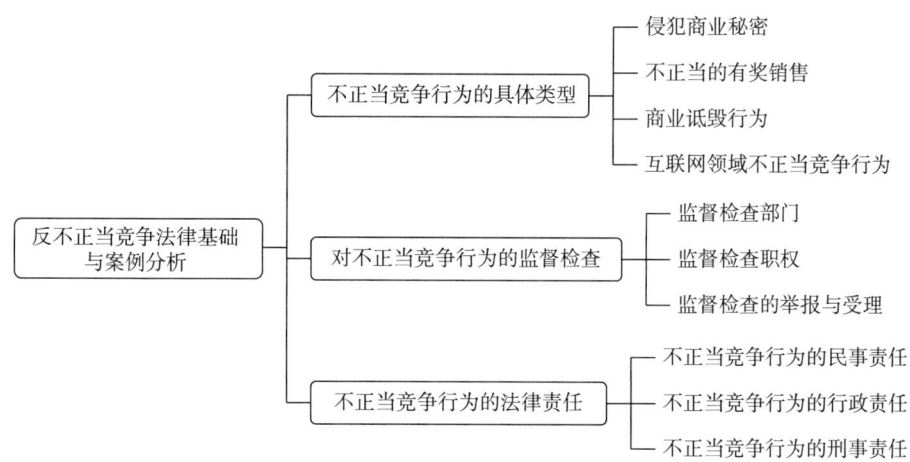

学习内容 1　反不正当竞争法概述

一、反不正当竞争法的概念

反不正当竞争法有狭义和广义之分。狭义的反不正当竞争法，是指《中华人民共和国反不正当竞争法》（简称《反不正当竞争法》）。广义的反不正当竞争法则是指调整在维护公平竞争、制止不正当竞争过程中发生的社会关系的法律规范的总称，除了狭义上的《反不正当竞争法》之外，还包括《中华人民共和国商标法》（简称《商标法》）、《中华人民共和国广告法》（简称《广告法》）、《中华人民共和国价格法》（简称《价格法》）等单行法，以及一系列行政法规与部门规章中涉及反不正当竞争的内容。

《反不正当竞争法》第 1 条规定："为了促进社会主义市场经济健康发展，鼓励和保护公平竞争，预防和制止不正当竞争行为，保护经营者和消费者的合法权益，制定本法。"

二、反不正当竞争法的基本原则

（一）自愿原则

自愿原则是指经营者在法律允许的范围内，根据自己内心的真实意愿，自主地从事生产经营活动，可以自主地决定设立、变更和终止特定的法律关系，自主地安排有关权利、义务，充分地实现自己的利益。该原则包括经营者可以自主决定是否参与某具体的市场交易活动，可以自主选择交易对象、交易内容和交易方式。

（二）平等原则

平等原则是指任何参与市场竞争的经营者在交易活动中的法律地位都是平等的，在平等的基础上表达各自真实的交易意愿，设定彼此之间的权利和义务。

（三）公平原则

公平原则是指经营者在交易活动中应受到公正合理的待遇，不能一方只享有权利而不承担义务，另一方只承担义务而不享有权利；在交易手段、交易环境和交易机会的获得方面一律平等。

（四）诚实信用原则

诚实信用原则既指经营者应切实履行合同，不得规避法律和合同，恪守诺言，讲究信用，又指经营者要善意行事，不从事欺诈与胁迫行为，不利用不正当的手段牟取非法利益，不侵害其他经营者和消费者的合法权益。

（五）遵守公认的商业道德原则

遵守公认的商业道德原则是指经营者在竞争中要遵循在市场交易中长期形成的，为社会或相关行业普遍承认和遵守的商业规范。实践中，人民法院应当结合案件具体情况，综合考虑行业规则或者商业惯例、经营者的主观状态、交易相对人的选择意愿、对消费者权益、市场竞争秩序、社会公共利益的影响等因素，依法判断经营者是否违反商业道德。

上述自愿、平等、公平、诚实信用等原则实际上都是最主要的、公认的、法治化的商业道德。但有限的法律条文不可能囊括所有商业道德的全部内容，因此，确立遵守公认的商业道德这一原则，对于发挥市场自身的调节功能，弥补制定法的不足，具有重要意义。

学习内容 2　不正当竞争行为的概念和特征

一、不正当竞争行为的概念

"不正当竞争"一词，一般认为出自 1883 年的《保护工业产权巴黎公约》。该公约规定，凡在工商活动中违反诚实经营的竞争行为即构成不正当的竞争行为。在学理上，不正当竞争行为是针对市场竞争中的正当竞争行为而言的，它泛指经营者为了争夺市场竞争优势，违反公认的商业习俗和道德，采用欺诈、混淆等经营手段排挤或破坏竞争，扰乱市场经济秩序，并损害其他经营者和消费者利益的竞争行为。

二、不正当竞争行为的特征

1. 主体的特定性。不正当竞争行为的主体是经营者。所谓经营者是指从事商品经营或营利性服务的法人、其他经济组织和个人。非经营者不是竞争行为的主体，所以也不能成为不正当竞争行为的主体。但是在有些情况下，非经营者的某些行为也会妨碍经营者的正当经营活动，侵害经营者的合法权益，这种行为也是反不正当竞争法的规制对象。比如，政府及其所属部门滥用行政权力妨害经营者的正当竞争行为就是这种类型。

2. 行为的违法性。不正当竞争行为是违法行为。不正当竞争行为的违法性，主要表现在违反了《反不正当竞争法》的规定，既包括违反了第 2 章关于禁止各种不正当竞争行为的具体规定，也包括违反了该法第 2 条的原则规定。经营者的某些行为虽然从表面上看难以确认为该法明确规定的不正当竞争行为，但是只要违反了自愿、平等、公平、诚实信用原则或违反了公认的商业道德，损害了其他经营者的合法权益，扰乱了社会经济秩序，也应认定为不正当竞争行为。

3. 不正当竞争行为的社会危害性。不正当竞争行为侵害的客体是损害其他经营者、消费者的合法权益和正常的社会经济秩序。正当竞争行为的破坏性主要体现在以下方面：危害公平竞争的市场秩序；阻碍技术进步和社会生产力的发展；损害其他经营者的正常经营和合法权益，使守法经营者蒙受物质上和精神上的双重损害。有些不正当竞争行为，如虚假广告和欺骗性有奖销售等还可能损害广大消费者的合法权益；另外，不正当竞争行为还有可能给我国的对外开放政策带来消极影响，严重损害国家利益。

学习内容3　不正当竞争行为的具体类型

《反不正当竞争法》作为经济法领域的基础性法律，发挥着规制市场秩序的作用，其内容也随着经济社会的发展而有所变化。经过近几年的修改，2019年修正的《反不正当竞争法》规定了七种不正当竞争行为，并明确了相关法律责任。

一、混淆行为

混淆行为，是指仿冒他人的商品标识、企业主体标识、生产经营活动标识等，致使与他人的商品、服务或营业活动产生混淆，引人误认为是他人商品或者与他人存在特定联系，以借用他人或者他人商品的影响力、美誉度，提高自己以及自己商品的市场竞争力。

法律列举了几种具体的混淆行为：

1. 擅自使用与他人有一定影响的商品名称、包装、装潢等相同或者近似的标识。

2. 擅自使用他人有一定影响的企业名称（包括简称、字号等）、社会组织名称（包括简称等）、姓名（包括笔名、艺名、译名等）。

3. 擅自使用他人有一定影响的域名主体部分、网站名称、网页等。

4. 其他足以引人误认为是他人商品或者与他人存在特定联系的混淆行为。

值得注意的是，2019年的《反不正当竞争法》加强了对商品的保护范围，不再要求是使用或仿冒知名商品特有的名称、包装、装潢，而是改为具有"一定影响的商品名称、包装、装潢等"，体现了对市场交易秩序的维护，有利于保护中小型企业、地域性企业的商品。"一定影响"主要是指：具有一定的市场知名度并具有区别商品来源的显著特征的标识。在认定一定的市场知名度时，应当综合考虑中国境内相关公众的知悉程度，商品销售的时间、区域、数额和对象，宣传的持续时间、程度和地域范围，标识受保护的情况等因素。此外，曾经假冒其他商品的商标被纳入反不正当竞争法的混淆范围，最新的《反不正当竞争法》删除了假冒他人注册商标的规定，并非否认商标要素在市场混同行为中的重要性，而是对于注册商标侵权问题，统一交由《商标法》处理。随着社会经济的发展，互联网使用的普及，法律也特别作出规定，对于擅自使用他人域名主体部分、网站名称、网页等也纳入不正当竞争的混淆范围。

二、商业贿赂行为

（一）商业贿赂的概念

商业贿赂是指经营者以排斥竞争对手为目的，为争取交易机会，通过秘密给付财物或者其他好处等不正当手段收买客户的负责人、雇员、合伙人、代理人和政府有关部门工作人员的行为。

（二）商业贿赂的特征

1. 商业贿赂的主体是从事市场交易的经营者，既可以是卖方，又可以是买方。

2. 商业贿赂是经营者主观上出于故意的行为，其目的是排挤竞争对手。

3. 商业贿赂在客观方面表现为违反国家有关财务、会计及廉政等方面的法律、法规的规定，秘密给付财物或其他好处，具有很大的隐蔽性。

4. 商业贿赂的对象包括：交易相对方的工作人员、受交易相对方委托办理相关事务的单位或者个人、利用职权或者影响力影响交易的单位或者个人。

5. 商业贿赂的形式除了金钱回扣之外，还有提供免费度假、旅游、高档宴席、赠送昂贵物品、房屋装修以及解决子女、亲属入学、就业等多种方式。

6. 商业贿赂在后果上侵犯了同业竞争者的公平竞争权，扰乱了社会经济秩序。

经营者的工作人员进行贿赂的，应当认定为经营者的行为；但是，经营者有证据证明该工作人员的行为与为经营者谋取交易机会或者竞争优势无关的除外。

（三）商业贿赂与回扣、折扣、佣金的比较

回扣，是指在商业购销中，卖方在明码标价应支付价款外，账外暗中向买方退还钱财及其他补偿以争取交易机会和交易条件的行为。回扣行为发生在交易双方之间，支付回扣的目的在于不正当地获得本不应该获得的交易机会和交易条件。

折扣即价格折扣，亦称让利，是指在商品购销活动中，经营者在所成交的交易上给对方以一定比例的减让而返还给对方的一种交易上的优惠。折扣和回扣的显著区别在于，折扣要以明示的方式给付对方，折扣的给付方和收受方都要如实入账。

佣金，是指在市场交易活动中，具有独立地位的中间人由于为他人提供服务、介绍、撮合交易或代买、代卖商品而得到的报酬。

经营者在交易活动中，可以以明示方式向交易相对方支付折扣，或者向中间人支付佣金。

三、虚假宣传行为

一般广告宣传或者其他形式的商业宣传多围绕有关商品或服务方面的信息，集中体现在对商品或服务的特征、商品的产地、价格、质量、制作成分、性能、用途、生产者、有效期限及其他情况，如若允许经营者通过虚假宣传的行为，作出引人误解的方式，无异于欺骗消费者。《反不正当竞争法》第9条第1款规定："经营者不得对其商品的性能、功能、质量、销售状况、用户评价、曾获荣誉等作虚假或者引人误解的商业宣传，欺骗、误导消费者和其他经营者。"

引人误解的商业宣传可以包括：（一）对商品作片面的宣传或者对比；（二）将科学上未定论的观点、现象等当作定论的事实用于商品宣传；（三）使用歧义性语言进行商业宣传；（四）其他足以引人误解的商业宣传行为。人民法院应当根据日常生活经验、相关公众一般注意力、发生误解的事实和被宣传对象的实际情况等因素，对引人误解的商业宣传行为进行认定。[1]

此外，针对我国现有许多线下实体店雇人排队，营造虚假繁荣现象，激发消费者的从众心理进而盲目消费的现象，其本质属于商业欺诈，因此《反不正当竞争法》第 9 条第 2 款特别规定了："经营者不得通过组织虚假交易、虚假评价等方式，帮助其他经营者进行虚假或者引人误解的商业宣传。"

四、侵犯商业秘密

（一）商业秘密的含义

商业秘密是指不为公众所知悉、具有商业价值并经权利人采取相应保密措施的技术信息和经营信息。

（二）商业秘密的特征

秘密性是商业秘密的重要特征。商业秘密所包含的信息是不为一般公众所知悉的，或者说作为一个整体或者就其各部分的精确排列和组合而言，该信息尚不为通常处理所涉信息范围内的人所普遍知道或不易被人获得。

商业秘密同时具有价值性。技术信息和经营信息往往具有商业价值，能够为权利人带来经济利益。

商业秘密还应具有保密性。保密性主要是指权利人对其所拥有的商业秘密采取必要的或合理的保密措施。如果商业信息尽管有价值，但未采取任何保密措施，则被侵犯的法益就无从谈起。

（三）侵犯商业秘密行为的具体情形

我国法律主要以列举的方式说明了四类侵犯商业秘密的行为，包括：（一）以盗窃、贿赂、欺诈、胁迫、电子侵入或者其他不正当手段获取权利人的商业秘密；（二）披露、使用或者允许他人使用以前项手段获取的权利人的商业秘密；（三）违反保密义务或者违反权利人有关保守商业秘密的要求，披露、使用或者允许他人使用其所掌握的商业秘密；（四）教唆、引诱、帮助他人违反保密义务或者违反权利人有关保守商业秘密的要求，获取、披露、使用或者允许他人使用权利人的商业秘密。[2]

（四）商业秘密的举证

权利人需要承担初步的举证责任，证明其已采取合理的保密措施，并证明商业秘密被侵犯。与此相对，涉嫌侵权人应当证明权利人所主张的商业秘密不属于法律所规定的商业秘密。在实践中，权利人可以通过证明涉嫌侵权人有渠道或者机会获取其商业秘密，且其使用的信息与该商业秘密实质上相同；商业秘密存在被披露、使用或者有被披露、使用的风险等方式提供初步的举证。[3]

---

〔1〕　参见《最高人民法院关于适用〈中华人民共和国反不正当竞争法〉若干问题解释》第 17 条。

〔2〕　参见《反不正当竞争法》第 10 条第 1 款。

〔3〕　参见《反不正当竞争法》第 9 条。

五、不正当的有奖销售

有奖销售，一般是指经营者以提供物品、金钱或者其他条件作为物质奖励手段，推销商品或服务的行为。有奖销售的奖励形式也具有多样性，包括抽奖式和附赠式有奖销售。

法律规定，经营者进行有奖销售不得存在下列情形：所设奖的种类、兑奖条件、奖金金额或者奖品等有奖销售信息不明确，影响兑奖；采用谎称有奖或者故意让内定人员中奖的欺骗方式进行有奖销售；抽奖式的有奖销售，最高奖的金额超过 5 万元。

法律并非禁止有奖销售，而是禁止以不明确信息、谎称或者过高奖项抽奖形式的有奖销售，防止商家利用消费者的投机心理，借此推销、销售商品。

六、商业诋毁行为

商业诋毁行为，也称商誉诽谤行为，是指经营者自己或利用他人，通过编造、传播虚假信息或者误导性信息等手段，对竞争对手的商业信誉进行恶意的诋毁，以削减其市场竞争能力，并为自己谋取不正当利益的行为。

编造、传播虚假信息的常用手段包括刊登对比性广告或声明性公告等，贬低竞争对手声誉；唆使或者收买某些人，以客户或者消费者的名义进行投诉，败坏竞争对手声誉；通过商业会议或者商业信息的方式，对竞争对手的商品质量进行诋毁。

法律规定，经营者不得编造、传播虚假信息或者误导性信息，损害竞争对手的商业信誉、商品声誉。《最高人民法院关于适用〈中华人民共和国反不正当竞争法〉若干问题的解释》第 19 条规定："当事人主张经营者实施了反不正当竞争法第十一条规定的商业诋毁行为的，应当举证证明其为该商业诋毁行为的特定损害对象。"

七、互联网领域不正当竞争行为

为了适应互联网时代经济发展的需要，我国现行法律对利用互联网技术进行的不正当竞争进行了专门规制。对于利用网络从事生产经营活动的经营者，不得使用技术手段影响用户选择或破坏其他合法网络产品或服务的正常运行。这包括未经同意插入链接、误导或强迫用户卸载产品、恶意不兼容等行为。[1]

在法律适用问题上，应当考虑到互联网的受众（消费者）的正常理性人标准，在其互联网上网等过程中，如互联网经营者采取了一定措施影响了用户的正常选择，就可考虑是否属于不正当竞争行为。例如，在未经其他经营者和用户同意而直接发生的目标跳转，即可认定为"强制进行目标跳转"。如果是仅插入链接，目标跳转是由用户触发的，人民法院应当综合考虑插入链接的具体方式、是否具有合理理由以及对用户利益和其他经营者利益的影响等因素。

学习内容 4　对不正当竞争行为的监督检查

一、监督检查部门

我国目前对不正当竞争监督检查部门主要是市场监管部门，其他部门可以依照其他法

---

〔1〕　参见《反不正当竞争法》第 3 条第 2 款。

律、法规的规定，对属于不正当竞争的违法行为进行监督检查。

在实施监督检查的过程中，被调查的经营者、利害关系人及其他有关单位、个人应当配合检查，如实提供相关资料。对涉及商业秘密的部分，监督检查部门及其工作人员需承担保密义务。

二、监督检查职权

与其他行政监管方式相类似，监督检查部门在调查不正当竞争行为时，可以进入经营场所检查、询问相关人员、查询和复制相关资料、查封扣押财物、以及查询银行账户等。[1]《反不正当竞争法》以列举的形式对调查过程中采取的措施作了相应的规定，其中涉及查封扣押财物与查询银行账户的，需要向设区的市级以上人民政府监督检查部门主要负责人书面报告并经批准。

三、监督检查的举报与受理

对涉嫌不正当竞争行为，任何单位和个人有权向监督检查部门举报，监督检查部门接到举报后应当依法及时处理。监督检查部门应当向社会公开受理举报的电话、信箱或者电子邮件地址，并为举报人保密。对实名举报并提供相关事实和证据的，监督检查部门应当将处理结果及时告知举报人。[2]

学习内容 5　不正当竞争行为的法律责任

一、不正当竞争行为的民事责任

经营者违反法律相关规定，给他人造成损害的，应当依法承担民事责任。经营者的合法权益受到不正当竞争行为损害的，可以向人民法院提起诉讼，由侵权行为地或者被告住所地人民法院管辖。

根据《反不正当竞争法》第 22 条第 3 款的规定，因不正当竞争行为受到损害的经营者的赔偿数额，按照其因被侵权所受到的实际损失或者侵权人因侵权所获得的利益确定。经营者故意实施侵犯商业秘密行为，情节严重的，可以在按照上述方法确定数额的 1 倍以上 5 倍以下确定赔偿数额。赔偿数额还应当包括经营者为制止侵权行为所支付的合理开支。

经营者实施侵犯商业秘密和市场混淆行为的，权利人因被侵权所受到的实际损失、侵权人因侵权所获得的利益难以确定的，由人民法院根据侵权行为的情节判决给予权利人五百万元以下的赔偿。

二、不正当竞争行为的行政责任

我国《反不正当竞争法》对于七类列举的不正当竞争行为分别作出了行政责任规定，内容如下：

1. 经营者实施混淆行为的，由监督检查部门责令停止违法行为，没收违法商品。违

---

〔1〕　参见《反不正当竞争法》第 16 条第 1 款。
〔2〕　参见《反不正当竞争法》第 20 条。

法经营额 5 万元以上的，可以并处违法经营额 5 倍以下的罚款；没有违法经营额或者违法经营额不足 5 万元的，可以并处 25 万元以下的罚款。情节严重的，吊销营业执照。

2. 经营者违反法律实施商业贿赂行为的，由监督检查部门没收违法所得，处 10 万元以上 300 万元以下的罚款。情节严重的，吊销营业执照。

3. 经营者对其商品作虚假或者引人误解的商业宣传，或者通过组织虚假交易等方式帮助其他经营者进行虚假或者引人误解的商业宣传的，由监督检查部门责令停止违法行为，处 20 万元以上 100 万元以下的罚款；情节严重的，处 100 万元以上 200 万元以下的罚款，可以吊销营业执照。如经营者的行为经认定属于发布虚假广告的，依照《广告法》的规定处罚。

4. 经营者以及其他自然人、法人和非法人组织实施侵犯商业秘密行为的，由监督检查部门责令停止违法行为，没收违法所得，处 10 万元以上 100 万元以下的罚款；情节严重的，处 50 万元以上 500 万元以下的罚款。

5. 经营者违反法律规定进行有奖销售的，由监督检查部门责令停止违法行为，处 5 万元以上 50 万元以下的罚款。

6. 经营者违反法律规定实施损害竞争对手商业信誉、商品声誉的行为，由监督检查部门责令停止违法行为、消除影响，处 10 万元以上 50 万元以下的罚款；情节严重的，处 50 万元以上 300 万元以下的罚款。

7. 经营者违反法律实施妨碍、破坏其他经营者合法提供的网络产品或者服务正常运行的，由监督检查部门责令停止违法行为，处 10 万元以上 50 万元以下的罚款；情节严重的，处 50 万元以上 300 万元以下的罚款。

当然，法律也规定了对于主动消除或者减轻违法行为危害后果等法定情形的，依法从轻或者减轻行政处罚；违法行为轻微并及时纠正，没有造成危害后果的，不予行政处罚。经营者违反本法规定从事不正当竞争，受到行政处罚的，由监督检查部门记入信用记录，并依照有关法律、行政法规的规定予以公示。

三、不正当竞争行为的刑事责任

我国《反不正当竞争法》第 38 条对不正当竞争行为做了刑事责任的原则下规定："违反本法规定，构成违反治安管理行为的，依法给予治安管理处罚；构成犯罪的，依法追究刑事责任。"刑事责任主要适用于那些对其他经营者、消费者和社会经济秩序造成严重损失、情节恶劣的不正当竞争行为，主要受《刑法》的规制，如对非国家工作人员行贿罪，非国家工作人员受贿罪，损害商业信誉、商品声誉罪，侵犯商业秘密罪等。

训练项目一：App 唤醒策略对不正当竞争的案例分析

【训练目的与要求】

通过案例的训练，能够分析和识别具体的互联网背景下多样的不正当竞争行为的类型，掌握分析相关案件的基本步骤和方法。

【实例训练】

案例：原告 A（中国）网络技术有限公司（简称 A 公司）系某知名支付功能 App

（简称 A 软件）的运营主体，具有相当规模的用户群体和交易体量。在经营活动中，A 公司通过设定为该 App 的 URL Scheme，以实现苹果手机 iOS 系统内第三方手机 App 向该支付 App 的跳转。被告江苏 B 软件技术有限公司（简称 B 软件公司）系另一软件 B（简称 B 软件）的运营主体，该款手机 App3.0.0 版、3.0.2 版和 3.1.0 版设置的 URL Scheme 均与 A 公司设定的 URL Scheme 一样。经对比验证，在同时安装 A 软件和前述版本 B 软件的苹果手机中，用户通过其他第三方手机 App 以及手机网站进行交易并选择通过 A 软件付款时，手机系统弹出窗口显示将要跳转至 B 软件，并询问用户选择"取消"或"打开"。若用户选择"取消"，则将停留在第三方手机 App 或网站的待支付页面，支付进程无法继续；若用户选择"打开"，则将跳转至 B 软件，且在已选择过"打开"的第三方手机 App 或网站中再次通过 A 软件付款时，手机系统不再弹出前述询问窗口，而是默认跳转至 B 软件。针对上述情况，A 公司先后接到用户投诉及合作商户的安全警示。A 公司遂诉请人民法院判令 B 软件公司停止涉案不正当竞争行为、消除影响并赔偿原告经济损失及合理费用共计 100 万元。

问题：

请分析该行为并结合法条说明理由。

核心提示： 实践中，为实现手机 App 间的准确跳转，经营者通常选择与自身具有直接指向关系的标识作为 URL Scheme，此举已成为行业惯例。但是本案中，B 软件使用了与 A 软件同样的 URL Scheme，使得用户在使用过程中产生不需要且不合理的跳转，且用户再次通过 A 软件付款时，则默认跳转至 B 软件，无异于给用户增加了不合理的负担，更是损害了 A 公司的合法权利。

互联网经济的发展给传统竞争模式带来了新的挑战。不正当竞争手段也愈发多样。有的经营者会在网络产品中设置不合理的链接跳转、插入链接、强制进行目标跳转，或者误导、欺骗、强迫用户修改、关闭、卸载其他经营者合法提供的网络产品或者服务，恶意对其他网络产品实施不兼容等行为，给市场正常运作秩序带来破坏，属于互联网背景下的不正当竞争，应当及时予以规制。

训练项目二：侵犯商业秘密的案例分析

【训练目的与要求】

通过案例的训练，能够理解并掌握商业秘密的认定，熟练运用法律，掌握分析相关案件的基本步骤和方法，把握好侵权数额的认定和责任承担方式。

【实例训练】

案例： "香兰素"是全球广泛使用的香料，本案原告嘉兴 A 化工公司（简称嘉兴 A 公司）与上海 B 新技术有限公司（简称上海 B 公司）共同研发出生产香兰素的新工艺，并作为技术秘密加以保护。在本案侵权行为发生前，嘉兴 A 公司是全球最大的香兰素制造商，占据全球香兰素市场约60%的份额。2010 年，嘉兴 A 公司前员工、被告傅某从被告 C 集团公司（简称 C 公司）获得报酬后，将"香兰素"技术秘密披露给 C 公司监事、宁波

D 科技股份有限公司（简称 D 科技公司）董事长、本案被告之一王某，并进入被告 D 科技公司的香兰素车间工作。2011 年 6 月起，D 科技公司开始生产香兰素，短时间内即成为全球第三大香兰素制造商。2017 年，被告 E 龙香料（宁波）有限公司（简称 E 公司）成立，持续使用 D 科技公司作为股权出资的香兰素生产设备生产香兰素。C 公司、D 科技公司非法获取"香兰素"技术秘密后，从 2011 年 6 月开始生产香兰素并持续至今，其实际年生产香兰素至少在 2000 吨，占据全球 10% 的市场份额。同时，上述被告侵害涉案技术秘密生产的香兰素产品销售地域遍及美洲、欧洲、亚洲等全球主要市场，并对标嘉兴 A 公司争夺客户和市场。由于 C 公司、D 科技公司系非法获取涉案技术秘密，没有实质性的研发成本投入，能以较低价格销售香兰素产品，对嘉兴 A 公司的原有国际和国内市场形成了较大冲击，导致嘉兴 A 公司的全球香兰素市场份额从 60% 滑落到 50%。

问题：

请分析该行为并结合法条说明理由。

核心提示：该案是典型的侵犯商业秘密行为。作为现代公司制度发展的重要武器，商业秘密承载了公司核心商品的技术、信息等内容，是公司行稳致远的必要保证。盗取、剽窃他人的商业秘密，实则无异于侵犯知识产权。该案经一审、上诉至最高人民法院，人民法院最后判决相关公司和侵权人侵犯涉案全部技术秘密。根据权利人提供的经济损失相关数据，综合考虑侵权行为情节严重、涉案技术秘密商业价值极大、侵权人拒不执行生效行为保全裁定等因素，判决撤销一审判决，改判上述各侵权人连带赔偿技术秘密权利人 1.59 亿元（含合理维权费用 349 万元）。

训练项目三：虚假宣传的案例分析

【训练目的与要求】

通过案例的训练，能够理解并掌握虚假宣传的认定，识别和分析实践中出现的现象和问题，运用法律方法分析和解决案件。

【实例训练】

案例：瑞丽市 A 珠宝店经营者为王某，其在某购物平台内的"冰绿翡翠"直播间开展翡翠原石销售时，存在虚设场景、雇请缅甸籍人员假扮货主等虚假宣传行为。直播间主要运营方式为雇用缅甸籍人员在直播间内售卖翡翠原石，在与买家的微信聊天中多次虚构进出中缅边境线代购翡翠原石；或是让缅甸籍人员在直播间内假扮翡翠原石供货商进行"表演"对销售公司的翡翠原石进行虚假砍价，实际为帮助销售公司售卖翡翠原石。此外，调查中还发现当事人存在发布虚假用户评价行为。

问题：

请分析该行为并结合法条说明理由。

核心提示：实践中，虚假宣传的行为屡见不鲜。雇佣黄牛排队，营造虚假繁荣的现象导致消费者陷入错误认识，盲目跟风。随着互联网直播行业的发展，该种现象已经逐渐蔓延至线上，在直播间内通过"表演"、虚构聊天记录、发布虚假评价的行为，均是虚假宣传的典型表现，应当按照《反不正当竞争法》及相关法律予以规制。

训练项目四：混淆行为的案例分析

【训练目的与要求】

通过案例的训练，能够理解并掌握混淆行为的认定，运用法律方法分析和解决案件。

【实例训练】

案例：核准注册在洗衣机商品上的涉案注册商标由 A 股份公司（简称 A 公司）及 A（中国）有限公司（简称 A 中国公司）享有专用权，经过长期使用具有较高知名度。A 公司及 A 中国公司的字号"A"亦具有一定的影响。宁波 B 电器有限公司（简称 B 公司）在其生产销售的洗衣机产品、产品外包装及相关宣传活动中使用了"上海 A 电器有限公司"标识；个人独资企业昆山 C 电器有限公司（简称 C 公司）销售了前述被诉侵权产品。A 公司及 A 中国公司以 B 公司、C 公司的前述行为侵害了其注册商标专用权并构成不正当竞争为由提起本案诉讼，请求赔偿经济损失 1 亿元及合理开支 163 000 元。江苏省高级人民法院一审认为，B 公司、C 公司的行为构成商标侵权及不正当竞争，全额支持了 A 公司及 A 中国公司的赔偿请求。B 公司等不服，提起上诉。

最高人民法院二审认为，B 公司在洗衣机机身上、商品外包装及宣传活动中使用"上海 A 电器有限公司"，分别对 A 公司构成商标侵权及 2019 年《反不正当竞争法》第 6 条第 2 项、第 4 项规定的不正当竞争行为。鉴于 B 公司在诉讼中拒不提供与侵权行为相关的财务资料，一审法院将在案的媒体报道内容作为销售总额的计算依据，并按照 1/15 计算被诉侵权产品的销售额占比，进而确定赔偿额的做法并无不当。虽现有证据无法证明侵权获利及侵权损失，但足以认定 B 公司因生产、销售被诉侵权产品而获得的利益明显超过 2019 年《反不正当竞争法》第 17 条第 4 款规定的法定赔偿最高限额，综合考虑 A 公司及 A 中国公司企业名称具有较高的知名度，B 公司具有明显的主观恶意、侵权规模、侵权持续时间，并结合洗衣机产品的利润率等因素，一审确定的赔偿数额并无不当。最高人民法院二审判决，驳回上诉，维持原判。[1]

问题：

请分析该案的法律关系。

核心提示：本案是打击仿冒混淆行为的典型案例。本案中，人民法院认定将与他人有一定影响的企业名称中的字号及注册商标相同或相近似的标识作为字号使用，并从事经营活动的行为构成《反不正当竞争法》第 7 条规定的不正当竞争行为。同时，在现有证据无法证明侵权获利及实际损失具体数额的情况下，人民法院细化了确定赔偿数额的考量因素。本案裁判对混淆行为的认定、赔偿数额的计算等法律适用问题具有示范意义。

---

〔1〕《2023 年人民法院反垄断和反不正当竞争典型案例》，载 https://www.court.gov.cn/zixun/xiangqing/411732.html，最后访问日期：2025 年 6 月 26 日。

学习单元二 反垄断法律基础与案例分析

单元知识体系导图

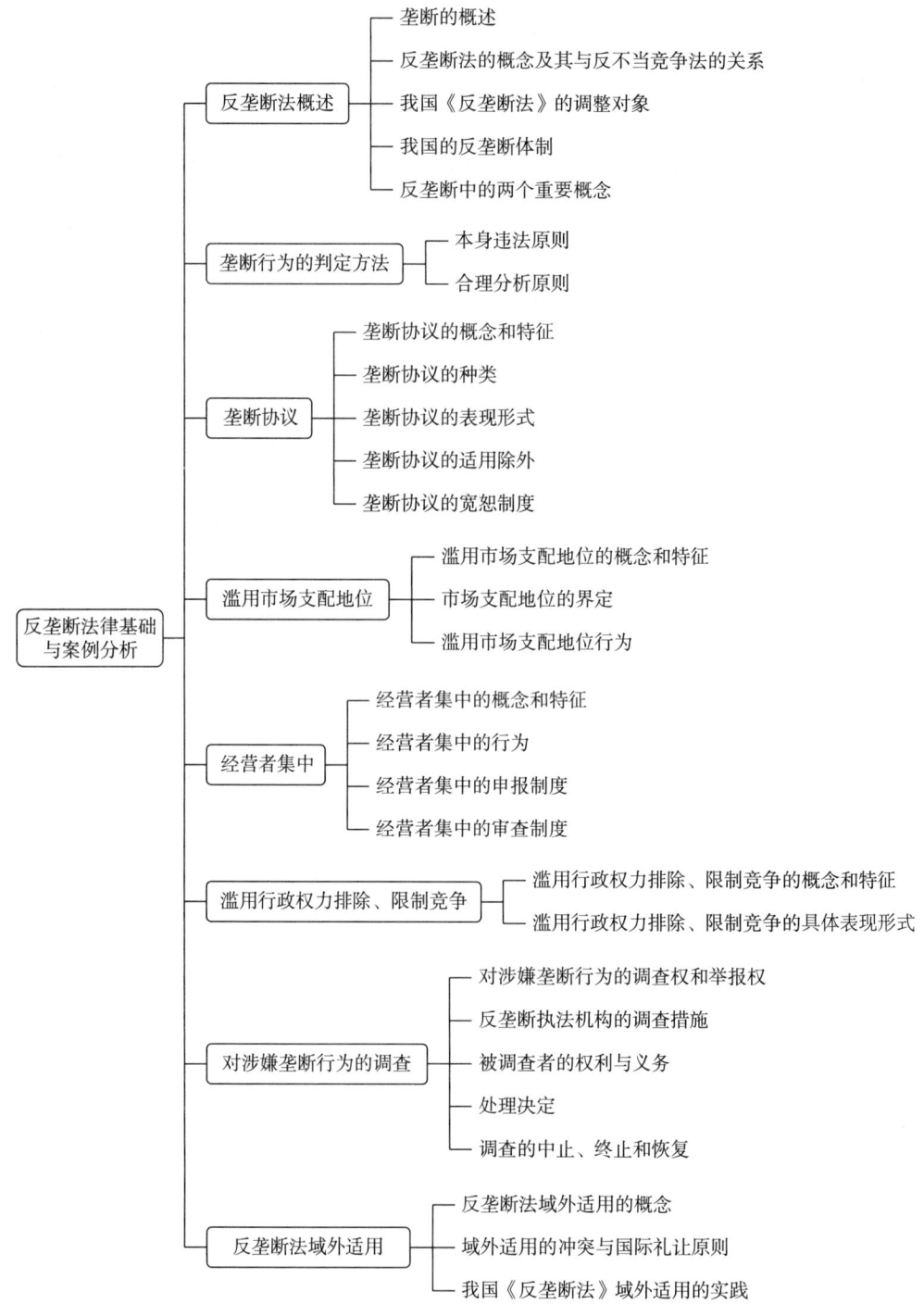

学习内容 1　反垄断法概述

一、垄断的概述

垄断的原意是独占，即一个市场上只有一个经营者。在学理上，垄断一般是指经营者以独占或有组织的联合行动等方式，凭借经济优势或行政权力，操纵或支配市场，限制和排斥竞争的行为。

垄断的成因包括资源垄断、自然垄断、市场垄断、知识产权垄断、行政垄断，等等。

判断垄断的实质标准是社会公共利益，为法律所禁止的垄断主要有两类：一是垄断状态，或称垄断的市场结构，是指企业或企业联合达到一定的市场支配地位，如占市场份额的1/2 或2/3，或者达到一定的销售金额。二是垄断行为，是指经营者之间的垄断协议行为和占市场支配地位的经营者排挤或支配其他经营者的行为。其他类型的垄断，如自然垄断、知识产权垄断等，反垄断法则通常采用豁免制度将它们排除在反垄断法的适用范围之外。

二、反垄断法的概念及其与反不正当竞争法的关系

（一）反垄断法的概念

广义上的反垄断法是国家通过预防和制止垄断行为，保护市场公平竞争，维护和促进社会公共利益，保护消费者权益的法律规范的总称。而狭义上的反垄断法则专指我国的《反垄断法》。

（二）反垄断法与反不正当竞争法的关系

二者相同之处在于，二者的立法目的均是推动和保护竞争，反对企业以不公平不合理的手段谋取利益，从而成为维护市场经济秩序的必要手段。

不同之处在于，反不正当竞争法是反对企业以假冒、虚假广告、窃取商业秘密等不正当手段攫取他人的竞争优势，其前提条件是市场上有竞争，其目的是维护公平的竞争秩序，保护合法经营者和消费者的利益。因此，反不正当竞争法也称为公平竞争法，它追求的是公平竞争。而反垄断法则是通过反对垄断和反对限制竞争，使市场保持一种竞争的态势，保证市场上有足够的竞争者，保证消费者有选择商品的权利。因为在垄断和限制竞争的情况下，企业失去了竞争自由，而反垄断法所追求的就是自由竞争，因此，反垄断法也称为自由竞争法，其目的是保障企业在市场上自由参与竞争的权利，提高企业的经济效益，扩大社会福利。

三、我国《反垄断法》的调整对象

（一）市场垄断行为

《反垄断法》主要调整市场垄断行为，特别是对于活跃在市场经济中的公司、合伙企业、个人独资企业等经营者，法律通过列举的形式，限制其达成垄断协议，滥用市场支配地位，开展具有或者可能具有排除、限制竞争效果的经营者集中行为。[1]

---

〔1〕　参见《反垄断法》第 3 条。

值得注意的是，由于知识产权给予权利人一定时期内智力成果的垄断性权利，以激励创新和保护创作者的权益，因此一般情况中，经营者按照法律行使知识产权的行为不被认为是垄断。如若经营者通过滥用知识产权，排除、限制竞争的行为，例如，实施过度授权或捆绑销售等行为，则落入《反垄断法》的保护范围。[1] 类似的，农业领域的联合行为往往是为了提高效率、降低成本和增强市场竞争力，有利于小规模农业生产者在市场中更好地生存和发展。因此，农业生产者及农村经济组织在农产品生产、加工、销售、运输、储存等经营活动中实施的联合或者协同行为不受《反垄断法》限制。[2]

（二）行政垄断行为

《反垄断法》同样对行政机关和法律、法规授权的具有管理公共事务职能的组织进行了限制，为了保护市场公平竞争，防止地域歧视，法律特别设置行政垄断行为的禁止条款。[3]

对于知识产权这类具有特殊保护法益的权利，我国《反垄断法》第68条规定："经营者依照有关知识产权的法律、行政法规规定行使知识产权的行为，不适用本法；但是，经营者滥用知识产权，排除、限制竞争的行为，适用本法。"第69条规定："农业生产者及农村经济组织在农产品生产、加工、销售、运输、储存等经营活动中实施的联合或者协同行为，不适用本法。"

四、我国的反垄断体制

根据我国《反垄断法》第12条、第13条的规定，我国反垄断体制包括反垄断委员会和反垄断执法机构两个层面。

（一）反垄断委员会

国务院设立反垄断委员会，负责组织、协调、指导反垄断工作。反垄断委员会是履行组织、协调、指导反垄断工作职能的议事协调机构，并不行使行政权力、作出行政决定。具体履行下列职责：研究拟订有关竞争政策；组织调查、评估市场总体竞争状况，发布评估报告；制定、发布反垄断指南；协调反垄断行政执法工作；国务院规定的其他职责。

国务院反垄断委员会的组成和工作规则由国务院规定。国务院反垄断执法机构根据工作需要，可以授权省、自治区、直辖市人民政府相应的机构，依照《反垄断法》规定负责有关反垄断执法工作。

（二）反垄断执法机构

纵观世界各国的反垄断执法机构，主要有两种设置模式：一种是单一模式，例如，日本的公正交易委员会、韩国的公平交易委员会；另一种是多元模式，例如，美国的反托拉斯执法主体是司法部反托拉斯局和联邦贸易委员会，这种模式下两个相互平行的机构共同负责反托拉斯法，具体职责有明确分工，但同时也存在职权交叉等诟病。

在2018年国务院机构改革之前，原商务部反垄断局、原国家发展和改革委员会价格

---

〔1〕 参见《反垄断法》第68条。
〔2〕 参见《反垄断法》第69条。
〔3〕 参见《反垄断法》第10条。

监督检查与反垄断局、原国家工商行政管理总局反垄断与反不正当竞争执法局，三个部门分别承担相应的反垄断执法工作。国务院机构改革后，反垄断执法机构"三合一"，由市场监管总局承担反垄断统一的执法职能。

国家市场监督管理总局反垄断局的职责为：拟订反垄断制度措施和指南；组织实施反垄断执法工作，承担指导企业在国外的反垄断应诉工作；组织指导公平竞争审查工作；承担反垄断执法国际合作与交流工作；承办国务院反垄断委员会日常工作。

五、反垄断中的两个重要概念

（一）经营者

《反垄断法》第15条第1款规定："本法所称经营者，是指从事商品生产、经营或者提供服务的自然人、法人和非法人组织。"在垄断协议、滥用市场支配地位、未依法申报违法实施经营者集中这三种不同情形下，法律也做了更为具体的规定。

（二）相关市场

市场是从其特征、性能和价格等出发，相互可以替代的一组产品的生产或者销售的地理区域。这组产品的范围被称为产品市场，生产或者销售这组产品的地理区域被称为地域市场。

在反垄断执法实践中，通常需要界定相关商品市场和相关地域市场。根据《国务院反垄断委员会关于相关市场界定的指南》第3条第2款的规定，相关商品市场，是根据商品的特性、用途及价格等因素，由需求者认为具有较为紧密替代关系的一组或一类商品所构成的市场。这些商品表现出较强的竞争关系，在反垄断执法中可以作为经营者进行竞争的商品范围。相关地域市场，是指需求者获取具有较为紧密替代关系的商品的地理区域。这些地域表现出较强的竞争关系，在反垄断执法中可以作为经营者进行竞争的地域范围。当生产周期、使用期限、季节性、流行时尚性或知识产权保护期限等已构成商品不可忽视的特征时，界定相关市场还应考虑时间性。在技术贸易、许可协议等涉及知识产权的反垄断执法工作中，可能还需要界定相关技术市场，考虑知识产权、创新等因素的影响。

学习内容2　垄断行为的判定方法

从认定垄断行为的长期实践来看，逐步确立了以本身违法原则和合理分析原则为主要分析方法。法官也往往在反垄断案件的审判中，综合运用这两个原则来判定被诉行为是否限制或排除竞争。

一、本身违法原则

本身违法原则，"是指某些行为因其明显的反竞争性而被依法确定为违法，凡发生这些行为就认定其违法，而不再根据具体情况进行分析判断。"[1]由此可见，违法原则本身是一个事实判断的问题，违法行为的存在与否是法院或主管当局做出裁决的基础。一旦对

---

[1]　王先林：《论反垄断法中的本身违法规则和合理分析规则》，载《中国物价》2013年第12期。

案件的事实证据予以认定，例如，只要企业存在固定价格行为，即认定其违法，而无需对该案进行行为动机、法律后果等内容进行分析，大大缩减了法官判案的时间精力。此外，在本身违法原则中，行为的违法性要求比较明确，市场经济活动主体可以对照法律条文开展经营活动，这有利于它们制定商业发展计划，采取市场竞争策略，而不用担心受到法律的制裁。

二、合理分析原则

合理分析原则，"是指对某些行为是否在实质上构成限制竞争并在法律上予以禁止不是一概而论，而需要对经营者的动机、行为方式及其后果加以慎重考察后做出判断，予以认定。"[1]由此可见，合理分析原则的运用，更多是个价值判断问题。其"经典表述"是指布兰代斯大法官在1918年芝加哥交易局案中指出的："法院通常须考察作为该限制客体的业务所特有的事实；它在该限制实施前后的状况；该限制的性质及其实际的或者潜在的效果。该限制的发展历史，当时存在的弊害，采用该具体救济措施的原因，寻求实现的目的，所有这些都是相关的事实。这并非因为良好的意图可以挽救一个原本受质疑的管制或者相反，而是因为知道意图有助于法院解释事实以及预测后果。"[2]合理分析原则的运用，可以在一定程度上缓解本身违法原则教条主义的禁锢，通过法官结合案件事实的综合判断，不可避免地会承认、容忍一些有效率的限制竞争行为。当然，该原则的运用也必然伴随着长时间和高成本。

就两者的差别与适用范围而言，本身违反原则主要体现出对中小经营者和消费者的偏爱，经营者的行为一旦落入法律规制之下，就容易被判定限制竞争。而合理分析原则更多侧重于对经济效益的考量，相比之下，法官还需经过自由裁量和权衡才予以认定，这就给了一些经营者免于限制商业行为认定的空间，甚至在合理分析规则的分析框架中，会使得大量过去认为是限制竞争的行为合法化，如搭售、价格歧视、排他性交易行为等。

学习内容3 垄断协议

一、垄断协议的概念和特征

垄断协议，通常也称为卡特尔、卡特尔协议、限制竞争协议、联手行为、联合行为、横向限制竞争行为等，是指经营者之间达成的或者行业协会组织本行业经营者达成的以排除、限制竞争为目的的协议、决定或者其他协同行为。

垄断协议的核心是经营者之间自愿或者在行业协会组织下的共谋，协议可以是书面的，也可以是口头的，还包括限制竞争的其他协调性行为。禁止垄断协议成为世界各国反垄断法的核心内容之一。

从垄断协议的法律特征来看，其制定主体是两个或者两个以上同行业的具有竞争关系

〔1〕 王先林：《论反垄断法中的本身违法规则和合理分析规则》，载《中国物价》2013年第12期。

〔2〕 Chicago Board of Trade v. United States, 246 U.S. 231 (1918).

的经营者；垄断协议制定者的主观方面是故意，目的是排除、限制竞争，而且往往经营者之间具有共同的故意；垄断协议主要表现为协议、决定或者其他协同的行为方式。

二、垄断协议的种类

根据垄断协议主体所处的商品生产流通环节的异同，可以将垄断协议分为横向垄断协议和纵向垄断协议。

根据垄断协议的不同表现形式，可以将垄断协议分为垄断协议、垄断决定和其他协同的垄断行为三类。垄断协议是指同行业经营者之间达成的限制竞争的协议或合同。垄断决定是指企业联合组织或者行业协会所作出的限制竞争的决定。其他协同的垄断行为是指同行业经营者之间在没有协议或者决定的情况下实施的协调一致的行为。

根据垄断协议的不同内容，可以将垄断协议分为固定价格协议，限制数量协议，划分市场协议，限制购买或者开发新技术、新设备协议和联合抵制协议。固定价格协议中，又有维持（最高或最低）价格协议、共同涨价协议、共同降价协议、维持再销售价格协议等。限制数量协议中，又有限制产量协议、限制销售量协议，限制库存量协议、限制原材料或设备协议等。划分市场协议中，又有划分产品市场协议、划分地区市场协议、划分顾客市场协议等种类。限制购买或者开发新技术、新设备协议是指经营者之间在技术转让和设备买卖过程中，转让方通过合同条款限制另一方在合同标的技术的基础上进行新的研究开发或者购买新设备的行为。联合抵制协议是两个或两个以上经营者达成协议，共同拒绝购买或者销售交易相对人的商品（包括服务）的行为。根据国家市场监督管理总局令第 65 号《禁止垄断协议规定》第 12 条的规定，禁止具有竞争关系的经营者就联合抵制交易达成下列垄断协议：（一）联合拒绝向特定经营者供应或者销售商品；（二）联合拒绝采购或者销售特定经营者的商品；（三）联合限定特定经营者不得与其具有竞争关系的经营者进行交易；（四）通过其他方式联合抵制交易。

根据垄断协议是否有利于国民经济发展或符合社会公共利益，以及是否得到政府的许可，可以把垄断协议分为禁止的垄断协议和例外许可的垄断协议。

根据垄断协议对竞争的影响程度，可以把垄断协议分为适用本身违法原则的垄断协议和适用合理原则的垄断协议。适用本身违法原则的垄断协议中，不管协议的具体情况如何，经营者之间只要达成垄断协议，都被认为违法，当事人不能以任何理由为其限制竞争的行为开脱。它适用于对市场竞争有严重不利影响的行为，主要是价格协议、生产数量协议、分割销售市场的协议等。适用合理原则的垄断协议中，对这类协议应当进行个案审查，根据其对市场竞争的影响程度判断其是否具有违法性。对于虽限制竞争但有利于整体经济发展与社会公共利益的协议给予豁免。

三、垄断协议的表现形式

（一）横向垄断协议

横向垄断协议是指处于同一行业同一流通环节的经营者之间所达成的限制竞争的垄断协议。横向垄断协议通常包括固定价格协议，限制数量协议，分割市场协议，限制购买或者开发新技术、新设备协议，联合抵制交易协议，其他排除、限制竞争的协议。

固定价格协议，也称为横向定价协议或者横向价格协议，是指两个或两个以上经营者以合同、协议或其他方式确定、维持或改变商品或服务价格的行为。限制数量协议是指两个或两个以上经营者以合同、协议或其他方式限制商品的生产数量或者销售数量，以控制价格的行为。分割市场协议，也称为协议划分市场，是指经营者通过协议划分销售市场或者原材料采购市场，限制彼此之间竞争的行为。限制购买或者开发新技术、新设备协议是指经营者之间在技术转让和设备买卖过程中，转让方通过合同条款限制另一方在合同标的技术的基础上进行新的研究开发或者购买新设备的行为。联合抵制交易协议是两个或两个以上经营者达成协议，共同拒绝购买或者销售交易相对人的商品（包括服务）的一种协议。

（二）纵向垄断协议

纵向垄断协议是指经营者与交易相对人之间所达成的限制竞争的垄断协议。我国《反垄断法》规定的纵向垄断协议包括固定向第三人转售商品的价格和限定向第三人转售商品的最低价格。同时授权国务院反垄断执法机构在列举规定的纵向垄断协议之外作出认定。

此外，法律对此还对纵向垄断协议作了保留，规定了两个认定的例外：一是在固定向第三人转售商品的价格和限定向第三人转售商品的最低价格的情形下，经营者能够证明其不具有排除、限制竞争效果的，不予禁止；二是经营者能够证明其在相关市场的市场份额低于国务院反垄断执法机构规定的标准，并符合国务院反垄断执法机构规定的其他条件的，不予禁止。

在最新修正的《反垄断法》中，第56条第1款、第2款规定："经营者违反本法规定，达成并实施垄断协议的，由反垄断执法机构责令停止违法行为，没收违法所得……经营者组织其他经营者达成垄断协议或者为其他经营者达成垄断协议提供实质性帮助的，适用前款规定。"

四、垄断协议的适用除外

垄断协议的适用除外，也称为垄断协议的豁免或者垄断协议的例外许可，是指经营者之间的协议、决定或者其他协同行为，虽然排除、限制了竞争，但是如果该类协议所带来的好处要大于其对竞争秩序的损害，则可以排除适用反垄断法有关垄断协议的规定，例如，为改进技术、研究开发新产品的；为提高产品质量、降低成本、增进效率，统一产品规格、标准或者实行专业化分工的；为提高中小经营者经营效率，增强中小经营者竞争力的；为实现节约能源、保护环境、救灾救助等社会公共利益的；因经济不景气，为缓解销售量严重下降或者生产明显过剩的；为保障对外贸易和对外经济合作中的正当利益的；法律和国务院规定的其他情形。属于前五项情形，予以适用除外的，经营者还应当证明所达成的协议不会严重限制相关市场的竞争，并且能够使消费者分享由此产生的利益。

五、垄断协议的宽恕制度

（一）宽恕制度的概述

作为一种重要性得到国际公认的垄断协议执法机制，宽恕制度（Leniency Program/
Policy）最早来源于1978年的美国，1993年较为明确系统地规定在《美国反托拉斯局企
业从宽处理政策》中，并逐渐在各国垄断执法实践中予以采纳。其原理在于，针对卡特尔
等合谋行为，由于经营者之间的垄断协议影响严重、隐秘性强，主管当局难以查处。对于
违法者主动向主管当局报告其所涉的违法垄断行为，主管当局可以免除或减轻较早与竞争
主管当局合作的垄断协议参加者的法律责任，增强反垄断法的威慑和预防效应。

（二）我国宽恕制度的实践

我国《反垄断法》第56条第3款采纳了宽恕制度，经营者主动向反垄断执法机构报
告达成垄断协议的有关情况并提供重要证据的，反垄断执法机构可以酌情减轻或者免除对
该经营者的处罚。反垄断执法机构可以酌情减轻或者免除对该经营者的处罚。依据《国务
院反垄断委员会横向垄断协议案件宽大制度适用指南》，我国反垄断制度的适用范围仅限
于横向垄断协议案件。

第一个向执法机构提交垄断协议有关情况的报告及重要证据的经营者，可以申请免除
处罚。报告应当明确承认经营者从事了涉嫌违反《反垄断法》的垄断协议行为，详细说明
达成和实施垄断协议的具体情况。报告需要包括以下信息：①垄断协议的参与者基本信息
（包括但不限于名称、地址、联系方式及参与代表等）；②垄断协议的情况（包括但不限
于联络的时间、地点、内容以及具体参与人员）；③垄断协议主要内容（包括但不限于涉
及的商品或者服务、价格、数量等）及经营者达成和实施垄断协议情况；④影响的地域范
围和市场规模；⑤实施垄断协议的持续时间；⑥证据材料的说明；⑦是否向其他境外执法
机构申请宽大；⑧其他有关文件、材料。经营者提供的重要证据是指：执法机构尚未掌握
案件线索或者证据的，足以使执法机构立案或者依据《反垄断法》启动调查程序的证据；
执法机构立案后或者依据《反垄断法》启动调查程序后，经营者提供的证据是执法机构尚
未掌握的，并且能够认定构成《反垄断法》规定的垄断协议的。

实践中，反垄断的宽恕制度往往被称为"胡萝卜加大棒"的机制。就政府对市场经济
管理的角度而言，宽恕制度的推行，利于提高执法机构发现并查处垄断协议行为的效率，
节约行政执法成本，维护消费者的利益。与此同时，宽恕制度也可能引发经营者之间的恶
性竞争。经营者通过争分夺秒地主动向主管机关披露与合作，换取免除或者减轻处罚，其
背后蕴含着囚徒困境下自我揭发的竞赛。

学习内容4　滥用市场支配地位

一、滥用市场支配地位的概念和特征

滥用市场支配地位是指处于市场支配地位的经营者滥用自己的市场支配地位，操纵市
场，扰乱正常的生产经营秩序，损害其他经营者或消费者的合法权益，危害社会公共利益

的行为。

滥用市场支配地位的行为具有下列特征：行为主体是具有支配地位的经营者；必须是经营者滥用自己市场支配地位的行为；滥用市场支配地位的目的，或者是为了维持、加强自己的支配地位，排除竞争，或者是为了榨取高额垄断利润。

二、市场支配地位的界定

市场支配地位是指经营者在相关市场内具有能够控制商品价格、数量或者其他交易条件，或者能够阻碍、影响其他经营者进入相关市场能力的市场地位。简单说，就是经营者具有控制相关市场的能力。

（一）市场支配地位认定的依据

认定经营者具有市场支配地位，应当依据下列因素：该经营者在相关市场的市场份额，以及相关市场的竞争状况；该经营者控制销售市场或者原材料采购市场的能力；该经营者的财力和技术条件；其他经营者对该经营者在交易上的依赖程度；其他经营者进入相关市场的难易程度；与认定该经营者市场支配地位有关的其他因素。

（二）市场支配地位的推定

有下列情形之一的，可以推定经营者具有市场支配地位：1 个经营者在相关市场的市场份额达到 1/2 的；2 个经营者在相关市场的市场份额合计达到 2/3 的；3 个经营者在相关市场的市场份额合计达到 3/4 的。有上述第 2 项、第 3 项规定的情形，其中有的经营者市场份额不足 1/10 的，不应当推定该经营者具有市场支配地位。

推定制度的举证责任由被推定经营者一方承担，如果被推定的经营者不提出反证或者反证不为推定方认可，则推定成立。

三、滥用市场支配地位行为

纵观世界各国反垄断立法，滥用市场支配地位行为的立法体例大致有概括式立法体例和概括列举式立法体例两种。

概括式立法体例只对滥用市场支配地位行为作原则性的禁止规定，并不列举具体的滥用行为，由法律实践根据原则性禁止规定去认定具体的滥用行为。概括列举式立法体例则是在原则性禁止规定的基础上，再进行列举规定，并往往使用兜底性规定；或者不使用兜底性规定，而通过法律实践来认定滥用行为。

我国《反垄断法》第 22 条第 1 款采用概括列举式立法体例，规定了滥用市场支配地位的行为："禁止具有市场支配地位的经营者从事下列滥用市场支配地位的行为：（一）以不公平的高价销售商品或者以不公平的低价购买商品；（二）没有正当理由，以低于成本的价格销售商品；（三）没有正当理由，拒绝与交易相对人进行交易；（四）没有正当理由，限定交易相对人只能与其进行交易或者只能与其指定的经营者进行交易；（五）没有正当理由搭售商品，或者在交易时附加其他不合理的交易条件；（六）没有正当理由，对条件相同的交易相对人在交易价格等交易条件上实行差别待遇；（七）国务院反垄断执法机构认定的其他滥用市场支配地位的行为。"

第 22 条第 2 款规定："具有市场支配地位的经营者不得利用数据和算法、技术以及平台规则等从事前款规定的滥用市场支配地位的行为。"

<h2 style="text-align:center">学习内容 5　经营者集中</h2>

一、经营者集中的概念和特征

（一）经营者集中的概念

经营者集中是指经营者通过企业合并、取得股权或者资产、委托经营、控制人事等方式增强自身市场力量，有可能限制竞争的行为。通常也称为"企业合并""企业兼并""企业结合""企业集中""企业联合""企业购并"等。

（二）经营者集中的特征

经营者集中行为的主体往往是经营者，其行为方式主要包括企业合并、财产控制、经营控制等方式，其行为结果是经营者增强自身的市场力量，进而产生反竞争效果。

二、经营者集中的行为

根据我国《反垄断法》第 25 条的规定，其中规定的经营者集中的行为包括以下三种：经营者合并、财产控制和经营控制。

经营者合并，也称为"兼并""结合"或"集中"，是指两个以上经营者通过订立合并协议，合并成为一个经营者的行为。经营者合并通常可分为三种基本类型，即横向合并、纵向合并和混合合并。财产控制是指经营者通过取得其他经营者的股权或者资产从而取得对该经营者的控制权的行为。经营控制是指一个经营者通过合同或者其他方式取得对其他经营者的控制权或者能够对其他经营者施加决定性影响的行为。

三、经营者集中的申报制度

经营者集中的申报制度，是指经营者集中达到规定的申报标准的，应该向反垄断执法机构进行申报，经审查通过以后，方可进行集中的制度。

（一）申报标准

申报标准是经营者集中需要向有关管理部门申报、该集中受到法律控制的标准。申报标准一般根据参与集中的经营者的资产、销售额、交易额、市场占有率等确定。在具体计算销售额或资产额及市场份额等时，一般还要将与该经营者具有控制与从属关系的经营者的销售额或者资产额及市场份额等一并计算在内。

我国《反垄断法》对于经营者集中采取了事先的强制申报制度。达不到申报标准的，无需申报，达到申报标准的，应当事先向国务院反垄断执法机构申报，未申报的不得实施集中。此外，法律还赋予了反垄断执法机构一定裁量权，即使经营者集中未达到申报标准，但有证据证明该经营者集中具有或者可能具有排除、限制竞争效果的，国务院反垄断执法机构可以要求经营者申报。经营者应当申报而未申报的，国务院反垄断执法机构应当依法进行调查。

（二）申报的例外

申报的例外是指经营者集中即使达到了申报标准，但是由于该集中不会使市场结构和竞争状况发生大的改变，所以也可以不进行申报的制度。

我国《反垄断法》第27条规定："经营者集中有下列情形之一的，可以不向国务院反垄断执法机构申报：（一）参与集中的一个经营者拥有其他每个经营者百分之五十以上有表决权的股份或者资产的；（二）参与集中的每个经营者百分之五十以上有表决权的股份或者资产被同一个未参与集中的经营者拥有的。"

（三）申报材料

经营者向国务院反垄断执法机构申报集中，应当提交申报书、集中对相关市场竞争状况影响的说明、集中协议、参与集中的经营者经会计师事务所审计的上一会计年度财务会计报告、国务院反垄断执法机构规定的其他文件、资料等。

申报书应当载明参与集中的经营者的名称、住所、经营范围、预定实施集中的日期和国务院反垄断执法机构规定的其他事项。

经营者提交的文件、资料不完备的，应当在国务院反垄断执法机构规定的期限内补交文件、资料。经营者逾期未补交文件、资料的，视为未申报。

四、经营者集中的审查制度

（一）审查的原则

我国反垄断执法机构建立经营者集中分类分级审查制度，依法加强对涉及国计民生等重要领域的经营者集中的审查，提高审查质量和效率。

（二）经营者集中审查应考虑的因素

审查经营者集中，应当考虑下列因素：参与集中的经营者在相关市场的市场份额及其对市场的控制力；相关市场的市场集中度；经营者集中对市场进入、技术进步的影响；经营者集中对消费者和其他有关经营者的影响；经营者集中对国民经济发展的影响；国务院反垄断执法机构认为应当考虑的影响市场竞争的其他因素。

（三）审查的决定

经营者集中具有或者可能具有排除、限制竞争效果的，国务院反垄断执法机构应当作出禁止经营者集中的决定。但是，经营者能够证明该集中对竞争产生的有利影响明显大于不利影响，或者符合社会公共利益的，国务院反垄断执法机构可以作出对经营者集中不予禁止的决定。

对不予禁止的经营者集中，国务院反垄断执法机构可以决定附加减少集中对竞争产生不利影响的限制性条件。

国务院反垄断执法机构应当将禁止经营者集中的决定或者对经营者集中附加限制性条件的决定，及时向社会公布。

《反垄断法》第38条规定："对外资并购境内企业或者以其他方式参与经营者集中，

涉及国家安全的，除依照本法规定进行经营者集中审查外，还应当按照国家有关规定进行国家安全审查。"

学习内容6　滥用行政权力排除、限制竞争

一、滥用行政权力排除、限制竞争的概念和特征

滥用行政权力排除、限制竞争，也称为行政垄断、行政性垄断、行政性限制竞争等，是指行政机关和法律法规授权的具有管理公共事务职能的组织滥用行政权力排除、限制竞争的行为。实践中的表现形式多样，包括限定交易行为、实施地区封锁行为，等等。

市场的公平交易有赖于商品服务的自由流通，如掌握了公共事务职能的组织滥用其行政权，通过设立前置许可证、行政处罚权、行政管理权等手段，直接或变相不合理限制商品交易行为，本质上即是滥用了行政权力造成相关市场或地域的不合理垄断，不利于市场经济公平竞争。因此，需对此类行为予以规制。

二、滥用行政权力排除、限制竞争的具体表现形式

（一）限定交易行为

行政机关和法律、法规授权的具有管理公共事务职能的组织不得滥用行政权力，限定或者变相限定单位或者个人经营、购买、使用其指定的经营者提供的商品。根据2023年公布的国家市场监督管理总局令第64号《制止滥用行政权力排除、限制竞争行为规定》第4条，以下几项内容均属于滥用行政权力限定交易行为：

1. 以明确要求、暗示、拒绝或者拖延行政审批、备案、重复检查、不予接入平台或者网络等方式，限定或者变相限定经营、购买、使用特定经营者提供的商品；

2. 通过限制投标人所在地、所有制形式、组织形式等方式，限定或者变相限定经营、购买、使用特定经营者提供的商品；

3. 通过设置不合理的项目库、名录库、备选库、资格库等方式，限定或者变相限定经营、购买、使用特定经营者提供的商品；

4. 限定或者变相限定单位或者个人经营、购买、使用其指定的经营者提供的商品的其他行为。

（二）妨碍进入市场或其他不平等待遇

行政机关和法律、法规授权的具有管理公共事务职能的组织不得滥用行政权力，通过与经营者签订合作协议、备忘录等方式，妨碍其他经营者进入相关市场或者对其他经营者实行不平等待遇，排除、限制竞争。

（三）地区封锁行为

行政机关和法律、法规授权的具有管理公共事务职能的组织不得滥用行政权力，实施下列行为，妨碍商品在地区之间的自由流通：

1. 对外地商品设定歧视性收费项目、实行歧视性收费标准，或者规定歧视性价格。

2. 对外地商品规定与本地同类商品不同的技术要求、检验标准，或者对外地商品采取重复检验、重复认证等歧视性技术措施，限制外地商品进入本地市场。

3. 采取专门针对外地商品的行政许可措施，限制外地商品进入本地市场。

4. 设置关卡或者采取其他手段，阻碍外地商品进入或者本地商品运出。

5. 妨碍商品在地区之间自由流通的其他行为。

（四）排斥或者限制招投标等经营活动

行政机关和法律、法规授权的具有管理公共事务职能的组织不得滥用行政权力，实施下列行为，排斥或者限制经营者参加招标投标以及其他经营活动：

1. 不依法发布招标投标等信息。

2. 排斥或者限制外地经营者参与本地特定的招标投标活动和其他经营活动。

3. 设定歧视性的资质要求或者评审标准。

4. 设定与实际需要不相适应或者与合同履行无关的资格、技术和商务条件。

5. 排斥或者限制经营者参加招标投标以及其他经营活动的其他行为。

（五）限制投资、分设机构

行政机关和法律、法规授权的具有管理公共事务职能的组织不得滥用行政权力，实施下列行为，排斥、限制、强制或者变相强制外地经营者在本地投资或者设立分支机构：拒绝、强制或者变相强制外地经营者在本地投资或者设立分支机构；对外地经营者在本地投资的规模、方式以及设立分支机构的地址、商业模式等进行限制或者提出不合理要求；对外地经营者在本地的投资或者设立的分支机构在投资、经营规模、经营方式、税费缴纳等方面规定与本地经营者不同的要求，在安全生产、节能环保、质量标准、行政审批、备案等方面实行歧视性待遇；排斥、限制、强制或者变相强制外地经营者在本地投资或者设立分支机构的其他行为。

（六）强制经营者从事垄断行为

行政机关和法律、法规授权的具有管理公共事务职能的组织不得滥用行政权力，强制或者变相强制经营者从事反垄断法规定的垄断行为。

（七）排除限制竞争

行政机关和法律、法规授权的具有管理公共事务职能的组织不得滥用行政权力，以办法、决定、公告、通知、意见、会议纪要、函件等形式，制定、发布含有排除、限制竞争内容的规定。

学习内容 7　对涉嫌垄断行为的调查

一、对涉嫌垄断行为的调查权和举报权

反垄断执法机构依法对涉嫌垄断行为进行调查。

对涉嫌垄断行为，任何单位和个人有权向反垄断执法机构举报。反垄断执法机构应当为举报人保密。举报人采用书面形式并提供相关事实和证据的，反垄断执法机构应当进行

必要的调查。

二、反垄断执法机构的调查措施

反垄断执法机构调查涉嫌垄断行为，可以采取下列措施：进入被调查的经营者的营业场所或者其他有关场所进行检查；询问被调查的经营者、利害关系人或者其他有关单位或者个人，要求其说明有关情况；查阅、复制被调查的经营者、利害关系人或者其他有关单位或者个人的有关单证、协议、会计账簿、业务函电、电子数据等文件、资料；查封、扣押相关证据；查询经营者的银行账户。

反垄断执法机构调查涉嫌垄断行为，执法人员不得少于 2 人，并应当出示执法证件。执法人员进行询问和调查，应当制作笔录，并由被询问人或者被调查人签字。

反垄断执法机构及其工作人员对执法过程中知悉的商业秘密、个人隐私和个人信息依法负有保密义务。

三、被调查者的权利与义务

被调查的经营者、利害关系人或者其他有关单位或者个人应当配合反垄断执法机构依法履行职责，不得拒绝、阻碍反垄断执法机构的调查。

被调查的经营者、利害关系人有权陈述意见。反垄断执法机构应当对被调查的经营者、利害关系人提出的事实、理由和证据进行核实。

四、处理决定

反垄断执法机构对涉嫌垄断行为调查核实后，认为构成垄断行为的，应当依法作出处理决定，并可以向社会公布。

五、调查的中止、终止和恢复

对反垄断执法机构调查的涉嫌垄断行为，被调查的经营者承诺在反垄断执法机构认可的期限内采取具体措施消除该行为后果的，反垄断执法机构可以决定中止调查。中止调查的决定应当载明被调查的经营者承诺的具体内容。反垄断执法机构决定中止调查的，应当对经营者履行承诺的情况进行监督。经营者履行承诺的，反垄断执法机构可以决定终止调查。有下列情形之一的，反垄断执法机构应当恢复调查：经营者未履行承诺的；作出中止调查决定所依据的事实发生重大变化的；中止调查的决定是基于经营者提供的不完整或者不真实的信息作出的。

学习内容 8　反垄断法域外适用

一、反垄断法域外适用的概念

反垄断法域外适用来源于 1945 年美国诉"铝"公司案，其主审法官指出："任何国家都有权规制发生在该国领土之外但对本国境内造成不利影响的行为，即使该行为的实施者不是本国的臣民。"[1]该案法院依据了效果原则，突破了传统属地主义的局限，对于一国

---

[1]　United States v. Aluminum Co. of America, 148 F. 2d 416 (1945).

境内产生不利影响或不良后果的行为，无论该行为发生在境内还是境外，该国都有权依其境内法对该种行为进行规制。

随着经济全球化的发展，一国的企业反竞争行为会直接或间接地影响到他国企业，为规制此类行为，维护本国经济利益，该做法随后被世界各国纷纷采纳，特别是对于发展中国家而言，通过反垄断法域外适用，可以对那些影响其国内经济产业的境外垄断予以规制。

二、域外适用的冲突与国际礼让原则

值得注意的是，单方面主张反垄断法的域外适用可在一定程度上减少对本国经济的损害，但本质上也是一种司法管辖权的域外扩张，因此也极易引起国家间管辖权上的冲突。随着国际经济的发展，各国也普遍认识到应当，共同抵制反竞争行为对全球贸易发展所产生的负面影响，一些国际组织，例如，经济合作与发展组织（Organization for Economic Co-operation and Development，OECD）也通过软法等形式，主张各国在限制性商业行为方面进行国家之间的合作，这一行为后来逐渐演变为国际礼让原则。反垄断法中的国际礼让原则，主要指一国法院在审理涉外及垄断案件时，出于对他国主权和司法主权的尊重，一定程度上限制本国反垄断法的域外适用。

三、我国《反垄断法》域外适用的实践

《反垄断法》第 2 条规定了垄断行为的域外适用："中华人民共和国境内经济活动中的垄断行为，适用本法；中华人民共和国境外的垄断行为，对境内市场竞争产生排除、限制影响的，适用本法。"由此可见，我国权力机关为切实保护我国自身公平良好的市场竞争秩序和公民权益，对于发生在我国领土以外的垄断行为也可适用我国的反垄断法进行管辖。

随着我国企业走出去的发展，2021 年国家市场监督管理总局印发《企业境外反垄断合规指引》，鼓励企业设置境外反垄断合规管理部门或者岗位，或者依托现有合规管理制度开展境外反垄断合规管理专项工作。并对垄断协议、滥用市场支配地位和具有或者可能具有排除、限制竞争影响的经营者集中等行为予以进一步提示说明。其中也提到了企业配合境外反垄断调查，在境外反垄断调查中的权利，以及境外反垄断诉讼的基础内容，引导企业建立和加强境外反垄断合规管理制度，增强企业境外经营反垄断合规管理的能力和水平。

训练项目一：滥用市场支配地位的案例分析

【训练目的与要求】

通过案例的训练，能够理解并掌握滥用市场支配地位的认定，识别和分析实践中出现的现象和问题，运用法律方式分析和解决案件。

【实例训练】

案例：

A 药业集团有限公司及其子公司（简称 A 方）起诉称，其系商品名为"贝雪"的抗过敏药物枸地氯雷他定片剂生产商。合肥 B 股份有限公司拥有枸地氯雷他定有关专利，长期以来，该公司及其子公司、关联公司（简称 B 方）是生产"贝雪"所必需的枸地氯雷他定原料药的唯一供应方。B 方除生产枸地氯雷他定原料药外，也生产枸地氯雷他定硬胶囊剂。因而，B 方与 A 方既是涉案原料药的供需双方，也是涉案制剂的竞争双方。B 方利用其在涉案原料药市场的支配地位，限定 A 方只能向其购买涉案原料药，大幅提高涉案原料药价格，以停止供应涉案原料药为要挟，强迫 A 方接受与涉案原料药交易无关的其他商业安排，给 A 方造成的巨大损失，构成反垄断法意义上的限定交易、不公平高价、搭售、附加不合理条件等滥用市场支配地位行为，请求判令 B 方停止滥用市场支配地位行为，并赔偿 A 方损失及维权合理开支 1 亿元。一审法院认为，B 方实施了限定交易、不公平高价、附加不合理交易条件等滥用市场支配地位行为，判决 B 方立即停止上述行为并赔偿 A 方损失 6800 余万元。双方均不服，提起上诉。B 方认为其在相关市场不具有支配地位，未实施滥用市场支配地位行为，请求撤销原判并依法驳回 A 方的诉讼请求；A 方认为一审判赔数额过低，请求改判赔偿 7800 余万元。

最高人民法院二审认为，B 方在中国境内的枸地氯雷他定原料药市场虽然具有市场支配地位，但因其面临来自下游第二代抗组胺药制剂市场的较强间接竞争约束，故其市场支配地位受到了一定程度的削弱，且现有证据难以证明其实施了滥用市场支配地位行为。一是枸地氯雷他定落入 B 方专利权保护范围，B 方限定 A 方在一定期限和范围内只能向其购买涉案专利原料药的行为系对专利权的正当行使，由此产生的市场封锁效果也并未超出专利的法定排他效力范围，不构成无正当理由限定交易的行为。二是综合考虑涨价后的内部收益率及价格与经济价值的匹配度，涉案专利原料药初始价格系促销性价格的可能性较大，后续涨价较大可能系对促销性价格向正常价格的合理调整，仅凭价格涨幅明显高于成本涨幅尚不足以认定不公平高价行为。三是现有证据尚不足以证明 B 方存在将案外项目与涉案专利原料药销售作捆绑交易的明示或暗示，故难以认定存在附加不合理交易条件行为。最高人民法院作出终审判决，撤销一审判决，改判驳回 A 方的诉讼请求。

问题：

1. 请结合人民法院判决理由，归纳争议焦点。
2. 试说明反垄断法与专利法之间的关系。

核心提示：并非所有有上下游交易关系的行为都会涉及市场支配地位的滥用，还需要结合对下游市场的间接竞争约束的考量、被诉限定交易行为的市场封锁效果与专利权行使的关联性和判断方法、不公平高价及附加不合理交易条件等因素综合认定。

本案将专利权与反垄断联系起来，一方面基于专利权的保护要求，支持鼓励创新，另一方面要保障公平合理的市场交易秩序，特别是在关乎国计民生的食品药品领域，更应当谨慎考量专利权与反垄断之间的冲突与平衡。

训练项目二：垄断协议的案例分析

【训练目的与要求】

通过案例的训练，能够理解并掌握垄断协议的认定，了解垄断协议的危害，能运用法律分析和解决案件。

【实例训练】

案例： 重庆A建材有限公司（简称A公司）与案外人重庆B混凝土有限公司（简称B公司）是重庆市丰都县内仅有的两家商砼生产企业，两公司为避免展开价格战于2019年4月达成固定商品价格、分割销售市场、分配商砼方量和销售利润的协议，此后双方互派人员到对方企业现场监督，确保协议得到执行。重庆市市场监督管理局于2019年10月对A公司、B公司涉嫌垄断行为启动调查，认定两公司达成并实施固定销售价格、分割商品销售市场的行为违反《反垄断法》，对A公司（对B公司另案处理）作出处上一年度销售额5%共计12 149 260.88元罚款的行政处罚决定。A公司不服，提起行政诉讼，请求撤销前述行政处罚决定。一审法院判决驳回A公司的诉讼请求。A公司不服，提起上诉。

最高人民法院二审认为，"固定或者变更商品价格""分割销售市场"均属于典型的横向垄断协议类型，在实践中的表现形式具有多样性，约定价格变动幅度、采用标准公式或算法计算价格的、未经协议方同意不得变更价格等亦属于"固定或者变更商品价格"；约定划分市场份额、销售对象、销售收入、销售利润等亦构成"分割销售市场"。A公司和B公司达成固定商品价格、分割销售市场的协议并予以实施，直接导致所在区域没有价格竞争，明显具有排除、限制价格竞争的效果。被诉行政处罚决定对A公司的行为定性准确，作出程序合法，处罚结果符合过罚相当原则。最高人民法院终审判决，驳回上诉，维持原判。

问题：

1. 请简述横向垄断协议和纵向垄断协议的表现形式。

2. 结合法律，分析本案。

核心提示： 本案通过分析当事人达成并实施横向垄断协议的具体表现形式，细化了"固定或者变更商品价格""分割销售市场"等横向垄断协议的认定标准。与此相对，纵向垄断协议往往包括固定向第三人转售商品的价格和限定向第三人转售商品的最低价格等行为。不论是横向还是纵向垄断协议，都需要以具有排除、限制竞争的效果为构成要件。

训练项目三：反垄断行政行为案

【训练目的与要求】

通过训练，理解并掌握反垄断行政行为的概念与原理。

【实例训练】

案例： 本案为A公司与国家市场监督管理总局及B公司之间的反垄断行政行为案，涉及 B 公司收购 A 公司股权。国家市场监管总局认为该交易可能排除、限制竞争，因此附加条件批准了集中行为。A 公司对此不服，认为市场监管总局在程序上未履行法定听证义务，且事实认定和法律适用均存在错误，因而请求撤销决定及复议决定。

本案的争议焦点主要集中在程序合法性、事实认定、法律适用及承诺方案的有效性。关于适格原告问题，A 公司质疑市场监管总局的决定对其附加了限制性条件，从而对其合法权益产生了实际影响。人民法院认定，A 公司因被诉决定的限制性条件直接影响其市场地位和经营活动，因此具备提起行政诉讼的资格。在程序违法问题上，A 公司主张，市场监管总局在作出决定前未履行法定的听证程序，且未告知利害关系人 C 公司的听证权利。人民法院对此进行了详细审查，认为 C 公司与被诉决定无直接相关性，市场监管总局已履行了告知和送达等法定程序，程序合法，符合行政程序的基本要求。

关于事实认定错误的指控，A 公司认为市场监管总局对经营者集中可能产生的排除、限制竞争效果的认定存在误差，特别是在对巴曲酶注射液市场的影响评估上。人民法院审查了市场监管总局的调查和分析过程，发现其认定基于充分的市场调查和科学的分析方法，事实清楚、证据充分。在法律适用问题上，A 公司质疑市场监管总局对集中附加限制性条件的批准是否合法，认为应直接禁止该集中。人民法院解释，根据《反垄断法》，在特定条件下，附加限制性条件批准集中是合法且合理的选择。市场监管总局的决定符合法律规定，并未超越法律授权的范围。关于承诺方案的有效性，A 公司认为该方案无法有效减少对市场竞争的不利影响。人民法院对此进行了深入分析，认为承诺方案通过解除独家协议、保障供应和价格下调等措施，能够有效消除 B 公司可能实施的原料封锁能力，确保市场竞争的公平性和消费者利益的保护。人民法院认定，承诺方案具有有效性、可行性和及时性，能够在合理时间内实现对市场竞争的保护。

人民法院最终判决驳回了 A 公司的诉讼请求，维持市场监管总局的附条件批准决定。人民法院强调，市场监管总局在审查过程中履行了法定程序，决定认定事实清楚，法律适用正确。承诺方案的设置合理，能够有效减少集中对竞争的不利影响。

问题：

请结合所学知识，评析本案。

核心提示：本案是我国首例经营者集中审查领域的人民法院生效判决。建议从市场监管部门关于经营者集中审查的权限、思路和标准，包括"市场监管总局对自愿申报的经营者集中具有作出附加限制性条件批准决定的职权""禁止不是法定和首选的救济方式""审查的主要目的是解决因集中而产生的竞争问题"等角度进行理解与分析。

学习单元三　消费者权益保护法津基础与案例分析

单元知识体系导图

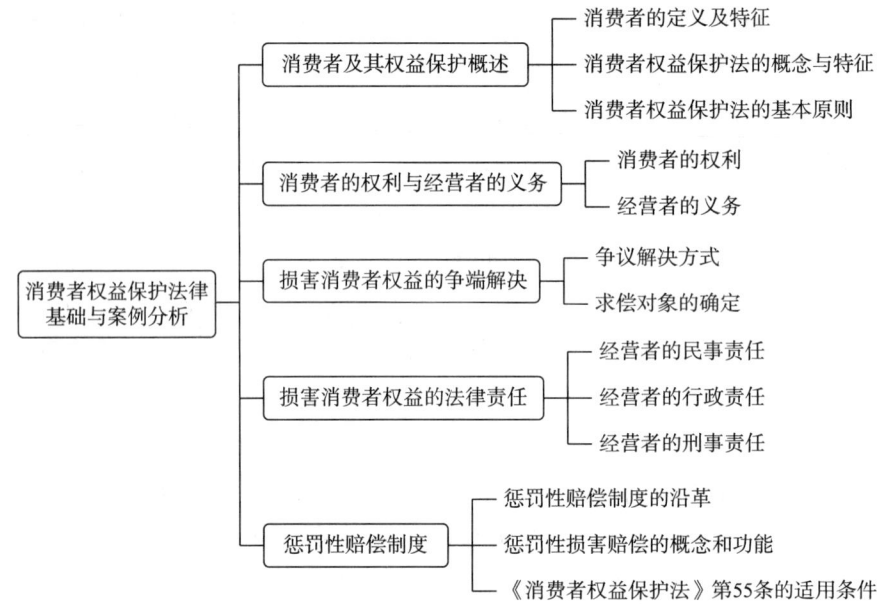

学习内容 1　消费者及其权益保护概述

一、消费者的定义及特征

消费者是指为生活消费需要而购买、使用商品或者接受服务的自然人。消费者基本特征主要有：

1. 消费者是购买、使用商品或接受服务的自然人。单位和政府不属于消费者，消费者也不完全限于直接的交易人，还包括最终的消费者或使用者。

2. 消费者的消费性质是生活消费，包括商品的消费、服务的消费。

3. 消费者的消费对象是商品和服务。

4. 消费的方式包括购买、使用和接受。

此外，农民购买、使用直接用于农业生产的生产资料，也可适用《中华人民共和国消费者权益保护法》（简称《消费者权益保护法》），这是法律对于该类主体的例外性保护规定。

二、消费者权益保护法的概念与特征

（一）消费者权益保护法的概念

从世界经济的发展过程来看，商品经济越发展，消费者利益越需要保护。因而现代意义的消费者保护运动也随之兴起，并从商品领域扩展到服务领域。

由于消费者保护运动的影响，原有的立法已不能适应保护消费者权益的实际需要，于是消费者权益保护立法在第二次世界大战后，特别是 20 世纪 60 年代在资本主义国家逐渐形成。通过立法手段实现对消费者权益的保护是当今世界各国所采取的重要手段。

消费者权益保护法有广义和狭义之别。狭义的消费者权益保护法（形式消费者权益保障法），专指《消费者权益保护法》。广义的消费者权益保护法，为保护消费者权益而产生的各种社会关系的法律规范的总称。除狭义的消费者权益保障法之外，还包括其他有关消费者权益保护的法律法规。

（二）消费者权益保护法的特征

1. 消费者权益保护法以消费者权益为特定保护对象。消费者权益保护法给予消费者以特别保护，对生产经营规定了许多限制，这是消费者权益保护法最根本的特征，也是消费者权益保护法区别于其他法律、法规的标志。凡以消费者权益作为保护对象的立法均可归入消费者权益保护法的范畴。消费者权益保护法所保护的消费者权益包括两种：一是人身利益，即消费者对其生命、健康、名誉、安全等不受经营者非法侵害的权利；二是财产权利，即消费者所享有的财产在交易过程中不受非法侵害的权利。

2. 消费者权益保护法多为强制性规范、禁止性规范。强制性规范是指法律规范所确定的权利、义务具有绝对肯定的形式，不允许当事人之间相互协商和任何一方予以变更。禁止性规范是指规定不得为一定行为的规范。强制性规范和禁止性规范体现了国家对某一种法律关系的固定性和对破坏这种法律关系的禁止性。消费者权益保护法以保护消费者利益为己任，必然会采用强制性规范、禁止性规范等形式来体现这种倾斜。

3. 消费者权益保护法的法律规范具有综合性。

第一，消费者权益保护法调整多种社会关系，包括消费者与生产经营者之间的关系、国家与消费者之间的关系、国家与生产经营者之间的关系，等等。

第二，消费者权益保护法中既包括消费者权利、经营者义务这些实体性规范，又包含如消费纠纷处理等程序性规范，是实体法与程序法的有机统一。

第三，消费者权益保护法规定的法律责任具有综合性。由于侵犯消费者权益的行为具有多种形态，在程度上也表现出轻重不一的特点，所以侵犯消费者权益一般需要承担民事责任、行政责任和刑事责任。

4. 消费者权益保护法具有预防和救助的功能。消费者权益保护法对消费者权益的保护主要通过以下两种途径解决：一是通过对各种商品质量标准、安全卫生标准、计量、商品标示、广告等的规范预防损害消费者权益行为的发生，如国家发布的各种计量标准、质量标准等；二是通过法律为消费者提供救济，在损害发生后尽量弥补损失，如《消费者权益保护法》中对消费争议解决途径的规定。可见，消费者权益保护具有预防和救助双重功能。

三、消费者权益保护法的基本原则

消费者权益保护法的基本原则贯穿于消费者权益保护立法、司法以及消费活动的各个环节，反映市场经济条件下国家保护消费者权益的根本宗旨。我国消费者权益保护法的主要原则如下：

（一）对消费者的特别保护原则

在私法领域，消费者和经营者都属于抽象平等的民事主体。然而，在商品交易以及服务过程中，消费者处于相对弱势的地位。消费者是分散的个体，而经营者多数是有组织的经济实体，有些甚至是经济实力非常雄厚的企业，而消费者经济能力相对较弱又缺乏专业的辨别商品或服务的技术知识。再者，消费者购买商品和接受服务主要是以满足其个人或家庭生活需要为目的，而经营者关心的是能否给其带来经济效益，两者之间利益需求的差异，必然要求给消费者以特别保护。在《消费者权益保护法》中，专章规定了消费者权利，同时，站在消费者权益的立场上，对经营者设定了明确的义务，也规定了国家机关在保护消费者权益方面的职责，此外，在消费争议的解决、消费者权益受到损害的救济问题上，规定了一系列有利于消费者的程序和措施，对消费者给予了特别保护。

（二）国家保护与社会监督相结合原则

《消费者权益保护法》第6条规定："保护消费者的合法权益是全社会的共同责任。国家鼓励、支持一切组织和个人对损害消费者合法权益的行为进行社会监督。大众传播媒介应当做好维护消费者合法权益的宣传，对损害消费者合法权益的行为进行舆论监督。"

（三）充分、及时、有效保护原则

该原则具体体现在四个方面：

第一，每个消费者的权益均受《消费者权益保护法》保护，《消费者权益保护法》未作规定的，受其他法律保护。

第二，每个消费者都享有全面的消费权利，《消费者权益保护法》规定了消费者的九大权利，基本上概括了消费者在社会生活不同领域、不同方面应当享有的权利。

第三，《消费者权益保护法》不仅要求经营者对消费者承担修理、重作、更换、退货、补足商品数量的责任，退还货款和服务费用或者赔偿的责任，而且还要求经营者承担消费者人身、财产损害赔偿责任，承担因欺诈行为造成损害的加倍赔偿责任。

第四，行政职能机关、消费者权益保护组织和司法机关等，发现损害消费者合法权益的行为应及时立案查处。

（四）平等自愿、诚实信用原则

《消费者权益保护法》第4条明确规定："经营者与消费者进行交易，应当遵循自愿、平等、公平、诚实信用的原则。"在"消费者的权利"中又明确消费者的自主选择权、公平交易权、受尊重权等，在"经营者的义务"中也明确了经营者应当诚实信用的一些具体义务，在"法律责任"的规定中，更规定了经营者违反此原则的处罚措施。

学习内容2　消费者的权利与经营者的义务

一、消费者的权利

消费者的权利是指消费者依法在生活消费领域中作出一定行为或要求他人作出一定行为的权能。消费者权利是公民基本权利在生活消费领域中的具体化。《消费者权益保护法》第2章规定消费者享有九项权利，前五项权利是基础，与消费者的关系最为密切，后四项权利则是由此派生出来的。

（一）安全权

安全权是指消费者在购买、使用商品或者接受服务过程中依法享有其人身财产安全不受侵犯的权利。概括而言，它包括两方面内容：一是人身安全权，二是财产安全权。安全权是消费者最基础、最根本的一项权利，如没有安全权，则罔谈消费者的其他权利。为了实现这一权利，消费者有权要求经营者提供的商品或服务符合保障人身、财产安全的要求。具体而言，有国家标准、行业标准的，消费者有权要求商品和服务符合该国家标准、行业标准。如家用电器不允许有漏电、爆炸、自燃等潜在危险存在。对于没有国家标准、行业标准的，必须符合社会普遍公认的安全、卫生要求。

（二）知情权

消费者享有知悉其购买、使用的商品或者接受的服务的真实情况的权利，即为知情权。

随着经济的发展，特别是现代科学技术的广泛应用，新的消费品品种日益增多，一些商品的使用要求越来越复杂，消费者需要对商品和服务进行必要的了解。同时，在消费者与经营者之间关于商品与服务的信息存在突出的不对称问题。真实、全面的信息主要由经营者掌控，如果没有法律的赋权性规定，也没有相应的对经营者告知真实信息义务的设定，消费者欲获得商品或者服务真相的努力可能难有收效，或者收效甚微。消费者权益保护法设计的知情权制度，则赋予消费者有权根据商品或者服务的不同情况，要求经营者提供商品的价格、产地、生产者、用途、性能、规格、等级、主要成分、生产日期、有效期限、检验合格证明、使用方法说明书、售后服务，以及服务的内容、规格、费用等有关情况。

当然，消费者知情权的实现，除了经营者承担相应的告知义务外，国家机关和公共媒体也应当负有一定的商品与服务信息披露义务。因为从经营者的本质而言，他们牟利的冲动往往会成为其隐瞒、甚至编造虚假信息的原动力。

（三）自主选择权

消费者有权根据自己的消费愿望、兴趣、爱好和需要，自主地、充分地选择商品或者服务。主要内容有自主选择经营者；自主选择商品品种或服务方式；自主决定是否购买商品和接受服务，在选择商品和服务时，有进行比较、鉴别和挑选的权利。

此外，消费者还有权选择购买商品或者接受服务的场所；有权根据商品或者服务的不同情况，选择商品的商标、产地、价格等事项。

（四）公平交易权

消费者购买商品或接受服务是一种市场交易行为，如果经营者违背自愿、平等、公平、诚实信用等原则进行交易，则侵犯了消费者的公平交易权。消费者的公平交易权主要表现在两方面：一是有权获得公平交易条件。如有权获得质量保障、价格合理、计量正确等交易条件。二是有权拒绝经营者的强制交易行为。如强迫消费者购物或接受服务、强迫搭售等。

（五）求偿权

消费者享有依法获得赔偿的权利，即为求偿权。消费者在购买、使用商品或接受服务时，既可能人身权受到侵害，又可能财产权受到侵害。人身权受到的侵害，包括生命健康权、姓名权、名誉权、荣誉权等。财产损害包括财产上的直接损失和间接损失。直接损失是指现有财产上的损失，如财物被毁损，伤残后支付的医药费等。间接损失指可以得到的利益没有得到，如因侵害住院而减少的劳动收入或伤残后丧失劳动能力而得不到劳动报酬等。

享有求偿权的主体是指因购买、使用商品或者接受服务的受害者。受害者包括以下几个方面：购买者，即购买商品为已所用的消费者；商品的使用者，即不是直接购买商品为已所用的消费者；接受服务者；第三人，即在别人购买、使用商品或接受服务的过程中受到人身或财产损害的其他消费者。

（六）结社权

结社权是指消费者享有依法成立维护自身合法权益的社会团体的权利。

在我国，目前消费者社会团体主要是中国消费者协会和地方各级消费者协会（或消费者委员会）。消费者依法成立的各级消费者协会，使消费者通过有组织的活动，在维护自身合法权益方面发挥着越来越大的作用。消费者协会和其他消费者组织是依法成立的对商品和服务进行社会监督的保护消费者合法权益的社会团体。它们的主要任务如下：一是对商品和服务进行社会监督。消费者组织对商品和服务进行社会监督的形式是多种多样的，如提供商品和服务的质量信息，对商品和服务进行监督、检查，对不合格的商品和服务予以揭露、批评等。二是保护消费者的合法权益。同时，消费者组织也受到法律的一些限制。如不得从事商品经营和营利性服务，不得以牟利为目的向社会推荐商品和服务。

（七）求教获知权

消费者享有获得有关消费和消费者权益保护方面的知识的权利，即为求教获知权。这项权利有利于提高消费者的自我保护能力，而且也是实现消费者其他权利的重要要件。特别是获得消费者权益保护方面的知识，可以使消费者合法权益受到侵害时，有效地寻求解决消费纠纷的途径，及时获得赔偿。

（八）人格尊严和民族风俗习惯受尊重权

消费者在购买、使用商品和接受服务时，享有其人格尊严、民族风俗习惯得到尊重的权利，即为人格尊严和民族风俗习惯受尊重权。在市场交易过程中，消费者的人格受到尊重，是消费者应享有的最起码的权利。人格尊严是指人的自尊心和自爱心，其权利包括消费者的姓名权、名誉权、荣誉权、肖像权等。民族风俗习惯受尊重的权利，是关系到各民族平等，加强民族团结，处理好民族关系，促进国家安定的大问题，对此，必须引起高度重视。

（九）监督权

消费者有权对商品与服务进行监督，同时还可对保护消费者权益的工作提出批评建议。

二、经营者的义务

（一）履行约定义务

经营者和消费者有约定的，应当按照约定履行义务，但双方的约定不得违背法律、法规的规定。经营者向消费者提供商品或者服务，应当恪守社会公德，诚信经营，保障消费者的合法权益；不得设定不公平、不合理的交易条件，不得强制交易。

（二）接受监督的义务

经营者应当听取消费者对其提供的商品或者服务的意见，接受消费者的监督。

（三）保障人身和财产安全的义务

经营者销售商品或者服务，应当保证其提供的商品或者服务符合保障人身、财产安全的要求。这是对消费者基本权利的尊重。在商品买卖过程中，应当尽到说明和提示的义务。对可能危及人身、财产安全的商品和服务，向消费者作出真实的说明和明确的警示，并说明和标明正确使用商品或者接受服务的方法以及防止危害发生的方法。

宾馆、商场、餐馆、银行、机场、车站、港口、影剧院等经营场所的经营者，应当对消费者尽到安全保障义务。

（四）缺陷召回责任的义务

经营者发现其提供的商品或者服务存在缺陷，有危及人身、财产安全危险的，应当立即向有关行政部门报告和告知消费者，并采取停止销售、警示、召回、无害化处理、销毁、停止生产或者服务等措施。采取召回措施的，经营者应当承担消费者因商品被召回支出的必要费用。

（五）如实说明的义务

经营者向消费者提供有关商品或者服务的质量、性能、用途、有效期限等信息，应当真实、全面，不得作虚假或者引人误解的宣传。

经营者对消费者就其提供的商品或者服务的质量和使用方法等问题提出的询问，应当作出真实、明确的答复。

经营者提供商品或者服务应当明码标价。

（六）真实标记义务

经营者应当标明其真实名称和标记。有些经营者为了蹭其他品牌的名誉，故意采取贴牌等形式，这就违反了真实标记义务。

此外，租赁他人柜台或者场地的经营者，应当标明其真实名称和标记。

（七）出具购货凭证或服务单据的义务

经营者提供商品或者服务，应当按照国家有关规定或者商业惯例向消费者出具发票等购货凭证或者服务单据；消费者索要发票等购货凭证或者服务单据的，经营者必须出具。

（八）保障商品或服务质量的责任和义务

经营者应当保证在正常使用商品或者接受服务的情况下其提供的商品或者服务应当具有的质量、性能、用途和有效期限；但消费者在购买该商品或者接受该服务前已经知道其存在瑕疵，且存在该瑕疵不违反法律强制性规定的除外。

经营者以广告、产品说明、实物样品或者其他方式表明商品或者服务的质量状况的，应当保证其提供的商品或者服务的实际质量与表明的质量状况相符。

对于机动车、计算机、电视机、电冰箱、空调器、洗衣机等耐用商品或者装饰装修等服务，法律赋予更为严苛的义务。消费者自接受商品或者服务之日起6个月内发现瑕疵，发生争议的，由经营者承担有关瑕疵的举证责任。

（九）履行三包或其他责任的义务

经营者提供的商品或者服务不符合质量要求的，消费者可以依照国家规定、当事人约定退货，或者要求经营者履行更换、修理等义务。没有国家规定和当事人约定的，消费者可以自收到商品之日起7日内退货；7日后符合法定解除合同条件的，消费者可以及时退货，不符合法定解除合同条件的，可以要求经营者履行更换、修理等义务。

依照上述规定进行退货、更换、修理的，经营者应当承担运输等必要费用。

（十）非线下购物的无理由退货的义务

经营者采用网络、电视、电话、邮购等方式销售商品，消费者有权自收到商品之日起7日内退货，且无需说明理由。

由于其商品或服务具有较强的实效性，消费者定作的、鲜活易腐的、在线下载或者消费者拆封的音像制品、计算机软件等数字化商品；交付的报纸、期刊，以及其他根据商品性质并经消费者在购买时确认不宜退货，不适用非线下购物的无理由退货规则。

（十一）格式条款及其附随义务

格式条款在生活中较为普遍，经营者为了买卖的便利，往往采取格式条款的形式与消费者订立合同。这就潜在地剥夺了消费者就合同内容与经营者协商的权利。

法律规定，使用格式条款的，应当以显著方式提请消费者注意商品或者服务的数量和质量、价款或者费用、履行期限和方式、安全注意事项和风险警示、售后服务、民事责任等与消费者有重大利害关系的内容，并按照消费者的要求予以说明。

此外，不得以格式条款、通知、声明、店堂告示等方式，作出排除或者限制消费者权利、减轻或者免除经营者责任、加重消费者责任等对消费者不公平、不合理的规定，不得利用格式条款并借助技术手段强制交易。如含有上述所列内容的，其内容无效。

（十二）不得侵犯消费者人格权的义务

实践中，商场超市认为消费者盗窃物品的情况并不少见。在 2013 年《消费者权益保护法》修正以前，消费者只能依照民法里的一般人格权予以规制。由于消费者与经营者之间，有时并非完全的对等关系，因此法律特对此行为作出规范，即经营者不得对消费者进行侮辱、诽谤，不得搜查消费者的身体及其携带的物品，不得侵犯消费者的人身自由。

（十三）提供经营信息的义务

采用网络、电视、电话、邮购等方式提供商品或者服务的经营者，以及提供证券、保险、银行等金融服务的经营者，应当向消费者提供经营地址、联系方式、商品或者服务的数量和质量、价款或者费用、履行期限和方式、安全注意事项和风险警示、售后服务、民事责任等信息。

（十四）对消费者个人信息的保障义务

出于买卖交易所需或其他经营需要，经营者在交易过程中往往会收集消费者个人信息，法律规定应当遵循合法、正当、必要的原则，明示收集、使用信息的目的、方式和范围，并经消费者同意。

经营者搜集到的信息，经营者有严格保密义务，不得泄露、出售或者非法向他人提供。经营者应当采取技术措施和其他必要措施，确保信息安全，防止消费者个人信息泄露、丢失。如有泄露、丢失的，应当立即采取补救措施。

此外，为了保障消费者的私生活安宁，法律规定经营者未经消费者同意或者请求，或者消费者明确表示拒绝的，不得向其发送商业性信息。

学习内容 3　损害消费者权益的争端解决

一、争议解决方式

消费者和经营者发生消费者权益争议的，可以通过下列途径解决：与经营者协商和解；请求消费者协会或者依法成立的其他调解组织调解；向有关行政部门投诉；根据与经营者达成的仲裁协议提请仲裁机构仲裁；向人民法院提起诉讼。

二、求偿对象的确定

（一）分立、合并的企业求偿

消费者在购买、使用商品或者接受服务时，其合法权益受到损害，因原企业分立、合并的，可以向变更后承受其权利义务的企业要求赔偿。

（二）使用他人营业执照情形的求偿

使用他人营业执照的违法经营者提供商品或者服务，损害消费者合法权益的，消费者可以向其要求赔偿，也可以向营业执照的持有人要求赔偿。

（三）展销会、租赁柜台的求偿

消费者在展销会、租赁柜台购买商品或者接受服务，其合法权益受到损害的，可以向销售者或者服务者要求赔偿。展销会结束或者柜台租赁期满后，也可以向展销会的举办者、柜台的出租者要求赔偿。展销会的举办者、柜台的出租者赔偿后，有权向销售者或者服务者追偿。

（四）网络交易平台的追偿

消费者通过网络交易平台购买商品或者接受服务，其合法权益受到损害的，可以向销售者或者服务者要求赔偿。网络交易平台提供者不能提供销售者或者服务者的真实名称、地址和有效联系方式的，消费者也可以向平台提供者要求赔偿；平台提供者作出更有利于消费者的承诺的，应当履行承诺。平台提供者赔偿后，有权向销售者或者服务者追偿。此外，法律还规定了网络交易平台的连带责任：平台提供者明知或者应知销售者或者服务者利用其平台侵害消费者合法权益，未采取必要措施的，依法与该销售者或者服务者承担连带责任。

（五）虚假广告的求偿

如果经营者发布虚假广告或其他虚假宣传方式，欺骗消费者，使其合法权益受到损害，消费者可以向经营者要求赔偿。广告经营者、发布者发布虚假广告的，消费者可以请求行政主管部门予以惩处。广告经营者、发布者不能提供经营者的真实名称、地址和有效联系方式的，应当承担赔偿责任。此外，对于关系消费者生命健康商品或者服务的领域，法律规定了更为严苛的责任。广告经营者、发布者、参与推荐宣传的社会团体或者其他组织、个人，都应当与经营者承担连带责任。

学习内容4　损害消费者权益的法律责任

经营者侵害消费者合法权益的行为是违法行为，应当承担相应的法律责任。《消费者权益保护法》根据违法行为的不同性质、损害大小、情节轻重，分别确定了民事责任、行政责任和刑事责任。

一、经营者的民事责任

根据《消费者权益保护法》第48条的规定，经营者提供商品或者服务有下列情形之一的，除本法另有规定外，应当依照其他有关法律、法规的规定，承担民事责任：（一）商品或者服务存在缺陷的；（二）不具备商品应当具备的使用性能而出售时未作说明的；（三）不符合在商品或者其包装上注明采用的商品标准的；（四）不符合商品说明、实物样品等方式表明的质量状况的；（五）生产国家明令淘汰的商品或者销售失效、变质的商品的；（六）销售的商品数量不足的；（七）服务的内容和费用违反约定的；（八）对消费者提出的修理、重作、更换、退货、补足商品数量、退还货款和服务费用或者赔偿损失的要求，故意拖延或者无理拒绝的；（九）法律、法规规定的其他损害消费者权益的情形。

经营者对消费者未尽到安全保障义务，造成消费者损害的，应当承担侵权责任。

对于以上违法行为，经营者应当承担的民事责任主要包括以下内容：

（一）人身损害的赔偿责任

人身损害包括死亡损害和致伤损害两种。

　　经营者提供商品或者服务，造成消费者或者其他受害人人身伤害的，应当赔偿医疗费、护理费、交通费等为治疗和康复支出的合理费用，以及因误工减少的收入。造成残疾的，还应当赔偿残疾生活辅助具费和残疾赔偿金。造成死亡的，还应当赔偿丧葬费和死亡赔偿金。

　　经营者提供商品或者服务，造成消费者或者其他受害人死亡的，应当支付丧葬费、死亡赔偿金以及由死者生前扶养的人所必需的生活费等费用；构成犯罪的，依法追究刑事责任。

　　（二）人格损害的赔偿责任

　　经营者侵害消费者的人格尊严、侵犯消费者人身自由或者侵害消费者个人信息依法得到保护的权利的，应当停止侵害、恢复名誉、消除影响、赔礼道歉，并赔偿损失。

　　经营者有侮辱诽谤、搜查身体、侵犯人身自由等侵害消费者或者其他受害人人身权益的行为，造成严重精神损害的，受害人可以要求精神损害赔偿。

　　（三）财产损害的赔偿责任

　　经营者提供商品或者服务，造成消费者财产损害的，应当依照法律规定或者当事人约定承担修理、重作、更换、退货、补足商品数量、退还货款和服务费用或者赔偿损失等民事责任。

　　（四）特殊情况下经营者的赔偿责任

　　1. 经营者以邮购方式提供商品的，应当按照约定提供。未按照约定提供的，应当按照消费者的要求履行约定或者退回货款，并承担消费者必须支付的合理费用。

　　2. 经营者以预收款方式提供商品或者服务的，应当按照约定提供。未按照约定提供的，应当按照消费者的要求履行约定或者退回预付款，并应当承担预付款的利息、消费者必须支付的合理费用。

　　3. 依法经有关行政部门认定为不合格的产品，消费者要求退货的，经营者应当负责退货。

　　4. 惩罚性赔偿责任。经营者提供商品或者服务有欺诈行为的，应当按照消费者的要求增加赔偿其受到的损失，增加赔偿的金额为消费者购买商品的价款或者是接受服务的价款的一倍，后文会详细介绍。

　　二、经营者的行政责任

　　《消费者权益保护法》第56条规定："经营者有下列情形之一，除承担相应的民事责任外，其他有关法律、法规对处罚机关和处罚方式有规定的，依照法律、法规的规定执行；法律、法规未作规定的，由工商行政管理部门或者其他有关行政部门责令改正，可以根据情节单处或者并处警告、没收违法所得、处以违法所得一倍以上十倍以下的罚款，没有违法所得的，处以五十万元以下的罚款；情节严重的，责令停业整顿、吊销营业执照：（一）提供的商品或者服务不符合保障人身、财产安全要求的；（二）在商品中掺杂、掺假，以假充真，以次充好，或者以不合格商品冒充合格商品的；（三）生产国家明令淘汰的商品或者销售失效、变质的商品的；（四）伪造商品的产地，伪造或者冒用他人的厂名、厂址，篡改生产日期，伪造或者冒用认证标志等质量标志的；（五）销售的商品应当检验、检疫而未检验、检疫或者伪造检验、检疫结果的；（六）对商品或者服务作虚假或者引人误解的宣传的；（七）拒绝或者拖延有关行政部门责令对缺陷商品或者服务采取停止销售、警示、召回、无害化处理、销毁、停止生产或者服务等措施的；（八）对消费者提出的修理、重作、更换、退货、补足商品数量、退还货款和服务费用或者赔偿损失的要求，故意拖延或者无理拒绝的；（九）侵害消费者人格尊严、侵犯消费者人身自由或者侵害消费者个人信息依法得到保护的权利的；（十）法律、法规规定的对损害消费者权益应当予以处罚的其他情形。经营者有前款规定情形的，除依照法律、法规规定予以处罚外，处罚机关应当记入信用档案，向社会公布。"

三、经营者的刑事责任

经营者有以下严重侵害消费者或者其他人合法权益的情形之一，构成犯罪的，应当承担刑事责任：

1. 经营者提供商品或者服务，造成消费者或者其他受害人人身伤害，构成犯罪的。

2. 经营者提供商品或者服务，造成消费者或者其他受害人死亡，构成犯罪的。

3. 以暴力、威胁等方式阻碍有关行政部门工作人员依法执行职务的。

4. 国家机关工作人员玩忽职守或者包庇经营者侵害消费者合法权益的行为，情节严重，构成犯罪的。

学习内容5 惩罚性赔偿制度

一、惩罚性赔偿制度的沿革

惩罚性赔偿制度诞生并发展于英美法系国家，是为了惩罚违法行为人并且防止类似不法行为的再次发生而要求其向受害人支付超过实际损失赔偿的制度。在大陆法系国家，由于民事责任以填补性损害赔偿为原则，惩罚性赔偿制度一直没有得到民事责任体系的承认。随着两大法系在理论、立法方面的相互影响和渗透，部分大陆法系国家和地区在一些领域如消费者保护法中规定了惩罚性赔偿。这种立法缘由在于，尽管惩罚性赔偿有违自罗马法以来大陆法系国家所遵循的"损害填补"规则，但由于能对消费者损害予以充分救济，鼓励消费者积极维权，对不法生产经营者加以惩戒并对潜在的违法行为产生威慑，从而有效保障消费者合法权益，有利于消费领域实质正义的实现，而在社会法兴盛和私法社会化的进程中被消费者保护法所吸纳。

1993年公布的《消费者权益保护法》第49条规定了产品欺诈和服务欺诈的违约惩罚性赔偿，开创了我国惩罚性赔偿的立法先河。在制定2009年公布的《中华人民共和国侵权责任法》（已失效）时，专家认为适当规定侵权惩罚性赔偿是有积极意义的。立法机关采纳了这样的意见，在第47条规定了恶意产品侵权的惩罚性赔偿责任。随后修正的《消费者权益保护法》《中华人民共和国食品安全法》《商标法》都规定了侵权惩罚性赔偿。2021年起施行的《民法典》在侵害他人知识产权、产品缺陷责任、环境侵权案件中引入了惩罚性赔偿。

二、惩罚性损害赔偿的概念和功能

惩罚性损害赔偿（Punitive Damages Compensation），又称示范性赔偿（Examplary Compensation）或报复性赔偿（Vindictive Compensation），是指法律所规定的赔偿数额超出实际的损害数额的赔偿。

惩罚性损害赔偿是由补偿性部分加上惩罚性赔偿部分组成，其功能如下：

第一，赔偿功能。惩罚性损害赔偿适用的目的就是使原告遭受的损失获得全部的补偿，来弥补补偿性赔偿的不足。一方面，补偿性赔偿对精神损害并不能提供充分的补救；另一方面，尽管侵权行为法律规范可以对人身伤害提供补救，但在许多情况下人身伤害的损失是很难证明的。因此，采用补偿性赔偿很难对受害人的损害予以充分救济。而惩罚性损害赔偿可以更充分地补偿受害人滥受的损害。再者，受害人提起诉讼以后所支付的各种费用，特别是与诉讼有关的费用，只有通过惩罚性损害赔偿才能补救。

第二，制裁功能。惩罚性损害赔偿主要是针对那些具有不法性和道德上的应受谴责性的行为而适用的，就是要对故意的、恶意的不法行为实施惩罚。而补偿性赔偿要求赔偿受害人的全部经济损失，在性质上乃是一种交易，等于以同样的财产交换损失。这样一来，补偿性的赔偿对经营者难以起到制裁作用，甚至使民事赔偿法律为经营者所控制。而惩罚性损害赔偿则通过给不法行为人强加更重的经济负担来制裁不法行为，从而达到制裁的效果。

第三，威慑功能。威慑是对惩罚性损害赔偿合理性的传统解释。惩罚性损害赔偿的这种威慑功能是为主张采用惩罚性损害赔偿制度的学者和适用惩罚性损害赔偿制度的法院所普遍赞同的功能。威慑可以分为一般威慑和特别威慑。一般威慑是指通过惩罚性损害赔偿对社会一般人将来可能的潜在侵权行为产生威慑作用，特别威慑是指对加害人本身的威慑作用，即防止加害人重复进行侵权行为。一般威慑是指确定一个模式，使他人从该模式中吸取教训而不再从事此行为。而人们在对这一模式进行经济分析时很容易得出成本大大高于收益的结论，从而在经济上获得了放弃潜在的侵权行为的足够的动因。

第四，鼓励功能。鼓励功能是指鼓励消费者积极同欺诈行为作斗争的功能。现代市场经济中，销售假货和实施欺诈行为的事件众多而分散，由于这种行为发生的高频率，销售假货或欺诈地提供服务的行为不仅是对个别消费者的私人利益的侵犯，而且是对全体消费者共同利益的侵犯。消费者权利实质上是一种社会权利，而不是单纯的私人权利。通过惩罚性损害赔偿制度的确立，可以刺激和鼓励消费者更加积极地同经营者的欺诈行为作斗争，从而会在客观上有利于保护社会上全体消费者的利益。

三、《消费者权益保护法》第55条的适用条件

（一）权利的主体必须是消费者

《消费者权益保护法》所规定的惩罚性损害赔偿请求权的行使主体必须是消费者，这

163

一主体直接体现在法律规定中。[1]

但"消费者"如何界定一直是一个让人争论不休的问题。单位能不能成为消费者？有学者认为应将消费者限于个体社会成员即自然人，而当法人、非法人组织购买、使用商品或者接受服务，其权益受到侵犯时，受《中华人民共和国产品质量法》（简称《产品质量法》）等法律规范的调整。因为现代消费者权益保护法是在市场经济条件下对消费者弱者地位充分认识的基础上给予特殊保护的立法，如果将消费者的范围规定得过广，将各种社会团体和组织都视为消费者，那么，以此为指导方针而制定的法律必然会忽视个体消费者的弱势地位，对其给予特殊保护亦就必然会失去理论上的依据。有观点认为《消费者权益保护法》第3条中并没有明文规定将消费者范围限制为自然人，而且现实生活中也的确存在着单位为其职工消费而购买商品受到欺诈的情形，若将单位作为消费者，其获得惩罚性损害赔偿金后再由受损害的单位职工接受，这也符合《消费者权益保护法》保护弱者的目的。

（二）经营者的行为构成欺诈

一般来说，我国学者认为构成欺诈的要件如下：行为人有欺诈的故意；有虚假陈述或隐瞒实情的行为；被欺诈人因受欺诈而陷于错误判断；被欺诈人基于错误判断而为意思表示。

至于商事主体之间的欺诈行为，不应适用惩罚性损害赔偿。商事主体的行为应适用商法上的商行为制度，商事交易中一般实行严格责任主义，即在商事交易中，债务人无论是否有过错均应对债权人负责，以求维系商事交易的安全。对商事主体间的交易行为本已比民事主体间的民事行为有更严格的要求，在法律无特别规定时，商事主体间的欺诈行为不应适用惩罚性赔偿制度。

（三）消费者受到损失

根据《消费者权益保护法》第55条第1款的规定，经营者提供商品或者服务有欺诈行为的，应当按照消费者的要求增加赔偿其受到的损失……依照字面意思理解，即只有当经营者的欺诈行为对购买商品或者接受服务的消费者造成实际损害时，经营者才负赔偿责任；没有造成实际损失的，则不负赔偿责任。损害的发生是损害赔偿的基本构成要件，无损害就无赔偿可言。

实践中，惩罚性赔偿制度的适用并不意味着必须要有实际的损失或损害发生。上海市高级人民法院发布的《消费领域惩罚性赔偿案件的审理思路和裁判要点》提到："实践中，消费者在主张惩罚性赔偿时多存在未造成实际人身或财产损害后果的情况，经营者往往以此抗辩不承担惩罚性赔偿责任。然而依据《消费者权益保护法》第55条第1款，首先，惩罚性赔偿金并未以消费者的损失作为计算标准，而是以商品的价款或接受服务的费用作为计算标准；其次，从惩罚性赔偿制度的功能定位而言，其不同于传统民法理论的补

---

[1] 参见《消费者权益保护法》第3条、第55条。

偿性赔偿，该制度的主要目的在于惩罚而非填补损害，通过高额的经济惩罚制裁欺诈行为，从而达到威慑和预防的作用；再次，该条款中的'损失'并非出现在法条的要件部分而是效果部分。该'损失'仅指合同预期利益的损失，并非消费者固有利益的损失。因此，是否造成消费者实际损害后果并非经营者三倍惩罚性赔偿的构成要件。"

（四）消费者提出惩罚性损害赔偿的请求

我国的惩罚性损害赔偿是法定的赔偿制度，并不是当事人之间约定，当事人之间的约定无效。一般情况下，经营者不可能自觉地履行这样的义务，也不能由法官依职权强制实行。所以消费者应当依据《消费者权益保护法》第 55 条的规定提出惩罚性损害赔偿的请求。消费者可以向经营者提出，也可以直接向人民法院提起诉讼。

如果消费者未提出惩罚性损害赔偿的请求，经营者就没有义务支付惩罚性损害赔偿金，人民法院也不会做出惩罚性损害赔偿的判决。如果经营者因违法而受到了行政处罚的话，也不能免除其对消费者的赔偿性损害赔偿责任，因为两者在本质上不同，两种责任形式可以并存。

训练项目一：销售假冒伪劣产品的案例分析

【训练目的与要求】

通过案例的训练，能够理解并掌握销售假冒伪劣产品行为的认定，了解相应的民事、行政、刑事责任及其竞合、适用顺序，能运用法律知识分析和解决案件。

【实例训练】

案例：2018 年 1 月至 2020 年 12 月，胡某某经营云阳县 A 副食店，明知卫某某销售假冒的"小郎酒""江小白"，购买后转售给重庆市云阳县的多个乡镇副食店以及四川省巴中市的郭某某。2020 年 9 月 1 日，胡某某的违法行为被云阳县市场监督管理局查处，被责令立即停止侵权行为、没收侵权商品 623 瓶白酒、罚款 5000 元。其后，胡某某仍然进购、转售假冒白酒，直至 2021 年 1 月 2 日被公安机关抓获。胡某某销售假冒"小郎酒"209 件 5016 瓶 41 601.10 元，销售假冒"江小白"117 件 2808 瓶 10 560.90 元，非法获利 20 000 元。

2021 年 8 月 27 日，重庆市云阳县人民检察院对胡某某等人犯假冒注册商标罪、非法经营罪提起公诉。重庆市云阳县人民法院依法判处胡某某等人相应的刑罚。

重庆市消费者权益保护委员会、四川省保护消费者权益委员会提起本案消费者权益保护民事公益诉讼，主张胡某某销售假冒白酒的行为侵害了不特定多数人的合法权益，请求判令胡某某公开赔礼道歉、参加公益活动和支付惩罚性赔偿金。重庆市人民检察院第二分院依法支持起诉。本案庭审中，胡某某当庭宣读了书面道歉信，重庆市消费者权益保护委员会、四川省保护消费者权益委员会、重庆市人民检察院第二分院对其道歉信内容予以认可。

问题：

该行为涉及的民事、行政和可能存在的刑事责任分别是什么？

核心提示：同一个销售假冒伪劣商品的不法行为，可能触及到多种法律。就消费者权益保护而言，生产者和销售者应当对消费者造成的损害予以赔偿，造成严重损害的还可能涉及惩罚性赔偿。此外，行政机关也会依据消费者权益保护法予以行政处罚。《商标法》作为特别法，对实践中侵犯注册商标专用权的行为也予以规范。《刑法》中也规定了相应的罪名，生产者、销售者在产品中掺杂、掺假，以假充真，以次充好或者以不合格产品冒充合格产品，以次充好或者以不合格产品冒充合格产品，按照销售金额及造成损害程度不同，给予有期徒刑或拘役、罚金等刑事处罚。

该案的审理探索了在全国统一大市场环境下跨省域众多不特定消费者合法权益受到侵害时的救济机制，明确了异地消费者权益保护组织有权跨区域提起民事公益诉讼，扩大了消费领域民事公益诉讼保护范围。

训练项目二：医疗侵权与消费者权益保护竞合的案例分析

【训练目的与要求】

通过案例的训练，能够理解并掌握一般侵权与消费者权益保护竞合的分析认定，了解一般法与特别法的运用，能运用法律解决分析和解决案件。

【实例训练】

案例： 邹某曾在湖南某医院实施眼袋整形术，术后其认为自己下睑皮肤松弛，经其了解，得知北京某医美机构主刀医生师出名门，经验丰富，遂于2015年12月来到该医美机构进行了双侧下睑袋修复术。术后，邹某出现双侧下睑局部凹陷、疤痕畸形，外眼角畸形短小圆钝等症状。此后，邹某先后6次在其他医院进行修复，但仍无改善。邹某认为该医美机构的修复手术对其造成了损害，遂诉至人民法院要求该机构赔偿其医疗费、误工费、精神损害抚慰金等损失，并要求适用《消费者权益保护法》3倍赔偿其手术费。

人民法院认为：其一，本案属于消费型医疗美容，邹某为健康人士，为满足对美的追求的生活需要而接受美容服务，具有消费者的特征；该医美机构的经营目的为获取利润，具有经营者的特征。消费者为生活消费接受经营者提供服务的，应当受《消费者权益保护法》调整。经查，该医美机构因发布的医疗广告内容与卫生行政部门审批的广告内容不相符，广告语不真实等虚假宣传行为屡次受到行政处罚，邹某系受到上述广告误导而接受服务，故该医美机构存在虚假宣传的欺诈行为，应适用《消费者权益保护法》关于惩罚性赔偿的规定，由该医美机构3倍赔偿邹某的手术费用。其二，该医美机构的诊疗行为存在过错，但术后邹某又在其他医美机构的修复行为确已改变医方的手术结果，人民法院遂判决该医美机构按照60%的过错责任比例赔偿邹某各项损失共计74 948元。

问题：

医疗侵权责任与消费者权益保护的关系是什么？

核心提示： 本案为典型的因医疗美容虚假宣传和诊疗不规范行为引发的侵权责任纠纷。其一，将医疗美容纠纷纳入医疗损害责任纠纷范畴，按照医疗损害责任纠纷的标准审查证据，有助于督促医美机构加强医疗文书制作及保存工作，规范其诊疗活动。其二，将消费型医疗美容纠纷纳入《消费者权益保护法》范围并适用惩罚性赔偿的规定，加大对商业欺诈行为的制裁力度，既能对医美机构起到应有的警示作用，预防、震慑其违法行为，也维护了医美市场的诚信和秩序，有利于切实保护消费者合法权益。

<h2 style="text-align:center">学习单元四　产品质量法律基础与案例分析</h2>

单元知识体系导图

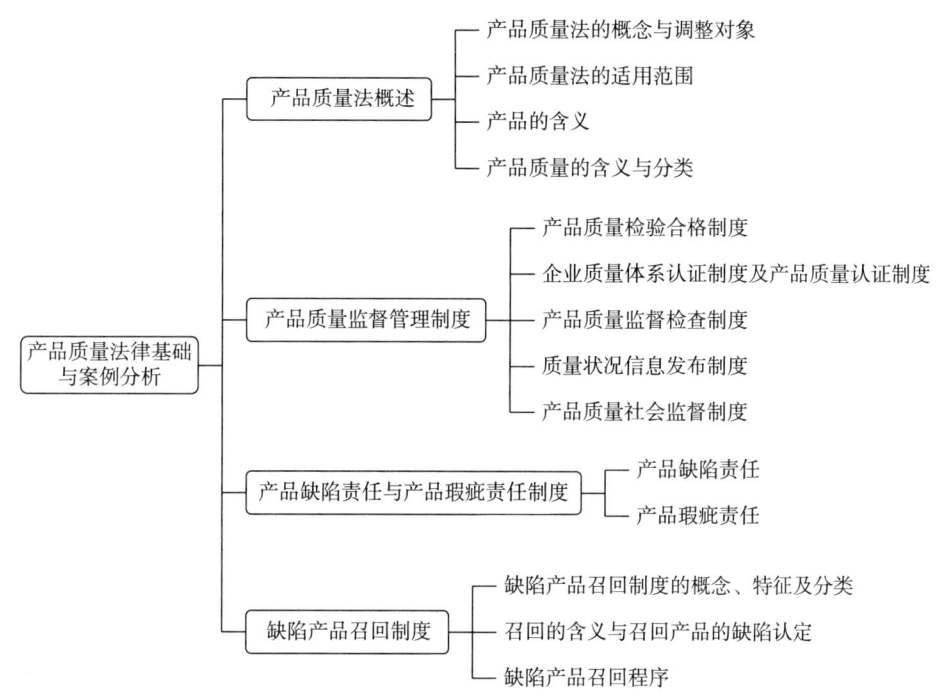

<h2 style="text-align:center">学习内容 1　产品质量法概述</h2>

一、产品质量法的概念与调整对象

产品质量法是调整在生产、流通以及监督管理过程中，因产品质量而发生的市场监督管理关系和产品质量责任关系的法律规范的总称。这表明其调整的对象如下：其一，市场监督管理关系。这一关系是发生在行政机关在履行产品监督管理职能的过程中与生产经营者之间的关系，是管理、监督与被管理、被监督的关系；其二，产品质量责任关系。这一关系是发生在生产经营者与消费者、用户及其相关第三人之间的、因产品质量问题引发的损害赔偿责任关系，是一种在商品交易关系中发生的平等主体间的经济关系。

《产品质量法》于 1993 年 2 月 22 日第七届全国人民代表大会常务委员会第三十次会议通过，并于 2018 年 12 月 29 日第十三届全国人民代表大会常务委员会第七次会议进行了第三次修正。2023 年国家市场监督管理总局就《中华人民共和国产品质量法（公开征求意见稿）》向社会公开征求意见。

二、产品质量法的适用范围

凡在我国境内从事产品的生产、销售活动，包括进口产品在我国国内的销售，都必须遵守《产品质量法》的规定，既要遵守其中有关对产品质量行政监督的规定，同时对因产品存在缺陷造成他人人身、财产损害的，也要依照关于产品责任的规定承担赔偿责任。[1]

具体而言，《产品质量法》的主体适用范围主要包括以下几种：

1. 市场监督管理部门。市场监督管理部门是负责市场监督管理工作的国家机关。包括国务院市场监督管理部门和县级以上地方人民政府市场监督管理部门，同时也包括与市场监督管理工作有关的各级人民政府职能部门等。

2. 保护消费者权益的社会组织。保护消费者权益的社会组织是产品质量监督的辅助性机构，包括各级消费者协会、用户委员会等。

3. 用户。指将产品用于集团性消费的企业、事业单位和其他社会组织。

4. 消费者。指将产品用于生活性消费的社会个体成员。

5. 受害者。指因产品存在缺陷而遭受人身、财产损害，从而有权要求获得损害赔偿的人，包括自然人、法人与社会组织。

6. 产品责任主体。产品责任主体是指产品责任的承担者。

三、产品的含义

一般来说，产品是劳动或者活动的一种物化成果。但是，从各国的有关产品质量和产品责任方面的法律要求看，其对"产品"一词的定义都不尽相同。[2]我国对产品含义的界定限制在以下几个方面：一是经过加工、制作的物品，不包括初级农产品、未经加工的天然品、建筑工程、军用设施、枪支弹药等，二是该产品是用于销售的，自产自用的物品不在其列。可见，对于天然物品，如煤、油、水等；农副产品；初级加工品；建筑工程；专门用于军事的物品；人体的器官及其组织体等，不适用《产品质量法》。[3]

四、产品质量的含义与分类

产品质量是指产品应具有的、符合人们需要的各种特性和特征的总和。根据国际标准化组织制定的《质量术语》对产品质量的界定，"产品特性"指产品必须具备规定的，或潜在需要的性能，也即产品自身应固有的安全性、适用性的一般性能，以及可替换性、可

---

[1] 参见《产品质量法》第2条第1款。

[2] 参见《欧盟产品责任指令》（欧共体的99/34）第4条第1款规定："本指令所称产品，是指一切动产，包括添附于其他动产或不动产的动产。产品包括电力。"美国《统一产品责任示范法》第102条（C）项规定："产品是具有真正价值的、为进入市场而生产的，能够作为组装整件或者作为部件、零售交付的物品，但人体组织、器官、血液组成部分除外。"《联邦德国产品责任法》第2条规定："本法所称产品，是指任何动产，即使已被装配（组合，在另一动产或不动产之内。产品还包括电。但未经初步加工的包括种植业、畜牧业、养蜂业、渔业产品在内的农产品（初级农产品）除外，狩猎产品亦然。"日本《制造物责任法》第2条第1款规定："本法所称之'产品'，是指经过制造或加工的动产。"

[3] 参见《产品质量法》第2条第2款、第3款，第73条。

维修性等个别性能。

在我国，产品质量是指国家有关法律、法规、质量标准以及合同规定的对产品适用性、安全性和其他特性的要求。根据"需要"，是否符合法律的规定，是否满足用户、消费者的要求，以及符合、满足的程度，产品质量可分为合格与不合格两大类。合格又分为符合国家质量标准、符合部级质量标准、符合行业质量标准和符合企业自订质量标准四类。

不合格产品包括以下情形：

1. 瑕疵。瑕疵是指产品质量不符合用户、消费者所需的某些要求，但不存在危及人身、财产安全的不合理危险，或者未丧失原有的使用价值。产品瑕疵可分为表面瑕疵和隐蔽瑕疵两种。

2. 缺陷。缺陷是指产品存在危及人体健康、人身、财产安全的不合理的危险。包括设计上的缺陷、制造上的缺陷和未预先通知的缺陷。

3. 劣质。劣质是指其标明的成分的含量与法律规定的标准不符，或已超过有效使用期限的产品。

4. 假冒。假冒是指该产品根本未含法律规定的标准内容，以及非法生产、已经变质的而根本不能作为某产品使用的产品。

学习内容2　产品质量监督管理制度

我国产品质量监管制度可以概括为六项，分别为产品质量检验合格制度、企业质量体系认证制度、产品质量认证制度、质量监督检查制度、质量状况信息发布制度、产品质量社会监督制度。

一、产品质量检验合格制度

《产品质量法》第12条规定："产品质量应当检验合格，不得以不合格产品冒充合格产品。"这是指任何产品在出厂前都必须经过检验，只有经过检验质量合格的产品才能出厂销售。检验产品，可以由企业自行设立检验机构，也可以委托其他检验机构进行。检验的标准，可以依据国家法律、法规标准，也可以是企业自行制定的或与合同当事人约定的标准。但是，根据《产品质量法》第13条第1款的规定，可能危及人体健康和人身、财产安全的工业产品，必须符合保障人体健康和人身、财产安全的国家标准、行业标准；未制定国家标准、行业标准的，必须符合保障人体健康和人身、财产安全的要求。

二、企业质量体系认证制度及产品质量认证制度

（一）企业质量体系认证制度

企业质量体系认证制度是指国家市场监督管理部门认可的认证机构根据企业的申请，根据有关标准，对企业质量体系进行审核、评定，并对符合标准的颁发企业质量体系认证书的制度。

（二）产品质量认证制度

产品质量认证制度是指国家市场监督管理部门认可的认证机构根据企业的申请，根据产品标准的技术要求，对其产品进行审核、评定，并对符合标准和要求的产品颁发质量认证书的制度。

（三）产品质量认证制度与企业质量管理体系认证制度的区别

第一，认证的对象不是企业的质量管理体系，而是企业生产的某一产品。

第二，认证依据的标准不是质量管理标准，而是相关的产品标准。

第三，认证的结论不是证明企业质量体系是否符合质量管理标准，而是证明产品是否符合产品标准。

三、产品质量监督检查制度

产品质量监督检查制度是指国务院以及地方各级市场监督管理部门依法对生产、流通领域的产品质量所进行的强制性监督检查活动的制度。其主要方式为抽查。

产品质量监督抽查的产品范围包括三个方面：首先，可能危及人体健康，人身、财产安全的产品，如食品、药品、医疗器械、压力容器、易燃易爆产品等；其次，影响国计民生的重要工业产品，如农药、化肥、钢筋、水泥等；最后，用户、消费者、有关组织反映有质量问题的产品，即社会普遍反映的假冒伪劣产品，投诉、举报的产品等。

根据监督抽查的需要，可对产品进行检验。为保证检验的公正，法律规定抽查的样品应当在待销产品中随机抽取，为防止增加企业的负担，不得向被检查人收取检验费用，抽取样品的数量也不得超过检验的合理需要。生产者、销售者对抽查结果有异议的，可以在规定的时间内向监督抽查部门或者上级产品质量监督部门申请复检，为防止重复抽查，国家监督抽查的产品，地方不得另行重复抽查；上级监督抽查的产品，下级不得另行重复抽查。

四、质量状况信息发布制度

为使质量监督管理工作公开、透明，使社会公众及时了解产品质量状况，引导和督促市场经营主体切实提高产品质量，国务院和省、自治区、直辖市人民政府的市场监督管理部门应当定期发布其监督抽查的产品的质量状况公告。政府质量信息发布是保障消费者知情权的基本要求，也是消费者行使监督权的前提条件，政府有关部门必须依法履行该项职责。

五、产品质量社会监督制度

产品质量社会监督制度，是指用户、消费者以及其他社会组织对产品质量进行监督的制度。法律规定，用户、消费者有权就产品质量问题，向产品的生产者、销售者查询；向市场监督管理部门及有关部门反映或申诉，相关部门应当负责处理。保护消费者权益的社会组织可以就消费者反映的产品质量问题，建议有关部门负责处理，支持因产品质量造成损害的消费者向人民法院起诉。

学习内容3 产品缺陷责任与产品瑕疵责任

一、产品缺陷责任

产品缺陷责任，又称产品侵权责任，是指产品的生产者、销售者因其生产、售出的产品存在缺陷造成他人人身、缺陷产品以外的其他财产损害而依法应承担的赔偿责任。在此需要注意的是，"产品自伤"不适用侵权责任，只能按合同关系要求厂家承担违约责任，而不能以产品责任法向厂家主张侵权责任。

（一）产品缺陷责任的归责原则及构成要件

产品责任的归责原则是指据此确定产品的生产者和销售者承担产品责任的基本准则。

将严格责任纳入产品责任的原因如下：

1. 生产者是危险的制造者，在某种程度上只有他们才能够控制这些危险。

2. 获得利益者承担风险。

3. 生产者具有分散风险负担的能力，将责任风险通过价格体系进行分化。也就是说，只要是产品进入流通时的科学技术水平能够发现的缺陷，生产厂家都应当对该缺陷可能产生的风险通过价格体系进行分化，销售价格中包含风险成本。

产品缺陷责任的构成要件是指生产者或销售者承担产品缺陷责任的法律要件。适用严格责任原则确定和追究产品缺陷责任时，其要件主要包括以下内容：产品有缺陷；生产者与销售者有提供有缺陷产品的行为；有损害事实存在；产品缺陷与损害后果之间有因果关系。

（二）产品缺陷的定义

对于何为"缺陷"，不同国家和地区的法律对此概念的界定也不尽相同。[1]发达国家对产品缺陷的规定实质上是趋同的，即产品具有不合理的危险是判断产品缺陷的唯一准则。

我国对缺陷产品的确定依据双重判断标准，一是存在不合理危险的标准。二是不符合国家强制性标准，且后者优先适用。[2]所谓"不合理危险"具体包括两种情况：一是产品本身应当不存在危及人身、财产安全的危险性，只因设计、生产上的原因，导致产品存在危及人身、财产安全的危险。二是产品本身的性质具有一定的危险性，在正常合理使用的情况下，不会发生危及人身、财产安全的危险，但因产品设计、制造等原因，导致产品

---

[1] 参见美国《侵权法重述第二版》402A规定："对使用者或消费者或者其财产有不合理危险的缺陷状态。"日本《制造物责任法》第2条第2款规定："本法所称的'缺陷'，是指考虑该制造物的特性、其通常预见的使用形态等交付该制造物时其他与该制造物有关的事项，该制造物欠缺通常应有的安全性。"《联邦德国产品责任法》第3条规定："一件产品若不能提供人们有权期待的安全性，即为存在缺陷的产品，在判断一种产品是否能提供人们有权期待的安全性时，首先应当考虑使用者期待和制造人期待，这种期待可以通过广告、制造人使用说明或通过产品按规定使用的用途形式并且按规定固定下来，然后要考虑所有具体情况，包括普通使用者的类型、价格与给付之间的关系、产品的可以合理期待的使用。"

[2] 参见《产品质量法》第46条。

在正常合理使用的情况下存在危及人身、财产安全的危险，或者生产者未能用警示标志或警示说明清楚地告诉使用者使用的注意事项，未能提醒使用者对危险的预防，而导致的危及人身、财产安全的危险。[1]强制性标准是指有关安全的国家标准和行业标准，是由有关部门制定并必须执行的。强制性标准易于掌握和运用，减少了人为的主观性。但在现实生活中，产品即使符合国家强制性标准也可能因经济的发展、环境的改变而存在不合理的安全隐患。

因此，强制性标准应为最低安全标准。

（三）产品缺陷分类

按照产品缺陷形成环节的不同将缺陷分为设计缺陷、制造缺陷、警示缺陷及发展缺陷四类。

设计缺陷是指生产者在制造产品之前，由事先形成的对产品构思、方案、计划安排、图样等设计上的事项造成的缺陷。设计缺陷通常表现为结构零件设置不合理、配方选用不当等。

制造缺陷是指产品在制造或组装过程中严重违反操作规章制度，致使产品质量未能达到设计或预期要求。制造缺陷的主要特点是该缺陷不包括制造者的任何主观意志，并且这种缺陷可以通过对其规格、技术要求的检验或通过对正常产品的对比检验进行主观识别。

警示缺陷是指产品生产者或销售者有义务向消费者或使用者提供适当的书面材料，告知产品的正确用途，如果使用说明不当，造成损害，也可视为产品有缺陷。如美国《侵权法重述第二版》中指出，当产品具有不为人普遍知晓或合理预见的危险时，如果销售者知道或应当知道这一危险，就应当在产品的包装上就产品的使用方法提供说明和警示。

发展缺陷也可称为开发上的缺陷，是指产品在投入流通时的科技水平无法发现该缺陷，随着科技水平的提高，发现产品存在缺陷。

依据缺陷出现的可能性或概率的不同又可将缺陷分为系统性缺陷和偶然性缺陷。系统性缺陷是指由于系统性原因在同一批次或者全部的产品中大量存在的缺陷；偶然性缺陷主要是由偶然性因素导致的，一般仅在少数或个别产品中存在。一般来说，设计缺陷和警示缺陷在同一批次的产品中是普遍存在的，因而一般都属于系统性缺陷。而对于制造缺陷来说，如果缺陷是因为系统性的原因导致的，如制造过程中的环境污染导致的缺陷，那么此类缺陷则属于系统性缺陷，但如果缺陷是由于偶然性的原因导致的，比如某一辆汽车的传动轴在制造过程中产生砂砾，但由于检测员的疏忽而未将其检测出来，导致传动轴的强度影响汽车的安全使用，此缺陷则属于偶然性缺陷。

（四）产品缺陷责任的免责条件

生产者能够证明有下列情形之一的，不承担产品责任：其一，未将产品投入流通的；其二，产品投入流通时，引起损害的缺陷尚不存在的；其三，将产品投入流通时的科学技

---

〔1〕 李桂平：《我国产品责任归责原则体系的构建》，载《人民论坛》2010年第23期。

术水平尚不能发现缺陷的存在的。

此外，在司法实践中，出现下列情况时生产者不承担产品责任：损害是由于消费者擅自改变产品性能、用途或者没有按照产品的使用说明使用并且确因改变或使用不当造成的；损害是由于受害人的故意所为造成的；损害是由于常识性的危险造成的；产品造成损害，是由于使用者自身特殊敏感所致；产品已过有效期限；超过诉讼和赔偿请求时效。

（五）产品缺陷责任的赔偿范围

因产品存在缺陷造成受害人人身伤害的，侵害人应当赔偿医疗费、治疗期间的护理费、因误工减少的收入等费用；造成残疾的，还应支付残疾者生活自助具费、生活补助费、残疾赔偿金以及由其扶养的人所必需的生活费等费用；造成受害人死亡的，并应当支付丧葬费、死亡赔偿金以及由死者生前扶养的人所必需的生活费等费用。因产品存在缺陷造成受害人财产损失的，侵害人应当恢复原状或折价赔偿。受害人因此遭受其他重大损失的，侵害人应当赔偿损失。

（六）产品责任缺陷的诉讼时效

诉讼时效是指权利人在法定期限内不行使请求权，即丧失依诉讼程序强制义务人履行义务的权利的法律制度。

因产品存在缺陷造成损害要求赔偿的诉讼时效期间为 2 年，自当事人知道或者应当知道其权益受到侵害时起计算。因产品存在缺陷造成损害要求赔偿的请求权，在造成损害的产品交付最初消费者满 10 年丧失；但是，尚未超过明示的安全使用期的除外。

二、产品瑕疵责任

（一）产品瑕疵的含义

关于产品瑕疵的含义，虽然《产品质量法》没有作出明确的界定，但是如果排除该法第 46 条对产品缺陷描述的情况，余下的产品质量问题实际上就是产品瑕疵。产品瑕疵是产品的一种一般性质量问题或非危险性的质量问题，它是指产品不具备其应具备的价值、效用或契约约定效用或出卖人保证的品质。原则上产品瑕疵会造成产品在价值上的削弱，但不存在危及人身、他人财产安全的不合理危险，

1. 产品瑕疵的认定。我国法律对产品瑕疵的情形的规定包括：一是不具备产品应当具备的使用性能而事先未作说明的；二是不符合在产品或者其包装上注明采用的产品标准的；三是不符合以产品说明、实物样品等方式表明的质量状况的。按照通俗说法，产品质量有瑕疵的情形即是产品为所谓的"处理品""残次品""等外品"。

2. 判断产品瑕疵的标准。

第一，产品出现除缺陷以外的质量问题或非危险性的质量问题。产品缺陷与产品瑕疵共同构成了产品质量问题，因此，产品瑕疵应该是除产品缺陷以外的一种一般性质量问题或非危险性质量问题，不应该将二者的内涵、情形相混同。

第二，产品不具备其应具备的价值、效用或契约约定效用或出卖人保证的品质。产品瑕疵的根本表现在于，产品本身应当具有一定的效用而实际上不具有，或者是契约约定产

品要具有一定的效用而实际不具有，或者是出卖人保证产品具有一定的品质而实际上不具有。一般来说，这种效用不应该是产品的主要效用而只是次要效用，这样才不影响该产品的使用和市场投放。

第三，产品在价值上有所削弱。由于有瑕疵的产品不具有其应有的效用，或者不具有当事人之间约定的品质，因此，会对产品的价值造成一定程度的削弱，进而与无瑕疵的同种商品相比，价格较低。因此，实际生活中我们会发现"残次品""等外品"等在价格上都相对便宜。

第四，产品本身不存在危及人身、他人财产安全的不合理危险。有瑕疵的产品仅仅是影响其使用功能的发挥，而不应当存在危及人身、他人财产安全的不合理危险，一旦存在这种不合理危险则应当认定为产品缺陷，这也是产品瑕疵与产品缺陷最根本的区别。

第五，生产者、销售者承担的义务和消费者享有的权利依情况具体划分。

对于生产者、销售者事先知晓产品存在瑕疵的，承担事先告知义务，即应在产品显著位置标明产品存在何种瑕疵。对于生产者、销售者事先不知晓而是由消费者在使用过程中发现的，生产经营者应负责修理、更换、退货和赔偿。对于消费者来说，如果事先已经被告知产品具有何种瑕疵，在购买产品后，消费者无权要求销售者就事先告知的产品问题进行更换，退货和赔偿。对于在购买后使用中发现的新的产品质量问题，消费者有权要求销售者负责修理、更换、退货和赔偿损失。

（二）产品缺陷责任与产品瑕疵责任的区别

1. 责任性质不同。产品瑕疵责任，即产品生产者或销售者就产品的使用性、效用性、价值或其他品质所承担默示或明示担保责任，是一种基于约定而产生的合同责任，属于违约责任的范畴。产品缺陷责任，也称为产品责任，指产品生产者或销售者因产品缺陷造成人身、他人财产损害而应承担的法律责任，是侵权责任的一种，但是在某种意义上，产品缺陷责任也是一种违约责任。以汽车刹车失灵为例，既存在造成人身和财产损失的"不合理危险"，也存在不具备通常的使用性的"瑕疵"。可见产品缺陷往往会影响产品的使用效果。

2. 归责原则不同。由于二者的责任性质不同，导致了归责原则不同。由于产品瑕疵产生的责任是一种基于约定而产生的合同责任，属于违约责任，其后果一般是对消费者造成经济损失，因此，适用过错责任原则。而由产品缺陷产生的是一种特殊的侵权责任，往往导致消费者的人身、财产安全受到损害。因此，对生产者适用责任严格原则，对销售者适用过错推定原则，生产者与销售者之间承担连带责任。

3. 赔偿方式、范围不同。对于产品瑕疵的赔偿方式主要是负责修理、更换、退货，给消费者造成损失的应当赔偿损失。对于产品缺陷的主要赔偿方式是损害赔偿。

4. 免责条件不同。产品瑕疵的免责条件是，销售者对其销售的产品存在的瑕疵如事先向买受者作出说明的，或产品存在瑕疵但有合同约定的免于承担责任之情形的，可以免于承担法律责任。关于产品缺陷的免责条件，如前所述，生产者能够证明有下列情形之一的，不承担赔偿责任：未将产品投入流通的；产品投入流通时，引起损害的缺陷尚不存在的；将产品投入流通时的科学技术水平尚不能发现缺陷的存在的。

学习内容4　缺陷产品召回制度

随着全球经济一体化进程的加快，各种产品在全世界范围内广泛流通，与此同时，因产品设计、制造、警示等方面的缺陷给消费者造成的损害也日渐增多。发达国家普遍建立了缺陷产品召回制度，其中以美国最早，经过多年的实施，该制度在美国的发展也日臻成熟和完善。

目前，我国关于召回的专门规定有《缺陷汽车产品召回管理条例》《缺陷汽车产品召回管理条例实施办法》《消费品召回管理暂行规定》等。

一、缺陷产品召回制度的概念、特征及分类

缺陷产品召回制度是指产品的生产经营者在确定其产品在有效使用期内存在系统性缺陷后，根据其缺陷产品的数量、分布及产品缺陷的严重程度等情况，依照召回程序，在有关政府主管部门的指令或监督下，对缺陷产品通过警示、补充或者修正消费说明、撤回、退货、换货、修理、销毁等方式，有效预防、控制和消除缺陷产品的不合理危险，保护消费者的人身、财产安全的制度。该制度具有如下特征：

1. 召回义务主体的广泛性。因为产品缺陷可能出现和发生于产品流通的任何一个环节，将召回义务主体定义为生产经营者，即除了产品制造商外，还应该包括所有参与产品流通的市场主体，包括进口商、批发商、零售商等。

这是因为考虑到产品有可能在销售、储存、运输等过程中出现不合理危险，而且消除这种危险的义务不适合完全由制造商来承担。

2. 产品缺陷应为系统性缺陷。产品召回的前提是产品存在缺陷，并且为系统性缺陷，而非偶然性缺陷。如系统性缺陷涉及公共安全，应该由政府采取相应措施通过产品召回的方式，及时有效地消除缺陷产品对公共安全的威胁。

3. 召回程序的法定性和监督性。由于缺陷产品召回涉及范围广、产品数量大，整个召回过程都应该在法定程序下和政府主管部门的监督或指令下进行，以保证召回的效果。

4. 召回目的的公益性。缺陷产品召回制度的目的在于预防缺陷产品对社会公众安全的威胁，最大限度地降低因缺陷产品所造成的风险和威胁，充分保障消费者的权益，确保公众安全和社会利益的实现。

除此之外，对缺陷产品的召回按照不同的划分标准，可以划分为不同的种类。

第一，根据产品召回的启动原因，可分为主动召回和强制召回。主动召回是指当生产经营者自行或经他人通知发现其产品存在缺陷时，主动采取措施召回此缺陷产品，避免消费者权益遭受实际损害，强制召回是指当产品存在缺陷，而生产经营者不主动召回该产品时，由政府主管部门根据权限强制其召回的情形。

第二，根据召回产品的种类或性质差异，可以分为工业产品召回、食品产品召回、机械电子产品召回、医药产品召回等。这种分类标准因产品种类繁多而较为复杂。对产品召

回进行这种分类有利于针对不同种类或性质的产品确定具体的召回主管部门，并制定不同的具体规则。

第三，根据产品缺陷的危害程度的不同，可以将产品召回分成三个等级。第一级为紧急产品召回，针对缺陷情况非常严重、可能引起严重人身伤亡的产品；第二级为次紧急产品召回，针对缺陷情况虽然严重，但不会造成严重人身伤害或财产损害的产品；第三级为普通产品召回，针对缺陷情况不严重，也不会造成严重人身伤害或财产损害的产品。这样分类实现了对缺陷产品的不同强度的监督管理，既能够提升召回制度的实效，又能够更好地保障消费者的知情权。

二、召回的含义与召回产品的缺陷认定

所谓"召回"，实际上是指如果产品存在危及人身、财产安全的情况，产品的生产经营者应当按照规定的程序和要求，通过补充或修正消费说明、修理、更换、收回等方式，及时消除其产品可能引起的人身、财产损害的过程。[1]

召回制度的主要目的是消除缺陷产品对社会安全所构成的危害。在现实生活中，偶然性、随机性的因素是无法避免的，即偶然性缺陷是无法根本避免和消除的；同时，偶然性缺陷一般不会造成大范围的人身伤害和财产损失。可以说，缺陷产品召回制度就是为了消除系统性的产品缺陷而设计的，偶然性因素导致的产品缺陷则无法通过召回得以消除。我国《缺陷汽车产品召回管理条例》第3条第1款规定："本条例所称缺陷，是指由于设计、制造、标识等原因导致的在同一批次、型号或者类别的汽车产品中普遍存在的不符合保障人身、财产安全的国家标准、行业标准的情形或者其他危及人身、财产安全的不合理的危险。"在此，强制性标准与不合理危险标准同时适用，这一规定与《产品质量法》中关于缺陷的规定相比有了重要的进步。

三、召回程序

召回程序是缺陷产品召回法律制度实施的关键环节之一，对缺陷产品召回的功能发挥有着决定性的意义。美国的缺陷产品召回制度由一般程序发展到后来出现的简易程序，前者是企业在可能出现缺陷产品的情况下，按照法律规定向消费者产品安全委员会提供关于该产品的报告，由该委员会进行评估，确认产品缺陷，然后由企业实施召回。召回工作结束后，企业与消费者产品安全委员会等政府职能部门保存召回记录。后者则比较简便，主要依靠企业自愿或主动进行。这种简易程序的优点为：一方面，对于发现缺陷产品的召回企业而言，政府对缺陷的评估报告耗时过长，而时间越长，缺陷产品流通的范围就越广，日后召回的难度越大、费用也越高，因此大多数企业考虑到这些不利因素，都会积极主动

---

[1] 美国《布莱克法律词典》对召回的解释是："制造商对消费者提出的，返回有缺陷的产品以进行修理或更换的要求。"美国《消费品安全法》第12条（b）（1）款规定："受理消费品安全委员会就消费品提起诉讼的地区法院有权宣告涉案产品为有急迫危险的产品，并且准许采取一些临时性或者永久性的补救措施，以保护公众免遭产品的危害。这样的补救措施包括一项强制性命令：要求被告将产品存在的危险通知此种产品的购买者，告知公众，并且召回此种产品，对其予以修理、更换，或者退回此种产品的货款。"

地自觉召回缺陷产品，从而维护自身在公众中的信誉，提升企业形象；另一方面，对于政府职能部门而言，由于评估报告要作大量的市场分析、专业测量等系统工作，耗费很大的物力、财力，而简易程序则节省了行政资源。

缺陷产品召回的一般程序为以下五个步骤：

1. 缺陷产品信息的报告。生产商自身发现或者根据销售商、进口商、租赁商、修理商、消费者的信息反馈认为产品可能存在缺陷的，应当及时向主管部门报告，并以有效方式通知销售商暂停销售该产品。另外，消费者发现产品存在缺陷也有权向主管部门报告。报告的法律后果并不意味着产品必然存在缺陷，也不意味着厂商必须对报告产品采取召回措施。

2. 主管机构的评估鉴定。主管机构收到报告后，首先要做的是确认产品是否存在缺陷，产品缺陷的程度如何，生产商应负什么样的责任。

3. 制定缺陷产品召回计划。生产商在收到主管部门的召回结论后，应立即着手制定召回计划。该计划应包括的基本内容如下：产品存在与人体健康和生命安全有关的缺陷的种类、产生的原因，可能受影响的人群、严重程度和紧急程度；拟采取的召回措施的具体方法、范围和时限等；实施计划的组织机构、联系方式；通知消费者、销售者和服务业经营者的方案；召回缺陷产品后的处理措施；召回的预期效果。

4. 实施召回。生产商应当公布召回信息，生产商应当将其产品存在的缺陷、可能造成的损害及其预防措施、召回计划等，通过新闻媒体等有效方式通知有关销售商、租赁商、修理商和消费者，并通知销售商停止销售有关缺陷产品。其次，生产商在主管部门的协助和监督下，召回产品并依法对召回产品进行处理或销毁。

5. 召回总结报告。当生产商完成召回后，应向主管部门递交召回结果报告，由主管部门审查后向社会公布。同时，生产商和主管机构均应妥善保存有关缺陷产品的召回记录。

训练项目一：产品缺陷责任的案例分析

【训练目的与要求】

通过案例的训练，能够理解并掌握产品缺陷责任的认定，举证责任的分配以及惩罚性赔偿的适用。

【实例训练】

案例：吴某某的嫂子陶某在 A 商店购买了 4 个由 B 公司生产的"盛虹笛音"烟花。后吴某某在燃放烟花过程中右眼受伤。接下来，吴某某被送往枞阳县人民医院接受治疗。后吴某某委托国家烟花爆竹产品质量监督检验中心对"20 发盛虹笛音组合烟花"残骸进行质量分析，综合结论为：所送样品20发"盛虹笛音"组合烟花残骸，委托项目经检验，其销售包装标志、结构与材质（壁厚、主体稳定性）不符合相关标准要求，为不合格产品。吴某某遂以其被烟花炸伤右眼为由，将 A 商店 B 公司告上法庭，要求判决二被告赔偿其医疗费、误工费、残疾赔偿金等各项经济损失 27 万余元。

人民法院审理认为，本案的争议焦点为：吴某某右眼受伤是否为诉争的烟花所致，从现有证据看吴某某未能提供确实证据证明其当日右眼受伤，是其在点燃该烟花时，被该烟花炸伤了右眼。①从吴某某及A商店老板陈述看，事发前陶某从A商店购买了4个"盛虹笛音"烟花，事发时，吴某某及其亲属共六人一同在场，当时燃放的既有烟花、也有爆竹，且吴某某也未提供证据证明，当日所燃放的所有烟花、爆竹均是从A商店购买，在案证据看陶某仅是从该商店购买了烟花。②医院入院记录记载，患者半小时前不慎被炮竹击中右眼，该记录是吴某某本人向医院自述的受伤原因，即系炮竹炸伤右眼，该记录应具有客观真实性，吴某某对其受伤的原因前后陈述不一致。③吴某某曾就本案起诉两次后又撤诉，前后三次起诉其对烟花如何发生爆炸，陈述前后不一。本次吴某某陈述的烟花从侧面发生爆炸如果属实，则爆炸的烟花残骸应能够收集，但吴某某提交检测的样品以及所拍摄的烟花照片表明，样品为组合烟花残骸，彩色招纸包装，顶招缺失，四周和底部基本完整。烟花残骸外筒呈直立型排列，共20个外筒，外筒无明显破损，外筒内壁上有发射燃烧后的痕迹，未见含药效果件残留，底塞完好，无明显炸筒、散筒、冲底、断火、烧筒等痕迹。烟花燃放的冲击高度正常情况下应在一二十米，吴某某陈述刚点燃时烟花即从侧面爆炸，如此近距离的冲击，并且冲击部位为头面部，其伤害的后果不言而喻。因此，吴某某认为其右眼系被送检烟花所伤，不具有唯一性。④吴某某第二次住院治疗时，诊断为"右眼老年性白内障"，出院记录记载"患者系右眼视物模糊不清两年入院"，在局麻下行右眼白内障囊外摘除+iot植入术。吴某某本次庭审中陈述，其是为了在新农合报销，故意隐瞒医院，作了虚假陈述，吴某某该陈述无其他证据印证，明显与事实不符。并且其第一次住院时即已经在医保统筹基金中支付了部分医疗费。⑤吴某某提交司法鉴定所的《鉴定意见书》，该鉴定意见书"资料摘要"中摘录了枞阳县人民医院出院记录中"患者系爆竹炸伤右眼伴视物不见1小时"，其鉴定意见为"被鉴定人吴某某因烟花爆炸伤，目前遗留右眼盲目4级，属八级伤残"。该鉴定意见认为吴某某的右眼系被烟花爆炸伤，鉴定结论明显依据不足。⑥一般侵权行为构成的要件为：被告实施了侵权行为，原告受到了损害，侵权行为的原因事实与结果事实之间有因果关系，被告在主观上有过错。原告对此四个要件事实负有举证责任。尽管本案为特殊侵权案件，但作为对侵权事实是否存在以及因果关系的证明，仍然应由原告负举证责任。本案中，B公司生产的烟花产品经检验，部分指标未达标，为不合格产品，但吴某某未提供确实证据证明其右眼受伤与该产品之间存在直接因果关系。

据此，人民法院判决驳回原告吴某某的诉讼请求。

问题：

1. 法律关于产品责任的举证责任是如何规定的？

2. 惩罚性赔偿在什么时候适用？

3. 产品责任与消费者权益保护之间的关系是什么？

核心提示： 对于缺陷产品致人损害，属特殊民事侵权责任，对于举证责任的承担，产品生产者应就其自身无过错承担举证责任。对于产品责任因果关系的举证责任分配，应适用举证责任的一般性规则来操作，即缺陷产品与损害后果间的因果关系由受害人进行举证证明，一旦其不能证明，则受害人应承担不利后果。

《产品质量法》第 47 条规定："因产品质量发生民事纠纷时，当事人可以通过协商或者调解解决。当事人不愿通过协商、调解解决或者协商、调解不成的，可以根据当事人各方的协议向仲裁机构申请仲裁；当事人各方没有达成仲裁协议或者仲裁协议无效的，可以直接向人民法院起诉。"

产品质量问题一般分为两类，一类是一般产品质量问题，即产品质量不符合国家有关法律、法规规定的要求（称为默示保证条件），或不符合生产者、销售者对产品质量作出的保证和承诺（称为明示担保条件）。另一类是产品存在缺陷，并使消费者造成了人身伤害和财产损失，表明产品质量问题很严重。在这种情况下，消费者不仅可以要求赔偿该产品损失，还有权要求赔偿该产品造成的其他损失。

训练项目二：产品责任的案例分析

【训练目的与要求】

通过案例的训练，能够理解并掌握产品责任的认定，举证责任的分配以及产品责任纠纷的解决方式。

【实例训练】

案例：1992 年 2 月，79 岁高龄的斯黛拉·莉柏克，搭乘外孙驾驶的轿车，途经当地一家麦当劳快餐店，通过"驾车销售窗口"买了一杯咖啡，售价 49 美分。驶离餐馆后，莉柏克需要往咖啡里添加奶粉和白糖，外孙便停住了车。当时，老太太坐在前座乘客位，把杯子放在双膝之间，左手拿着奶粉袋和糖袋，右手试图打开杯盖，没料想，一个意外闪失，整杯滚烫的咖啡泼洒在两腿之间，致使大腿内侧、股腹沟、外阴部、前臀等处严重烫伤，其中极为严重的"三度烫伤"面积占全身皮肤的 6%。

莉柏克住了八天医院，脱离了生命危险，出院后卧床不起，两个多月后，伤口才逐渐痊愈，后来又做过多次植皮手术，在长达两年的时间中难以自如行走。伤势初步稳定后，老人的女儿给麦当劳写了一封抱怨信，以咖啡过烫为由，要求赔偿医疗费、照顾病号的误工费等，共计 2 万美元。可是，麦当劳仅同意支付 800 美元"安慰费"，莉柏克全家难以接受。随后，莉柏克以咖啡存在质量缺陷、危及人身安全、酿成责任事故为由，将麦当劳告到了联邦法院。

在美国的产品责任案中，消费者只要举证产品有缺陷，造成了人身及财产损害，往往就可以胜诉。在本案中，原告必须以令人信服的真凭实据，证明的确是由于麦当劳咖啡的质量缺陷，以及由于麦当劳公司"轻率的""恶意的"行为，导致其人身伤害及财产损失。

庭审中的一个至关重要的问题是，麦当劳咖啡烫伤顾客的事故是司空见惯的家常便饭，还是偶尔发生的个别现象？在原告方律师要求下，法官下令麦当劳公开内部秘密文件和统计数据。由于在美国，篡改文件和商业统计资料涉及"伪证罪"和妨碍司法的刑事重罪。于是，麦当劳将文件和统计数据如实在庭审中公开。令陪审团大吃一惊的是，这些文件和数据显示，在1982至1992年的10年期间，麦当劳总共遭到700余起咖啡严重烫伤事故的投诉，其中有数十起造成顾客外阴部、股腹沟、大腿内侧等"敏感部位"烫伤，给当事人造成了极大的身心痛苦。尽管联邦法院从未正式立案受理这些投诉，但暗地里，麦当劳平均每年花费5万美元，偿付因咖啡烫伤引起的庭外和解以及给受害者赔偿一点儿象征性的"安慰费"。

麦当劳辩护律师解释说，麦当劳每年售出大约10亿杯咖啡，10年以来，总共售出了大约100亿杯咖啡，相比之下，同期发生的烫伤投诉事故，只有区区700余起，即平均每1亿杯才出现7起烫伤事故，事故率为0.000 000 7%，实际上相当于零，完全可以忽略不计。

陪审团认为，在事故率相当于零的数字背后，是700余位消费者惨遭严重烫伤的可怕事实。在美国的商业法规中，保护消费者人身安全是至关重要的原则性问题，岂能以统计数字为由，推脱抵赖。此外，原告律师提醒陪审团注意，常识告诉人们，麦当劳统计的投诉数字只是冰山一角。

同时，原告律师的抽样市场调查显示，麦当劳的咖啡确实烫得惊人，在全美快餐业名列榜首，独占鳌头。据调查，汉堡王（Burger King）、甜面圈（Dunkin'Donuts）、温迪（Wendy）等10余家麦当劳主要竞争对手出售的咖啡，以及普通美国家庭中饮用咖啡的温度，一般在70摄氏度至75摄氏度之间。可是，麦当劳所售咖啡的温度，竟然高达82摄氏度到86摄氏度，比同行业整整高出了大约10摄氏度到16摄氏度。烫伤专家出庭作证时指出，咖啡如此之烫，如果直接泼洒到皮肤上，将会在2秒到7秒内造成三度烫伤。

麦当劳主管产品质量的经理出庭作证称，咖啡温度过烫，恰恰系严格遵循了操作和质量控制程序。根据麦当劳公布的产品质量手册，咖啡应以96摄氏度左右的热水冲泡调和，当完成全部生产程序，最后端到顾客手上待饮时，咖啡温度应保持在82度至86度之间。

麦当劳的老总向陪审团解释说，咖啡温度的设置，是根据美国国家咖啡协会的推荐和建议。为了提取咖啡的迷人香味，以96摄氏度的热水冲泡调和时口味最好，在82摄氏度至86摄氏度之间饮用时口感最佳，味道醇厚。原告律师追问道："贵公司是否从顾客人身安全的角度着想，咨询过烫伤专家的专业意见？"麦当劳老总老老实实地回答："没有咨询过。"

作为全球财富500强大企业和世界第一大连锁快餐店，麦当劳把咖啡温度设定在快餐业"名列榜首"的高度，在10年期间花费50万美元巨款化解烫伤事故；与此同时，麦当劳从未就"高温咖啡"与烫伤事故频发之间的关系咨询过医学专家的意见，给陪审团留下了极为恶劣的印象。

对麦当劳更为不利的是，它一方面出售"高温咖啡"，一方面却漫不经心、疏忽大意，未在咖啡杯醒目之处以法律术语"警告"（Warning）"高温热饮，小心烫伤"，仅以极小字体"提醒"（Reminder）顾客注意。

麦当劳的律师强调，泼洒滚烫的咖啡会造成严重烫伤，这是"最基本的常识"。原告方反驳道，麦当劳咖啡的温度高得不可思议，顾客意外失手，泼洒了一小杯咖啡，竟然造成全身6%的皮肤"三度烫伤"，花费了高达数万美元的医疗费用，而且险些造成年高体弱的受害者生命危险，已经完全超出了"最基本的常识"范畴。

麦当劳是低档廉价的连锁快餐店，不是高尚雅致的咖啡沙龙；麦当劳主顾是忙忙碌碌、来去匆匆的工薪阶层，不可能有那么多闲情逸致，严格遵守咖啡专家的建议。市场调查统计显示，购买麦当劳咖啡的顾客，大约有一半并未在店内饮用，或携至车上，或返回家中，或抵达办公室之后才喝。

另外，麦当劳使用的咖啡杯，是那种柔若无骨、价廉简陋的一次性纸杯，很容易因意外失手导致咖啡泼洒。因此，如果咖啡滚烫，缺乏法律警告，极易给毫无心理准备的消费者造成无妄之灾。

最后，陪审团一致判决，麦当劳出售的咖啡温度过高，在产品安全问题上，疏忽大意，侵犯了原告的人身安全，造成了重大伤害事故和经济损失，因此，必须承担咖啡质量低劣的法律责任，偿付原告20万美元的"补偿性赔偿"（Compensatory Damages）。考虑到原告不慎失手，应对事故承担20%的责任，故麦当劳公司的实际赔偿总数为16万美元。

同时，陪审团判定，麦当劳不但应当承担咖啡过烫、质量低劣的法律责任，而且由于对顾客的投诉置若罔闻，对数百起烫伤事故漠然置之，其侵权行为已经明显体现了"轻率的"和"恶意的"性质，因此，除了"补偿性赔偿"之外，被告应偿付原告270万美元的"惩罚性赔偿"，此金额仅是麦当劳全球连锁快餐店两天的咖啡营业收入。判决公布后，全美震惊。随后，麦当劳在咖啡杯醒目之处，标明了"高温热饮，小心烫伤"的法律警示。同时，把咖啡温度降到了70摄氏度至72摄氏度。

主审法官认为，陪审团在认定事实方面基本恰当，判处"惩罚性赔偿"的理由亦相当充足，但是，在此案中，原告本人的责任不可低估，而且陪审团判决的"惩罚性赔偿"的金额明显过高，有失公平。于是，将"惩罚性赔偿"由270万改为48万美元，加上原有的16万美元"补偿性赔偿"，麦当劳应付的赔偿总额降低为64万美元。控辩双方皆不同意法官裁定，决定继续上诉。但没过多久，双方达成了庭外秘密和解。据披露，麦当劳秘密支付莉柏克的一次性"和解费"，总金额大约在60万~70万美元。其附加条件为受害者全家必须"保持沉默"，不得以写文章、出书、接受媒体采访等形式"旧案重提"，不得披露案情和解的内容和细节，破坏麦当劳公司的商业信誉和形象。

问题：

1. 分析上述案例，完成案例分析报告。
2. 谈谈该案对我国产品缺陷认定制度的启示。

核心提示： 产品缺陷有四种情形：设计缺陷、制造缺陷、警示缺陷及发展缺陷。本案中产品缺陷属于警示缺陷。警示缺陷是指产品生产者或销售者有义务向消费者或使用者提供适当的书面材料，告知产品的正确用途，如果使用说明不当，造成损害，也可视为产品有缺陷。如美国《侵权法重述第二版》中指出，当产品具有不为人普遍知晓或合理预见的危险时，如果销售者知道或应当知道这一危险，就应当在产品的包装上就产品的使用方法提供说明和警示。在对经营者的警示义务要求上，美国法律规定较为严格。例如，在警示用语上，警告和注意两词的法律意义截然不同。这也为纠纷的解决提供了具体准确的法律依据。

训练项目三：产品缺陷召回的案例分析

【训练目的与要求】

通过案例的训练，能够理解并掌握产品缺陷召回责任的认定及赔偿范围的确定。

【实例训练】

案例： 2016 年 10 月 21 日，黄某某以 769 963.5 元的价格购买车牌号为闽 J×××××的 A 公司汽车（简称涉案车辆）。2017 年 6 月 1 日，涉案车辆发动机因进水损坏，因不认可 A 公司的召回公告和维修措施，黄某某诉至人民法院请求判令：①告知涉案车辆质量缺陷的有关信息并在媒体上以书面形式道歉；②赔偿损失，包括购车款 664 520 元、购置税 52 991.45 元、保险 19 762.09 元、车船税 375 元、精品 30 380 元、贴膜 1935 元、停车费（以每日 50 元为标准，自 2017 年 6 月 2 日计算至实际提车之日）、律师费 66 600 元、误工费 5000 元、差旅费 5000 元，涉案车辆归 A 公司。

被告 A 公司辩称：认可涉案车辆存在设计缺陷，A 公司已履行生产者对缺陷汽车产品的召回义务，在召回公告中告知了汽车产品存在的缺陷内容并在官网道歉，不存在重复道歉的事由和法律依据。黄某某诉求的本质是对召回措施的评估，而召回措施是否有效属于行政机关主管范围，非人民法院审理范围。黄某某的第 2 项诉讼请求本质上是要求退车，退车的诉讼请求系合同纠纷的诉求，黄某某主张退车的主体有误。此外，黄某某提出维修后，A 公司已指示 4S 店免费更换发动机，但被黄某某拒绝。黄某某在超出实际损失的范围内主张赔偿，缺乏法律依据，因其拒绝维修导致的损失扩大，应当自行承担责任。故请人民法院驳回原告黄某某的全部诉讼请求。

问题：

请归纳本案的争议焦点，结合缺陷产品召回制度予以分析。

核心提示： 我国法律法规对产品生产者之于缺陷产品的后见之明及其法律责任予以了明确的法律规定，即生产者对投入流通后的产品，发现产品在其使用过程中存在缺陷情形的，生产者应当及时以合理、有效的方式向使用人发出警示，并采取检测、修理或者更换召回缺陷产品等补救措施，以防止损害的发生或者进一步扩大。如果生产者对投入流通后发现存在缺陷的产品，不及时采取补救措施或者采取补救措施不力造成损害的，应当承担侵权责任。侵权损害赔偿以填平为基本原则。相关汽车产品质量行政主管部门所实施的行政调查行为并不阻碍当事人为维护私权行使民事纠纷诉权，车主的诉讼权利应当得到保护。

学习单元五 广告法律基础与案例分析

单元知识体系导图

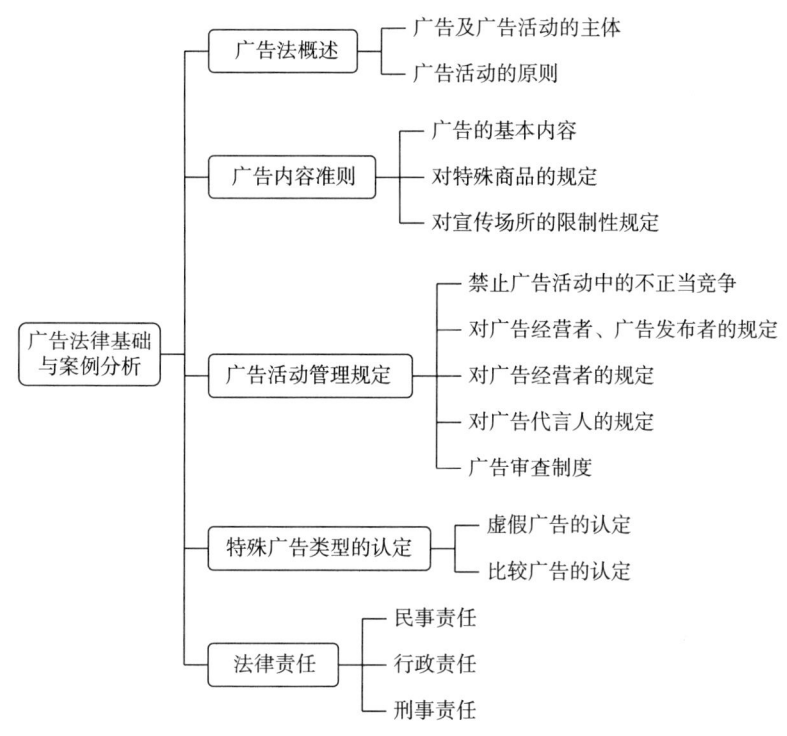

学习内容1 广告法概述

我国广告业是改革开放以后恢复和发展起来的新兴产业。在快速发展中，我国广告业存在着比较突出的问题。虚假广告屡见不鲜，有的采用虚假、欺骗的手法误导消费者；有的贬低竞争对手，进行不正当竞争；有的广告内容有悖社会善良习俗，损害社会公德等等。

我国法律关于广告的规制来源于1994年10月27日第八届全国人民代表大会常务委员会第十次会议通过的《广告法》，于1995年2月1日起施行，经过2015年的修订，2018年、2021年的修正，现行《广告法》体系已相对成熟，涵盖广告内容准则、广告行为规范等内容，并对教育、培训广告、房地产广告、酒类广告、保健食品广告等关系国计民生的行业广告作出了规定。规范广告活动，保护消费者的合法权益，促进广告业的健康发展，维护社会经济秩序。

一、广告及广告活动的主体

广告是指商品经营者或者服务提供者通过一定媒介和形式直接或者间接地介绍自己所推销的商品或者服务。在广告活动中，必不可少的主体包括广告主、广告经营者、广告发布者和广告代言人。广告主，是指为推销商品或者服务，自行或者委托他人设计、制作、发布广告的自然人、法人或者其他组织。广告经营者，是指接受委托提供广告设计、制作、代理服务的自然人、法人或者其他组织。广告发布者，是指为广告主或者广告主委托的广告经营者发布广告的自然人、法人或者其他组织。广告代言人，是指广告主以外的，在广告中以自己的名义或者形象对商品、服务作推荐、证明的自然人、法人或者其他组织。

二、广告活动的原则

我国《广告法》规定了广告与广告活动应当遵循下列原则：

（一）广告应当具有真实性

广告应当具有真实性，广告主应当对广告内容的真实性负责。广告作为一种艺术形式，可以有艺术的夸张，但内容必须真实。广告内容应与其推销的商品或者服务相一致，不得含有虚假或者引人误解的内容，不得欺骗、误导消费者。

（二）广告应当具有合法性

广告的内容应当合法。法律、行政法规规定禁止生产、销售的产品或者提供的服务，不得作广告；虽然允许生产、销售，但禁止发布广告的商品或服务，不得对其进行广告宣传，例如，麻醉药品、精神药品、医疗用毒性药品等特殊药品，不得作广告；法律规定应当清楚、明示的内容应当清楚、明示，广告内容不得出现法律规定不得出现的情形。

广告的形式应当合法。广告应当以健康的形式表达广告内容，广告不得损害未成年人和残疾人的身心健康，不得有下列情形：

1. 使用或者变相使用中华人民共和国的国旗、国歌、国徽，军旗、军歌、军徽。

2. 使用或者变相使用国家机关、国家机关工作人员的名义或者形象。

3. 使用"国家级""最高级""最佳"等用语。

4. 损害国家的尊严或者利益，泄露国家秘密。

5. 妨碍社会安定，损害社会公共利益。

6. 危害人身、财产安全，泄露个人隐私。

7. 妨碍社会公共秩序或者违背社会良好风尚。

8. 含有淫秽、色情、赌博、迷信、恐怖、暴力的内容。

9. 含有民族、种族、宗教、性别歧视的内容。

10. 妨碍环境、自然资源或者文化遗产保护。

11. 法律、行政法规规定禁止的其他情形。

（三）广告应当具有可识别性

广告应当具有可识别性，能够使消费者辨明其为广告。大众传播媒介不得以新闻报道形式变相发布广告。通过大众传播媒介发布的广告应当显著标明"广告"，与其他非广告信息相区别，不得使消费者产生误解。

不得以新闻报道形式变相发布广告，广播电台、电视台、报刊音像出版单位、互联网信息服务提供者不得以介绍健康、养生知识等形式变相发布医疗、药品、医疗器械、保健食品广告。

（四）广告活动应当遵循诚实信用与公平竞争原则

广告本质上也是商品经济的一种表现形式，广告主通过自主设计或委托广告经营者设计广告，然后通过广告发布者面向公众宣传，其目的是更好地销售商品或服务。在这过程中，广告主、广告经营者、广告发布者的行为不仅应当受到《广告法》的规制，还应当受到《广告法》中关于民事行为和合同的相关规制，即应当诚实信用，公平竞争。

学习内容 2　广告内容准则

一、广告的基本内容

广告中对商品的性能、功能、产地、用途、质量、成分、价格、生产者、有效期限、允诺等或者对服务的内容、提供者、形式、质量、价格、允诺等有表示的，应当准确、清楚、明白。

广告中表明推销的商品或者服务附带赠送的，应当明示所附带赠送商品或者服务的品种、规格、数量、期限和方式。

广告内容涉及的事项需要取得行政许可的，应当与许可的内容相符合。

广告使用数据、统计资料、调查结果、文摘、引用语等引证内容的，应当真实、准确，并表明出处。引证内容有适用范围和有效期限的，应当明确表示。

广告中涉及专利产品或者专利方法的，应当标明专利号和专利种类。未取得专利权的，不得在广告中谎称取得专利权。禁止使用未授予专利权的专利申请和已经终止、撤销、无效的专利作广告。

针对不满十四周岁的未成年人的商品或者服务的广告不得含有下列内容：劝诱其要求家长购买广告商品或者服务；可能引发其模仿不安全行为。

二、对特殊商品的规定

1. 麻醉药品、精神药品、医疗用毒性药品、放射性药品等特殊药品，药品类易制毒化学品，以及戒毒治疗的药品、医疗器械和治疗方法，不得作广告。上述规定以外的处方药，只能在国务院卫生行政部门和国务院药品监督管理部门共同指定的医学、药学专业刊物上作广告。

2. 医疗、药品、医疗器械广告不得含有下列内容：表示功效、安全性的断言或者保证；说明治愈率或者有效率；与其他药品、医疗器械的功效和安全性或者其他医疗机构比较；利用广告代言人作推荐、证明；法律、行政法规规定禁止的其他内容。

药品广告的内容不得与国务院药品监督管理部门批准的说明书不一致，并应当显著标明禁忌、不良反应。处方药广告应当显著标明"本广告仅供医学药学专业人士阅读"，非处方药广告应当显著标明"请按药品说明书或者在药师指导下购买和使用"。

除医疗、药品、医疗器械广告外，禁止其他任何广告涉及疾病治疗功能，并不得使用

医疗用语或者易使推销的商品与药品、医疗器械相混淆的用语

3. 保健食品广告不得含有下列内容：表示功效、安全性的断言或者保证；涉及疾病预防、治疗功能；声称或者暗示广告商品为保障健康所必需；与药品、其他保健食品进行比较；利用广告代言人作推荐、证明；法律、行政法规规定禁止的其他内容。保健食品广告应当显著标明"本品不能代替药物"。

4. 农药、兽药、饲料和饲料添加剂广告不得含有下列内容：表示功效、安全性的断言或者保证；利用科研单位、学术机构、技术推广机构、行业协会或者专业人士、用户的名义或者形象作推荐、证明；说明有效率；违反安全使用规程的文字、语言或者画面；法律、行政法规规定禁止的其他内容。

5. 酒类广告不得含有下列内容：诱导、怂恿饮酒或者宣传无节制饮酒；出现饮酒的动作；表现驾驶车、船、飞机等活动；明示或者暗示饮酒有消除紧张和焦虑、增加体力等功效。

6. 教育、培训广告不得含有下列内容：对升学、通过考试、获得学位学历或者合格证书，或者对教育、培训的效果作出明示或者暗示的保证性承诺；明示或者暗示有相关考试机构或者其工作人员、考试命题人员参与教育、培训；利用科研单位、学术机构、教育机构、行业协会、专业人士、受益者的名义或者形象作推荐、证明。

7. 招商等有投资回报预期的商品或者服务广告，应当对可能存在的风险以及风险责任承担有合理提示或者警示，并不得含有下列内容：对未来效果、收益或者与其相关的情况作出保证性承诺，明示或者暗示保本、无风险或者保收益等，国家另有规定的除外；利用学术机构、行业协会、专业人士、受益者的名义或者形象作推荐、证明。

8. 房地产广告，房源信息应当真实，面积应当表明为建筑面积或者套内建筑面积，并不得含有下列内容：升值或者投资回报的承诺；以项目到达某一具体参照物的所需时间表示项目位置；违反国家有关价格管理的规定；对规划或者建设中的交通、商业、文化教育设施以及其他市政条件作误导宣传。

9. 农作物种子、林木种子、草种子、种畜禽、水产苗种和种养殖广告关于品种名称、生产性能、生长量或者产量、品质、抗性、特殊使用价值、经济价值、适宜种植或者养殖的范围和条件等方面的表述应当真实、清楚、明白，并不得含有下列内容：作科学上无法验证的断言；表示功效的断言或者保证；对经济效益进行分析、预测或者作保证性承诺；利用科研单位、学术机构、技术推广机构、行业协会或者专业人士、用户的名义或者形象作推荐、证明。

三、对宣传场所的限制性规定

禁止在大众传播媒介或者公共场所发布声称全部或者部分替代母乳的婴儿乳制品、饮料和其他食品广告。

禁止在大众传播媒介或者公共场所、公共交通工具、户外发布烟草广告。禁止向未成年人发送任何形式的烟草广告。禁止利用其他商品或者服务的广告、公益广告，宣传烟草

制品名称、商标、包装、装潢以及类似内容。烟草制品生产者或者销售者发布的迁址、更名、招聘等启事中，不得含有烟草制品名称、商标、包装、装潢以及类似内容。

不得在中小学校、幼儿园内开展广告活动，不得利用中小学生和幼儿的教材、教辅材料、练习册、文具、教具、校服、校车等发布或者变相发布广告，但公益广告除外。

在针对未成年人的大众传播媒介上不得发布医疗、药品、保健食品、医疗器械、化妆品、酒类、美容广告，以及不利于未成年人身心健康的网络游戏广告。

有下列情形之一的，不得设置户外广告：利用交通安全设施、交通标志的；影响市政公共设施、交通安全设施、交通标志、消防设施、消防安全标志使用的；妨碍生产或者人民生活，损害市容市貌的；在国家机关、文物保护单位、风景名胜区等的建筑控制地带，或者县级以上地方人民政府禁止设置户外广告的区域设置的。

任何单位或者个人未经当事人同意或者请求，不得向其住宅、交通工具等发送广告，也不得以电子信息方式向其发送广告。

以电子信息方式发送广告的，应当明示发送者的真实身份和联系方式，并向接收者提供拒绝继续接收的方式。

公共场所的管理者或者电信业务经营者、互联网信息服务提供者对其明知或者应知的利用其场所或者信息传输、发布平台发送、发布违法广告的，应当予以制止。

学习内容 3　广告活动管理规定

一、禁止广告活动中的不正当竞争

广告主、广告经营者、广告发布者不得在广告活动中进行任何形式的不正当竞争，不得贬低其他生产经营者的商品或者服务。

广告主、广告经营者、广告发布者之间在广告活动中应当依法订立书面合同。

二、对广告经营者、广告发布者的规定

广告主委托设计、制作、发布广告，应当委托具有合法经营资格的广告经营者、广告发布者。

三、对广告经营者的规定

广告主或者广告经营者在广告中使用他人名义或者形象的，应当事先取得其书面同意；使用无民事行为能力人、限制民事行为能力人的名义或者形象的，应当事先取得其监护人的书面同意。

四、对广告代言人的规定

广告代言人在广告中对商品、服务作推荐、证明，应当依据事实，符合本法和有关法律、行政法规规定，并不得为其未使用过的商品或者未接受过的服务作推荐、证明。

不得利用不满 10 周岁的未成年人作为广告代言人。

对在虚假广告中作推荐、证明受到行政处罚未满 3 年的自然人、法人或者其他组织，不得利用其作为广告代言人。

五、广告审查制度

发布医疗、药品、医疗器械、农药、兽药和保健食品广告，以及法律、行政法规规定应当进行审查的其他广告，应当在发布前由有关部门（以下称广告审查机关）对广告内容进行审查；未经审查，不得发布。

广告主申请广告审查，应当依照法律、行政法规向广告审查机关提交有关证明文件。

广告审查机关应当依照法律、行政法规规定作出审查决定，并应当将审查批准文件抄送同级市场监督管理部门。广告审查机关应当及时向社会公布批准的广告。

学习内容4 特殊广告类型的认定

一、虚假广告的认定

在已查处和未查处的虚假广告中，虚假广告历来问题最多。虽然市场监管部门一直将监管重点放在打击虚假广告上，但是虚假广告仍对消费者利益构成最大威胁。

1993年公布的《国家工商行政管理局关于认定处理虚假广告问题的批复》（已失效）中对虚假广告的定义为，凡利用广告捏造事实，以并不存在的产品和服务进行欺诈宣传，或广告所宣传的产品和服务的主要内容与事实不符的，均应认定为虚假广告。现实生活中常见的虚假广告在认定虚假广告时，往往可以从以下几方面入手：

1. 商品或者服务不存在的。

2. 商品的性能、功能、产地、用途、质量、规格、成分、价格、生产者、有效期限、销售状况、曾获荣誉等信息，或者服务的内容、提供者、形式、质量、价格、销售状况、曾获荣誉等信息，以及与商品或者服务有关的允诺等信息与实际情况不符，对购买行为有实质性影响的。

3. 使用虚构、伪造或者无法验证的科研成果、统计资料、调查结果、文摘、引用语等信息作为证明材料的。

4. 虚构使用商品或者接受服务的效果的。

5. 以虚假或者引人误解的内容欺骗、误导消费者的其他情形。

比较来看，经济发达国家和地区的广告立法对于虚假广告概念的法律界定是值得我国借鉴的。如根据美国《联邦贸易委员会法》的规定，虚假广告是指在主要方面是欺骗性的广告，不是标签。决定广告的欺骗性时，既要考虑广告说明、词、句及设计、声音或其组合本身，还要考虑其对相关事实的表述程度。再如欧洲理事会《关于协调成员国有关误导广告的法律与行政规定的指令》中使用"误导广告"的概念，"误导广告"是指任何形式的广告，包括其表述，欺诈或有可能欺诈其受众或收到广告的人。鉴于其欺诈性质，它容易影响这些人的经济行为或可能损害竞争者。德国甚至将标准量化，导致10%~20%的消费者有误解的可能时，即认定为虚假广告。

二、比较广告的认定

比较广告，即经营者利用商业广告对一个或多个、特定或不特定的具有竞争关系的产品进行直接或间接、明示或暗示、主观或客观的比对。从立法上看，我国目前尚未针对比较广告设置单独的法律制度，相关规范零散规定于《广告法》《广告管理条例》《反不正当竞争法》《最高人民法院关于审理不正当竞争民事案件应用法律若干问题的解释》（已失效）等条文中。现行法律针对"比较广告"总体上持以"原则允许、例外禁止"的态度，除医疗、药品、医疗器械、保健食品等特殊行业领域之外，法律并未明文禁止其他形式的比较广告。但总的来说，对比广告时提供的商品信息应当是全面、客观、充分的。涉及与其他市场竞争者有关的对比时，应遵守经济伦理、慎言慎行原则，对于数据来源、比较方式、比较基准等信息应当进行注释注解，公开尽量多的相关信息和背景资料，指引受众正确理解。

从实践来看，司法有判例认定经营者通过直接或间接的方式与竞争对手进行凸显自身商品优势的比较，可能会造成虚假宣传或商业诋毁的不正当竞争。比如，市场主体为推销商品或服务而发布的测评类短视频属于比较广告，采取凸显自身优势、散布竞争对手劣势的直接比较方式，造成相关公众误认的，构成不正当竞争。

学习内容5　法律责任

一、民事责任

我国法律规定，发布虚假广告，欺骗、误导消费者，使购买商品或者接受服务的消费者的合法权益受到损害的，由广告主依法承担民事责任。广告经营者、广告发布者不能提供广告主的真实名称、地址和有效联系方式的，消费者可以要求广告经营者、广告发布者先行赔偿。

由此可见，我国对于虚假广告的责任主要在于广告主，在未能及时向广告主追责的前提下，为便利消费者，广告经营者、广告发布者有先行垫付的义务。但是，仍然存在两个连带责任的例外：

第一，是关系消费者生命健康的商品或者服务的虚假广告，由于涉及消费者的生命健康权，法律对此以连带责任的方式将广告经营者、广告发布者、广告代言人囊括进来，更好地保障消费者的合法权益。

第二，是不关乎消费者生命健康的商品或者服务，如造成了损害后果，广告经营者、广告发布者、广告代言人，在主观状态为明知或者应知的情形下，仍设计、制作、代理、发布或者作推荐、证明的，应当与广告主承担连带责任。

除了虚假广告的民事责任外，广告主、广告经营者、广告发布者还应当就下列违法行为依法承担民事责任：在广告中损害未成年人或者残疾人的身心健康的；假冒他人专利的；贬低其他生产经营者的商品、服务的；在广告中未经同意使用他人名义或者形象的；其他侵犯他人合法民事权益的。

二、行政责任

行政责任主要包括停止发布广告；责令公开更正；通报批评；没收违法所得；罚款；

停业整顿；吊销营业执照或广告经营许可证。

三、刑事责任

《广告法》第55条和《刑法》第222条为虚假广告的行为提供了追诉依据。《刑法》第222条规定："广告主、广告经营者、广告发布者违反国家规定，利用广告对商品或者服务作虚假宣传，情节严重的，处二年以下有期徒刑或者拘役，并处或者单处罚金。"

此外，针对拒绝、阻挠市场监督管理部门监督检查，情节严重构成犯罪的；广告审查机关对违法的广告内容作出审查批准决定的，对负有责任的主管人员和直接责任人员情节严重，构成犯罪的；市场监督管理部门和负责广告管理相关工作的有关部门的工作人员玩忽职守、滥用职权、徇私舞弊的，构成犯罪的，都将依法被追究刑事责任。

训练项目：违反广告法行为的案例分析

【训练目的与要求】

通过案例的训练，能够理解并掌握虚假宣传的认定，识别和分析实践中出现的现象和问题，运用法律方法分析和解决案件。

【实例训练】

案例：当事人在其运营的微信公众号内，发布文章《雪梨和它是绝配！入秋这样吃，润肺止咳，化痰嗓子痛，统统不见》，其中宣传普通食品"雪梨枇杷膏"有"咽炎的老毛病逐渐缓解了……干咳、咽痛的现象没有了，肺部也轻松多了！自然草本的力量非常强大，发炎的嗓子在不知不觉中好了，肿胀的扁桃体渐渐恢复了"等内容，上述广告受A公司委托发布，收取广告费用3000元。当事人的上述行为违反了《广告法》第17条的规定，构成了广告发布者明知或者应知普通食品广告不得涉及疾病治疗功能，不得使用医疗用语或者易使推销的商品与药品、医疗器械相混淆的用语仍代理发布的行为，北京市海淀区市场监督管理局于2021年1月作出行政处罚决定，依据《广告法》第58条第1款第2项和第3款的规定，责令当事人停止发布违法广告，没收广告费用3000元，罚款12 000元。

问题：

分析该行为属于触犯《广告法》中的什么内容，结合法条予以说明。

核心提示：除医疗、药品、医疗器械广告外，禁止其他任何广告涉及疾病治疗功能，并不得使用医疗用语或者易使推销的商品与药品、医疗器械相混淆的用语。涉案广告宣传语已明显超出了普通食品的用途，夸大了普通食品的功效，容易误导患者，如果消费者误信，还可能延误病情，损害身体健康。

第四模块　宏观调控法

🔷 **学习目的与要求**

　　了解我国宏观调控法的体系及立法进程，明确学习财税法、金融法的意义。理解并掌握宏观调控法的理念、特征、调整对象与基本原则，对经济法律实务问题与纠纷能够准确判断、分析，并提出解决方案。

🔷 **学习重点与提示**

　　财政法基本原理与主要制度；税法的基本原理与主要制度；金融法的基本原理与主要制度。

学习单元一　财政法律基础与案例分析

🎯 单元知识体系导图

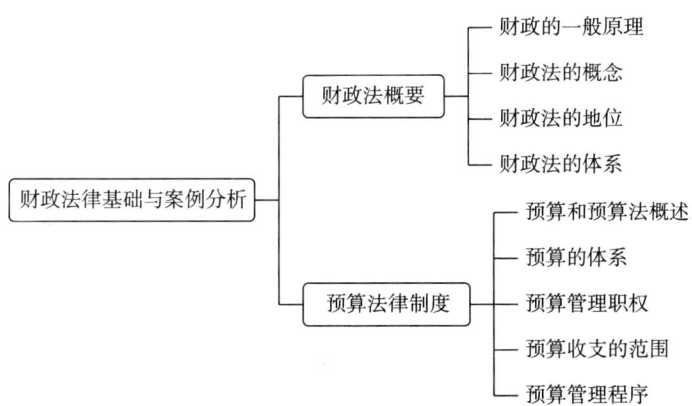

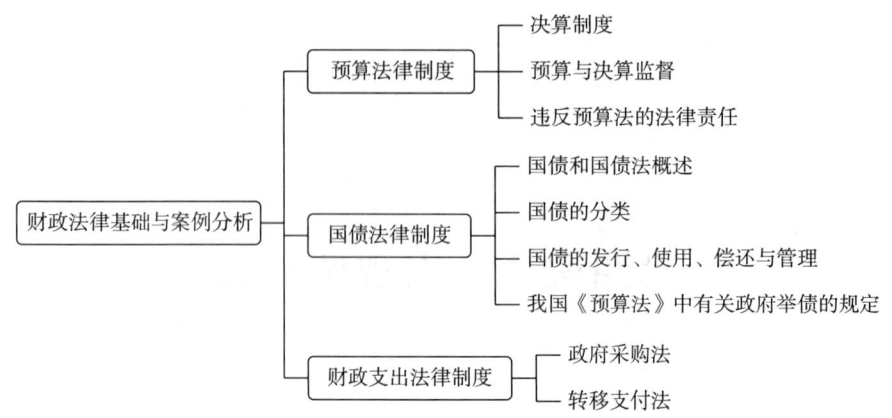

学习内容1 财政法概要

一、财政的一般原理

（一）财政的概念

财政是国家为满足公共需求而取得、使用和管理资财的活动的总称。它包括中央财政和地方财政。财政是国家参与国民收入分配和再分配的重要手段，在宏观调控和保障经济社会稳定发展方面都具有重要作用。

财政作为一个经济范畴，是与私人经济相对立的，它在很大程度上影响着社会财富的分配；财政作为一个历史范畴，是与国家的产生和发展形影相随的。没有国家，就没有财政；同时，没有财政，国家也难以存续。财政是保障国泰民安的重要手段。

（二）财政的特征

整个社会经济可分为两类：一类是各种市场主体之间的经济活动，即私人经济；另一类是国家或政府相互之间及其与市场主体相互之间的经济活动，即公共经济。这一分类对于理解财政问题具有重要意义。

财政作为公共经济，与私人经济中的企业财务、私人家计等有许多不同。财政的基本特征体现在如下几个方面：

1. 财政的主体是国家，它以国家的强制力为保障，同时，财政活动需以国家的法律为依据，促进国家自身职能的实现。

2. 财政的目的是满足公共欲望，实现公共需要。

3. 财政的内容包括财政收入、财政支出、财政管理三个部分，其涉及领域广阔，并围绕满足公共欲望这一中心展开。

基于上述财政的基本特征，还可以概括出财政的如下引申特征：

第一，强制性。与私人经济的资财转移不同，在公共经济领域，国家从私人经济领域取得资财是依其主权地位和所有者地位，并且是以强制、无偿取得为主，而不是靠私人的自愿奉献，因此，必须以国家强制力为后盾，依强行法为之。

第二，非营利性。财政具有公共目的性，与私人经济以利润最大化为目标不同。财政收支、管理活动主要是为了向社会提供公共物品，增进社会福利，而不是以营利为目的。因此，"取之于民，用之于民"，是财政的根本要义

第三，永续性。在存续时间上，财政与国家或政府并存，具有一种永久连续性，不像私人经济那样容易出现非连续性。

（三）财政的职能

财政的职能是财政所内涵的基本功能，主要可以概括为如下三个方面：

1. 分配收入的职能。由于财政的内容是财政收入、支出和管理活动，即集中部分社会财富而后再进行分配，因此，分配收入是财政最原初、最基本的职能。

财政分配收入的职能，具体地表现为对分配关系的调节，即财政能够调节国家、企业、居民等各分配主体之间的物质利益关系。在整个社会分配体系中，财政分配占有重要地位，它包括公共经济领域以及公共经济与私人经济之间的分配。

财政分配活动包括两个阶段：其一，是国家凭借主权地位或所有者地位占有一定数量的社会产品的财政收入阶段；其二，是国家按照一定的政治经济原则，将占有的社会产品用于社会生产和生活的财政支出阶段。两者构成了财政参与国民收入分配和再分配的总体格局。财政收支规模及财政活动领域的广狭，决定了财政分配收入职能发挥作用的深度和广度。

2. 配置资源的职能。财政配置资源的职能，就是通过资源的分配，引导人力和物力的流向，以形成一定的资产结构和产业结构，实现资源的有效配置。财政能够把社会的资源在政府部门与非政府部门之间进行分配；同时，还能够根据国家的经济和政治原则，调节积累和消费等比例关系。

通常，税收、预算支出、国债、转移支付等财政手段都是资源配置的有效手段，其运用的过程也就是对资源进行配置的过程和宏观调控的过程。正因如此，财政杠杆是各国用以进行宏观调控、实现资源有效配置的重要手段。

3. 保障稳定的职能。财政保障稳定的职能，是上述两项职能实现的结果。具体说来，在经济层面上，通过在各类经济主体之间有效分配收入，配置资源，有助于保障经济领域的公平和效率，从而有助于保障宏观经济各项目标的实现，实现经济的稳定增长；在社会层面上，财政上述两项职能的实现，不仅有助于保障经济公平，而且更有助于保障社会分配领域里的社会公平，保障基本人权，从而也有利于社会稳定。

财政的上述三项基本职能是层层递进的。其中，分配收入的职能是前提、基础；配置资源的职能建立在分配收入的职能的基础上，并日渐受到重视；而保障稳定的职能则是以前两大职能为基础的。

（四）财政存在的必要性

经济学或财政学倾向于用公共物品理论来解释财政存在的必要性问题。一般认为，财政之所以会存在，是因为社会公众对公共物品存在着公共欲望，这些公共欲望难以从市场获得满足，而只能由国家来满足；这些公共物品不能由私人经济提供，而只能由公共经济提供。由此以满足公共欲望、提供公共物品为己任的财政便应运而生。

与公共经济、私人经济的区别相似，人类的欲望也可分为两类，即私人欲望和公共欲望。前者是指个人能够独自满足的需求，是具有排他性的欲望；而后者则是公众可以共同享有的需求，是不具有排他性的欲望。公共欲望实际上是存在于私人经济中的无数私人欲望中的共同欲望。一般说来，私人欲望可以通过私人个体在市场上选购商品和劳务而得到满足；而公共欲望则不能通过市场主体的活动来得到满足，因为市场不能有效地提供公众所需要的公共物品，即在提供公共物品方面市场是失灵的。只有公共经济部门提供公共物品才是更有效率的，才能更好地满足公共欲望。

上述的公共物品（或称为公共商品、公共产品等），是私人物品的对称，它是用来满足公共欲望的资财；而私人物品则是用来满足私人欲望的资财。私人物品的产权是明晰的，具有独占性、排他性和可转让性的特点；而公共物品则具有消费的非排他性和非竞争性。由于对于公共物品无论是否付费和付费多少，其消费主体都能获得等量的、相同的消费，且一个主体的消费既不能影响他人的消费，也不能排除他人的消费，因此，私人对于公共物品的消费都存在着"搭便车"的心理，普遍不愿意投资于公共物品领域，从而使市场不能有效提供公共物品。于是，公众普遍需要的公共物品，只能由公共经济部门来提供，或者说，只能由政府来提供。而政府却是非营利的组织，政府提供公共物品只能依赖于财政，这就使财政的存在甚为必要。

二、财政法的概念

财政法，是调整在国家为了满足公共欲望而取得、使用和管理资财过程中发生的社会关系的法律规范的总称。它是经济法的重要部门法，在宏观调控和保障社会公平方面具有重要作用。

（一）财政法的调整对象

财政法的调整对象，是在国家取得、使用和管理资财的过程中发生的社会关系，亦即在财政收入、财政支出、财政管理的过程中发生的社会关系。这些社会关系被统称为财政关系。因此，财政法也就是调整财政关系的法律规范的总称。

财政法所调整的财政关系包括以下几个方面：

1. 财政收支管理关系，是在财政活动中形成的最主要、最广泛的社会关系。它包括财政收入关系、财政支出关系以及财政管理关系。

2. 财政活动程序关系，这是指法定程序进行财政活动的过程中形成的社会关系。

3. 财政管理体制关系，是指在相关的国家机关之间进行财政管理权限的横向和纵向划分的过程中所发生的社会关系。它是上述两类财政关系存在的前提。

（二）财政法的特征

财政法的特征是财政法区别于其他部门法的特点或称特有的征象。它反映财政法的本质，是对财政法概念的进一步揭示。

财政法的特征因分析角度和比较对象的不同，可以作出不同的概括。在财政法的定义中，实际上已经蕴含了财政法的特征。对此可以概括为以下几个方面：

1. 国家主体性。国家在财政关系中始终是主体的一方，且在财政活动中居于主导地位，从而使财政法具有公法的性质，并明显区别于私法。

2. 法域特定性。财政法作用于财政领域，这与刑法、行政法等公法的其他部门法的法域是不同的。这种法域的特定性，使财政法的宗旨、原则、调整方法等都有自己的独特性，具有突出的经济法属性。

3. 调整对象的独特性。财政法的调整对象是财政关系，是其他部门法都不调整的。由此使其能够区别于经济法中的其他部门法。

可见，与私法与公法的各个部门法相比，财政法属于社会法部类；与经济法以外的公法的部门法相比，财政法不仅有自己独立的调整对象，而且在法域、宗旨等方面都不同，从而可以与经济法以外的其他部门法相区别；与经济法的各个部门法相比，它有自己独特的调整对象，从而可以使其与联系最为密切的经济法的各个部门法相区别。

三、财政法的地位

财政法的地位，是指财政法在法的体系中是否具有自己的位置，其独立存在是否具有不可替代的理由和价值。依据一般法理，要判定财政法的地位，主要是看财政法是否能够成为一个独立的法律部门。

由于财政法有独立的调整对象，即财政关系，并且这种关系是其他部门法都不调整的，因此，财政法的调整与其他任何部门法的调整都既不存在交叉，也不存在冲突，从而有其不可替代的理由和价值。由于有自己独立的调整对象、性质相同的法律规范就能够组成一个部门法，因此，财政法能够成为一个独立的法律部门，在整个法律体系中有自己独立的位置。

财政法是一个独立的法律部门，这是一个毫无疑议的命题。但是，对于财政法究竟属于哪个层次的部门法，则存在着争论。例如，曾有人认为它属于行政法，多数人认为它属于经济法，也有人认为它是与经济法、行政法、民法等相并列的一个独立的法律部门。考虑到财政法在特征、宗旨、本质等各个方面，在总体上都与经济法一致，而且，现代财政法都在宏观调控方面具有重要作用，因此，我们认为财政法是经济法的部门法，并且是经济法的宏观调控法中的重要部门法。

财政法作为法的体系中的一个独立的部门法，与其相邻近的部门法之间既存在着明显的区别，也存在着密切的联系。特别是财政法与宪法、行政法、民法等的密切联系，都是值得重视和需要深入研究的。

四、财政法的体系

财政法的体系是财政法的各类法律规范所组成的和谐统一的整体。它应当是内外协调的，即对外要求财政法与其他部门法要和谐共处，对内要求组成财政法的各类法律规范要协调互补。

财政法的体系取决于其调整对象。由于财政法的调整对象是财政关系，因而财政法的体系也就应当是由调整各类财政关系的财政法律规范所构成的和谐统一的整体。从财政法理论上说，既然财政关系可以分为财政管理体制关系、财政收支管理关系以及财政活动程序关系，则调整财政关系的法律规范也就相应地可以分为三类，即财政管理体制法律规范、财政收支管理法律规范、财政活动程序法律规范，它们都是财政法体系不可缺少的组成部分。

需要指出的是，由于经济法具有"自足性"，即在立法中往往将实体法规范与程序法规范融于一体，因此，这三种调整财政关系的法律规范往往并存于形式意义上的财政法。事实上，由于财政法中的实体法规范与程序法规范密切关联，且有关财政收支的规范与有关财政管理的规范亦存在内在联系，因而在立法上一般并不把上述三类规范割裂开来。

关于财政法体系的结构，一般是从财政收入和财政支出的角度进行分析。从财政收入的角度说，由于税收和国债是财政收入（包括弥补赤字）的最重要的来源，因此，调整税收关系和国债关系的税法和国债法也就是调整财政收入管理关系的主要部门法；从财政支出的角度说，由于财政支出的主要途径是政府采购和转移支付，因而政府采购法和转移支付法应当是调整财政支出管理关系的重要部门法。此外，由于预算法对预算关系的调整既涉及财政收入，又涉及财政支出，是从总体上对财政收支活动进行规范的法，因此，它是财政法中的核心法。上述的预算法、税法、国债法、政府采购法和转移支付法等就构成了广义上财政法的体系。

而所谓狭义上的财政法体系，即不包括税法的财政法体系。考虑到税法的诸多特殊性以及税法在保障财政收入和宏观调控等方面的重要地位，本教材将随后进行专门介绍，在此主要从狭义上的财政法体系进行探讨。

学习内容 2 预算法律制度

一、预算和预算法概述

（一）预算和预算法的概念

预算，在此指国家预算，它是国家对会计年度内的收入和支出的预先估算。它包括中央预算和地方预算。

"预算"一词往往会在多种语境中被使用。国家的预算在形式上体现为反映财政收支的特定表格，但在实质上，它反映的是国家预算的编制、议定和执行等一系列活动，它反映了政府活动的范围、方向和政策目标。

预算法，是调整在国家进行预算资金的筹集、分配、使用和管理过程中发生的经济关系的法律规范的总称。

预算法的调整对象是在国家进行预算资金的筹集、分配、使用和管理的过程中发生的经济关系，即为预算关系。它包括预算程序关系和预算实体关系两个方面。前者是预算主体在履行预算的编制、议定、执行等程序过程中发生的经济关系，后者是在组织、取得和分配使用预算资金过程中所发生的经济关系。这两类预算关系是密切相关的。

预算和预算法既有区别又有联系。预算作为一种活动，是整个国家财政活动的重要内容，是国家筹集和分配财政资金的重要手段；而预算法则是调整预算关系的法律规范的总称。因此，预算活动作为预算法规范的对象，必须依照预算法的规定来进行。此外，预算作为一种法律文件，是指经过国家权力机关批准的预算，或称预算文件，具有法律约束力，可以归入广义上的预算法，但只在特定时期才具有法律约束力。国家每年通过具体预算文件的变动，对经济与社会运行进行宏观调控。

（二）预算法的地位

在财政法体系中，预算法是核心法、骨干法。由于财政活动的主要内容是进行预算资金的筹集、分配、使用和管理，并且，财政工作的主要任务就是组织和实现立法机关批准的财政收支计划，因此，从某种意义上说，没有预算就没有财政。预算的这种地位也决定了预算法在财政法中的核心地位。由于财政法的基本原理和基本精神主要是从预算法中概括出来的，因而也有人认为预算法就是狭义上的财政法

正由于预算法极为重要，因而各国都非常重视预算立法。许多国家不仅在宪法上对基本的预算体制作出规定，而且还专门制定形式意义上的预算法。我国在确立实行市场经济体制以后，第八届全国人民代表大会第二次会议于 1994 年 3 月 22 日通过了《中华人民共和国预算法》（简称《预算法》），自 1995 年 1 月 1 日起施行。其后，国务院又制定了《中华人民共和国预算法实施条例》。此后，于 2014 年 8 月 31 日和 2018 年 12 月 29 日由全国人民代表大会常务委员会对《预算法》作出了两次修正。《预算法》是我国财政法规范性文件体系中的一部至为重要的法律，其宗旨是规范政府收支行为，强化预算约束，加强对预算的管理和监督，建立健全全面规范、公开透明的预算制度，保障经济社会的健康发展。基于上述宗旨，该法规定了各类预算法律制度。

二、预算的体系

（一）预算的横向结构

预算由预算收入和预算支出组成。为了全面规范政府的收支行为，加强对预算的管理和监督，我国强调实行"全口径预算"，即政府的全部收入和支出都应当纳入预算。依据《预算法》第 5 条规定，预算包括一般公共预算、政府性基金预算、国有资本经营预算、社会保险基金预算。一般公共预算、政府性基金预算、国有资本经营预算、社会保险基金预算应当保持完整、独立。政府性基金预算、国有资本经营预算、社会保险基金预算应当与一般公共预算相衔接。

一般公共预算是对以税收为主体的财政收入，安排用于保障和改善民生、推动经济社会发展、维护国家安全、维持国家机构正常运转等方面的收支预算。它分为中央和地方两个层次。

中央一般公共预算包括中央各部门（含直属单位，下同）的预算和中央对地方的税收返还、转移支付预算。其预算收入包括中央本级收入和地方向中央的上解收入。其预算支出包括中央本级支出、中央对地方的税收返还和转移支付。

地方各级一般公共预算包括本级各部门（含直属单位，下同）的预算和税收返还、转移支付预算。其预算收入包括地方本级收入、上级政府对本级政府的税收返还和转移支

付、下级政府的上解收入。其预算支出包括地方本级支出、对上级政府的上解支出、对下级政府的税收返还和转移支付。

上述中央和地方各级一般公共预算中所包含的本级各部门预算，由本部门及其所属各单位预算组成。

政府性基金预算是对依照法律、行政法规的规定在一定期限内向特定对象征收、收取或者以其他方式筹集的资金，专项用于特定公共事业发展的收支预算。此类预算应当根据基金项目收入情况和实际支出需要，按基金项目编制，做到以收定支。

国有资本经营预算是对国有资本收益作出支出安排的收支预算。此类预算应当按照收支平衡的原则编制，不列赤字，并安排资金调入一般公共预算。

社会保险基金预算是对社会保险缴款、一般公共预算安排和其他方式筹集的资金，专项用于社会保险的收支预算。此类预算应当按照统筹层次和社会保险项目分别编制，做到收支平衡。

（二）预算的纵向结构

预算的纵向结构与国家的政权结构相对应，它是划分各级预算管理权限的前提条件，同时，也为加强对预算的管理和监督提供了制度保障。

依据财政法原理中的"一级政权，一级财政"的原则，《预算法》第3条第1款规定："国家实行一级政府一级预算……"据此，根据我国的政权结构，可以把我国的预算分为五级，即①中央预算；②省、自治区、直辖市预算；③设区的市、自治州预算；④县、自治县、不设区的市、市辖区预算；⑤乡、民族乡、镇预算。这五级预算，可以进一步分为两大类，即中央预算和地方预算。地方预算由各省、自治区、直辖市总预算组成。地方各级总预算由本级预算和汇总的下一级总预算组成；下一级只有本级预算的，下一级总预算即指下一级的本级预算。没有下一级预算的，总预算即指本级预算。由于乡级预算没有下一级预算，因而其总预算就是指本级预算。

上述预算的横向结构和纵向结构，为政府的预算活动提供了基本的框架。事实上，预算法确定的各类预算主体的地位及其职权与职责、权利与义务，以及预算活动的程序等各项制度，均与其直接相关。

三、预算管理职权

与预算体系密切相关的是预算管理体制。所谓预算管理体制，是指国家机关之间、中央和地方之间在预算管理职权方面的划分。其主要内容就是预算管理职权在同级的或不同级别的相关国家机关之间的横向和纵向的分配。《预算法》对预算管理职权主要有以下规定：

（一）各级权力机关的预算管理职权

1. 各级人民代表大会的预算管理职权。县级以上各级人民代表大会的预算管理职权是：①审查权。即有权审查本级总预算草案及本级总预算执行情况的报告。②批准权。即有权批准本级预算和本级预算执行情况的报告。③变更撤销权。即有权撤销或者改变本级人民代表大会常务委员会关于预算、决算的不适当的决议，县级以上地方各级人民代表大会还有权撤销本级政府关于预算、决算的不适当的决定和命令。

此外，乡级人民代表大会审查和批准本级预算和本级预算执行情况的报告；监督本级预算的执行；审查和批准本级预算的调整方案；审查和批准本级决算；撤销本级政府关于预算、决算的不适当的决定和命令。

2. 各级人民代表大会常务委员会的预算管理职权。县级以上各级人民代表大会常务委员会的预算管理职权是：①监督权。即有权监督本级总预算的执行。②审批权。即有权审批本级预算的调整方案以及本级政府的决算。③撤销权。全国人民代表大会常务委员会有权撤销国务院和省级人民代表大会及其常务委员会制定的同宪法、法律相抵触的关于预算、决算的行政法规、决定和命令以及地方性法规和决议；地方人民代表大会常务委员会有权撤销本级政府和下一级人民代表大会及其常务委员会关于预算、决算的不适当的决定、命令和决议。

（二）各级政府机关的预算管理职权

县级以上各级政府的预算管理职权是：①编制权。即有权编制本级预算、决算草案以及本级预算的调整方案。②报告权。即有权向本级人民代表大会作关于本级总预算草案的报告；有权将下一级政府报送备案的预算汇总后报本级人民代表大会常务委员会备案；有权向本级权力机关报告本级总预算的执行情况。③执行权。即有权组织本级总预算的执行。④决定权。即有权决定本级预算预备费的动用。⑤监督权。即有权监督本级各部门和下级政府的预算执行。⑥变更撤销权。即有权改变或撤销本级各部门和下级政府关于预算、决算的不适当的决定、命令。

此外，乡级政府的预算管理职权主要是编制权、报告权、执行权、决定权，其具体内容同上。

（三）各级财政部门的预算管理职权

各级财政部门是各级政府机关具体负责财政工作的职能部门，其预算管理职权实际上是政府相关职权的进一步具体化，主要有：①编制权。即有权具体编制本级预算、决算草案以及本级预算的调整方案。②执行权。即有权组织本级总预算的执行。③提案权。即有权提出本级预算预备费动用方案。④报告权。即有权代其向本级政府和上一级政府财政部门报告本级总预算的执行情况。

四、预算收支的范围

基于上述预算的横向结构和纵向结构以及预算管理职权的划分，还要进一步明确预算收支的范围，这对于预算的编制、审批、执行和调整等都非常重要。

预算的收支范围，与各级政府的财权、事权的划分，以及相关的收支能力都密切相关。《预算法》第15条规定："国家实行中央和地方分税制。"这对于稳定中央与地方的预算收入，充分调动各级政府预算管理的积极性，增强财政的宏观调控能力，提高国家的竞争力等，都有重要意义。

由于各类预算的收支范围不同，因此，《预算法》主要对一般公共预算的收支范围作出了规定，并强调其他各类预算的收支范围，按照法律、行政法规和国务院的规定执行。

（一）预算收入的范围

根据《预算法》第 27 条第 1 款的规定，一般公共预算收入包括各项税收收入、行政事业性收费收入、国有资源（资产）有偿使用收入、转移性收入和其他收入。

上述预算收入的范围，体现了各类收入来源的不同。其中，税收收入是预算收入中最主要的部分，在各国预算收入中的占比都较高，我国亦然。由于税收对于国家极为重要，因此调整税收关系的税法也备受重视，本书将设专章加以介绍。此外，国有资源（资产）有偿使用收入，是国家依据其所有者的地位而获得的收益，它虽然与行政事业性收费收入的取得依据不同，但都属于"非税收入"。上述各类收入与转移性收入、其他收入一起，构成了总体的预算收入。

另外，依据分税制的要求，预算收入的范围包括中央预算收入、地方预算收入、中央和地方共享收入三类。根据 1994 年实行分税制时的设想，中央固定收入主要包括关税收入、消费税收入等，中央与地方的共享收入包括增值税收入等。除上述中央固定收入和共享收入中属于中央预算收入的部分以外的税收收入，属地方预算收入。

（二）预算支出的范围

从预算支出的功能或经济性质的角度，可以对预算支出作出不同的分类，而这些不同类型的预算支出，则构成了预算支出的范围。

根据《预算法》第 27 条第 2 款的规定，一般公共预算支出按照其功能分类，包括一般公共服务支出，外交、公共安全、国防支出，农业、环境保护支出，教育、科技、文化、卫生、体育支出，社会保障及就业支出和其他支出。根据《预算法》第 27 条第 3 款的规定，一般公共预算支出按照其经济性质分类，包括工资福利支出、商品和服务支出、资本性支出和其他支出。

另外，从预算层级的角度，预算支出还可分为中央预算支出和地方预算支出。前者主要用于提供中央级次的公共物品，包括有关国家安全、外交和主要国家机关运转所需经费及实施宏观调控所需支出等。后者主要用于提供地方层级的公共物品，包括本地区政权机关运转所需支出及本地区经济、事业发展支出等。

五、预算管理程序

预算管理程序是国家在预算管理方面依序进行的各个工作环节所构成的有秩序活动的总体。它由预算的编制、审批、执行和调整等环节组成。

（一）预算的编制

预算的编制，是指国家制定取得和分配使用预算资金的年度计划的活动。它是一种基础性的程序。在这一阶段编制的预算，实际上是预算草案，因而还不具有法律效力。

预算的编制必须强调科学性和严肃性，即必须在符合实际的基础上进行科学预测和可行性分析，以力求反映客观规律的要求。同时，必须严格依法定程序编制预算。为此，预算的编制应遵循以下原则：

1. 真实合法原则。各级预算收入的编制，应当与经济社会发展水平相适应，与财政政策相衔接。同时，各级政府、各部门、各单位应当依照预算法规定，将所有政府收入全部列入预算，不得隐瞒、少列，以体现预算的完整性。

2. 节约统筹原则。各级预算支出应当依照预算法规定，按其功能和经济性质分类编制。同时，各级预算支出的编制，应当贯彻勤俭节约的原则，严格控制各部门、各单位的机关运行经费和楼堂馆所等基本建设支出。此外，各级一般公共预算支出的编制，应当统筹兼顾，在保证基本公共服务合理需要的前提下，优先安排国家确定的重点支出。

3. 绩效调控原则。各级预算应当根据年度经济社会发展目标、国家宏观调控总体要求和跨年度预算平衡的需要，参考上一年预算执行情况、有关支出绩效评价结果和本年度收支预测，按照规定程序征求各方面意见后，进行编制。此外，各级政府依据法定权限作出决定或者制定行政措施，凡涉及增加或者减少财政收入或者支出的，应当在预算批准前提出并在预算草案中作出相应安排。

4. 控制债务原则。中央一般公共预算中必需的部分资金，可以通过举借国内和国外债务等方式筹措，举借债务应当控制适当的规模，保持合理的结构。国务院财政部门具体负责对中央政府债务的统一管理。此外，地方各级预算按照量入为出、收支平衡的原则编制。对于地方政府举借债务的规模、用途、偿还方式、程序等，国家严格控制。

依据上述原则，各级政府、各部门、各单位应当按照国务院规定的时间编制预算草案。各部门、各单位应当按照国务院财政部门制定的政府收支分类科目（其中，收入分为类、款、项、目；支出按其功能分为类、款、项，按其经济性质分为类、款）、预算支出标准和要求，以及绩效目标管理等预算编制规定，根据其依法履行职能和事业发展的需要以及存量资产情况，编制本部门、本单位预算草案。省级政府应当按照国务院规定的时间，将本级总预算草案报国务院审核汇总。

（二）预算的审批

预算的审批，是指国家各级权力机关对同级政府所提出的预算草案进行审查和批准的活动。它是使预算草案转变为正式预算的关键阶段。经过人民代表大会批准的预算，非经法定程序，不得改变。

1. 预算草案的初审。

（1）初审主体。全国人民代表大会财政经济委员会，设区的市以上各级人民代表大会有关专门委员会，对本级预算草案初步方案及上一年预算执行情况、本级预算调整初步方案进行初步审查，提出初步审查意见；未设立专门委员会的，由本级人民代表大会常务委员会有关工作机构研究提出意见。

县、自治县、不设区的市、市辖区人民代表大会常务委员会对本级预算草案初步方案及上一年预算执行情况进行初步审查，提出初步审查意见；其有关工作机构对本级预算调整初步方案研究提出意见。

（2）初审时间。国务院财政部门应当在每年全国人民代表大会会议举行的 45 日前，将中央预算草案的初步方案提交全国人民代表大会财政经济委员会进行初步审查。

省、自治区、直辖市政府财政部门应当在本级人民代表大会会议举行的 30 日前，将本级预算草案的初步方案提交本级人民代表大会有关专门委员会进行初步审查。

设区的市以上的政府财政部门应当在本级人民代表大会会议举行的 30 日前，将本级预算草案的初步方案提交本级人民代表大会有关专门委员会进行初步审查，或者送交本级人民代表大会常务委员会有关工作机构征求意见。

县级政府应当在本级人民代表大会会议举行的 30 日前，将本级预算草案的初步方案提交本级人民代表大会常务委员会进行初步审查。

报送各级人民代表大会审查和批准的预算草案应当细化。本级一般公共预算支出，按其功能分类应当编列到项；按其经济性质分类，基本支出应当编列到款。本级政府性基金预算、国有资本经营预算、社会保险基金预算支出，按其功能分类应当编列到项。

2. 审查和批准预算草案。中央预算由全国人民代表大会审查和批准。地方各级预算由本级人民代表大会审查和批准。

（1）各级人民代表大会的审查。国务院在全国人民代表大会举行会议时，向大会作关于中央和地方预算草案以及中央和地方预算执行情况的报告。地方各级政府在本级人民代表大会举行会议时，向大会作关于总预算草案和总预算执行情况的报告。

全国人民代表大会和地方各级人民代表大会对预算草案及其报告、预算执行情况的报告重点审查下列内容：①上一年预算执行情况是否符合本级人民代表大会预算决议的要求；②预算安排是否符合预算法的规定；③预算安排是否贯彻国民经济和社会发展的方针政策，收支政策是否切实可行；④重点支出和重大投资项目的预算安排是否适当；⑤预算的编制是否完整，是否符合预算法的规定；⑥对下级政府的转移性支出预算是否规范、适当；⑦预算安排举借的债务是否合法、合理，是否有偿还计划和稳定的偿还资金来源；⑧与预算有关重要事项的说明是否清晰。

（2）各级人民代表大会专门委员会的审查结果报告。全国人民代表大会财政经济委员会向全国人民代表大会主席团提出关于中央和地方预算草案及中央和地方预算执行情况的审查结果报告。设区的市以上人民代表大会有关专门委员会，县级人民代表大会常务委员会，向本级人民代表大会主席团提出关于总预算草案及上一年总预算执行情况的审查结果报告。

上述审查结果报告应当包括下列内容：①对上一年预算执行和落实本级人民代表大会预算决议的情况作出评价；②对本年度预算草案是否符合预算法的规定，是否可行作出评价；③对本级人民代表大会批准预算草案和预算报告提出建议；④对执行年度预算、改进预算管理、提高预算绩效、加强预算监督等提出意见和建议。

（3）预算的备案。乡级政府应当及时将经本级人民代表大会批准的本级预算报上一级政府备案。县级以上地方各级政府应当及时将经本级人民代表大会批准的本级预算及下一级政府报送备案的预算汇总，报上一级政府备案。

县级以上地方各级政府将下一级政府依照规定报送备案的预算汇总后，报本级人民代表大会常委会备案。国务院将省级政府依照规定报送备案的预算汇总后，报全国人民代表大会常务委员会备案。

国务院和县级以上地方各级政府对下一级政府报送备案的预算，认为有同法律、行政法规相抵触或者有其他不适当之处，需要撤销批准预算的决议的，应当提请本级人民代表大会常务委员会审议决定。

（4）预算的批复。各级预算经本级人民代表大会批准后，本级政府财政部门应当在20日内向本级各部门批复预算。各部门应当在接到本级政府财政部门批复的本部门预算后15日内向所属各单位批复预算。

县级以上各级政府财政部门应当将批复本级各部门的预算和批复下级政府的转移支付预算，抄送本级人民代表大会财政经济委员会、有关专门委员会和常务委员会有关工作机构。

（三）预算的执行

预算的执行，是指各级财政部门和其他预算主体组织预算收入和划拨预算支出的活动。它是将经过批准的预算付诸实施的重要阶段。在我国，各级预算由本级政府组织执行，具体工作由本级政府财政部门负责。此外，各部门、各单位是本部门、本单位的预算执行主体，负责本部门、本单位的预算执行，并对执行结果负责。

1. 特殊时段的预算执行。我国预算实行历年制，预算年度自公历1月1日起，至12月31日止。根据《预算法》第54条第1款、第2款的规定，预算年度开始后，各级预算草案在本级人民代表大会批准前，可以安排下列支出：（一）上一年度结转的支出；（二）参照上一年同期的预算支出数额安排必须支付的本年度部门基本支出、项目支出，以及对下级政府的转移性支出；（三）法律规定必须履行支付义务的支出，以及用于自然灾害等突发事件处理的支出。根据前款规定安排支出的情况，应当在预算草案的报告中作出说明。

2. 批准后的预算的执行。预算经本级人民代表大会批准后，按照批准的预算执行。各级预算的收入和支出实行收付实现制。特定事项按照国务院的规定实行权责发生制的有关情况，应当向本级人民代表大会常务委员会报告。

在预算收入方面，预算收入征收部门和单位，必须依照法律、行政法规的规定，及时、足额征收应征的预算收入。不得违反法律、行政法规规定，多征、提前征收或者减征、免征、缓征应征的预算收入，不得截留、占用或者挪用预算收入。此外，各级政府不得向预算收入征收部门和单位下达收入指标。

在预算支出方面，各级政府财政部门必须依照法律、行政法规和国务院财政部门的规定，及时、足额地拨付预算支出资金，加强对预算支出的管理和监督。此外，各级政府、各部门、各单位的支出必须按照预算执行，不得虚假列支，同时，应当对预算支出情况开展绩效评价。各部门、各单位的预算支出应当按照预算科目执行。严格控制不同预算科目、预算级次或者项目间的预算资金的调剂，确需调剂使用的，按照国务院财政部门的规定办理。

各级政府应当加强对预算执行的领导，支持政府财政、税务、海关等预算收入的征收部门依法组织预算收入，支持政府财政部门严格管理预算支出。此外，上述征收部门在预算执行中，应当加强对预算执行的分析；发现问题时应当及时建议本级政府采取措施予以解决。另外，各部门、各单位应当加强对预算收入和支出的管理，不得截留或者动用应当上缴的预算收入，不得擅自改变预算支出的用途。

3. 国库制度。上述的预算收入、支出均需通过国库来进行。国库是预算执行的中间环节，是国家进行预算收支活动的出纳机关。根据《预算法》第 61 条的规定，国家实行国库集中收缴和集中支付制度，对政府全部收入和支出实行国库集中收付管理。政府的全部收入应当上缴国家金库（简称国库），任何部门、单位和个人不得截留、占用、挪用或者拖欠。对于法律有明确规定或者经国务院批准的特定专用资金，可以依照国务院的规定设立财政专户。

县级以上各级预算必须设立国库；具备条件的乡、民族乡、镇也应当设立国库。中央国库业务由中国人民银行经理，地方国库业务依照国务院的有关规定办理。各级国库应当按照国家有关规定，及时准确地办理预算收入的收纳、划分、留解、退付和预算支出的拨付。

各级国库库款的支配权属于本级政府财政部门。除法律、行政法规另有规定外，未经本级政府财政部门同意，任何部门、单位和个人都无权冻结、动用国库库款或者以其他方式支配已入国库的库款。各级政府应当加强对本级国库的管理和监督，按照国务院的规定完善国库现金管理，合理调节国库资金余额。

已经缴入国库的资金，依照法律、行政法规的规定或者国务院的决定需要退付的，各级政府财政部门或者其授权的机构应当及时办理退付。按照规定应当由财政支出安排的事项，不得用退库处理。

4. 预算稳定调节基金。各级一般公共预算年度执行中有超收收入的，只能用于冲减赤字或者补充预算稳定调节基金。各级一般公共预算的结余资金，应当补充预算稳定调节基金。

省级政府一般公共预算年度执行中出现短收，通过调入预算稳定调节基金、减少支出等方式仍不能实现收支平衡的，省级政府报本级人民代表大会或者其常务委员会批准，可以增列赤字，报国务院财政部门备案，并应当在下一年度预算中予以弥补。

（四）预算的调整

在预算的执行过程中，如果发生情势变更，则需要进行预算调整。这是因特殊情况而在预算执行中对原来收支平衡的预算所作出的部分调整和变更。通常，在预算执行中，各级政府一般不制定新的增加财政收入或者支出的政策和措施，也不制定减少财政收入的政策和措施；必须作出并需要进行预算调整的，应当在预算调整方案中作出安排。

1. 应当进行预算调整的情况。根据《预算法》第 67 条的规定，经全国人民代表大会批准的中央预算和经地方各级人民代表大会批准的地方各级预算，在执行中出现下列情况之一的，应当进行预算调整：（一）需要增加或者减少预算总支出的；（二）需要调入预算稳定调节基金的；（三）需要调减预算安排的重点支出数额的；（四）需要增加举借债务数额的。

各级政府对于必须进行的预算调整，应当编制预算调整方案。预算调整方案应当说明预算调整的理由、项目和数额。在预算执行中，由于发生自然灾害等突发事件，必须及时增加预算支出的，应当先动支预备费；预备费不足支出的，各级政府可以先安排支出，属于预算调整的，列入预算调整方案。

2. 预算调整初步方案的初审。国务院财政部门应当在全国人民代表大会常务委员会举行会议审查和批准预算调整方案的 30 日前，将初步方案送交全国人民代表大会财政经济委员会进行初审。

设区的市以上政府财政部门应当在本级人民代表大会常务委员会举行会议审批预算调整方案的 30 日前，将初步方案送交本级人民代表大会有关专门委员会进行初审，或者送交本级人民代表大会常务委员会有关工作机构征求意见。

县级政府财政部门应当在本级人民代表大会常务委员会举行会议审批预算调整方案的 30 日前，将初步方案送交本级人民代表大会常务委员会有关工作机构征求意见。

3. 预算调整方案的审批和执行。中央预算的调整方案应当提请全国人民代表大会常务委员会审批。县级以上地方各级预算的调整方案应当提请本级人民代表大会常务委员会审批；乡级预算的调整方案应当提请本级人民代表大会审批。未经批准，不得调整预算。

经批准的预算调整方案，各级政府应当严格执行。未经法定程序，各级政府不得作出预算调整的决定，否则，本级人民代表大会及其常务委员会或者上级政府应当责令其改变或者撤销。

此外，地方各级政府在预算执行中因上级政府增加不需要本级政府提供配套资金的专项转移支付而引起的预算支出变化，不属于预算调整。地方各级预算的调整方案经批准后，由本级政府报上一级政府备案。

六、决算制度

决算，在形式上是对年度预算收支执行结果的会计报告；在实质上则是对年度预算执行结果的总结。决算制度主要包括决算草案的编制和审批两个方面的内容。

（一）决算草案的编制

决算草案由各级政府、各部门、各单位，在每一预算年度终了后按照国务院规定的时间编制。编制决算草案的具体事项，由国务院财政部门部署。

编制决算草案，必须符合法律、行政法规，做到收支真实、数额准确、内容完整、报送及时。据此，应当遵循以下原则：①合法原则。即编制草案必须符合法律、行政法规的规定，不得与之相抵触。②准确完整原则。即草案中涉及的收支数额必须真实、准确，且内容必须完整。③报送及时原则。即必须严格按照规定的期限，把握好编制的进度，在相关环节之间依法及时报送。

决算草案应当与预算相对应，按预算数、调整预算数、决算数分别列出。一般公共预算支出应当按其功能分类编列到项，按其经济性质分类编列到款。

各部门对所属各单位的决算草案，应当审核并汇总编制本部门的决算草案，在规定的期限内报本级政府财政部门审核。各级政府财政部门对本级各部门决算草案审核后发现有不符合法律、行政法规规定的，有权予以纠正。

（二）决算草案的审批

决算草案只有经过权力机关依法定程序审查和批准，政府在预算年度内的预算执行责任才能得以免除，一个预算年度的预算管理程序才告结束。

1. 决算草案的初审。设区的市以上政府财政部门应当在本级人民代表大会常务委员会举行会议审批本级决算草案的 30 日前，将上一年度本级决算草案提交本级人民代表大会财经委员会或有关专门委员会进行初审，或者送交本级人民代表大会常务委员会有关工作机构征求意见。

县级政府财政部门应当在本级人民代表大会常务委员会举行会议审批本级决算草案的 30 日前，将上一年度本级决算草案送交本级人民代表大会常务委员会有关工作机构征求意见。

2. 决算草案的审查与批准。决算草案的审批主体是各级权力机关，具体为：①县级以上各级政府财政部门编制本级决算草案，经本级政府审计部门审计后，报本级政府审定，由本级政府提请本级人民代表大会常务委员会审批。②乡级政府编制本级决算草案，提请本级人民代表大会审查和批准。

各级权力机关对本级决算草案应重点审查下列内容：①预算收入情况；②支出政策实施情况和重点支出、重大投资项目资金的使用及绩效情况；③结转资金的使用情况；④资金结余情况；⑤本级预算调整及执行情况；⑥财政转移支付安排执行情况；⑦经批准举借债务的规模、结构、使用、偿还等情况；⑧本级预算周转金规模和使用情况；⑨基本预备费使用情况；⑩超收收入安排情况，预算稳定调节基金的规模和使用情况；⑪本级人民代表大会批准的预算决议落实情况；⑫其他与决算有关的重要情况。

3. 决算的批复与备案。各级决算经批准后，财政部门应当在 20 日内向本级各部门批复决算。各部门应当在接到本级政府财政部门批复的本部门决算后 15 日内向所属单位批复决算。

地方各级政府应当将经批准的决算及下一级政府上报备案的决算汇总，报上一级政府备案。县级以上各级政府应当将下一级政府报送备案的决算汇总后，报本级人民代表大会常务委员会备案。

此外，县级以上各级政府对下一级政府报送备案的决算，认为有同法律、行政法规相抵触或者有其他不适当之处，需要撤销批准该项决算的决议的，应当提请本级人民代表大会常务委员会审议决定；经审议决定撤销的，该下级人民代表大会常务委员会应当责成本级政府依照预算法规定重新编制决算草案，提请本级人民代表大会常务委员会审查和批准。

七、预算与决算监督

预算与决算监督，是指对各级政府实施的预算与决算活动所进行的监督。县级以上各级人民代表大会及其常务委员会对本级和下级预算、决算进行监督。乡级人民代表大会对本级预算、决算进行监督。

《预算法》将预算监督和决算监督并提，并从监督主体的角度将预算与决算监督分为立法监督、行政监督、政府专门机构的监督。

1. 在立法监督方面，各级立法机关的监督职权主要是组织调查权和询问质询权。其中，各级人民代表大会和县级以上各级人民代表大会常务委员会有权就预算、决算中的重大事项或者特定问题组织调查，有关的政府、部门、单位和个人应当如实反映情况和提供必要的材料。

此外，各级人民代表大会和县级以上各级人民代表大会常务委员会举行会议时，人大代表或者常务委员会组成人员，依照法律规定程序就预算、决算中的有关问题提出询问或者质询，受询问或者受质询的有关的政府或者财政部门必须及时给予答复。

另外，国务院和县级以上各级政府应当在每年6月至9月期间向本级人民代表大会常务委员会报告预算执行情况。

2. 在行政监督方面，各级政府监督下级政府的预算执行；下级政府应当定期向上一级政府报告预算执行情况。

3. 在政府专门机构的监督方面，主要是财政部门和审计部门的监督。各级政府财政部门负责监督检查本级各部门及其所属各单位预算的编制、执行，并向本级政府和上一级政府财政部门报告预算执行情况。而县级以上政府审计部门则依法对预算执行、决算实行审计监督。对预算执行和其他财政收支的审计工作报告应当向社会公开。这与《中华人民共和国宪法》和《中华人民共和国审计法》的相关规定是一致的。

另外，政府各部门负责监督检查所属各单位的预算执行，及时向本级政府财政部门反映本部门预算执行情况，依法纠正违反预算的行为。公民、法人或者其他组织发现有违反《预算法》的行为，可以依法向有关国家机关进行检举、控告。

八、违反预算法的法律责任

违反预算法的法律责任，即为预算法律责任，是指预算法主体违反预算法规定的义务所应承担的法律后果。

针对相关主体的预算违法行为，我国《预算法》对其法律责任有多方面的规定，主要体现为以下方面：

1. 违反预算管理程序规范的法律责任。各级政府及有关部门有下列行为之一的，责令改正，对负有直接责任的主管人员和其他直接责任人员追究行政责任：①未依照预算法规定，编制、报送预算草案、预算调整方案、决算草案和部门预算、决算以及批复预算、决算的；②违反预算法规定，进行预算调整的；③未依照预算法规定对有关预算事项进行公开和说明的；④违反规定设立政府性基金项目和其他财政收入项目的；⑤违反法律、法规规定使用预算预备费、预算周转金、预算稳定调节基金、超收收入的；⑥违反预算法规定开设财政专户的。

2. 违反预算收支实体规范的法律责任。各级政府及有关部门、单位有下列行为之一的，责令改正，对负有直接责任的主管人员和其他直接责任人员依法给予降级、撤职、开除的处分：①未将所有政府收入和支出列入预算或者虚列收入和支出的；②违反法律、行政法规的规定，多征、提前征收或者减征、免征、缓征应征预算收入的；③截留、占用、挪用或者拖欠应当上缴国库的预算收入的；④违反预算法规定，改变预算支出用途的；⑤擅自改变上级政府专项转移支付资金用途的；⑥违反预算法规定拨付预算支出资金，办理预算收入收纳、划分、留解、退付，或者违反预算法规定冻结、动用国库库款或者以其他方式支配已入国库库款的。

上述两种法律责任，只是大致分类，实际上许多程序违法行为与实体违法行为密切相关，无法清晰区分。除上述对法律责任的一般性规定之外，《预算法》还对一些突出的违法行为的法律责任作出了如下具体规定：

第一，各级政府、各部门、各单位违反该法规定举借债务或者为他人债务提供担保，或者挪用重点支出资金，或者在预算之外及超预算标准建设楼堂馆所的，责令改正，对负有直接责任的主管人员和其他直接责任人员给予撤职、开除的处分。

第二，各级政府有关部门、单位及其工作人员有下列行为之一的，责令改正，追回骗取、使用的资金，有违法所得的没收违法所得，对单位给予警告或者通报批评；对负有直接责任的主管人员和其他直接责任人员依法给予处分：①违反法律、法规的规定，改变预算收入上缴方式的；②以虚报、冒领等手段骗取预算资金的；③违反规定扩大开支范围、提高开支标准的；④其他违反财政管理规定的行为。

上述各类法律责任的承担主体，包括各级政府、各级政府的有关部门、各单位以及上述主体的工作人员等，其所涉违法行为是多种多样的，我国现行《预算法》对其违法行为的分类不甚明晰。此外，对于上述主体的违法行为，其他法律对其处理、处罚另有规定的，依照其规定。另外，违反《预算法》规定，构成犯罪的，依法追究刑事责任。

学习内容 3　国债法律制度

一、国债和国债法概述

（一）国债的概念和职能

国债，又称国家公债，它是国家为实现其职能而以国家信用为基础所举借的债务。它是国家筹集财政收入、弥补财政赤字和进行宏观调控的重要手段。

国债具有如下特征：

1. 国债作为一种国家债务，其举借具有自愿性和偿还性，需遵守一般的诚实信用原则，因而与税收和罚没收入等不同；同时，其公共目的性又使其与一般私人债务相异。

2. 国债作为国家信用的最主要、最典型的形式，与商业信用、银行信用、消费信用等不同，它反映的是以国家或政府为债务人或债权人的借贷关系，以政府信誉作担保；同时，它以信用形式获取收入和进行支出，在重视宏观经济效益的同时兼顾微观经济效益。

3. 国债同金融债、企业债相比，其信用度最高，流动性更好，变现力、担保力更强。

一般认为，国债具有如下基本职能：

第一，弥补财政赤字的职能。由于用发行国债来弥补财政赤字，比采取增加税收、增发货币或财政透支等方式更好，因而各国均重视通过发行国债来弥补财政赤字。弥补财政赤字是发行国债的最初动因。但是发行国债的规模必须适度，管理也必须适当。

第二，宏观调控的职能。由于国债是财政分配的组成部分，国债收入的取得和使用、偿还等在客观上均具有经济调节的功能，因而运用国债手段可以进行宏观调控。特别是可以调节生产、消费和投资方向，促进经济结构的合理化和经济总量的平衡。

（二）国债法的概念和主要内容

国债法是调整在国债的发行、使用、偿还和管理的过程中发生的经济关系的法律规范的总称。它是财政法的重要部门法，其许多基本原理与财政法是一致的。

国债法的调整对象是在国债的发行、使用、偿还和管理过程中发生的经济关系，即国债关系。其中，国债的发行关系是因国债发行而产生的国家与其他相对应的权利主体（包括作为债权人的外国政府）之间的经济关系，它是一种基础性的关系；国债使用关系是在国家将取得的国债收入进行使用的过程中发生的经济关系以及国债的权利主体在国债交易活动中发生的经济关系；国债偿还关系是在国家偿还国债本息的过程中发生的经济关系；国债管理关系是在对国债的发行、使用和偿还进行管理的过程中发生的经济关系。

调整上述国债关系的各类法律规范，在总体上构成了国债法律制度。其主要内容包括：国债的分类和结构；国债的发行主体、发行对象与发行方式；国债发行的种类、规模或数额、利率；国债的用途、使用原则；国债市场与国债持券人的国债权利；国债还本付息的期限、偿还方式、方法；国债管理机构及其职权、职责；违反国债法的法律责任等。

上述国债法律制度的基本内容，在相关国家的立法中也有所体现。随着对于国债职能认识的深化，各国也越来越重视国债立法。例如，美国早在1917年就颁布了《自由公债法》，到1986年时又制定了《政府债券法》。日本在其《财政法》《特例公债法》等相关法律中，对各类公债分别作了规定。韩国在1979年也颁布了《政府债券法》。

我国的国债立法尚不完善。尽管改革开放以来，我国也重视运用国债手段，颁布《中华人民共和国一九八九年特种国债条例》（已失效）和《中华人民共和国国库券条例》等，但立法层级和适用范围等都离国债发展和国债立法的现实要求相距甚远。2014年修正的《预算法》虽然增加了有关政府举借债务的规定，但仍然缺乏系统性。为此，下面主要结合有关国债法的基本原理和我国的既有规定加以介绍。

二、国债的分类

国债的分类对于国债立法甚为重要。由于有的国家是按照不同种类的国债分别进行立法的，因而国债的分类会直接影响国债法的体系；同时其本身也是国债法律制度的重要内容，与国债的发行、管理等密切相关。依据不同的标准，可以对国债进行以下分类：

按偿还期限的不同，可分为定期国债和不定期国债。前者是严格规定还本付息期限的国债，它又可分为短期国债（1 年以内）、中期国债（1 年至 10 年）、长期国债（10 年以上）；后者是不规定还本付息期限的国债，其债权人可按期取息，但无权要求清偿本金。此类国债曾在英国等少数国家发行过。

按发行地域的不同，可分为国内债务和国外债务，即内债和外债。前者是在本国境内发行的债务，其债权人一般是本国的企业和居民，且以本国货币支付本息；后者是在本国境外发行的债务，其债权人一般为外国政府、国际组织或外国的企业和居民，且一般以外币支付本息。

按使用途径的不同，可分为赤字国债、建设国债、特种国债。其中，赤字国债是用于弥补财政赤字的国债；建设国债是用于国家经济建设的国债；特种国债是在特定范围内为满足特定需要而发行的国债。

按流通性能的不同，可分为上市国债和不上市国债。前者是可在证券交易所自由买卖的国债，如我国发行的无记名国债，就是不记名、不挂失的可上市国债；后者是不能上市进行自由买卖的国债，如我国发行的凭证式国债，就是可记名、可挂失的不可上市流通的国债。

此外，国债还可按推销方式的不同，分为强制国债和任意国债；按偿付方式的不同，分为普通国债和有奖国债等。这些国债类型对于宏观调控目标的实现都很重要。

三、国债的发行、使用、偿还与管理

（一）国债的发行

国债的发行，指国债的售出或被认购的过程。国债发行的重要问题是发行条件和发行方法。前者涉及国债种类、发行对象、数额、发行价格、利率、付息方式、流动性等内容；后者则关系到国债能否顺利地发行，因而同样是国债发行方面十分重要的问题。

（二）国债的使用

国债的使用包括政府对国债资金的使用以及国债债权人对其债券权利的行使两个方面。其中，政府的国债资金的使用途径主要是弥补财政赤字，进行经济建设和用于特定用途。而国债债权人对其债券权利的行使，主要是体现在证券的转让、抵押等方面。随着国债交易市场的日益开放，国债交易愈加活跃，交易方式更加多样。这对于进行公开市场操作，有效实施宏观调控，很有裨益。

（三）国债的偿还

国债的偿还是国家依法定或约定，对到期国债还本付息的过程。偿还国债本息的资金来源可以是预算盈余，或者是专门的偿债基金、预算拨款，也可以是借新债还旧债。在偿还方法方面，可以是直接由政府或其委托的金融机构进行偿还，也可以通过市场收购来偿还，还可以通过抽签等方法来偿还。

（四）国债的管理

国债管理是为调控国债的规模、结构、利率等所采取的各种措施。它贯穿于国债的发行、使用、偿还等各个环节，对于经济的稳定增长和社会安定都甚为重要。

国债管理主要包括：

1. 规模管理。衡量国债规模的相对指标主要是国债的依存度（国债发行额与国家财政支出之比）、国债的负担率（国债余额与 GDP 之比）、国债的偿债率（国债的还本付息额与 GDP 之比）。

2. 结构管理。主要包括期限结构、利率结构、投资者结构等方面的管理。

此外，为了加强对外债的统计监测，我国还实行外债登记管理。

四、我国《预算法》中有关政府举债的规定

（一）对政府举债的法律限制

《预算法》第 34 条第 1 款、第 2 款规定："中央一般公共预算中必需的部分资金，可以通过举借国内和国外债务等方式筹措，举借债务应当控制适当的规模，保持合理的结构。对中央一般公共预算中举借的债务实行余额管理，余额的规模不得超过全国人民代表大会批准的限额。"

经国务院批准的省级预算中必需的建设投资的部分资金，可以在国务院确定的限额内，通过发行地方政府债券举借债务的方式筹措。举借债务的规模，由国务院报全国人民代表大会或者全国人民代表大会常务委员会批准。省、自治区、直辖市依照国务院下达的限额举借的债务，列入本级预算调整方案，报本级人民代表大会常务委员会批准。举借的债务应当有偿还计划和稳定的偿还资金来源，只能用于公益性资本支出，不得用于经常性支出。除上述情况外，地方政府及其所属部门不得以任何方式举借债务。

此外，国务院建立地方政府债务风险评估和预警机制、应急处置机制以及责任追究制度，由国务院财政部门对地方政府债务实施监督。除法律另有规定外，地方政府及其所属部门不得为任何单位和个人的债务以任何方式提供担保。

（二）在预算、决算审批环节对政府举债的重点审查

全国人民代表大会和地方各级人民代表大会对预算草案及其报告、预算执行情况的报告需要重点审查的内容是：预算安排举借的债务是否合法、合理，是否有偿还计划和稳定的偿还资金来源。

此外，县级以上各级人民代表大会常务委员会和乡级人民代表大会对本级决算草案需要重点审查的内容是：经批准举借债务的规模、结构、使用、偿还等情况。

（三）与举债有关的法律责任

根据《预算法》第 94 条的规定，各级政府、各部门、各单位违反本法规定举借债务或者为他人债务提供担保，或者挪用重点支出资金，或者在预算之外及超预算标准建设楼堂馆所的，责令改正，对负有直接责任的主管人员和其他直接责任人员给予撤职、开除的处分。

学习内容 4 财政支出法律制度

财政支出法律制度主要包括两类：一类是政府采购制度；另一类是转移支付制度。下面进行简要介绍。

一、政府采购法

（一）政府采购及其重要作用

所谓政府采购，也称公共采购，是指政府为了实现公共目的，按照法定的方式和程序，以购买者身份购进货物、工程和服务的行为。

政府采购制度作为财政制度的重要组成部分，在西方国家确立较久。在市场经济条件下，政府是最大的消费者，其采购支出的数额巨大。各国之所以纷纷建立政府采购制度，是因为该项制度主要具有以下重要作用：

1. 它能够强化对财政支出的管理，提高财政资金流向的透明度和财政资金的使用效率。

2. 它同相关的经济政策和社会政策相配合，能够调节国民经济的运行，影响经济结构的调整和经济总量的平衡；能够保护民族经济，提高国际竞争力；能够通过存货吞吐来弥补市场缺陷，维护企业和消费者的合法权益；能够促进充分就业和环境保护。

3. 它能够加强财政监督，促进反腐倡廉。

从国际范围看，早在 1979 年关贸总协定（简称 GATT）的"东京回合"谈判中，相关国家就缔结了《政府采购协议》，并把 GATT 的最惠国待遇原则、国民待遇原则等基本原则引入了政府采购领域。此后，一些国家和国际经济组织也相继建立了相应的政府采购制度或订立协议，强调政府采购领域的市场准入，建立公平的、非歧视的政府采购制度。

随着市场经济的发展和财政体制的改革，我国对政府采购立法日益重视。《中华人民共和国政府采购法》（简称《政府采购法》）于 2002 年 6 月 29 日第九届全国人民代表大会常务委员会第二十八次会议通过，自 2003 年 1 月 1 日起施行。近年来，在简政放权、转变政府职能的背景下，全国人民代表大会常务委员会于 2014 年 8 月 31 日对该法作出了修正。《中华人民共和国政府采购法实施条例》也于 2014 年 12 月 31 日由国务院第 75 次常务会议通过，自 2015 年 3 月 1 日起施行。另外，财政部还发布过一些配套规章，它们与上述的法律、法规一起构成了我国的政府采购法律制度。

（二）我国政府采购制度的基本内容

1. 政府采购法的立法宗旨。根据《政府采购法》第 1 条的规定，其立法宗旨包括五个方面：①规范政府采购行为；②提高政府采购资金的使用效益；③维护国家利益和社会公共利益；④保护政府采购当事人的合法权益；⑤促进廉政建设。

上述五个方面的宗旨，是密切相关的。其中，规范政府采购行为，是该法最为直接的调整目标。其理由如下：其一，只有有效规范政府采购行为，才可能有效避免在财政支出方面存在的各种问题，提高政府采购资金的使用效益；在此基础上，才能更好地维护国家利益，保障国家可以更好地提供公共物品，维护社会公共利益。其二，只有有效规范政府采购行为，才能有效保护政府采购当事人的合法权益，实现各方利益的均衡保护。其三，只有有效规范政府采购行为，才能使政府采购更加公开、公平和公正，从而更有效地防止和避免寻租或腐败问题，促进廉政建设。

2. 政府采购的法律定义。《政府采购法》第 2 条第 2 款规定："本法所称政府采购，是指各级国家机关、事业单位和团体组织，使用财政性资金采购依法制定的集中采购目录以内的或者采购限额标准以上的货物、工程和服务的行为。"

上述定义中所说的"采购"，是指以合同方式有偿取得货物、工程和服务的行为，包括购买、租赁、委托、雇用等。

从上述定义中可以看出，政府采购的标的包括三大类，即货物、工程和服务。所谓货物，是指各种形态和种类的物品，包括原材料、燃料、设备、产品等；所谓工程，是指建设工程，包括建筑物和构筑物的新建、改建、扩建、装修、拆除、修缮等；所谓服务，是指除货物和工程以外的其他政府采购对象。

3. 政府采购法的原则。政府采购法的原则，是整个政府采购法的立法、执法等各个环节都应遵循的基本准则。它在总体上同经济法基本原则是一致的，具体包括如下几个方面：

（1）采购法定原则。采购法定原则，是指政府采购的各项基本要素都要严格遵守法定原则。包括实体要素法定和程序要素法定两个方面。其中，前者主要指采购主体法定、采购客体法定、采购资金法定等；后者主要是指采购程序法定，具体包括招投标法定等。基于采购法定原则的要求，在采购资金的使用方面，政府采购应当严格按照批准的预算执行；在采购范围方面，政府采购实行集中采购和分散采购相结合。属于中央预算的政府采购项目，其集中采购目录由国务院确定并公布；属于地方预算的政府采购项目，其集中采购目录由省级人民政府或者其授权的机构确定并公布。纳入集中采购目录的政府采购项目，应当实行集中采购。此外，采购人必须按照该法规定的采购方式和采购程序进行采购。

（2）保障公益原则。政府采购不同于私人采购的重要特点，就是它具有突出的公共性、公益性、合法性。因此，政府采购要保障国家利益和社会公共利益，要有利于经济、社会的良性运行和协调发展。我国《政府采购法》中有多项规定体现了上述原则的要求。例如，该法规定，政府采购应当有助于实现国家的经济和社会发展政策目标，包括环境保护，扶持不发达地区和少数民族地区，促进中小型企业发展等。政府采购当事人不得相互串通损害国家利益、社会公共利益和其他当事人的合法权益。此外，对因严重自然灾害和其他不可抗力事件所实施的紧急采购，涉及国家安全和秘密的采购以及军事采购，均不适用该法。

（3）公平交易原则。公平交易原则，是微观的、具体的采购活动所需要遵循的原则。它包括下列具体原则：

第一，政府采购应当遵循公开透明原则，这是对财政支出透明度和财政资金使用效益的重要保障。据此，应确保社会公众能够及时地获取与采购相关的信息，包括采购的标准和结果等方面的信息。

第二，政府采购应当遵循公平竞争原则。由于政府是最大的消费者，因此，政府采购领域也是厂商之间展开竞争的重要领域。如何确保厂商之间的公平竞争，如何在厂商的公平竞争中来取得价廉物美的货物、工程和服务，提高财政资金的使用效益，就显得非常重要。为此，《政府采购法》第5条规定："任何单位和个人不得采用任何方式，阻挠和限制供应商自由进入本地区和本行业的政府采购市场。"此外，政府采购当事人不得以任何手段排斥其他供应商参与竞争。

第三，政府采购应当遵循独立公正原则。为了确保政府采购在程序或实体制度上的公正，需要建立回避制度以及采购代理机构独立于政府的制度。对此，的《政府采购法》都有相关规定。

第四，政府采购应当遵循诚实信用原则。政府采购既然涉及"采购"，当然会涉及基本的买方和卖方的利益以及其他相关主体的利益，以及相关主体的诚实信用问题，因此，同样适用诚信原则。

4. 政府采购法的主体。

（1）从事政府采购活动的主体。即政府采购当事人，是指在政府采购活动中享有权利和承担义务的各类主体，包括采购人、供应商和采购代理机构等。上述的采购人，是指依法进行政府采购的国家机关、事业单位、团体组织。上述的采购代理机构，是根据采购人的委托办理采购事宜的非营利事业法人。上述的供应商，是指向采购人提供货物、工程或者服务的法人、其他组织或者自然人。另外，作为政府采购活动重要主体的供应商，应具备下列法定条件：具有独立承担民事责任的能力；具有良好的商业信用和健全的财务会计制度；具有履行合同所必需的设备和专业技术能力；有依法缴纳税收和社会保障资金的良好记录；参与政府采购活动前3年内，在经营活动中没有重大违法记录；法律、行政法规规定的其他条件。

（2）监管政府采购活动的主体。政府采购活动必须有专门的监管，这是其与私人采购的一个重要的不同。由于政府采购活动涉及财政支出，涉及纳税人的钱怎么花的问题，因此，其监管主体以财政部门相对更为适宜。此外，如采购活动涉及其他政府部门，则其他政府部门亦应依法进行监管。为此，《政府采购法》第13条规定："各级人民政府财政部门是负责政府采购监督管理的部门，依法履行对政府采购活动的监督管理职责。各级人民政府其他有关部门依法履行与政府采购活动有关的监督管理职责。"其中，审计机关应当对政府采购进行审计监督。监察机关应当加强对参与政府采购活动的国家机关、国家公务员和国家行政机关任命的其他人员实施监督。

5. 政府采购的方式、程序与合同。

（1）政府采购的基本方式。政府采购采用以下方式：公开招标；邀请招标；竞争性谈判；单一来源采购；询价；国务院政府采购监督管理部门认定的其他采购方式。其中，公开招标作为政府采购的主要采购方式。采购人不得将应当以公开招标方式采购的货物或者服务化整为零或者以其他任何方式规避公开招标采购。

（2）政府采购的程序。政府采购涉及的程序较多。例如，从政府采购预算的编制、审批、执行，到各类政府采购方式，都有自己的一套程序，应当依据程序要素法定原则，严格按各类程序的规定办事。在我国的《政府采购法》中，对不同类型的政府采购方式所涉及的程序问题，都有一定的规定。例如，该法对于实行招标方式和邀请招标方式采购的，对于招投标过程中所涉及的一些程序问题作出了专门的规定；同时，对于采用竞争性谈判方式采购所应当依循的谈判程序，对采用询价方式采购所应当依循的询价程序等，都作出了较为细致的规定。

（3）政府采购合同。《政府采购法》第43条第1款规定："政府采购合同适用合同法。采购人和供应商之间的权利和义务，应当按照平等、自愿的原则以合同方式约定。"第47条规定："政府采购项目的采购合同自签订之日起七个工作日内，采购人应当将合同副本报同级政府采购监督管理部门和有关部门备案。"

6. 政府采购制度中的财政法规范。如前所述，由于政府采购制度的出发点和归宿都与财政支出管理直接相关，因此，在政府采购制度中，必然会包含大量的财政法规范。

从我国《政府采购法》的直接规定来看，以下几个方面的财政法规范很值得注意：

（1）在规范预算行为方面，负有编制部门预算职责的部门在编制下一财政年度部门预算时，应当将下一财政年度政府采购的项目及资金预算列出，报本级财政部门汇总。部门预算的审批，按预算管理权限和程序进行。政府采购应当严格按照批准的预算执行。

（2）在采购目录确定方面，政府采购实行集中采购和分散采购相结合。其中，属于中央预算的政府采购项目，其集中采购目录由国务院确定并公布；属于地方预算的政府采购项目，其集中采购目录由省级人民政府或者其授权的机构确定并公布。纳入集中采购目录的政府采购项目，应当实行集中采购。

（3）在限额标准确定方面，属于中央预算的政府采购项目，由国务院确定并公布；属于地方预算的政府采购项目，由省级人民政府或者其授权的机构确定并公布。

（4）在招标数额的确定方面，公开招标应作为政府采购的主要采购方式。采购人采购货物或者服务应当采用公开招标方式的，其具体数额标准，属于中央预算的政府采购项目，由国务院规定；属于地方预算的政府采购项目，由省级人民政府规定；因特殊情况需要采用公开招标以外的采购方式的，应当在采购活动开始前获得设区的市以上人民政府采购监督管理部门的批准。

（5）在法律责任方面，采购人对应当实行集中采购的政府采购项目，不委托集中采购机构实行集中采购的，由政府采购监督管理部门责令改正；拒不改正的，停止按预算向其支付资金，由其上级行政主管部门或者有关机关依法给予其直接负责的主管人员和其他直接责任人员处分。此外，对于供应商的责任追究，已经出现了"列入不良行为记录名单"等新的责任形式，这也是经济法责任形式的新发展。

二、转移支付法

（一）转移支付与转移支付法概述

1. 转移支付的概念。财政支出主要可以分为两大类，即购买支出和转移支付。所谓转移支付（Transfer Pay-ments），又称无偿支出，从广义上说，就是中央政府或地方政府将部分财政收入无偿让渡给其他各级次政府时所发生的财政支出，它是进行宏观调控的一种重要手段。

从转移支付的方向看，政府间的转移支付包括纵向转移支付和横向转移支付。但人们通常最为关注的，是上级政府对下级政府的纵向转移支付，特别是中央政府对地方政府的转移支付，并且往往把上级政府对下级政府的转移支付作为狭义的转移支付来看待。

2. 转移支付法的概念。转移支付法是调整在财政转移支付的过程中所发生的社会关系的法律规范的总称。它是财政法的重要部门法。

转移支付法与国家的财政体制、经济社会政策等联系至为密切，具有其特殊性，它是联结财政法与社会保障法、经济法与社会法的纽带。

转移支付法的调整对象是在转移支付过程中所发生的社会关系，而依转移支付法的规定在转移支付主体之间发生的权利义务关系则为转移支付法律关系，这种法律关系是转移支付法着力加以保护的。

3. 转移支付法产生的经济基础。财政支出的划分历来是各国各级政府之间财政关系中诸多问题的焦点，它反映的是各级政府间的权责关系。一般说来，依据效率的要求，中央和地方政府应根据居民的偏好，分别提供不同层次的公共物品。由于各个地区的居民对一定的区域性公共物品的偏好程度和需求量是各不相同的，因此，地方政府是地方性公共物品的最佳提供者。

中央政府及地方政府提供公共物品，均需要相应的财力支持，但由于体制等诸多原因，各国不同地区的经济状况各异，发展不均衡，因而必然存在"财政失衡"的问题。财政失衡包括纵向失衡和横向失衡两个方面。所谓纵向失衡，是指上下级政府间的财政收支状况的不平衡。例如，当一级政府存在财政赤字，而其他级次政府却存在财政盈余时，即为纵向失衡。所谓横向失衡，是指同级政府之间的财政收支状况的不平衡。例如，当较富足的省、市出现财政盈余，而较贫困的省、市出现财政赤字时，即为横向失衡。

在存在财政纵向失衡的情况下，各级政府所能提供的公共物品不同，依据其所掌握的财力来配置资源的能力也不同；在存在财政横向失衡的情况下，各同级地方政府所能提供的公共物品的质与量存在差别，从而使各区域的经济和社会发展水平亦存在差异。

一般认为：过度的财政失衡是有害的，它不仅是严重的经济问题，而且易引发严重的社会问题乃至政治问题；不仅会严重地影响经济与社会的良性运行和协调发展，而且会影响国家与社会的安全与安定。为此，必须通过财政转移支付制度来解决财政失衡问题，以使各级政府在自然资源禀赋、人口密度、历史文化、经济结构和经济发展程度存在诸多差异的情况下，能够依其级次提供相应的、差别不大的公共物品，即在基本公共物品的提供方面要大略实现"均等化"。

各国的实践表明，在经济发展不平衡，财政失衡现象普遍存在的情况下，必须建立转移支付制度；而建立转移支付制度，则必须走法治化道路。可见，转移支付法的产生是与经济发展的要求相适应的，有其深厚的经济基础。为此，我国《预算法》第 16 条第 1 款规定："国家实行财政转移支付制度……"财政转移支付应当规范、公平、公开，以推进地区间基本公共服务均等化为主要目标。中央预算和有关地方预算中应当安排必要的资金，用于扶助革命老区、民族地区、边疆地区、贫困地区发展经济社会建设事业。

（二）转移支付法律制度的基本内容

转移支付法律制度，应当以一部"转移支付法"为基础，再辅之以配套的制度。但我国至今仍然没有制定"转移支付法"，只是在《预算法》中有若干规定。从应然的角度来看，"转移支付法"应包括以下基本内容：①立法宗旨；②法律的适用范围；③法律的基本原则；④转移支付的主体及其权利义务；⑤转移支付的形式、方式和条件；⑥转移支付的预算安排；⑦转移支付的监督管理；⑧法律责任。下面着重介绍转移支付的主体、形式、预算安排、监督管理等四项内容。

1. 转移支付的主体。转移支付的主体包括两类：①发动转移支付的主体，包括中央政府和地方政府；②接受转移支付的主体，通常为下级地方政府。《预算法》第 16 条第 2 款规定："财政转移支付包括中央对地方的转移支付和地方上级政府对下级政府的转移支付……"可见，《预算法》所规定的转移支付，是狭义上的政府间的纵向转移支付。

2. 转移支付的形式。政府间转移支付的形式主要有如下两类：

（1）一般性转移支付。即按照现行的财政体制所实施的无条件拨款。由于各地区的经济发展水平和财政收入水平、各级地方政府辖区内的人口数量、与履行社会管理职能相适应的财力等都是不同的，因而不同地域的人们所享受到的由当地政府提供的公共物品都是不尽相同的。为了保障各级政府的顺利运转和保证其具有大体一致的社会服务功能，上级政府必须发挥财政的分配职能，对各地区的可支配财力予以适当的调节，调剂余缺，从而形成一般性的或称体制性的转移支付，它是政府间转移支付的最基本和最主要的形式。

（2）专项转移支付。专项转移支付，是指为了实现某一特定的政治经济目标或专项任务，而由上级财政向下级财政进行的专项拨款。由于我国地域辽阔，人口众多，财政职能范围广，担负的任务繁杂，因而专项转移支付亦经常发生。尤其在遭遇自然灾害等非常情况，以及国家的重大政策调整影响地方财政利益，或者地方担负本应由中央承担的事务的情况下，由中央政府向地方政府进行专项拨款，确实非常必要。

对于上述两类转移支付，也有人从拨款的角度，将其分别称为均衡拨款和专项拨款。从国际经验看，均衡拨款由接受拨款的政府自主使用，上级政府不对其规定具体用途，所以是无条件的转移支付，其目的是实现基本公共服务均等化。而专项拨款则是附条件的、有特定使用范围的，因此又称附条件转移支付。专项拨款可具体分为委托事务拨款、共同事务拨款和鼓励或扶持性拨款。从拨款的目的、条件、用途等方面，有助于进一步理解两类转移支付的差别。

目前，我国的转移支付制度还非常不完善，一般性转移支付所占的比重相对较低，而专项转移支付比重偏高，影响了转移支付制度对于区域均衡发展的推动。因此，必须构建规范的转移支付制度，进一步提高转移支付制度的透明度，更好地发挥其宏观调控作用，实现其推进公共物品提供均等化的职能。

为此，我国《预算法》第16条第2款规定："……以为均衡地区间基本财力、由下级政府统筹安排使用的一般性转移支付为主体。"此外，按照法律、行政法规和国务院的规定可以设立专项转移支付，用于办理特定事项。同时，应建立健全专项转移支付定期评估和退出机制。凡是市场竞争机制能够有效调节的事项，不得设立专项转移支付。

3. 转移支付的预算安排。在中央和地方各级一般公共预算中，均包括转移支付预算。其中，一般性转移支付应当按照国务院规定的基本标准和计算方法编制。专项转移支付应当分地区、分项目编制。中央对地方转移支付的具体办法，由国务院规定，报全国人民代表大会常务委员会备案。

此外，县级以上各级政府应当将对下级政府的转移支付预计数提前下达下级政府。地方各级政府应当将上级政府提前下达的转移支付预计数编入本级预算。另外，上级政府在安排专项转移支付时，不得要求下级政府承担配套资金。但是，按照国务院的规定应当由上下级政府共同承担的事项除外。

在预算下达时间方面，中央对地方的一般性转移支付应当在全国人民代表大会批准预算后30日内正式下达。中央对地方的专项转移支付应当在全国人民代表大会批准预算后90日内正式下达。

省级政府接到中央一般性转移支付和专项转移支付后，应当在30日内正式下达到本行政区域县级以上各级政府。县级以上地方各级预算安排对下级政府的一般性转移支付和专项转移支付，应当分别在本级人民代表大会批准预算后的30日和60日内正式下达。

对自然灾害等突发事件处理的转移支付，应当及时下达预算；对据实结算等特殊项目的转移支付，可以分期下达预算，或者先预付后结算。

接受增加专项转移支付的县级以上地方各级政府应当向本级人民代表大会常务委员会报告有关情况；接受增加专项转移支付的乡级政府应当向本级人民代表大会报告有关情况。

4. 转移支付的监管。由于转移支付的资金来自上级财政，因此，上级政府的财政部门是转移支付最主要、最经常的监管主体。

在监管方式上，不同形式的转移支付可以有不同的监管方式。一般性转移支付因其可以就地抵留，成为地方固有财力的组成部分，地方财政可以独立地安排使用，因而对一般性转移支付的监管只能依据《预算法》，通过同级人民代表大会和上级财政对预决算的审查和对预算执行的监督来实现。而专项转移支付则可由上级财政部门采用跟踪检查、验收项目等办法进行监管。

《预算法》在预算、决算的审批、法律责任的追究等方面，都对转移支付的监督管理作出了规定。例如，在预算审批方面，需要审查"对下级政府的转移性支出预算是否规范、适当";〔1〕在决算审批方面,"财政转移支付安排执行情况"〔2〕是决算审查的重点内容。此外,在法律责任方面,"擅自改变上级政府专项转移支付资金用途的",〔3〕要承担相应的预算法律责任。

训练项目一：关于财政功能的案例分析

【训练目的与要求】

通过训练,能够运用财政法等相关知识对财政再分配政策与案件进行解读与分析。

【实例训练】

案例:2018年5月15日,枣强县人民检察院(简称枣强县院)在办理一起涉嫌诈骗的刑事案件中发现,枣强县扶贫和农业开发办公室(简称县扶贫办)未严格依法追回A合作社骗取的扶贫资金,决定立案调查。通过调阅县扶贫办相关职责、涉案扶贫项目的立项、审批、项目拨款相关材料以及询问相关人员,查明:县扶贫办在审查A合作社申报的蔬菜大棚扶贫项目时未尽到严格核实等相应职责,未依法及时追回被骗的扶贫项目补贴,国家利益持续受到侵害。

2018年10月17日,枣强县院向县扶贫办发出检察建议,建议依法取消A合作社申报的扶贫项目,并会同财政等有关部门依法追回被骗取的扶贫项目补贴。同年12月5日,县扶贫办回复辩称,根据《河北省农村扶贫开发条例》(已失效),变更扶贫项目应经县级人民政府同意,其不具有取消扶贫项目的职权,无法取消A合作社的扶贫项目。

枣强县院通过跟进调查发现,县扶贫办在收到检察建议后,未依法向枣强县人民政府报告A合作社伪造材料骗取扶贫项目补贴的有关情况,以及未依法协同枣强县财政局追回被骗的扶贫项目补贴,其不依法履职的行为致使国家利益持续处于受侵害状态。

2018年12月24日,枣强县院向枣强县人民法院提起行政公益诉讼,请求判令:县扶贫办依法履行取消A合作社申报的财政扶贫补贴项目的相关职责并会同财政等部门追回已拨付的被骗取的扶贫项目资金。庭审中,县扶贫办辩称:依据《河北省农村扶贫开发条例》(已失效)第30条第3款的规定,涉及扶贫项目的变更,应经县级人民政府同意,县扶贫办只有申请权、建议权,没有项目变更的决策权及追回资金的职权。针对县扶贫办的答辩意见,枣强县院依据《河北省农村扶贫开发条例》(已失效)第5条第1款:"县级以上人民政府扶贫开发工作机构负责本行政区域农村扶贫开发工作的规划、协调、管理、服务和监督。"第46条:"违反本条例第三十条第二款规定,虚构、伪造扶贫项目的,由有关部门依法取消该项目,并会同财政等有关部门追回已拨付的扶贫项目资金,追究相关责任人责任;构成犯罪的依法追究刑事责任。"参照"三定"方案、县政府会议纪要中对

---

〔1〕　参见《预算法》第48条第6项。
〔2〕　参见《预算法》第79条第1款第6项。
〔3〕　参见《预算法》第93条第5项。

县扶贫办主要职责的规定，认为县扶贫办具有向县政府申报取消 A 合作社扶贫项目的职责，以及会同财政部门追回已拨付扶贫项目资金的职责，县扶贫办的答辩理由不成立。

2019 年 5 月 30 日，枣强县人民法院作出判决，认定县扶贫办主张的需要申报、建议和由上级决策的正当行政程序不能成为无法履行职责的理由。判决：县扶贫办履行取消 A 合作社申报的扶贫补贴项目相关程序职责，并采取相关措施追回已拨付给 A 合作社的扶贫补贴资金。判决生效后，县扶贫办积极履职，将 A 合作社伪造材料骗取扶贫项目补贴的相关情况上报县政府，经县政府常务会议研究决定，取消 A 合作社申报的扶贫补贴项目，针对拨付 A 合作社的 136.68 万元国家扶贫项目补贴，责成县扶贫办联合县财政局，启动追回程序。随后，县扶贫办陆续追回被骗取的扶贫项目补贴 90 余万元。

枣强县院以此案为引，在辖区内组织开展专项行动，对具有类似违法情形的 16 个入股分红类的扶贫项目督促启动法律程序，追回被骗取的扶贫项目补贴 500 余万元。

问题：

1. 何为行政公益诉讼？

2. 结合本案与财政法原理，分析 A 合作社与扶贫办在申请和审批财政补贴时可能存在的问题。

3. 结合本案，分析如何将财政补贴的监管纳入法治轨道。

核心提示：行政公益诉讼是指检察院认为行政主体行使职权的行为违法，侵害了公共利益或有侵害之虞时，人民检察院依法向人民法院提起诉讼的制度。相关法律法规主要包括《最高人民法院、最高人民检察院关于检察公益诉讼案件适用法律若干问题的解释》与《中华人民共和国行政诉讼法》（简称《行政诉讼法》）。公益诉讼的基本程序包括：立案、磋商、调查、检察建议、提起诉讼等五个流程。行政公益诉讼是经济法实施的一种重要形式。

政府公共财政的职能包括资源配置职能，收入再分配机制与经济稳定和发展职能。财政法律制度为财政执法、司法和守法提供了法治化依据和保障。在财政补贴的实际运行中，一些企业为了自身不法利益的需要，通过虚构财务资料、隐匿真实经营情况的方式来骗取国家财政补贴，理应受到法律制裁。

与此同时，在供给侧结构性改革的大背景下，政府在实施税收优惠政策和财政补贴政策的过程中，应当差异化地分析不同激励手段对不同对象的激励效果，并分类别、分层次、有针对性地制定相应的鼓励政策或者激励举措。财政资金属于公共财产，在取得时应与私人财产之间区分"定分止争"的界限，同时在使用时应当秉承"物尽其用"的原则，并接受人民的监督，将财政补贴的管理和使用全程纳入法治化轨道。

训练项目二：关于地方政府违规举债的案例分析

【训练目的与要求】

通过训练，能够认识国债法律制度的基本原理与主要制度。对关于国债与政府债的法律实务问题能够识别，并能够正确运用基本理论进行分析和解决。

【实例训练】

案例： 云南省财政厅 2021 年 1 月在其官网通报了保山市隆阳区违法违规举债融资的问责情况。此外，广西壮族自治区灵山县、甘肃天水市违法违规举债也被通报批评。

据云南省财政厅通报，2017 年 9 月，隆阳区政府向 A 水务有限责任公司（简称 A 公司）借款 3000 万元，并转借保山中心城市北城区征拆建设指挥部，专项用于兑付永昌路北延长线拆迁补偿款。2018 年 11 月，隆阳区人民政府再度向 A 公司借款 4000 万元，用于归还保山市第二人民医院借款。

工商登记信息显示，A 公司注册资本 1.25 亿，经营范围为城市供排水、制水售水、污水处理等，由 B 公司、C 公司、D 合伙企业（有限合伙）、E 公司分别持股 40.8%、23.2%、20%、16%，实控人为保山市国资委。

前述隆阳区的举债行为明显违反《预算法》的规定。《预算法》要求地方政府债务全部纳入预算管理，唯一合法举债方式为发行地方政府债券。实践中，市县政府主要通过省级政府代发地方政府债券的方式举债，其他方式均不合法。

钦州市财政局则在其官网披露下辖灵山县违规举债问题。该县于 2017 年 12 月至 2019 年 4 月期间，通过自来水厂、公立医院等企事业单位以公益性资产融资租赁方式违规举债用于市政基础设施建设。

钦州市财政局还通报了整改情况，称灵山县已将上述债务补登记为政府隐性债务，并制定化债计划，落实化债资金来源。

近年来地方政府借道医院、自来水厂融资的方式较为常见。交易结构通常为，通过医院、自来水厂以售后回租的方式向租赁公司融资，资金交由当地政府平台使用。拆解来看，实质上是以医院设备、自来水厂管网向租赁公司抵质押融资。

如果债务人到期无法偿还债务，那么债权人并不能通过处置医院设备、自来水厂管网收回资金，毕竟医院设备、自来水管网涉及民生，因此以公益性资产抵质押融资是禁止的。

《财政部驻各地财政监察专员办事处实施地方政府债务监督暂行办法》第 12 条第 4 项规定："专员办对地方政府融资行为进行监督，主要包括：……（四）学校、幼儿园、医院等以公益为目的的事业单位、社会团体，不得以教育设施、医疗卫生设施和其他社会公益设施进行抵押融资；"

此外，甘肃省天水市财政局于 2020 年 10 月下旬在其官网公布了《关于对 F 公司新增政府隐性债务问责处理情况的通报》。通报称，审计机关调查发现，2020 年初 F 公司通过贷款采购物资，贷款偿还资金被纳入财政预算，形成以财政资金偿还政府隐性债务的问题。

违法违规举债问责早已提出并已践行。2014 年 9 月公布的《国务院关于加强地方政府性债务管理的意见》提出，对脱离实际过度举债、违法违规举债或担保、违规使用债务资金、恶意逃废债务等行为，要追究相关责任人责任。

实质性的问责则从 2017 年开始。当年，中央部门开始严查地方违法违规举债现象，并通过审计署和财政部进行披露。审计署披露的是违法违规举债现象，而财政部披露的是违法违规举债问责结果。

具体而言，财政部从 2017 年 3 月开始披露相关处置结果。当时，财政部通报，对违法违规担保负有直接责任的重庆市黔江区财政局局长卢某予以行政撤职处分，首开违规举债问责先河。此后财政部又陆续公布了多份问责处置结果，涉及山东、河南、湖北、贵州、江苏等十余个省份。而 2018 年 11 月后未有新的处分案例公布。

此次财政部通报中呈现两个特点：一是，问责由省级政府作出，但由财政部进行通报；二是，违规举借债务时间大多发生在 2015 年至 2017 年 7 月之间，即 2015 年第一次《预算法》施行之后到 2017 年第五次全国金融工作会议召开之前。

2017 年召开的第五次全国金融工作会议提出，各级地方党委和政府要树立正确政绩观，严控地方政府债务增量，终身问责，倒查责任。

此后，地方对合规举债重视程度空前，违规举债问责机制也逐步成形。随着 2018 年隐性债务问责办法的下发，地方政府债务问责机制进一步加强。

与前一轮相比，这批问责主要由当地纪委及监委处罚、当地政府通报，这意味着在压实地方政府责任。比如隆阳区问责由其上级政府保山市作出，灵山县问责由钦州市纪委监委、灵山县纪委监委作出，F 公司问责则由天水市纪委作出。其中，后两个案例援引的规定均是隐性债务问责办法。

如果从时间点看，三个案例举债时点均在全国金融工作会议之后。近期的问责中几乎都涉及对时任责任人的处罚，这反映了"终身问责、倒查追责"机制有所强化。

值得注意的是，前一轮问责中对责任人有行政撤职、行政降级的处分，这三个案例中尚无这样的处罚，主要是诫勉、警告、通报批评。

问题：

1. 结合案例，分析我国地方政府债务存在的主要问题。

2. 结合案例，试分析地方债治理的法治路径。

核心提示：《预算法》第 35 条明确了地方政府举债的权力，并为其运行提供了框架性的约束规则，进一步明确了举债主体、资金用途、举债方式、债务规模、监督机制、偿债资金、法律责任等方面。实践中，在面对地方经济高速发展与地方财源不足支撑的矛盾下，一些地方政府会采取各种变通方式违规举债，并形成了新的隐性政府债务。

我国的政府债实际上降低了我国金融市场的效率。因此，其一，有必要建立严格的债务投资决策责任制，以规范的形式明确项目负责人的决策、管理和偿债责任。问责机制的建立无疑将降低上述投融资冲动，政府新增隐性债务的意愿将大大降低。其二，控制地方政府债务规模，强化债务风险约束，应建立地方政府债务预算，将地方债务资金纳入预算管理。其三，为防范地方债务风险，应当根据地方政府债务情况，确定科学合理的债务监控指标体系。同时，可以比照国债指标体系和国际通用标准建立和完善我国地方债规模量化指标。根据美国等发达国家的经验，地方政府举债规模应控制在中央政府债务规模的 25% 以内。

训练项目三：关于国债回购的案例分析

【训练目的与要求】

通过训练，能够认识国债法律制度的基本原理与主要制度。对关于国债与政府债的法律实务问题能够识别，并能够正确运用基本理论进行分析和解决。

【实例训练】

案例：2001 年 12 月 6 日，复旦大学教授谢某某向北京市第一中级人民法院递交了诉状，就 2001 年第 7 期国债暂停回购一事状告财政部。事情起于财政部发行的 20 年期国债（代码 010107）。2001 年 7 月 31 日至 8 月 7 日，财政部在沪深证交所发行了 2001 年第 7 期国债，该国债期限为 20 年，票面年利率为 4.26%，发行总额为 240 亿元。《财政部关于 2001 年记账式（七期）国债发行工作有关事宜的通知》明确：这期国债发行结束后可在上海、深圳证券交易所上市交易。但是，8 月 9 日，财政部国库司以便函形式通知中央国债登记结算有限责任公司和深沪证券交易所："本期国债在交易所市场上市时间另行通知，上市后，交易方式首先为现券买卖，回购交易起始日将视市场情况安排。"即决定这期国债在交易所上市时间另行通知，上市后交易方式首先为现券买卖，回购交易将视市场情况安排。随后，8 月 29 日，该国债上市，但回购交易至今未开放。

谢某某称，由于我国国债的良好声誉和相对较高的收益率以及较低风险，特别是允许国债流通的规定，他和许多单位、个人一样，购买了今年第七期国债。令广大券商和购买者想不到的是，该国债发行结束后的第二天，财政部国库司以便函的形式通知本期国债在交易所市场上市时间另行通知。谢某某解释说，所谓国债的回购，是指国债持有人以国债作抵押借钱的一种融资方式，它以国债可以上市交易为前提。据悉，自从 1993 年以来，我国历次发行的国债都可以自由流通，也正因国债的流通性，投资者纷纷看好国债。

谢某某认为，财政部是国家领导机关，但同时又仅仅是国债的卖方，而全国人民（买国债的个人和机构）是买方，双方拥有平等的权利义务，是一种平等的契约关系、商业关系，而不是上下级关系。他说，财政部在发行该国债以前，以承诺国债可以自由上市流通作为要约，使得广大投资者纷纷购买。但是，等到发行结束，国债的流通却遭到禁止，侵害了普通投资者的财产权。谢某某说，财政部发国债时是交易的一方，发好后又是管理者了，这个角色不太对。他认为，国债二级市场应该任其波动，这样流通性就很好，否则，谁也不会要国债。宏观调控是可以的，但不能违法。而且，财政部的调控方法也不对，20 年国债越跌，收益率越高，以后发行新国债的利率也更高，这对国家不利。另外，国债是有长期风险的，如果 20 年中通货膨胀率达到 10%~20%，这个国债可以跌到 60 元~70 元，到时是否也要调控？谢某某反问道。

在诉状中，谢某某的诉讼理由有三条：其一，财政部通知是以便函形式下发的，且针对特定对象，不是能反复使用的行政规范性文件，本案属于行政诉讼法受理范围；其二，财政部在已卖出国债后，又违反契约，单方面未经买主同意，追溯加上限制性条款，属违约行为，符合1989年公布的《行政诉讼法》第11条第1款第7项"认为行政机关违法要求履行义务的"；其三，通知违反了国务院1992年公布的《中华人民共和国国库券条例》，该条例第8条规定："国库券可以用于抵押，但是不得作为货币流通。"故剥夺了机构投资者回购融资的权利，符合当时1989年公布的《行政诉讼法》第11条第1款第8项"认为行政机关侵犯其他人身权、财产权的"范围。谢某某的诉讼请求是撤销财政部国库司2001年8月9日发的通知财库函〔2001〕13号并道歉。

按照1989年公布的《行政诉讼法》第42条，人民法院接到起诉状，经审查，应当在七日内立案或者作出裁定不予受理。原告对裁定不服的，可以提起上诉。谢某某的诉状递交北京市第一中级人民法院之后，在近3个月的时间里，人民法院既没有受理，也不表示拒绝。2002年3月1日，谢某某又向北京市高级人民法院起诉，4个多月过去了，人民法院还是既不受理亦不拒绝。2002年7月7日，谢某某再次进京，将诉状递到了最高人民法院。2002年7月31日，财政部解除了关于010107国债的回购禁令。曾经为此三次进京状告财政部的谢某某表示，财政部这种做法是明智的，自己起诉财政部的目的就是促进决策科学化，现在起诉标的已不复存在，因而他表示愿意撤诉。

问题：

1. 本案所涉及的国债法律关系是行政法律关系还是民事法律关系？

2. 本案中财政部国库司的"通知便函"具有什么法律效果？

3. 结合案例，分析国债发行、回购中存在的主要问题。

核心提示： 国债法律关系的一方主体始终是财政部所代表的国家，其争议解决按照行政诉讼处理也无疑义。处于流通领域的国债发行是政府与国债投资者之间关于债券投资认购的合同行为，发行公告其实是合同一方的"要约"，而国债投资者认购国债的行为构成"承诺"，经承诺合同即成立并生效，双方都应该按照诚实信用原则履行各自权利义务。同时，在国债法律关系中，国家作为债务人与认购人发生基于民事债券交易流通产生的权利义务关系，是遵循市场交易的自愿、平等、有偿基本规则的。财政部在国债发行完毕后，不发通知改变之前达成协议的重要内容，可视为违约。作为投资者可以向人民法院提起民事诉讼，追究财政部的相关违约责任。当然，从证据因素来看，行政诉讼的证据规则要求行政机关举证自身行为合法合理，在这种举证责任分配模式下，行政诉讼的救济方式可能对当事人更有利。

财政部是国债的发行单位，也是国债的行政管理机关，这种身份立场的重叠性在实践中会导致身兼运动员和裁判员的双重角色，一些偶发的事件往往会带来很大的社会影响。

训练项目四：关于政府采购的案例分析

【训练目的与要求】

通过训练，能够认识政府采购法律制度的基本原理与主要制度。对关于政府采购的法律实务问题能够正确识别，并能够正确运用基本理论进行分析和解决。

【实例训练】

案例：采购人李某委托代理机构 B 就该单位"某注册与备案管理系统项目"（简称本项目）进行公开招标。2016 年 7 月 27 日，代理机构 B 发布招标公告，后组织了开标、评标。经过评审，评标委员会推荐综合排名第一的 T 公司为第一中标候选人。采购人李某拒绝对评标结果进行确认，并自行决定排名第二的 E 公司为中标供应商，代理机构 B 于 2016 年 10 月 13 日发布了中标供应商为 E 公司的中标公告。2016 年 10 月 17 日，T 公司向代理机构 B 质疑。

2016 年 11 月 10 日，T 公司向财政部提起投诉。T 公司称，在本项目中，其是评标委员会推荐的第一中标候选人，采购人李某直接决定其他候选人作为中标供应商的行为违法。此外，T 公司还表示，其在质疑时提出招标文件将计算机信息系统集成贰级以上资质作为资格条件属于以不合理条件对供应商实行差别待遇或歧视待遇的问题，但代理机构 B 以该质疑事项超期为由拒绝答复。

对此，采购人李某称，T 公司投标文件中使用的是其子公司 M 公司的业绩，且 T 公司有不良信用记录，因此其拒绝确定 T 公司为中标供应商。

代理机构 B 称，采购人李某以 T 公司业绩是其子公司 M 公司的业绩为由，未在法定期限内确定中标供应商，在要求复审被拒后直接确定了排名第二的 E 公司为中标供应商，并要求代理机构 B 以 E 公司为中标供应商发布中标公告。代理机构 B 按采购人李某的要求发布了中标公告。期间，T 公司向代理机构 B 去函表示已控股 M 公司，并完成了财务报表合并，M 公司现在是其子公司。T 公司关于招标文件"计算机信息系统集成贰级以上资质"的质疑已经超过法定期限。

财政部在审查中发现，本项目招标文件"投标人资格"要求"投标人需具备计算机系统集成贰级（含）以上资质"。"评标细则"规定："综合考虑投标人过去 3 年（2013 年 1 月至今）在食品、药品行业领域有软件开发项目业绩。每提供一个业绩得 1 分，本项最高得 5 分。"同时，T 公司的投标文件中共提供了 24 份合同复印件，其中 23 份合同的当事人为 M 公司。企业信用信息网显示，T 公司和 M 公司的法定代表人不是同一人。

问题：

1. 本案中 T 公司的投诉是否成立？请阐明理由。

2. 本案中应当如何处罚采购人李某与代理公司 B？有何依据？

3. 采购人李某的辩称理由（T 公司投标文件中使用的是其子公司 M 公司的业绩，且 T 公司有不良信用记录，因此其拒绝确定 T 公司为中标供应商）是否成立？

4. 招标文件将计算机信息系统集成贰级以上资质作为资格条件是否属于以不合理条件对供应商实行差别待遇或歧视待遇？

5.《政府采购法》为什么对于政府采购设定严格的程序规则？

核心提示：根据相关法律政策规定，除财政部规定的情形外，采购人、代理机构不得以任何理由组织重新评审或自行确定其他中标或成交供应商。

训练项目五：关于财政转移支付的案例分析

【训练目的与要求】

通过训练，能够认识财政转移支付法律制度的基本原理与主要制度。对关于财政转移支付的法律实务问题能够正确识别，并能够正确运用基本理论进行分析和解决。

【实例训练】

案例：我国自1994年建立财政转移支付制度以来，中央财政对地方转移支付规模逐步扩大，到2023年已超过10万亿元。

审计署历年审计工作报告均发现转移支付的分配和使用存在一定问题，包括分配中存在分配不合规、下达不及时、管理办法不完善、监管不到位等问题；使用中存在挤占挪用、虚报套取资金、资金闲置等问题。《国务院关于2023年度中央预算执行和其他财政收支的审计工作报告》依旧发现转移支付体系仍不够健全完备，包括"体制结算补助"转移支付执行偏离初衷，部分转移支付分配下达管理薄弱；还发现主要由中央转移支付支持的农村义务教育营养改善计划专项资金被地方政府挤占、挪用和套取。此外，目前的中央对地方转移支付管理平台中的部分转移支付项目的信息披露仍存在不及时、不充分、不一致的问题。从各省2023年财政决算草案来看，部分地区包括如吉林、天津、广西等地的财政预决算草案中也未公布当地接受的中央转移支付的科目明细。

总括而言，我国财政转移支付制度存在的主要问题可以概括为：一是部分财政转移支付执行偏离初衷。二是部分转移支付分配下达的管理存在薄弱环节，缺乏统一、透明、公正和高效的管理标准和监督机制，存在滥用职权和贪污腐败行为。

问题：

1. 结合案例，分析我国财政转移支付制度问题的成因。

2. 以财政转移支付实践中的贪腐行为为例，分析我国财政转移支付监管制度应如何强化和完善？

3. 如何化解我国西藏等地区对财政转移支付的过度依赖？

核心提示：财政转移支付制度的基础是稳定运行和公平性。它是中央财力和地方财力之间的重要纽带，直接关系到地方财政的健康运行和经济社会的平衡发展。因此，必须加强对财政转移支付的管理与监督，确保资源合理配置和有效使用，避免转移支付制度失效和资金的滥用浪费。

加强监督管理，提高转移支付的管理透明度和公正性至关重要。政府应当建立健全统一的管理标准和监督机制，并加大对转移支付的信息公开力度，让公众能够了解资金的流向和使用情况，促使地方政府更加规范和透明地使用转移支付资金。同时，强化公众关注和参与。

学习单元二 税收法律基础与案例分析

单元知识体系导图

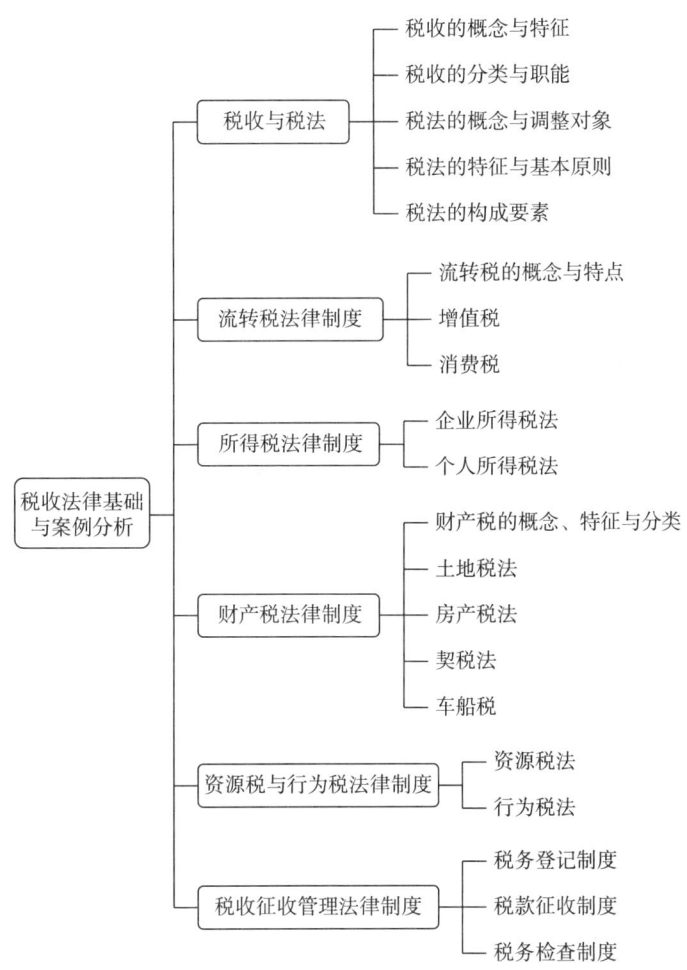

学习内容1 税收与税法

一、税收的概念与特征

税收是国家为了满足社会公共需要，按照国家法律规定的标准，强制地、无偿地向纳税人征收一定货币或者实物作为国家财政收入的一种分配方式。

在国家征税、纳税人纳税的税收征纳过程中，必然会产生社会产品的分配关系。分配的实质就是解决社会产品归谁占有、归谁支配，以及占有多少、支配多少的问题。分配的结果必然会发生社会产品所有权或支配权的单方面转移。这就决定了分配的实现需要某种权力的介入，这种权力既可能是经济上的，也可能是政治上的。税收这种分配方式不同于一般的分配形式，其特殊之处在于税收是凭借国家的政治权力，而不是凭借财产权力来实现分配的。

税收的特征可以概括为强制性、无偿性和规范性（固定性）。

税收的强制性有两个方面的含义：一方面是针对税收分配关系的征收依据而言的，即税收是国家以政治权力作为依据而进行的一种分配。另一方面是以税收的法律关系而言的，即在国家税法规定的限度内，纳税人必须依法纳税，征税人必须依法征税，否则就要受到法律的制裁。

税收的无偿性是指国家征税后，纳税人所纳税款的所有权随之发生转移，国家对具体纳税人既不需要直接偿还，又不付出任何形式的直接报酬。

税收的规范性（或者税收的固定性）是指在征税前，国家通过法律形式把每种税的课征对象即征收数额或征收比例都规定下来，便于税收征纳，双方共同遵守，更能够对纳税机关进行有效约束，以免其滥用权力。

二、税收的分类与职能

（一）税收的分类

税收的分类是按一定标准对各种税收进行的分类，一个国家的税收体系通常是由许多不同的税种构成的。每个税种都具有自身的特点和功能，但用某一个特定的标准去衡量，有些税种具有共同的性质、特点和相近的功能，从而区别于其他各种税收而形成一"类"。由于研究的目的不同，对税收分类可以采用各种不同的标准，从而形成不同的分类方法。通过对税收进行科学的分类，不仅能够揭示各类税收的性质、特点、功能以及各类税收之间的区别与联系，有利于建立合理的税收结构，充分发挥各类税收的功能与作用，而且对于研究税收发展的历史过程、税源的分布与税收负担的归宿以及中央与地方政府之间税收管理和支配权限的划分都具有重要的意义。世界各国大多实行复合税制，税收模式不同，税种数量很多，可采用不同的标准，作出不同的分类。

按征税对象性质的不同分为流转税类、所得税类（收益税类）、资源税类、财产税类、行为税类。由于课税对象不仅决定着税种的性质，而且在很大程度上也决定了税种的名称。因此，按课税对象进行分类是最常见的一种税收分类方法。

1. 流转税类。流转税是以流转额为课税对象的税种。流转额具体包括两种：

一是商品流转额，它是指商品交换的金额。对销售方来说，是销售收入额；对购买方来说，是商品的采购金额。二是非商品流转额，即各种劳务收入或者服务性业务收入的金额。由此可见，流转税类的课税对象非常广泛，涉及的税种也很多。但流转税类都具有一个基本特点，即以商品流转额和非商品流转额为计税依据，在生产经营及销售环节征收，收入不受成本费用变化的影响，而对价格变化较为敏感。我国现行的增值税、消费税、关税都属于这类税收。

2. 收益税类。是以纳税人的各种收益额为课税对象的税种，也称为所得税类。对纳税人的应纳税所得额征税，便于更好地调节国家与纳税人的利益分配关系。科学合理的收益税类可以促进社会经济的健康发展，保证国家财政收入的稳步增长和调动纳税人的积极性。收益税类的特点是征税对象不是一般收入，而是总收入减除各种成本费用及其他扣除项目以后的应纳税所得额，征税数额受成本、费用、利润高低的影响较大，我国现行的企业所得税和个人所得税都属于这类税收。

3. 财产税类。是以纳税人拥有财产数量或财产价值为课税对象的税种。对财产的课税，更多地考虑到纳税人的负担能力，有利于实现税负公平和缓解财富分配不均的现象，有利于发展生产，限制消费和合理利用资源。这类税收的特点是税收负担与财产价值、数量密切相关，能体现量能负担、调节财富、合理分配的原则。我国现行的土地税、房产税、契税、车船税都属于这类税收。

4. 资源税类。是以自然资源和某些社会资源为课税对象的税种。资源税类带有受益税的性质，征收阻力小，并且资源税类的税源比较广泛，因而合理开征资源税既有利于财政收入的稳定增长，又有利于合理开发和利用国家的自然资源和某些社会资源。这类税收的特点是税负高低与资源级差收益水平关系密切，征税范围的选择也比较灵活。

5. 行为税类。也称为特定行为目的税类，它是国家为了实现某种特定的目的，以纳税人的某些特定行为为课税对象的税种。开征行为税的主要目的在于国家根据一定时期的客观需要，限制某些特定的行为。这类税收的特点是征税的选择性较为明显，税种较多，并有着较强的时效性，有的还具有因时因地制宜的特点。我国现行的城市维护建设税、印花税等都属于这类税收。

按税负能否转嫁，可分为直接税和间接税。所谓税负转嫁是指纳税人依法纳税后，通过种种途径将所缴税款的一部分或全部转移给他人负担的经济现象和过程，它表现为纳税人与负税人的不一致性。直接税是指由纳税人直接负担，不易转嫁的税种，如所得税类、财产税类等。它的特点是纳税人与负税人是同一主体，税负不发生转嫁。间接税是指纳税人能将税负转嫁给他人负担的税种，即国家向纳税人征税但由购买者负担的税种，如消费税、增值税等。它的特点是纳税人与负税人发生分离，纳税人通常将税金附加在商品的销售价格之上转嫁给购买者负担。

按计税依据不同，分为从价税和从量税。从价税是以征税对象的价格为计税依据，其应纳税额随商品价格的变化而变化，能充分体现合理负担的税收政策，因而大部分税种均采用这一计税方法。从量税是以征税对象的数量、重量、体积等为计税依据，其课税数额与征税对象的数量相关而与其价格无关。在实际运用时，同一税种的一种商品，也可以同时采用从量计征和从价计征两种方法。如我国消费税中的卷烟、白酒等商品。

按税收与价格的关系划分，税收可分为价内税和价外税。凡在征税对象的价格中包含税款的，为价内税，如现行的消费税；凡税款独立于征税对象的价格之外的，为价外税，如现行的增值税。价内税，即税金是计税依据的组成部分，必须以含税价格作为计税依据的税种。我国现行流转税中的绝大多数税种（如消费税）都属于价内税。其特点是税随价转，税收收入随价格的变化而变化；税收与价格配合，可以直接调节生产，间接调节消费。价外税，即税金是价格之外的一个附加额，必须以不含税价格作为计税依据的税种。在我国现行税制中，增值税属于价外税。其特点是价随税转，税负直接转嫁；税收配合价格，可以直接调节消费，间接调节生产。

按税收收入归属与管理权限的不同，可将税种分为中央税、地方税、中央和地方共享税。中央税属于中央财政的固定收入，中央税即属于中央财政固定收入，归中央集中管理和使用的税种。如消费税、车辆购置税、海关代征的关税、进口环节的增值税和消费税等。由国家税务总局和海关负责征收。地方税属于地方财政的固定收入，是由地方管理和使用的税种。如房产税、城镇土地使用税、契税、土地增值税、车船税等，由地税负责征收。中央和地方共享税属于中央政府和地方政府共同的收入，如增值税、资源税、印花税、企业所得税、个人所得税等。

（二）税收的职能

税收的职能是指税收所具有的内在功能，税收的职能主要表现在以下几个方面：

第一，税收的财政职能。税收是财政收入的主要来源。组织财政收入是税收的基本职能。税收具有强制性、无偿性、固定性的特点，筹集财政收入稳定可靠。税收的这种特点，使其成为世界各国政府组织财政收入的基本形式。目前，我国税收收入已占国家财政收入的90%以上。

第二，税收的经济职能。税收是调控经济运行的重要手段。经济决定税收，税收又反作用于经济。这既反映了经济是税收的来源，又体现了税收对经济的调控作用。税收作为经济杠杆。通过增税与减免税等手段来影响社会成员的经济利益，引导企业、个人的经济行为，对资源配置和社会经济发展产生影响，从而达到调控宏观经济运行的目的。政府运用税收手段，既可以调节宏观经济总量，又可以调节经济结构。

第三，税收的再分配职能。税收是调节收入分配的重要工具。从总体来说，税收作为国家参与国民收入分配最主要、最规范的形式，规范政府、企业和个人之间的分配关系。从不同税种的功能来看，在分配领域发挥着不同的作用。如个人所得税实行超额累进税率，具有高收入者适用高税率、低收入者适用低税率或不征税的特点，有助于调节个人收入分配，促进社会公平。消费税对特定的消费品征税，能达到调节收入分配和引导消费的目的。

第四，税收的监督职能。税收具有监督经济活动的作用。税收涉及社会生产、流通、分配、消费各个领域，能够综合反映国家经济运行的质量和效率。既可以通过税收收入的增减及税源的变化，及时掌握宏观经济的发展变化趋势，又可以在税收征管活动中了解微观经济状况，发现并纠正纳税人在生产经营及财务管理中存在的问题，从而促进国民经济持续健康发展。

三、税法的概念与调整对象

（一）税法的概念

国内学者一般认为，税法是国家机关制定的调整在税收活动中发生的社会关系的法律规范的总称，这一概念包括以下要件：

第一，税法的制定主体是国家权力机关和由其授权的行政机关，在我国中央一级分别是全国人民代表大会及其常务委员会和由其授权的国务院及其部门；在地方一级是拥有立法权的地方人民代表大会和地方行政机关。

第二，税法的调整对象是税收关系，它是在税收活动中各方主体之间发生的社会关系，包括税收分配关系和税收征纳关系。

第三，税法是有关税收的法律规范的总称，而不仅仅是某一部法律或某一方面的税收法律规定。税法在形式上既表现为国家权力机关制定的法律，又表现为宪法、行政法规、规章等法的形式；既表现为增值税法、税收征收管理法等专门的税收法律，又表现为存在于行政处罚法、刑法等法律中有关税收的法律规范。

税法对于所有的经济活动均发生影响，税收的负担尤其对国民的投资、消费及储蓄的可能性加以限制。税法直接或间接与私法的交易活动连结产生不同的税收负担。因此，它促使交易当事人尽可能选择在税收上对其有利的交易方式，并对于交易活动的形成产生作用。

税法与税收既有联系，又有区别。二者的联系表现在，税收活动必须有严格的法律依据，税法是税收活动得以顺利进行的法律保障，税收法定主义是税收活动必须恪守的根本准则。在现代法治国家，税法与税收是一一对应、形式与内容的关系，有什么样的税收活动，就必须有与之相应的税法存在，税收的强制性、固定性和无偿性等形式特征，正是税法属性的体现。现代各国在税种法立法中，普遍采取的模式是一种税种制定一种税法，即"一税一法"。

（二）税法的调整对象

税法的调整对象是指税法所调整的社会关系的种类和范围，它具体是指税收活动中各方主体之间所发生的社会关系，这种社会关系即为税收关系。税法的调整对象是税法区别于其他法律的主要标准，正是税收关系性质、范围的特殊性，才使税法成为有别于其他法律的特定法律领域。关于税收关系的类型，一般是根据税收关系的内容来划分的，并存在"两分法"和"三分法"之说。

有人认为，税收关系可分为税收分配关系与税收管理关系，[1]或税收体制关系与税收征纳关系，[2]也有观点认为，税收关系可包含税收经济关系，税收程序关系与税收权限关系。

---

〔1〕 徐孟洲主编：《税法》，中国人民大学出版社 1999 年版，第 9-10 页。
〔2〕 张守文：《税法原理》，北京大学出版社 2001 年版，第 24-25 页。

四、税法的特征与基本原则

（一）税法的特征

税法作为一种法律规范，和其他法律一样，是由国家制定或认可的，体现国家意志，并由国家强制力保证实施的社会规范，其具有一般法律规范的共同特征。但由于税法是以税收关系作为其调整对象，因此具有区别于其他法律的特征：

第一，税法结构的规范性：税收的固定性直接决定了税法结构的规范性或统一性，一般国家都实行"一法一税"，即按照单个税种立法，作为征税时具体操作的法律依据；同时各个税种虽然不同，就基本的税收要素而言，每部税法都是一致的。现代国家的税法都是经过一定的立法程序制定出来的，而不是约定俗成的，这表明税法属于制定法而不是习惯法。

第二，实体性规范和程序性规范的统一性：有关纳税程序方面的基本法，除《中华人民共和国税收征收管理法》（简称《税收征收管理法》）以外，更多、更具体的税收程序规范是体现在各个税种当中的，包括税收法律关系主体在享受权利和履行义务过程中的具体程序，以及违法处理程序和税务纠纷的解决程序等。所以税法不是单纯意义上的实体法或是程序法，而是实体性法律规范和程序性法律规范的统一。

第三，税法规范的技术性：由于税收关系到国民经济生活的各个方面，随着经济生活的复杂化，税法也随之复杂化。为了既确保国家税收收入，又保证税负公平，防止税收逃避行为，保持与私法秩序的协调；既尽量减少对经济的不良影响，又体现出适度的调控。同时为满足税法与相关法律制度的协调，保障税收征管的有效，税法具有较强的技术性，尤其表现在税收构成要件的设计上，以及在税法实施中与私法债权和其他财产权的关系上、税收管理制度和征纳程序制度的建立上，例如，税率、税目和发票管理制度等。

第四，税法的经济性：税法的经济性是由于税收的经济本质决定的。税法与行政法相分离的重要原因之一，就是现代市场经济条件下税收内涵的重大变化，即税收不仅是筹集财政收入的主要手段，而且承担着调节经济的重要职责。具体表现如下：税法作用于市场经济，直接调整经济领域中的特定税收关系，弥补市场失灵缺陷，提高经济效率；税法反映经济规律，不断地解决效率与公平的矛盾；税法是对经济政策的法律化，通过保障税收杠杆的有效利用，引导经济主体趋利避害。

第五，税法的形式性（外观性）：税法在规定课税要件和征纳程序时，虽要考虑纳税人的特殊情况，但通过深入到无数纳税人的主观上的、实质上的关系中来考虑其具体的、特殊性的情况往往是很困难的。所以，只能在某种程度上着眼于其外观情况来规定课税要件。这是税法具有形式性性质的原因所在。另外，在税法适用上，为确保对多数纳税人的征收，往往又不得不按其形式外观适用税法，这是税法的形式性原因所在。

第六，税法属于义务性规范：义务性规范是相对授权性规范而言的，是指直接要求人们从事或不从事某种行为的法律规范，即直接规定人们的某种义务，具体体现在以下几方面：一是以定义推理，税收是纳税人的经济利益向国家的无偿让渡。从纳税人的角度看，税法是以规定纳税义务为核心构建的，任何人都不能随意变更或违反法定纳税义务。二是权利义务对等是一个基本的法律原则。从财政的角度看，纳税人从国家的公共支出中得到了许多权利，这些权利是通过其他授权性法规赋予的。但从税法的角度看，纳税人则以尽义务为主，所以我们称税法为义务性法规。三是税法属于义务性法规，并不是指税法没有规定纳税人的权利，而是说纳税人的权利在其纳税义务的基础之上，是从属性的。

（二）税法的基本原则

所谓税法的基本原则，是指一国调整税收关系的基本规律的抽象和概括，是贯穿税法的立法、执法、司法、守法全过程的具有普遍性指导意义的法律准则。

1. 税收法定原则。又称税收法律主义，是税法至为重要的基本原则，它是民主和法治原则等现代宪法原则在税法上的体现，对保障人权、维护国家利益和社会公益具有举足轻重的作用。没有法律依据，任何主体不得征税或减免税收。一方面，要求纳税人必须依法纳税；另一方面，课税只能在法律的授权下进行，超越法律规定的课税是违法和无效的。正因为如此，各国宪法一般也多对其加以规定。《中华人民共和国宪法》既未对财政税收制度作专门的规定，又未对税收立法权作专门的规定，仅是在公民的基本义务方面规定"公民有依照法律纳税的义务"，故而税收法定原则在宪法上未得到明确的肯定。税收法定原则的内容可以概括为课税要素法定，课税要素明确和依法稽征（征税合法性原则）三个具体原则。

2. 税收公平主义原则。是指税收负担必须根据纳税人的负担能力分配，负担能力相等，税负相同；负担能力不等，税负不同。在现代各国的税收法律关系中，纳税人的地位是平等的，因此，税收负担在国民之间的分配也必须公平合理。有学者认为，税收公平原则是近代平等性的政治和宪法原则在税收法律制度中的具体体现。至于何谓公平，不同历史时期学者的认识也是处于不断的发展之中的。在抛弃绝对公平地按人头或其他定额标准征税的主张后，税收学界对公平原则的理解主要有两派：一为受益说，一为负担能力说。在受益说中，水平公平是指凡自政府得到相同利益者应负担相同的税收，垂直公平是指凡自政府所得利益不同者应负担不同的税收。负担能力说则引入相对牺牲的概念，认为凡具有相同纳税能力者应负担相同的税收，不同纳税能力者应负担不同的税收。这个观点被税法学界和税收立法者引进税法的观念中，并发展成税法上体现税收公平原则的量能课税原则。所谓税收负担能力，是指各纳税人的经济负担能力，其能力基础包括所得、财产和消费三个方面。

3. 税收效率原则。在一般含义上，税收效率原则要求以最小的费用获取最大的税收收入，并利用税收的经济调控作用最大限度地促进经济的发展，或者最大限度地减轻税收对经济发展的阻碍作用。它包括税收行政效率和税收经济效率两个方面。

税收行政效率可以从征税费用和纳税费用两个方面来考察。征税费用是指税务部门在征税过程中所发生的各种费用。这些费用占所征税额的比重即为征税效率。征税效率的高低和税务人员本身的工作效率是密切相关的。而且对不同的税种，其征税效率也会存在很大的差异。纳税费用是纳税人依法办理纳税事务所发生的费用。相对于征税费用，纳税费用的计算比较困难，如将纳税申报的时间折算成货币，这本身就不是一件容易的事。又如，由于征税使纳税人忧虑不安，实际上付出了心理费用。因此，有人把纳税费用称为税收隐蔽费用。

税收经济效率的主旨在于如何通过优化税制，尽可能地减少税收对社会经济的不良影响，或者最大程度地促进社会经济良性发展。处在不同历史时期和不同经济体制背景下的学者对这个问题有着不同的答案。

4. 税收社会政策原则。税法的税收社会政策原则是指税法是国家用以推行各种社会政策，主要是经济政策的最重要的基本手段之一，其实本质就是税收的经济基本职能的法律原则化。这一原则主要是资本主义从自由竞争阶段进入垄断阶段以后才提出的，并随即成为各国普遍奉行的税法基本原则。

税收社会政策原则确立以后，税法的其他基本原则，特别是税收公平主义原则，受到了一定程度的制约和影响。如何衡量税收公平，不仅要看各纳税人的负担能力，还要考虑社会全局和整体利益。

五、税法的构成要素

税法的构成要素，又称课税要素、税制要素，是指各种单行税种立法共有的基本构成要素的总称。这一概念包含两层含义：一是税法要素既包括实体性的，又包括程序性的；二是税法要素是所有完善的单行税法都共同具备的，仅为某一税法所单独具有而非普通性的内容，不构成税法要素，如扣缴义务人。具体而言，税法要素主要包括以下内容：

（一）纳税人

纳税人，又可称为纳税主体或纳税义务人，是指税法规定的直接负有纳税义务的自然人、法人或其他组织。纳税人不同于负税人，负税人是经济学中的概念，即税收的实际负担者，而纳税人是法律用语，即依法缴纳税收的人。税法只规定纳税人，不规定负税人。二者有时可能相同，有时不尽相同，如个人所得税的纳税人与负税人是相同的，而增值税的纳税人与负税人就不一定一致。

（二）征税对象

征税对象是指征税主体、纳税主体共同指向的对象，它是各个税种间相互区别的根本标志。征税对象按其性质不同，通常划分为以下几类：流转额，包括商品流转额和非商品流转额；所得额或收益额，包括总收益额和纯收益额；财产，即法律规定的特定范围的财产，如房产、车船等。

（三）税率

税率是应纳税额与课税对象之间的数量关系或比例，是计算税额的尺度。

税率的高低直接关系到纳税人的负担和国家税收收入的多少，是国家在一定时期内的税收政策的主要表现形式；是税收制度的核心要素。税率主要有比例税率、累进税率和定额税率三种基本形式。

比例税率是对同一课税对象，不论数额大小，都按同一比例征税，税额占课税对象的比例总是相同的。比例税率是最常见的税率之一，应用广泛。比例税率具有横向公平性，其主要优点是计算简便，便于征收和缴纳。比例税率又可细分为单一比例税率和差别比例税率。差别比例税率又可分为以下几种表现形式：

1. 产品差别比例税率，即按产品类别设计税率，既可按产品大类设计，又可按具体产品设计，如消费税。

2. 行业差别比例税率，即按应税产品或经营项目所归属的行业设计税率，不同行业实行不同税率。

3. 地区差别比例税率，即对同一课税对象按照其所在地区设计不同的税率，如我国曾经征收的农业税。

累进税率是指按课税对象数额的大小规定不同的等级，随着课税数量增大而随之提高的税率。具体规定是按课税对象数额的大小划分为若干等级，规定最低税率、最高税率和若干等级的中间税率，不同等级的课税数额分别适用不同的税率，课税数额越大，适用税率越高。累进税率一般在所得课税中使用，可以充分体现对纳税人收入多的多征、收入少的少征、无收入的不征的税收原则，从而有效地调节纳税人的收入，正确处理税收负担的纵向公平问题。

定额税率又称固定税率，是按课税对象的计量单位直接规定应纳税额的税率形式，课税对象的计量单位主要有吨、升、平方米、千立方米、辆等。定额税率一般适用于从量定额计征的某些课税对象，实际是从量比例税率。

（四）纳税环节、期限及地点

纳税环节指应税商品在流转过程中应当缴纳税款的环节。它确定一种税在哪个或哪几个环节征收。我国目前对流转税的征收多采用多环节征税的办法。

纳税期限是税法规定的纳税主体向税务机关缴纳税款的具体时间。税法规定纳税人按日、月季度、纳税年度缴纳税款。纳税期限是衡量征纳双方是否按时行使征税权力和履行纳税义务的尺度。纳税期限一般分为按次征收和按期征收两种。在现代税制中，一般还将纳税期限分为缴税期限和申报期限两段，但也可以将申报期限内含于缴税期限之中。

纳税地点是指缴纳税款的场所。纳税地点一般为纳税人的住所地，也有规定在营业地、财产所在地或特定行为发生地的。

（五）税收优惠

税收优惠是指税法对某些特定的纳税人或征税对象给予的一种免除规定，它包括减免税、税收抵免等多种形式。税收优惠按照优惠目的通常可以分为照顾性和鼓励性两种；按照优惠范围可以分为区域性和产业性两种。

减税是对应纳税额的减征。免税是对应征税额全部免除。减免税是对纳税义务的减轻或免除。与此相关的有起征点和免征额两个概念。起征点是指计税依据的数额达到开征的界限。未达到起征点的不征税；达到或超过起征点的，按其全额征税。免征额是指在计税依据总额中免于征税的数额。它是按照一定标准从计税依据总额中预先减除的数额。免征额部分不征税，超过免征额的部分征税。

（六）税务争议与税收法律责任

税务争议指征税机关与相对人（包括纳税主体与非纳税主体）之间因确认或实施税收法律关系而产生的纠纷。解决税务争议主要通过税务行政复议和税务行政诉讼两种方式，并且一般要以税务管理相对人缴纳税款为前提。

在税务争议期间，税务机关的决定不停止执行。

税收法律责任是税收法律关系的主体因违反税法所应当承担的法律后果。税法规定的法律责任形式主要有三种：一是经济责任，包括补缴税款、加收滞纳金等；二是行政责任，包括吊销税务登记证、罚款、税收保全及强制执行等；三是刑事责任，对违反税法情节严重构成犯罪的行为，要依法承担刑事责任。

学习内容2 流转税法律制度

一、流转税的概念与特点

流转税是以商品生产、流通和提供劳务的销售额或营业额为征税对象的各个税种的总称。我国现行的流转税有增值税、消费税和关税等。

流转税具有以下特点：

第一，以商品生产、交换和提供商业性劳务为征税前提，征税范围较为广泛，既包括第一产业和第二产业的产品销售收入，又包括第三产业的营业收入；既对国内商品征税，也对进出口的商品征税，税源比较充足。

第二，流转税的征税对象是商品（或劳务）复杂多样的流转额，即以商品、劳务的销售额和营业收入作为计税依据，一般不受生产、经营成本和费用变化的影响，可以保证国家能够及时、稳定、可靠地取得财政收入。

第三，一般具有间接税的性质，课税隐蔽。特别是在从价征税的情况下，税收与价格密切相关，便于国家通过征税体现产业政策和消费政策。流转税在税赋负担上具有累退性。

第四，同有些税类相比，流转税在计算征收上较为简便易行，也容易为纳税人所接受。

二、增值税

2024年12月25日第十四届全国人民代表大会常务委员会第十三次会议通过了《中华人民共和国增值税法》（简称《增值税法》），自2026年1月1日起施行。

增值税是对在我国境内销售货物、服务、无形资产、不动产，以及进口货物的单位和个人，就其货物或劳务的增值额征收的一种税。增值税是我国第一大税种，约占全国税收收入的30%。增值税最大的特点是以增值额为课税对象。所谓增值额，是指一定时期生产过程中新创造的价值额，就一个环节而言，增值额是产出减去投入后的余额；就一个产品而言，增值额之和就是商品价值之和。

增值税的纳税人主要包括销售货物、服务、无形资产、不动产，以及进口货物的单位和个人（包括个体工商户）。从税法地位和税款计算的角度，增值税的纳税主体可以分为两大类，即一般纳税人和小规模纳税人。一般纳税人，就是指年应税销售额超过规定的小规模纳税人标准，会计核算健全的企业和企业性单位。小规模纳税人则是指年应征增值税销售额未超过五百万元的纳税人。

相对其他流转税而言，增值税具有以下的特征：

1. 实现普遍征税与多环节征税相结合，税基广泛，税源比较充足。增值税可以从商品的生产开始，一直延伸到商品的批发和零售等经济活动的各个环节，使增值税能够拥有较其他间接税更广泛的纳税人。

2. 在各征税环节不重复征税，仅按每道环节的增值额征税，税收负担平衡，利于公平竞争。同时，在税收征管上可以互相制约，交叉审计，避免发生偷税现象。

3. 增值税是一种典型的间接税，税收负担具有转嫁性；实行价外计税的办法。

4. 对不同经营规模的纳税人采用不同的计税方法。

我国增值税依照纳税对象的不同，有不同税率。按照 2024 年修订的《增值税法》，我国目前有 13%、9% 和 6% 三档税率。[1]

作为增值税征税范围内的销售货物，包括一般的销售货物、视同销售货物和混合销售等几种情况。所谓一般的货物销售，是指通常情况下的货物所有权的有偿转让。这里的货物是指有形动产，包括电力、热力和气体等。所谓视同销售货物，是指某些行为虽然不同于有偿转让货物所有权的一般销售，但基于保障财政收入，防止规避税法以及保持经济链条的连续性和课税的连续性等考虑，税法仍将其视同为销售货物的行为，征收增值税。混合销售是指一项销售行为既涉及货物销售又涉及提供非增值税应税劳务，即一项行为涉及增值税和营业税的征税范围。例如，一家装饰公司以包工包料方式为用户进行房屋装修，其中既提供装饰公司劳务，又有墙纸（布）、地板等装饰材料的销售。其中，销售墙纸等装饰材料属于销售货物行为，应征收增值税，对于发生的装饰劳务则属于提供应税劳务行为，应征营业税。按照税法的规定，依据"经营主业"原则，在增值税和营业税两者之间选择一个税种征税。"

我国增值税依照纳税对象的不同，有不同税率。一般来说，纳税人销售货物、劳务、有形动产租赁服务或者进口货物，税率为 17%。纳税人销售交通运输、邮政、基础电信、建筑、不动产租赁服务，销售不动产，转让土地使用权，销售或者进口下列货物，税率为 11%：

1. 粮食等农产品、食用植物油、食用盐等。

2. 自来水、暖气、冷气、热水、煤气、石油液化气、天然气、二甲醚、沼气、居民

---

〔1〕　参见《增值税法》第 10 条。

用煤炭制品。

3. 图书、报纸、杂志、音像制品、电子出版物等。

4. 饲料、化肥、农药、农机、农膜。

5. 国务院规定的其他货物。

纳税人销售服务、无形资产，税率为6%。

纳税人出口货物，税率为零；但是，国务院另有规定的除外。

境内单位和个人跨境销售国务院规定范围内的服务、无形资产，税率为零。

三、消费税

消费税是对我国境内外从事生产、委托加工和进口应税消费品的单位和个人，就其销售额或销售数量，在特定环节征收的一种税。简单地说，消费税是对特定的消费品和消费行为征收的一种税。目前我国征收消费税的法律依据是1994年施行并于2008年修订的《中华人民共和国消费税暂行条例》（简称《消费税暂行条例》）以及2008年公布的《中华人民共和国消费税暂行条例实施细则》（简称《消费税暂行条例实施细则》）。消费税的特征如下：

（一）征税项目具有选择性

各国目前征收的消费税实际上都属于对特定消费品或消费行为征收的税种。为适应我国目前的产业结构、消费水平和消费结构以及节能、环保等方面的要求，从2006年4月1日起，消费税的征税范围进行了有增有减的调整，消费税的税目由11个调整为14个。

（二）征税环节具有单一性

消费税是在生产、进口、流通或消费的某一环节一次征收（卷烟除外），而不是在每个环节多次征收，即实行一次课征制。

（三）征收方法具有多样性

为了适应不同消费品的应税情况，消费税在征收方法上不力求一致，可采用从价定率的征收方式，也可以选择从量定额的征收方式。

（四）税收调节具有特殊性

这一特殊性表现在两个方面：一是不同的征税项目税负差异较大；二是消费税往往同有关税种配合实行加重或双重调节。

（五）消费税具有转嫁性

消费税无论采取价内税形式还是价外税形式，也无论在哪个环节征收，消费品中所含的消费税税款最终都要转嫁到消费者身上，由消费者负担，消费税具有转嫁性，并且较其他税种更明显。

凡在我国境内生产、委托加工和进口《消费税暂行条例》列举的消费品的单位和个人，为消费税的纳税主体。所谓"在中国境内"，是指应税消费品的起运地或所在地在中国境内。

消费税的税率包括两类，即比例税率和定额税率。但按照我国的税法，第一类卷烟、

第二类卷烟及粮食薯类白酒采用定额兼定率的组合税率，即先找计税单位及定额的乘积计算一部分税额，然后再依价格与比例税率的乘积计算另一部分税额，最后两部分税额相加。

1. 从价定率。适用从价定率的消费品，其应纳消费税额计算公式：

$$应纳税额＝应税消费品的销售额×适用税率$$

2. 从量定额。适用定额税率的消费品，其应纳消费税额计算公式：

$$应纳税额＝应税消费品的销售额×适用税率$$

3. 从价兼从率。适用从价兼从率的组合税率的消费品应纳税额的计算公式：

$$应纳税额＝（应税消费品的数量×定额税率）＋（应税销售额×比例税率）$$

除此之外，针对计税依据的确定，我国税法还有以下特殊规定：

第一，纳税人自产自用的应税消费品，依照本条例第四条第一款规定应当纳税的，按照纳税人生产的同类消费品的销售价格计算纳税；没有同类消费品销售价格的，按照组成计税价格计算纳税。组成计税价格计算公式：

$$组成计税价格＝（成本＋利润）÷（1－消费税税率）$$

第二，委托加工的应税消费品，按照受托方的同类消费品的销售价格计算纳税；没有同类消费品销售价格的，按照组成计税价格计算纳税。组成计税价格计算公式：

$$组成计税价格＝（材料成本＋加工费）÷（1－消费税税率）$$

第三，进口的应税消费品，实行从价定率办法计算应纳税额的，按照组成计税价格计算纳税。组成计税价格计算公式：

$$组成计税价格＝（关税完税价格＋关税）÷（1－消费税税率）$$

学习内容 3   所得税法律制度

所得税是以所得为征税对象并由获取所得的主体缴纳的一类税的总称。

所得税的特点如下：征税对象是所得，计税依据是纯所得额；计税依据的确定较为复杂，比例税率与累进税率并用；所得税是直接税；在税款缴纳上实行总分结合。

一、企业所得税法

（一）企业所得税法概述

企业所得税是指以企业为纳税人，以企业一定期间的纯所得额为计税依据而征收的一种税。现行有效的法律规定是 2018 年修正的《中华人民共和国企业所得税法》（简称《企业所得税法》）和 2024 年修订的《中华人民共和国企业所得税法实施条例》（简称《企业所得税法实施条例》）。

（二）企业所得税的纳税人

《企业所得税法》第 1 条第 1 款规定："在中华人民共和国境内，企业和其他取得收入的组织（以下统称企业）为企业所得税的纳税人……"具体包括企业、事业单位、社会团体以及其他取得收入的组织。

按照国际通行做法，《企业所得税法》将纳税人划分为"居民企业"和"非居民企业"，并分别规定其纳税义务，即居民企业就其境内外全部所得纳税；

非居民企业就其来源于中国境内所得部分纳税。非居民企业还应当就其取得的与其在中国境内设立的机构、场所有实际联系的境外所得纳税。可见，居民企业承担全面纳税义务，就其来源于我国境内的全部所得纳税；非居民企业承担有限纳税义务，一般只就其来源于我国境内的所得纳税。

居民企业包括依法在中国境内成立，或者依照外国（地区）法律成立但实际管理机构在中国境内的企业。

非居民企业包括依照外国（地区）法律成立且实际管理机构不在中国境内，但在中国境内设立机构、场所的，或者在中国境内未设立机构、场所，但来源于中国境内所得的企业。

（三）税率

企业所得税的税率为25%。

非居民企业在中国境内未设立机构、场所的，或者虽设立机构、场所但取得的所得与其所设机构、场所没有实际联系的，应当就其来源于中国境内的所得缴纳企业所得税适用税率为20%。

符合条件的小型微利企业，减按20%的税率征收企业所得税。

国家需要重点扶持的高新技术企业，减按15%的税率征收企业所得税。

（四）税收优惠

企业的下列收入为免税收入：国债利息收入；符合条件的居民企业之间的股息、红利等权益性投资收益；在中国境内设立机构、场所的非居民企业从居民企业取得与该机构、场所有实际联系的股息、红利等权益性投资收益；符合条件的非营利组织的收入。

企业的下列所得，可以免征、减征企业所得税：从事农、林、牧、渔业项目的所得；从事国家重点扶持的公共基础设施项目投资经营的所得；从事符合条件的环境保护、节能节水项目的所得；符合条件的技术转让所得；非居民企业就其来源于中国境内的所得缴纳企业所得税。

民族自治地方的自治机关对本民族自治地方的企业应缴纳的企业所得税中属于地方分享的部分，可以决定减征或者免征。自治州、自治县决定减征或者免征的，须报省、自治区、直辖市人民政府批准。

企业的下列支出，可以在计算应纳税所得额时加计扣除：开发新技术、新产品、新工艺发生的研究开发费用；安置残疾人员及国家鼓励安置的其他就业人员所支付的工资。

创业投资企业从事国家需要重点扶持和鼓励的创业投资，可以按投资额的一定比例抵扣应纳税所得额。企业的固定资产由于技术进步等原因，确需加速折旧的，可以缩短折旧年限或者采取加速折旧的方法。

企业综合利用资源，生产符合国家产业政策规定的产品所取得的收入，可以在计算应纳税所得额时减计收入。企业购置用于环境保护、节能节水、安全生产等专用设备的投资额，可以按一定比例实行税额抵免。

二、个人所得税法

（一）个人所得税概念与特征

个人所得税是以个人所得为征税对象，并且由获取所得的个人缴纳的一种税。个人所得税是各国开征较为普遍的一种税。以下是我国个人所得税的特点：

1. 个人所得税是一种所得税。个人所得税不是对个人所取得的收入征税，而是对个人取得的所得征税。税法上所称的所得，通常是指纳税人法定的收入总额扣除法定的扣除项目，如成本、费用、税金和损失等支出后的净额。

作为征税对象的个人所得，有狭义和广义之分。狭义的个人所得仅限于每年经常、反复发生的所得；广义的个人所得是指个人在一定期间内，通过各种来源和方式取得或者获得的各种收益与利益，而不论这种收益与利益是偶然的，还是临时的；是货币的，还是实物的。目前，包括我国在内的世界各国所实行的个人所得税，大多以广义的个人所得为基础设计税收制度。

2. 个人所得税是一种直接税。所谓直接税是指税收负担不能转嫁出去而必须由纳税人自己承担的税种。除极少数特殊情况之外，个人所得税通常都不能转嫁，而必须由纳税人自己承担。

3. 个人所得税是以自然人个人为纳税人的一种所得税。所得税是以自然人或者法人的法定所得为课税对象的一种税制体系。虽然目前世界各国所征收的所得税在名称上五花八门，但是根据纳税人的属性不同，一般都可以分为两类：一类是以法人为纳税人的所得税，即企业（法人或者公司）所得税，另一类是以自然人个人为纳税人的所得税，即我们现在所讨论的个人所得税。

（二）纳税主体

我国个人所得税的纳税主体包括两类，即居民纳税人和非居民纳税人。区分这两类纳税主体的标准有两个，一个是住所标准，一个是时间标准。

在中国境内有住所，或者无住所而一个纳税年度内在中国境内居住累计满183天的个人，为居民个人。

在中国境内无住所又不居住，或者无住所而一个纳税年度内在中国境内居住累计不满183天的个人，是非居民纳税人，他们仅就其来源于中国境内的所得，缴纳个人所得税。

（三）征税范围

下列各项个人所得，应当缴纳个人所得税：工资、薪金所得；劳务报酬所得；稿酬所得；特许权使用费所得；经营所得；利息、股息、红利所得；财产租赁所得；财产转让所得；偶然所得。

（四）税率计征

法律规定个人所得税的税率区分所得情形，采用不同的税率计算方法：对于综合所得，适用 3%至 45%的超额累进税率；对于经营所得，适用 5%至 35%的超额累进税率（税率表附后）；对于利息、股息、红利所得，财产租赁所得，财产转让所得和偶然所得，适用比例税率，税率为 20%。

学习内容 4 财产税法律制度

一、财产税的概念、特征与分类

（一）财产税的概念与特征

财产税是指以各种财产为征税对象，并由对财产进行占有、使用或收益的主体缴纳的一类税。财产税这一类税种的课税对象是财产的收益或财产所有人的收入，主要包括房产税、财产税、遗产税和赠与税等税种。对财产课税，对于促进纳税人加强财产管理、提高财产使用效果具有特殊的作用。我国目前的财产税主要包括土地税、房产税、契税、车船税、资源税等。同其他税类相比，财产税主要具有以下特点：

第一，土地、房屋等不动产位置固定，标志明显，作为课税对象具有收入上的可靠性和稳定性。

第二，纳税人的财产情况，一般当地政府较易了解，适宜由地方政府征收管理，有不少国家把这些税种划作地方税收。如美国课征的财产税，当前是地方政府收入的主要来源，占其地方税收总额的 80%以上。

第三，以财产所有者为纳税人，对于调节各阶层收入，贯彻应能负担原则，促进财产的有效利用，有特殊的功能。

（二）财产税的分类

根据征收范围和课征方式的不同，财产税可分为一般财产税和个别财产税两大类。一般财产税，也称综合财产税，是对纳税人所拥有的全部财产，按其综合计算的价值进行课征的一种财产税。理论上是如此，但现实中一般财产税并非将纳税人所有的财产都作为计税依据，在课征时通常要考虑到对一定货币数量以下的财产和纳税人日常生活必需品的免税，以及负债的扣除，有的国家一般财产税中还规定了起征点。目前，世界各国的一般财产税大致有三种类型：其一，名为一般财产税，实为有选择的财产税，如美国现今的财产税就属于这种类型。其二，规定免税项目，以应税财产总价值额减去负债后的净额为计税依据，设免税扣除及给予生活费豁免，采用比例税率的一般财产税，如德国、荷兰等国就实行这种财产税。其三，以应税财产总价值额减去负债后的净值额为计税依据，采用累进税率，如英国、印度、瑞典等国就推行这种类型的财产税。个别财产税，也称特别财产税或特种财产税，是对纳税人的某种财产单独课征的一种财产税。如对土地课征的土地税或地产税，对房屋课征的房产税，对土地和房屋合并征收的房地产税等均属于个别财产税。个别财产税在课征时一般不需要考虑免税和扣除。随着社会经济的不断发展，个别财产税呈现出合并的趋势，税种日趋减少。

根据课税对象形态的不同，财产税可分为静态财产税和动态财产税两大类。静态财产税，是对一定时期处于相对静止状态的财产，按其数量或价值进行课征的财产税。如地产税、房产税等均属于静态财产税，其特点是在征收时间上有一定的规律性，通常是定期征收，如房产税一般都是按年征收。动态财产税，是对因无偿转移而发生所有权变动的财产按其价值所课征的财产税，如遗产税、继承税等。动态财产税是以财产所有权的变动和转移为前提课征的，其特点是在财产交易时一次性征收，如遗产税是在发生遗产继承行为时一次性征收。

根据财产存续时间的不同，财产税可分为经常财产税和临时财产税两大类。经常财产税是指每年要按期课征具有经常性收入的财产税。这种税收通常占财产税收入的绝大部分。临时财产税是指非常时期政府为筹措财政资金而临时课征的财产税。如政府在国家遭遇战争、严重自然灾害或偿还债务等非常时期，为筹措经费，大多要征收包括财产税在内的各种临时税。临时财产税所占的比重一般不会太大，但税率可能比经常财产税税率要高。

根据应税依据不同，可以分为从量财产税和从价财产税。从量财产税，是指以纳税人的应税财产数量为计税依据，实行从量定额征收的财产税。其特点是纳税人应纳税额的多少，完全取决于其拥有财产的数量，而与其财产的价值无关，因而从量财产税一般不受价格变动的影响。从价财产税，是指以纳税人的应税财产的价值为计税依据，实行从价定率征收的财产税。其特点是纳税人应纳税额的多少，视其所拥有财产的价值大小而定，从价财产税通常受价格变动的影响较大。从价财产税又可分为财产价值税和财产增值税。所谓财产价值税，就是按财产的全部价值计算课征的财产税。在现实中，财产的计税价格又有原始价、重置价和市场价之分。所谓财产增值税，是指按财产的增值部分计算课征的财产税，即只对财产的现值超过原值的增值部分征税，而不考虑财产的总价值或财产净值。

二、土地税法

土地税是以土地为征税对象，由对土地进行占有、使用、收益的主体缴纳的一类税的总称。

（一）城镇土地使用税

城镇土地使用税是以城镇土地为征税对象，对拥有国有土地使用权的单位和个人征收的一种税。城镇土地使用税的征税范围，包括在城市、县城、建制镇和工矿区内的国家所有和集体所有的土地。其中，城市的土地包括市区和郊区的土地，县城的土地是指县人民政府所在地的城镇的土地；建制镇的土地是指镇人民政府所在地的土地。城市土地使用税的计税依据，是纳税人实际占用的应税土地面积，土地面积计量标准为每平方米。

（二）耕地占用税

在我国境内占用耕地建设建筑物、构筑物或者从事非农业建设的单位和个人，需要缴纳耕地占用税。此处的耕地，是指用于种植农作物的土地。

我国对耕地的保护，主要出于生态环境与公共利益之考虑。占用耕地建设农田水利设施的，以及军事设施、学校、幼儿园、社会福利机构、医疗机构占用耕地，由于占用之用途具有公益性，故法律规定，此类占用不缴纳耕地占用税。按照《中华人民共和国耕地占用税法》，耕地占用税以纳税人实际占用的耕地面积为计税依据，按照规定的适用税额一次性征收，应纳税额为纳税人实际占用的耕地面积（平方米）乘以适用税额。

（三）土地增值税

土地增值税是对转让土地权利而获取收益的主体，就其土地的增值额征收一种财产税。纳税主体是转让国有土地使用权、地上的建筑物及其附着物并取得收入的单位和个人，具体包括各类企事业单位、国家机关和社会团体及其他组织、个体经营者等。当然，其中也包括外商投资企业、外国企业、华侨、港澳台同胞及外国公民等。

土地增值税的征税范围包括转让国有土地使用权、地上的建筑物及其附着物而取得的收入，即转让的房地产的收入。

土地增值税的计税依据是土地增值额，即纳税人转让房地产所取得的收入减除法定扣除项目金额后的余额。纳税人转让房地产的收入，是指转让房地产的全部价款及有关的经济收益，包括货币收入、实物收入和其他收入。

三、房产税法

房产税是以房产为征税对象，依据房产价格或房产租金收入向房产所有人或经营人征收的一种税。

我国房产税的纳税主体是在我国境内拥有房屋产权的单位和个人。

房产税的征税对象是在我国境内用于生产经营的房屋，具体包括建在城市、县城、建制镇和工矿区的房屋。个人所有非营业用房产用于居住的房屋免纳房产税，此处主要指居民居住用房，个人拥有的营业用房或者出租的房产，则应当照章纳税。

房产税的计税依据是房产余值或房产租金收入。其中，房产余值是依照房产原值一次减除10%至30%后的余值；没有房产原值作为依据的，由税务机关参考同类房产核定。房产租金收入是房产所有人出租房屋所获得的报酬，包括货币收入和实物收入。

房产税的税率，依照房产余值计算缴纳的，税率为1.2%；依照房产租金收入计算缴纳的，税率为12%。

四、契税法

契税是因土地、房屋权属发生移转变更而在当事人之间订立契约时，由产权承受人缴纳的一种财产税。我国现行的法律规范主要是自2021年9月1日起施行的《中华人民共和国契税法》（简称《契税法》）。

纳税主体是在中华人民共和国境内转移土地、房屋权属，并承受的单位和个人。此处所指的转移土地、房屋权属，包括土地使用权出让；土地使用权转让，包括出售、赠予、互换；房屋买卖、赠予、互换。这里的土地使用权转让，不包括土地承包经营权和土地经营权的转移。此外，以作价投资（入股）、偿还债务、划转、奖励等方式转移土地、房屋权属的，也应当按照法律规定征收契税。

契税税率为 3% 至 5%。

契税的具体适用税率，由省、自治区、直辖市人民政府在前款规定的税率幅度内提出，报同级人民代表大会常务委员会决定，并报全国人民代表大会常务委员会和国务院备案。省、自治区、直辖市可以依照相应的程序对不同主体、不同地区、不同类型的住房的权属转移确定差别税率。

五、车船税

车船税是以车船为征税对象而征收的一类财产税，它目前包括车辆购置税和车船使用税两类。车船税法的法源主要是 2019 年修订的《中华人民共和国车船税法实施条例》（简称《车船税法实施条例》）、《中华人民共和国车船税法实施条例》。

在中华人民共和国境内，车船的所有人或者管理人为车船税的纳税人。车船的所有人或者管理人未缴纳车船税的，使用人应当代为缴纳。从事机动车交通事故责任强制保险业务的保险机构为机动车车船税的扣缴义务人，应当依法代收代缴车船税。

在计征车船税时，载客汽车和摩托车的计税单位为辆，载货汽车和三轮车、低速货车的计税单位为自重吨位，船舶的计税单位为净吨位。

下列车船免征车船税：捕捞、养殖渔船；军队、武装警察部队专用的车船；警用车船；悬挂应急救援专用号牌的国家综合性消防救援车辆和国家综合性消防救援专用船舶；依照法律规定应当予以免税的外国驻华使领馆、国际组织驻华代表机构及其有关人员的车船。

对节约能源、使用新能源的车船可以减征或者免征车船税；对受严重自然灾害影响纳税困难以及有其他特殊原因确需减税、免税的，可以减征或者免征车船税。

省、自治区、直辖市人民政府根据当地实际情况，可以对公共交通车船，农村居民拥有并主要在农村地区使用的摩托车、三轮汽车和低速载货汽车定期减征或者免征车船税。

学习内容 5　资源税与行为税法律制度

一、资源税法

资源税是对在我国境内开发、利用自然资源的单位和个人，就其开发、利用资源的数量或价值征收的一种财产税。资源税的法律规定主要是 2020 年起施行的《中华人民共和国资源税法》（简称《资源税法》）。

在中华人民共和国领域和中华人民共和国管辖的其他海域开发应税资源的单位和个人，为资源税的纳税人。应税资源的具体范围，由《资源税法》所附《资源税税目税率表》确定。

资源税按照《资源税税目税率表》实行从价计征或者从量计征。有下列情形之一的，免征资源税：开采原油以及在油田范围内运输原油过程中用于加热的原油、天然气；煤炭开采企业因安全生产需要抽采的煤成（层）气。

有下列情形之一的，减征资源税：从低丰度油气田开采的原油、天然气，减征20%资源税；高含硫天然气、三次采油和从深水油气田开采的原油、天然气，减征30%资源税；稠油、高凝油减征40%资源税；从衰竭期矿山开采的矿产品，减征30%资源税。

根据国民经济和社会发展需要，国务院对有利于促进资源节约集约利用、保护环境等情形可以规定免征或者减征资源税，报全国人民代表大会常务委员会备案。有下列情形之一的，省、自治区、直辖市可以决定免征或者减征资源税：纳税人开采或者生产应税产品过程中，因意外事故或者自然灾害等原因遭受重大损失；纳税人开采共伴生矿、低品位矿、尾矿。

二、行为税法

（一）行为税的概念

行为税是指以某些特定行为为征税对象的一类税，是一个泛指的集合概念。具体是指除了商品流转行为、取得收益行为、占有或转移财产等行为以外的，依法应当纳税的特定行为。

有人将其称为行为目的税，认为按课税对象划分，行为税可以划分在流转税、所得税和财产税中，但由于其中某些课税对象兼有多种性质，不容易划入任何一种，所以独立作为一种税种。可见，行为税就是根据税收法律的相关规定，对某些行为（一般是指除了商品流转行为、取得收益行为、占有或转移财产等行为以外的依法应当纳税的特定行为）以列举方式加以征收特定行为的税种。同理，行为税法也就是国家对于有关行为税而制定的法律规范的总称。

（二）行为税的种类

由于国家对行为税的界定没有一个标准。确切地说，国家没有具体规定什么是行为税以及哪些税种属于行为税。而且，行为税是一项变动的税种，它紧跟时代的步伐尤其是政策的动向，行为税经过了设立、取消、合并、分出、变更等历程，而且以后会一直进行下去。因此，行为税很难作为一个统一的、标准的、不变的税种。从理论上讲，现在的行为税应包括证券交易税、屠宰税、筵席税、城市维护建设税、印花税、车辆购置税。

（三）行为税的特点

第一，政策性强，调解范围明确。行为税随着时代的变化而变化，尤其是政策对行为税起着主要或直接的影响，深受政策所"左右"，由此可知，行为税的政策性强。另外，由于行为税作为一个集合概念的税种，必然包括一定的子税种。而行为税应包括多少子税种，并不是一定的，但也并不能说行为税的调整范围就不确定。因为行为税从时间的一维角度即纵向而言，它的子税种是不确定的，但从每个时代即横向角度而言，它却是固定的，而且必须明确有多少税种以及具体是什么税种。所以，它的调整范围是明确的。

第二，具有时间性。行为税自问世以来就一直处于变动中，国家总是根据经济形势的变化而相应提出适时的行为税种类。

第三，具有层次性。从行为税调整的区域或立法层次看，行为税有的由中央政府直接掌管，有的由地方政府控管，这就使行为税在客观上形成层次性。如证券交易税即属于国家税，而其他的一些行为税，如屠宰税和筵席税等则属于地方税。

第四，征税对象的专有性。一般税种的征收对象为流转额、财产所有，而行为税的征税对象为行为。这是其他税种的征税对象大多不具有的。

（四）行为税的特有原则

第一，灵活性原则。由于行为税与政策具有很大的相关性，所以行为税也一样具有政策的某些特征。因为政策与法不同，法律相对具有稳定性，而政策具有多变性、灵活性。行为税的变化与政策紧密相关，所以行为税具有灵活性的特点，在适用中应体现灵活性原则。

第二，平衡性原则。从税收结构角度来说，税种有所得税、流转税、财产税和行为税，但这些税种并不是平等重要的，占的比例也不均等。一般发达国家以所得税为主，其他税种为辅，而发展中国家则以流转税为主，其他税种为辅，还有的国家同时以流转税和所得税为主，其他税种为辅。从中可以看出，行为税不是主要的税种，占的比例也很少，但它在税收结构中起到了拾遗补阙的平衡的作用。因此，行为税具有平衡性，在行为税适用中应运用平衡性原则。

第三，非中性原则。亚当·斯密在阐述税收调控时提出平等、确定、便利和经济原则。这体现了斯密所主张的"税收中性"。这也反映出市场经济是在"看不见的手"之下运作的，国家不得随意干预市场经济。因此，税收，这种国家常用的手段，也不得干预市场经济，这就是税收中性。但这是理想中的市场经济，也是资本主义早期的市场所接近的市场经济，而现实中的市场经济并非如此。由于信息的不对称，它是被扭曲的市场经济，就需要国家适度干预来对其进行矫正。更主要的是，行为税明显带有政策色彩，所以更加偏高中性原则，具有非中性原则性。

（五）印花税、城市维护建设税、车辆购置税

印花税是对经济活动和经济交往中书立、领受的应税经济凭证所征收的一种税。1988年8月，国务院公布了《中华人民共和国印花税暂行条例》［简称《印花税暂行条例》（已失效）］，于同年10月1日起恢复征收。2021年，第十三届全国人民代表大会常务委员会第二十九次会议审议通过《中华人民共和国印花税法》（简称《印花税法》），自2022年7月1日起施行。《印花税法》第1条第1款规定："在中华人民共和国境内书立应税凭证、进行证券交易的单位和个人，为印花税的纳税人，应当依照本法规定缴纳印花税。"

印花税的特点如下：其一，兼有凭证税和行为税性质。一方面，印花税是单位和个人书立，领受的应税凭证征收的一种税，具有凭证税性质。另一方面，任何一种应税经济凭证反映的都是某种特定的经济行为，因此，对凭证征税，实质上是对经济行为的课税。其二，征税范围广泛。印花税的征税对象包括了经济活动和经济交往中的各种应税凭证，凡书立和领受这些凭证的单位和个人都要缴纳印花税，其征税范围是极其广泛的。随着市场

经济的发展和经济法制的逐步健全，依法书立经济凭证的现象将会愈来愈普遍。因此，印花税的征收面将更加广阔。其三，税率低、负税轻。印花税与其他税种相比较，税率要低得多，其税负较轻，具有广集资金、积少成多的财政效应。其四，由纳税人自行完成纳税义务。纳税人通过自行计算、购买并粘贴印花税票的方法完成纳税义务，并在印花税票和凭证的骑缝处自行盖戳注销或画销。这也与其他税种的缴纳方法存在较大区别。印花税的税目、税率，依照印花税法所附《印花税税目率表》执行。

城市维护建设税。《中华人民共和国城市维护建设税法》（简称《城市维护建设税法》）已由第十三届全国人民代表大会常务委员会第二十一次会议于2020年8月11日通过，自2021年9月1日起施行。城市维护建设税以纳税人依法实际缴纳的增值税、消费税税额为计税依据。纳税主体为在中华人民共和国境内缴纳增值税、消费税的单位和个人。

城市维护建设税以纳税人依法实际缴纳的增值税、消费税税额为计税依据，应当按照规定扣除期末留抵退税退还的增值税税额。城市维护建设税计税依据的具体确定办法，由国务院依据有关法律、行政法规规定，报全国人民代表大会常务委员会备案。城市维护建设税税率如下：纳税人所在地在市区的，税率为7%；纳税人所在地在县城、镇的，税率为5%；纳税人所在地不在市区、县城或者镇的，税率为1%。

车辆购置税是以在中国境内购置规定车辆为课税对象、在特定的环节向车辆购置税者征收的一种直接税。此处的购置，是指以购买、进口、自产、受赠、获奖或者其他方式取得并自用应税车辆的行为。车辆购置税的纳税对象为在中华人民共和国境内购置汽车、有轨电车、汽车挂车、排气量超过150毫升的摩托车（统称应税车辆）的单位和个人。车辆购置税的税率为10%。车辆购置税的应纳税额按照应税车辆的计税价格乘以税率计算。对于下列车辆，免征车辆购置税：依照法律规定应当予以免税的外国驻华使馆、领事馆和国际组织驻华机构及其有关人员自用的车辆；中国人民解放军和中国人民武装警察部队列入装备订货计划的车辆；悬挂应急救援专用号牌的国家综合性消防救援车辆；设有固定装置的非运输专用作业车辆；城市公交企业购置的公共汽电车辆。

学习内容6　税收征收管理法律制度

一、税务登记制度

（一）税务登记的内容

凡有法律、行政法规规定的应税收入，应税财产或者应税行为的纳税人，应当向税务机关办理税务登记；凡法律、行政法规规定负有代扣代缴、代收代缴税款义务的扣缴义务人，应向税务机关办理扣缴税款登记。

税务登记通常分为设立税务登记、变更税务登记和注销税务登记等几种类型，其登记内容和程序各有不同。

1. 设立登记。根据《税收征收管理法》第15条第1款的规定，企业，企业在外地设立的分支机构和从事生产、经营的场所，个体工商户和从事生产、经营的事业单位（以下统称从事生产、经营的纳税人）自领取营业执照之日起三十日内，持有关证件，向税务机关申报办理税务登记。税务机关应当于收到申报的当日办理登记并发给税务登记证件。

2. 变更登记。纳税人在办理税务登记之后，凡单位名称、法人代表、住所或经营地点、经营范围、经营方式、经济性质、开户银行账号以及其他税务登记内容发生变化时，都应申报办理变更税务登记。这里分两种情况：一是纳税人需在工商行政管理机关办理注册登记的，应当自有关工商行政管理机关办理变更登记之日起 30 日内，持有关证件到原税务机关申报办理变更税务登记；二是纳税人按照规定不需要在工商行政管理机关办理变更登记的，应当自发生变化之日起 30 日内，持有关证件向原税务登记机关申报办理变更税务登记。

3. 注销登记。纳税人发生下列情形之一的，应当在办理注销税务登记前，向税务机关结清应缴纳的税款、滞纳金、罚款，缴销所有的发票和税务登记证件及税务机关发给的其他证件：纳税人发生解散、破产、撤销以及其他情形的；纳税人由于住所、经营地点变动而涉及改变税务登记机关的；纳税人被工商行政管理机关吊销营业执照或者被其他机关予以撤销登记的。

税务机关对纳税人提交的注销税务登记的申请报告及所附的材料应当及时予以审核，对符合条件并缴清应纳税款、滞纳金、罚款和交回发票的，予以办理注销税务登记，收回税务登记证件，开具清税证明。

（二）税务登记证件的使用和管理

税务登记证件是纳税人履行了税务登记义务的书面证明。纳税人持税务登记证件，依法办理下列税务事项：开立银行账户；申请减税、免税、退税；申请办理延期申报、延期缴纳税款；领购发票；申请开具外出经营活动税收管理证明；办理停业、歇业；其他有关税务事项。

二、税款征收制度

税款征收制度是指税务机关按照税法规定将纳税人应纳的税款收缴入库的法定制度。它是税收征收管理的中心环节，直接关系到国家税收及时、足额入库。税款征收是税务机关依照税收法律、法规规定将纳税人应当缴纳的税款组织征收入库的一系列活动的总称，是税收征收管理的核心内容，是税务登记、账簿票证管理、纳税申报等税务管理工作的目的和归宿。税款征收的主要内容包括税款征收的方式、程序，减免税的核报，核定税额的几种情况，税收保全措施和强制执行措施的设置与运用以及欠缴、多缴税款的处理等。

（一）税款征收方式

科学合理的税款征收方式是确保税款顺利足额征收的前提条件。由于各类纳税人的具体情况不同，因而税款征收方式也应有所区别。我国现阶段可供选择的税款征收方式主要有以下几种：

1. 查账征收。查账征收是指纳税人在规定的期限内根据自己的财务报告表或经营成果，向税务机关中报应税收入或应税所得及纳税额，并向税务机关报送有关账册和资料，经税务机关审查核实后，填写纳税缴款书，由纳税人到指定的银行缴纳税款的一种征收方式。因此，这种征收方式比较适用于对企业法人的征税。

2. 查定征收。查定征收是指由税务机关通过按期查实纳税人的生产经营情况确定其应纳税额，分期征收税款的一种征收方式。这种征收方式主要适用于对生产经营规模小，财务会计制度不够健全、账册不够完备的小型企业和个体工商户的征税。

3. 查验征收。查验征收是指税务机关对某些难以进行源泉控制的征税对象，通过查验证照和实物，据以确定应征税额的一种征收方式。在实际征管工作中，这种方式又分就地查验征收和设立检查站两种形式。对财务会计制度不健全和生产经营不固定的纳税人，可选择采用这种征收方式。

4. 定期定额征收。定期定额征收是指税务机关根据纳税人的生产经营情况，按税法规定直接核定其应纳税额，分期征收税款的一种征收方式。这种征收方式主要适用于一些没有记账能力，无法查实其销售收入或经营收入和所得额的个体工商户。

5. 自核自缴。自核自缴是指纳税人在规定的期限内依照税法的规定自行计算应纳税额，自行填开税款缴纳书，自己直接到税务机关指定的银行缴纳税款的一种征收方式。这种方式只限于经县、市税务机关批准的财务会计制度健全、账册齐全准确，依法纳税意识较强的大中型企业和部分事业单位。

6. 代扣代缴、代收代缴。代扣代缴、代收代缴是指依照税法规定负有代扣代缴、代收代缴税款义务的单位和个人，按照税法规定对纳税人应当缴纳的税款进行扣缴或代缴的征收方式。这种方式有利于加强对税收的源泉控制，减少税款流失，降低税收成本，手续也比较简单。

7. 委托征收。委托征收是指税务机关委托有关单位或个人代为征收税款的征收方式。这种方式主要适用于一些零星、分散或难以管理的税收。

（二）应纳税额的核定

应纳税额的核定是指税务机关对纳税人当期或以前纳税期应纳税额的核实与确定。正常情况下，纳税人在生产经营过程中将其经营情况连续记录在案，然后根据财务会计记录核算其应纳税额。但是，如果纳税人不能、没有提供有关经营记录的，或提供虚假经营记录的，税务机关可根据一定的标准，核定其应纳税额，保证纳税人足额上缴应纳税额，防止偷逃税款。

《税收征收管理法》第35条第1款规定："纳税人有下列情形之一的，税务机关有权核定其应纳税额：（一）依照法律、行政法规的规定可以不设置帐簿的；（二）依照法律、行政法规的规定应当设置帐簿但未设置的；（三）擅自销毁帐簿或者拒不提供纳税资料的；（四）虽设置帐簿，但帐目混乱或者成本资料、收入凭证、费用凭证残缺不全，难以查帐的；（五）发生纳税义务，未按照规定的期限办理纳税申报，经税务机关责令限期申报，逾期仍不申报的；（六）纳税人申报的计税依据明显偏低，又无正当理由的。"

《中华人民共和国税收征收管理法实施细则》第 47 条第 1 款规定："纳税人有税收征管法第三十五条或者第三十七条所列情形之一的，税务机关有权采用下列任何一种方法核定其应纳税额：（一）参照当地同类行业或者类似行业中经营规模和收入水平相近的纳税人的税负水平核定；（二）按照营业收入或者成本加合理的费用和利润的方法核定；（三）按照耗用的原材料、燃料、动力等推算或者测算核定；（四）按照其他合理方法核定。"

税务机关采用上述一种方法不足以正确核定应纳税额时，可以同时采用两种以上的方法核定。

（三）减税、免税

减税、免税是国家根据经济发展的需要，对某些纳税人或征税对象给予的鼓励或照顾措施。纳税人因有特殊困难，不能按期缴纳税款的，经省、自治区、直辖市、国家税务总局、地方税务局批准，可以延期缴纳税款，但最长不得超过 3 个月；纳税人未按照规定期限缴纳税款的或扣缴义务人未按照规定期限解缴税款的，税务机关除责令限期缴纳外，从滞纳税款之日起，按日加收滞纳税款 5‰的滞纳金；纳税人可以按照法律，行政法规的规定向税务机关书面申请减税、免税。减税、免税的申请需经法律、行政法规规定的减税、免税审查批准机关审批。地方各级人民政府、各级人民政府主管部门、单位和个人违反法律、行政法规规定，擅自作出的减税、免税决定无效。

归纳起来，我国的减税、免税主要有以下三种情况：

1. 法定减税、免税。它是指在税法中明确规定的减税、免税。

2. 特定减税、免税。它是指由国务院或财政部、国家税务总局、海关总署专案规定的减税、免税。

3. 临时减税、免税。它是指为了不影响纳税人的生产和生活，解决纳税人的特殊困难而临时批准的减税、免税。

从减税、免税的内容来看，我国的减税、免税主要包括以下几个方面：

1. 鼓励生产的减税、免税。它主要是鼓励产品更新换代、促进出口，鼓励农民开垦荒地，鼓励从事农业生产等。

2. 社会保障减税、免税。其目的是扶持社会福利事业、保障残疾人员就业和生活以及照顾老区、少数民族地区、边境地区，贫困地区等。

3. 自然灾害减税、免税。

（四）税款的缴纳

纳税人、扣缴义务人应当按照法律、行政法规的规定或者税务机关依照法律、行政法规的规定确定的期限，缴纳或者解缴税款。未按规定期限缴纳税款或者解缴税款的，税务机关除责令限期缴纳外，应从滞纳税款之日起，按日加收滞纳税款 5‰的滞纳金。

纳税人有合并、分立情形的，应当向税务机关报告，并依法缴清税款。纳税人合并时未缴清税款的，应当由合并后的纳税人继续履行未履行的纳税义务；纳税人分立时未缴清税款的，分立后的纳税人对未履行的纳税义务应当承担连带责任。

欠缴税款数额较大的纳税人在处分其不动产或者大额资产之前，应当向税务机关报告。欠缴税款的纳税人因怠于行使到期债权，或者放弃到期债权，或者无偿转让财产，或者以明显不合理的低价转让财产而受让人知道该情形，对国家税收造成损害的，税务机关可以依照《民法典》合同编的规定行使代位权、撤销权。

纳税人与其关联企业之间的业务往来，应当按照独立企业之间的业务往来收取或者支付价款、费用，不按照独立企业之间的业务往来收取或者支付价款、费用，而减少其应纳税的收入或者所得额的，税务机关有权进行合理调整。

《税收征收管理法》第51条规定："纳税人超过应纳税额缴纳的税款，税务机关发现后应当立即退还；纳税人自结算缴纳税款之日起三年内发现的，可以向税务机关要求退还多缴的税款并加算银行同期存款利息，税务机关及时查实后应当立即退还；涉及从国库中退库的，依照法律、行政法规有关国库管理的规定退还。"

《税收征收管理法》第52条规定："因税务机关的责任，致使纳税人、扣缴义务人未缴或者少缴税款的，税务机关在三年内可以要求纳税人、扣缴义务人补缴税款，但是不得加收滞纳金。因纳税人、扣缴义务人计算错误等失误，未缴或者少缴税款的，税务机关在三年内可以追征税款、滞纳金；有特殊情况的，追征期可以延长到五年。对偷税、抗税、骗税的，税务机关追征其未缴或者少缴的税款、滞纳金或者所骗取的税款，不受前款规定期限的限制。"

（五）税款征收的执行措施

1. 税收保全措施。所谓税收保全措施是指为确保国家税款不受侵犯而由税务机关采取的行政保护手段。税收保全措施通常是在纳税人法定的缴款期限之前税务机关所作出的行政行为。实际上就是税款征收的保全，以保护国家税款及时足额入库。

在国际上，许多国家的法律都规定了必要的税收保全措施，并由税务机关直接行使。从通常规定来看，税收保全措施具体有以下七种形式：责令纳税人提前结清应纳税款；责令纳税人提交纳税保证金；责令纳税人提供纳税担保；通知纳税人的开户银行暂停支付纳税人在银行的存款；通知有关支付单位暂停向纳税人支付应付款；扣押、查封纳税人的有关财产；限制纳税人的行动或活动范围，如阻止出境等。

参照国际通行做法，我国现行《税收征收管理法》第38条第1款明确规定："税务机关有根据认为从事生产、经营的纳税人有逃避纳税义务行为的，可以在规定的纳税期之前，责令限期缴纳应纳税款；在限期内发现纳税人有明显的转移、隐匿其应纳税的商品、货物以及其他财产或者应纳税的收入的迹象的，税务机关可以责成纳税人提供纳税担保。如果纳税人不能提供纳税担保，经县以上税务局（分局）局长批准，税务机关可以采取下列税收保全措施：（一）书面通知纳税人开户银行或者其他金融机构冻结纳税人的金额相当于应纳税款的存款；（二）扣押、查封纳税人的价值相当于应纳税款的商品、货物或者其他财产。"

另外，法律还规定，欠缴税款的纳税人或者他的法定代表人需要出境的，应当在出境前向税务机关结清应纳税款、滞纳金或者提供担保。未结清税款、滞纳金，又不提供担保的，税务机关可以通知出境管理机关阻止其出境。但是，个人及其所抚养的家属维持生活必需的住房和用品，不在税收保全措施的范围之内。

《税收征收管理法》规定上述税收保全措施，旨在预防偷逃税，保护国家税款不受侵犯，赋予税务机关必要的执法权。但是，税务机关必须严格按照规定的条件和程序执行，严禁随意行使职权。如果税务机关滥用职权，违法采取税收保全措施或采取税收保全措施不当，使纳税人、扣缴义务人或者纳税担保人的合法权益遭受损失，应当依法承担赔偿责任。

税收保全措施在于促使纳税人依法及时足额缴纳税款，因此，纳税人在规定的期限内缴纳税款的，税务机关必须立即解除税收保全措施。如果税务机关未立即解除保全措施，使纳税人的合法权益遭受损失的，税务机关应当承担赔偿责任。

2. 税收强制执行措施。所谓税收强制执行措施是指税务机关在采取一般税收管理措施无效的情况下，为了维护税法的严肃性和国家征税的权力所采取的税收强制手段。这不仅是税收的无偿性和固定性的内在要求，也是税收强制性的具体表现。

当今各国都在税收法律或行政法规中赋予了税务机关必要的税收强制执行权，以确保国家征税权的有效行使。

我国《税收征收管理法》第 40 条赋予了税务机关必要的强制执行权。根据此条规定，从事生产、经营的纳税人、扣缴义务人未按照规定的期限缴纳或者解缴税款，纳税担保人未按照规定的期限缴纳所担保的税款，由税务机关责令限期缴纳，逾期仍未缴纳的，经县以上税务局（分局）局长批准，税务机关可以采取下列强制执行措施：书面通知其开户银行或者其他金融机构从其存款中扣缴税款；扣缴、查封、依法拍卖或者变卖价值相当于应纳税款的商品、货物或者其他财产，以拍卖或者变卖所得抵缴税款。个人及其抚养家属维持生活所必需的住房和用品，不在强制执行措施的范围内。税务机关采取强制执行措施时，对上述所列纳税人、扣缴义务人、纳税担保人未缴纳的滞纳金同时强制执行。但是，税务机关在采取强制执行措施时，要有确切的证据并严格按法律规定的条件和程序进行，决不能随意行使强制执行权。

（六）违反税款征收制度的法律责任

法律规定，纳税人违反税收征收制度，税务机关可以处以限期改正、罚款、吊销其营业执照等行政处罚，情节严重构成犯罪的，依法追究刑事责任。

违反税收征收行为的形式可以多样，包括但不限于未按照规定的期限办理纳税申报和报送纳税资料、伪造、变造、隐匿、擅自销毁账簿、记账凭证，或者在账簿上多列支出或者不列、少列收入，或者经税务机关通知申报而拒不申报或者进行虚假的纳税申报，等等。

三、税务检查制度

（一）税务检查的概念与内容

税务检查是指税务机关依据国家税收法律、法规和财务会计制度的规定，对纳税主体履行纳税义务的情况进行审查和监督的一项管理活动。它是税务机关行使行政执法权的表现。税务检查的主体是税务机关，相对人是纳税人和扣缴义务人，客体则包括纳税人的应税财产、其所从事的应税经济活动和行为以及账簿、记账凭证、会计报表、存款账户和其他有关资料。

税务检查的职能有二：一是追补税收收入，二是以查促管。一方面税务机关依据税收法律法规赋予的执法权，对纳税人纳税行为进行税务稽查监督，对其税收违法行为给予纠正或处罚，促进纳税人积极履行纳税义务；另一方面税务检查也是对税务机关自身征税行为的检查和监督。这也决定了税务检查的作用与意义不仅在于对纳税主体纳税行为的监督检查，而且是对征税主体执法行为的监督制约。

正因为税务检查对税收征管工作具有查遗补缺、敦促改善的监控、保障功能，各国都极为重视税务稽查体系的建立。尤其是20世纪70年代以来，随着计算机、互联网及信息技术在税收领域的普遍应用，税收征管开始向"自动申报纳税-税务稽查"的现代模式转变。纳税人主动申报，税务机关抽样稽查，征税服务社会化三位一体的税收征管模式，使得科学、严密、高效的税务稽查体系成为决定税收征管质量的重要杠杆。各国均将税务稽查作为税款流失的最后一道防线，在税务稽查的机构设置、人员培训、程序设计、方式创新及计算机应用等方面精心部署，成就一套完整、科学、合理的税务稽查法律制度，以加强税收征管。

税务检查的基本内容如下：

1. 检查纳税人的账簿、记账凭证、报表和有关资料，检查扣缴义务人代扣代缴、代收代缴税款账簿、记账凭证和有关资料。

2. 到纳税人的生产、经营场所和货物存放地检查纳税人应纳税的商品、货物或者其他财产，检查扣缴义务人与代扣代缴、代收代缴税款有关的经营情况。

3. 责成纳税人、扣缴义务人提供与纳税或者代扣代缴、代收代缴税款有关的文件、证明材料和有关资料。

4. 询问纳税人，扣缴义务人与纳税或者代扣代缴，代收代缴税款有关的问题和情况。

5. 到车站、码头，机场，邮政企业及其分支机构检查纳税人托运，邮寄应纳税商品、货物或者其他财产的有关单据，凭证和有关资料。

6. 经县以上税务局（分局）局长批准，凭全国统一格式的检查存款账户许可证明，查询从事生产，经营的纳税人，扣缴义务人在银行或者其他金融机构的存款账户。税务机关在调查税收违法案件时，经设区的市、自治州以上税务局（分局）局长批准，可以在查询案件涉嫌人员的储蓄存款。税务机关查询所获得的资料，不得用于税收以外的用途。

除上述基本内容外，根据不同税种的特点，税务检查还确定有不同的检查重点和具体内容。如对流转税额的检查，对所得税额的检查，对财产税额的检查，对资源税及特定行为税的检查，等等，均依据不同的会计规则和经营核算准则进行。

（二）税务检查的实施

1. 税务检查的形式。税务检查按组织形式分为纳税人自查、税务机关专业检查、部门联合检查等。其中，纳税人自查是由税务稽查机构组织纳税人的财会人员自行检查纳税情况的一种形式；专业检查即由税务机关主持进行的税务稽查，包括日常稽查、专项稽查和专案稽查三种，联合检查则是由税务稽查机构联合工商、银行等部门机构，对税源较大、业务复杂或纳税意识不强、偷漏税较严重的纳税人所进行的重点检查。专业检查是税务检查最主要的形式，其他形式一般应根据情况灵活选用或配合使用。

2. 税务检查的方法。税务检查是一项政策性和技术性很强的业务工作，涉及纳税人大量的财务会计资料，必须讲究科学的检查方法和技巧，才能减少盲目性，克服混乱性，提高效率，保证检查的质量和效果。

在实际的税务稽查工作中，检查方法也是多种多样的。一般来讲，税务检查的方法如下：室内检查和实地检查，全面检查法和重点检查法，全查法和抽查法，顺查法和逆查法，联系查法和侧面查法，比较分析法和控制计算法，观察法、查询法和外调法，盘存法等。具体采用哪种方法，应视检查的要求和被查对象的生产经营特点、财务管理水平和具体情况加以确定。由于各检查方法各有所长，实践中应有选择地结合起来灵活运用。

训练项目一：税收征收计算方式的案例分析

【训练目的与要求】

1. 通过训练，理解并区分我国法律对不同类型的纳税主体，征收不同类别的税率。

2. 能够分析并解决偷税逃税问题及其法律后果。

【实例训练】

案例：2021 年，国家税务总局在"双随机、一公开"抽查中，通过税收大数据分析发现，有两名主要从事电商和直播带货的网络主播（朱某某、林某某）涉嫌通过隐匿个人收入、改变收入性质等方式偷逃税款。

国家税务总局驻上海特派员办事处统筹协调浙江、广西等地税务部门，依法对这两名主播及相关企业进行立案检查。检查发现，两名主播均涉嫌违规将个人收入转变为企业经营收入，进行虚假申报少缴个人所得税，涉税金额较大。其中：

1. 朱某某在 2019 年至 2020 年期间，通过设立：①A 企业；②B 企业；③C 企业；④D 企业；⑤E 企业；⑥F 企业等个人独资企业；虚构业务把从有关企业取得的个人工资薪金和劳务报酬所得 8445.61 万元，转换为个人独资企业的经营所得，偷逃个人所得税 3036.95 万元。

2. 林某某在 2019 年至 2020 年期间，通过设立：①A 企业；②B 企业；③E 企业；④F 企业等个人独资企业；虚构业务将从有关企业取得的个人工资薪金和劳务报酬所得 4199.5 万元，转换为个人独资企业的经营所得，偷逃个人所得税 1311.94 万元。

依据税法规定，主播适用税率具体取决于纳税人身份，分为三种：

1. 以个人名义带货，纳税人是自然人：增值税方面属于小规模纳税人，征收率为

3%；个人所得税方面，税率取决于所得类型。

2. 主播以工作室名义带货，纳税人是工作室，工作室通常是个人独资企业或者个体工商户，属于非法人组织：增值税方面按照小规模纳税人，征收率3%（也可以申请一般纳税人身份，6%税率）；个人所得税方面，按照"经营所得"5%~35%五级超额累进税率征收。

3. 主播以公司名义带货，纳税人是公司，是法人企业：增值税同工作室类型，不再征收个人所得税，而是按照25%征收企业所得税，并可享受小型微利企业等税收优惠政策。

本案由杭州市税务局稽查局依据《税收征收管理法》、《中华人民共和国个人所得税法》（简称《个人所得税法》）、《中华人民共和国行政处罚法》等相关法律法规，对朱某某追缴税款、加收滞纳金并拟处1倍罚款共计6555.31万元，对林某某追缴税款、加收滞纳金并拟处1倍罚款共计2767.25万元。

问题：

1. 针对主播等互联网背景下的新兴行业，如何认定其计税方式？

2. 同一个营利性商事行为，针对不同的纳税主体，我国税法应当如何区分适用不同的征税计算方式？

3. 如何有效帮助高收入群体防止偷税漏税？

核心提示：实践中，带货主播、游戏主播、演员等通过"阴阳合同"、现金结算等方式偷税漏税并不少见。一般来说，主播盈利模式可分为三种：第一种是主播作为独立个体，直播平台作为平台方。此时，主播与平台之间不是雇佣关系而是劳务关系，按照劳务报酬的标准由平台代缴个税。第二种是主播与经纪公司或平台签约，与公司或平台构成劳动关系，公司以工资薪金的方式为其扣除个人所得税。第三种是主播成立个人工作室，用工作室对外承接业务，收入按经营所得缴纳个人所得税，不需要交企业所得税。

2021年12月30日公布的《财政部、税务总局关于权益性投资经营所得个人所得税征收管理的公告》，对权益性投资经营所得予以规范："一、持有股权、股票、合伙企业财产份额等权益性投资的个人独资企业、合伙企业（以下简称独资合伙企业），一律适用查账征收方式计征个人所得税。二、独资合伙企业应自持有上述权益性投资之日起30日内，主动向税务机关报送持有权益性投资的情况；公告实施前独资合伙企业已持有权益性投资的，应当在2022年1月30日前向税务机关报送持有权益性投资的情况。税务机关接到核定征收独资合伙企业报送持有权益性投资情况的，调整其征收方式为查账征收。三、各级财政、税务部门应做好服务辅导工作，积极引导独资合伙企业建立健全账簿、完善会计核算和财务管理制度、如实申报纳税。独资合伙企业未如实报送持有权益性投资情况的，依据税收征收管理法相关规定处理。"

训练项目二：税收筹划的案例分析

【训练目的与要求】

通过训练，能够运用税法的相关规定进行合理合法的税收筹划。

【实例训练】

案例 1：美国在 20 世纪 50 年代就发生过一起著名的税务筹划案例。美国沃特曼轮船公司拥有两家全资子公司，即泛大西洋公司和佛罗里达海湾公司，前者从事水运，后者从事装卸。

沃特曼轮船公司对这两家子公司的投资成本为 70 万美元。后来，有一家汽车运输企业想从沃特曼轮船公司手中收购这两家子公司的股权。由于多年来子公司累积的未分配利润和利润再投资，这两家子公司的股价市值已经涨到了 350 万美元。

收购方（汽车运输企业）本来打算一次性支付 350 万美元现金给沃特曼轮船公司，但沃特曼轮船公司却要求收购方支付 70 万美元的现金，同时要求两家子公司向自己分配并支付 280 万美元的股息、红利。

收购方同意了这个方案。在年终纳税合并所得税申报表时，沃特曼轮船公司根据《美国联邦所得税法》第 243 节的规定没有将 280 万美元的股息分配额纳入当年的应税所得。

然而，美国联邦税务局认为，沃特曼轮船公司的收购方案是在耍花招，它要求子公司在自己出售股权之前向自己做利润分配没有合理的商业目的，所以这 280 万美元的股息、红利应当作为股权价格的一部分，从而沃特曼轮船公司应当缴纳资本利得税。

最终，这场纠纷被搬上了税收法院，而税收法院支持沃特曼轮船公司将股息从应税所得中扣除的做法，认为股息分配是在股权交易之前进行的，而美国税法规定母公司从子公司取得的股息是免税的。对于沃特曼轮船公司刚刚取得了股息就把股权卖掉，税收法院认为：纳税人有权合法地减少自己的纳税义务，所以也有权选择这种处心积虑的出售。

问题：

试分析税收筹划的合法边界。

核心提示：2020 年 6 月 1 日公布的《海南自由贸易港建设总体方案》提及："税收管理部门按实质经济活动所在地和价值创造地原则对纳税行为进行评估和预警，制定简明易行的实质经营地、所在地居住判定标准，强化对偷漏税风险的识别，防范税基侵蚀和利润转移，避免成为'避税天堂'。"

判断某个具体的人或事件是否满足课税要件，是否应当承担纳税义务时，如果实质满足了课税的要求，就应当按照实质条件的指向确认纳税义务，防止因一些客观因素或纳税人刻意伪装而产生课税的外在形式与内在真实之间的差异，从而导致税款流失。

案例 2：A 厂将生产的化妆品、护肤品、小工艺品等组成成套化妆品销售。每套化妆品由下列产品组成：化妆品包括一瓶香水（30 元）、一瓶指甲油（10 元）、一支口红（15元）；护肤护发品包括两瓶浴液（25 元）、一瓶摩丝（8 元）；化妆工具及小工艺品（10元）、塑料包装盒（5 元）。化妆品消费税率为 30%，护肤护发品消费税率为 8%。按照习惯做法，将产品包装后再销售给商家，应纳消费税如下：

（30+10+15+25+8+10+5）×30%＝30.9（元）

问题：

对上述案例中的税收进行筹划，制定筹划方案。

核心提示：该厂改变思路，将上述产品先分别销售给商家，再由商家包装后对外销售。实际操作中，只是更换了包装地点，并将产品分别开具发票，账务上分别核算销售收入即可。

该厂经过筹划后每套化妆品应纳消费税＝（30+10+15）×30%+（25+8）×8%＝19.14（元）

每套化妆品节税额＝30.9-19.14＝11.76（元）

训练项目三：偷税漏税责任的案例分析

【训练目的与要求】

通过训练，能够运用税法、刑法等相关知识对偷税漏税行为进行合理的界定，并予以评价。

【实例训练】

案例：2023年8月，浙江省税务局稽查局指导杭州市税务局第一稽查局联合公安经侦部门依法查处一起利用增值税加计抵减政策虚开发票案件，摧毁虚开发票犯罪团伙1个，抓获犯罪嫌疑人6人。经查，该犯罪团伙控制多家空壳企业，利用增值税加计抵减政策互相虚开增值税专用发票1.09万份，价税合计金额10.84亿元，涉嫌虚增加计抵减税额870.55万元。同时，涉嫌对外虚开增值税发票2000余份，价税合计金额1.26亿元。

2023年6月，上海市税务局第四稽查局联合公安经侦部门依法查处一起利用增值税加计抵减政策虚开发票骗取增值税留抵退税案件，捣毁虚开窝点6个，抓获犯罪嫌疑人7人。经查，该团伙控制多家空壳企业，利用生产、生活性服务业增值税加计抵减政策，在没有真实业务交易的情况下，涉嫌虚开增值税发票价税合计金额45亿元，骗取留抵退税469万元，另有192万元留抵退税款被成功阻断。

问题：

试问偷税漏税的法律后果。

核心提示：从行政、刑事等角度予以分析。

<h1>学习单元三　金融法律基础与案例分析</h1>

🎯 单元知识体系导图

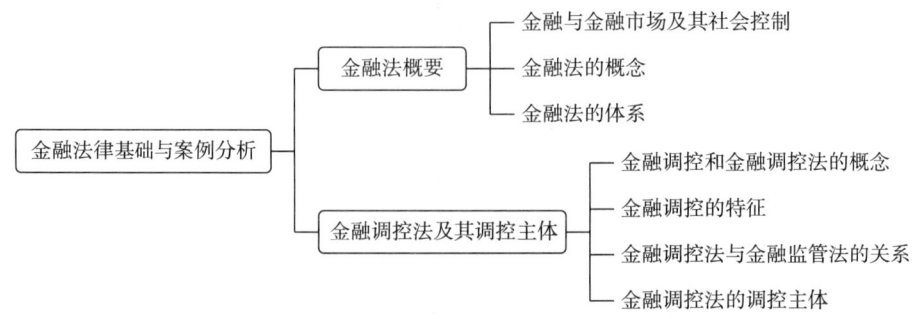

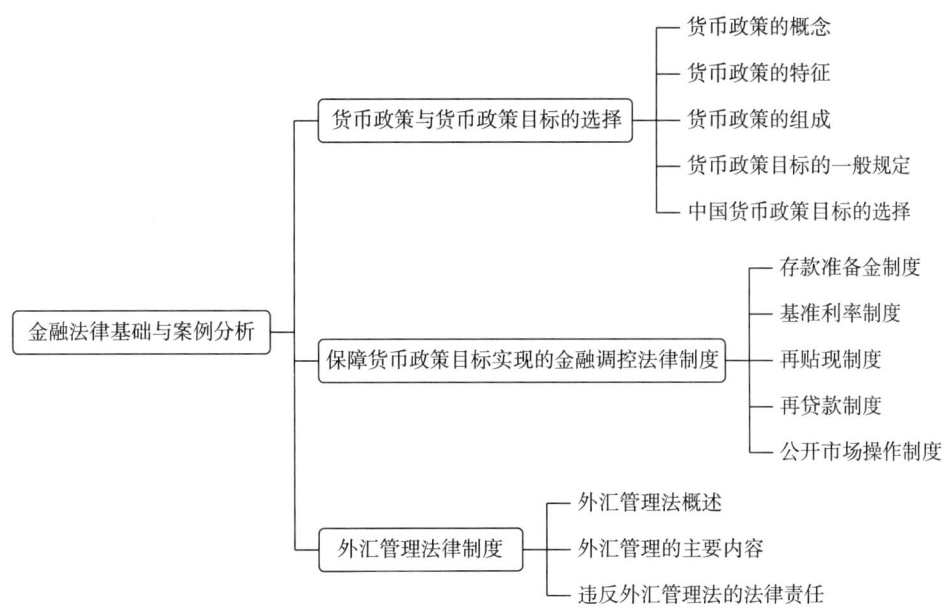

学习内容 1　金融法概要

一、金融与金融市场及其社会控制

金融，是货币资金融通的简称，具体是指以银行等金融机构为中心的信用活动以及在信用基础上组织起来的货币流通，主要包括货币发行、银行、票据、证券、保险、基金、信托、金融衍生业务、金融租赁、外汇与金银管理、第三方支付、P2P 网贷、众筹等互联网金融内容。

金融一般分为直接金融和间接金融两种形式。所谓直接金融，是指没有金融机构介入的资金融通形式，如商业信用、企业发行股票和债券，以及企业之间、个人之间的直接借贷，均属于直接金融活动。所谓间接金融，是指通过金融机构介入进行的资金融通形式，如银行存款、贷款以及票据、保险等，均属于间接金融活动。

金融是现代经济的核心，它在市场经济活动中发挥着越来越重要的作用。这些作用主要表现为：金融是资金运动的"信用中介"；金融是提高生产力的"黏合剂"和"催化剂"；金融是宏观经济调控的重要经济杠杆。

金融市场，是指以金融资产为交易对象而形成的供求关系及其机制的总和。直观而言，它是融通资金、买卖有价证券的场所。按交易标的物划分，金融市场可以分为货币市场、资本市场、金融衍生品市场、外汇市场、保险市场、黄金及其他投资品市场。其中，货币市场是指以交易期限 1 年以内的金融资产为交易标的物的短期金融市场，如同业拆借市场、票据贴现市场、国债回购市场和短期外汇市场等。资本市场是指以交易期限 1 年以上的金融资产为交易标的物的金融市场，如债券市场和股票市场。金融衍生品市场是指以一份双合约或支付交换协议等金融衍生品为交易标的物的金融市场，可分为场内交易市场和场外交易市场。外汇市场是指由银行等金融机构、自营交易商、大型跨国企业参与的，通过中介机构或电讯系统联结的，以各种货币为买卖对象的交易市场。保险市场是指以保险产品为交易标的物的金融市场，既可以指固定的交易场所，如保险交易所，也可以是所有实现保险商品让渡的交换关系的总和。黄金市场是指买卖双方集中进行黄金买卖的交易中心，提供即期和远期交易，允许交易商进行实物交易或者期权期货交易，以投机或套期保值的金融场所。

任何有序的社会活动均按一定的组织和管理秩序而存在和发展。而这种组织和管理往往又是通过社会规范控制的。社会控制是社会生活各个方面所不可缺少的因素。金融作为一种社会经济活动，是人们社会生活的重要组成部分。因此，对社会金融活动规范指引和对金融关系的有效调整，也必然要借助于以社会规范为中心的社会控制的各种手段。

法律调整是社会控制体系中最具有权威性的控制手段。它是通过调整社会成员与社会之间的关系，赋予社会成员以一定权利并使其承担相应的法律义务的方式，进而达到调整或控制社会关系发展的目的。换言之，法律调整是由国家所制定的法律规范及其实现手段，对社会关系施加的有结果的规范组织作用。而金融法律制度是金融制度的核心内容。

二、金融法的概念

金融调控法是金融法的主要组成部分。要理解金融调控法，首先要明确金融法的概念和体系。金融法是指调整金融活动中所发生的社会关系的法律规范的总称。其调整的对象是金融经营业务关系和金融管理关系。金融经营业务关系是指金融机构或金融企业在从事金融经营活动过程中，与其他政府机构、工商企业、个人之间发生的各种经济关系。金融管理关系是指政府在金融管理活动中与金融机构之间发生的各种金融监管关系和金融调控关系。

金融属于经济范畴，是实体经济社会的产物。金融的本源是实体经济。金融要把为实体经济服务作为出发点和落脚点，全面提升服务效率和水平把更多金融资源配置到经济社会发展的重点领域和薄弱环节，更好满足人民群众和实体经济多样化的金融需求。金融是高风险行业，为防范化解金融风险，特别是防范系统性金融风险，需要强化金融监管，加强宏观审慎管理制度建设，加强功能监管和行为监管。金融和金融监管的特点决定了金融法具有经济性、规制性和现代性等本质特征，这与经济法的本质特点相吻合。因此，法学界一般将金融法纳入经济法体系，而金融调控法是经济法中宏观调控法的主要法律制度之一。

三、金融法的体系

为了进一步理解金融法的概念，明确金融法的体系是十分必要的。依据不同的分类标准，可以对金融法规范作出不同的分类。按照金融法的调整对象，可将金融法规范分成以下几个部分：

（一）金融机构组织法

金融机构是金融活动的主体，是金融关系的参加者。要调整金融关系，首先就要确认金融机构的法律地位，明确它们的性质、任务、职权、业务范围、机构设置等。金融机构组织法作为金融法体系中的组成部分，就是规范上述金融机构的组织关系的法律规范的总称。按照金融机构的不同性质和业务范围为标准，金融机构组织法又可以划分为中央银行组织法、商业银行组织法、政策性银行组织法、非银行金融机构组织法和外资金融机构组织法等。这些法律规范散见于《中华人民共和国中国人民银行法》（简称《中国人民银行法》）、《中华人民共和国商业银行法》（简称《商业银行法》）、《证券法》、《中华人民共和国保险法》（简称《保险法》）、《信托公司管理办法》等金融法律法规之中。

（二）金融调控法

金融调控法是调整中央银行在控制与调节货币供应量、利率、贷款量等过程中发生的金融宏观调控关系的法律规范的总称。金融调控法律规范集中表现在一国的中央银行法中。《中国人民银行法》是我国金融调控法的主要规范性文件。在《商业银行法》《中华人民共和国银行业监督管理法》（简称《银行业监督管理法》）中，为执行货币政策、防范和化解金融风险、维护金融稳定，而对存贷利率、同业拆借、境外借款、系统性银行业风险等作出了规定；在《中华人民共和国外汇管理条例》（简称《外汇管理条例》）中，为执行货币政策、保持国际收支平衡，而对调整人民币汇率和外汇市场调控关系作了规定。上述多方面的规定都是我国金融调控法的表现形式。

（三）金融监管法

金融监管法是调整金融业监督管理关系的法律规范的总称。2004年2月1日起施行的《银行业监督管理法》中的监管规范，连同《证券法》、《保险法》、《中华人民共和国信托法》（简称《信托法》）、《中华人民共和国证券投资基金法》（简称《证券投资基金法》）、《外汇管理条例》等中规定的证券、保险、信托、基金、外汇流通等方面的金融监管规范，构成了我国金融监管的法律体系。

（四）金融经营法

金融经营法是调整在金融机构从事金融经营业务活动中形成的金融关系的法律规范的总称。金融经营法为金融机构确定了从事金融业务所必须遵守的法律规则，它与金融调控法和金融监管法密切相关，因而在法律渊源上有时也是一致的，主要体现在以下各类金融法规范中：

1. 商业银行经营法。商业银行经营法是调整商业银行经营关系的法律规范的总称。它是金融法的重要组成部分。商业银行经营法调整商业银行经营关系的法律规范主要集中表现在《商业银行法》（1995年5月10日公布，后经两次修正）和它的实施条例中。

2. 政策性银行经营法。政策性银行经营法是调整政策性银行经营关系的法律规范的总称。目前我国尚未制定政策性银行经营法。

3. 证券经营法。证券经营法是调整证券经营关系的法律规范的总称。证券经营法主要规定证券发行、证券交易、证券商经营方面的内容。证券经营法是证券法的主要组成部分。证券融资是金融业的重要组成部分。因此，证券法是金融法的有机组成部分。调整证券经营业务关系的证券法律规范主要表现在 1998 年公布并经过三次修正和两次修订的《证券法》之中。

4. 保险经营法。保险经营法是调整保险经营关系的法律规范的总称，一般规定保险合同、保险经营、保险代理人和保险经纪人经营活动等内容。我国于 1995 年 6 月 30 日公布了《保险法》，于 2009 年 2 月 28 日第十一届全国人民代表大会常务委员会第七次会议进行修订，并分别在 2014 年 8 月、2015 年 4 月经过两次修正。

5. 信托经营法。信托经营法是调整信托经营关系的法律规范的总称。它主要规定信托关系当事人、信托财产、资金信托、财产信托、权利信托和公益信托等。当代信托业已发展成为与银行业、保险业、证券业相当的现代金融体系中的四大支柱之一。因此，以信托为规范内容的信托经营法当然是金融法体系中的重要组成部分。我国的《信托法》已于 2001 年 4 月 28 日公布。

6. 外汇经营法。外汇经营法是调整外汇经营关系的法律规范的总称。它主要规定外汇收支、外汇兑换和外汇进出国境等制度。我国 1996 年 1 月 29 日公布，2008 年 8 月 1 日国务院第 20 次常务会议修订通过《外汇管理条例》，自公布之日 2008 年 8 月 5 日起施行，是我国外汇经营法律规范的主要表现形式。

7. 票据法。票据法是调整票据流通关系的法律规范的总称。我国 1995 年 5 月 10 日公布《中华人民共和国票据法》（简称《票据法》），并于 2004 年 8 月 28 日第十届全国人民代表大会常务委员会第十一次会议通过修正。该法集中规定了票据的种类、签发、转让和票据当事人的权利义务等内容，它是我国票据法律规范的主要表现形式。

8. 证券投资基金法。证券投资基金法是调整证券投资基金流通关系的法律规范的总称。我国 2003 年 10 月 28 日公布，2012 年 12 月 28 日修订的《证券投资基金法》（于 2015 年 4 月 24 日第十二届全国人民代表大会常务委员会第十四次会议修正），集中规定了证券投资基金管理人、托管人的权利义务，规定了基金流通等内容，它是我国证券投资基金法法律规范的主要表现形式。

9. 金融衍生品法。金融衍生品法是调整远期合约、金融期货、金融期权、金融互换等金融衍生品交易关系的法律规范的总称。在我国，于 20 世纪 90 年代开始出现金融衍生品。1992 年 12 月 28 日，国债期货合约率先在上海证券交易所挂牌。1995 年 2 月，中国证券监督管理委员会和财政部公布《国债期货交易管理暂行办法》（已失效），金融衍生品法律制度开始起步。原中国银行业监督管理委员会 2004 年 3 月 1 日公布、2011 年 1 月 5 日修订的《银行业金融机构衍生产品交易业务管理暂行办法》是中国第一部针对金融衍生产品的专门法规。

10. 其他非银行金融机构经营法。诸如规范小贷公司、融资租赁公司、网贷公司等经营行为的法律法规。

学习内容2　金融调控法及其调控主体

一、金融调控和金融调控法的概念

金融调控是宏观经济调控的一个非常重要的组成部分，它与财税调控、规划调控、投资调控、价格调控、产业调控等各种调控共同构成宏观调控的体系。为了实现宏观调控的目的，常常需要各种调控共同作用，相互协调，多管齐下。随着中国近年来经济发展中金融地位的日益突出，金融创新需求日益旺盛，金融调控在宏观经济调控中已处于核心地位，其调控职能、方式和效力，直接影响着国家宏观经济管理的质量和水平。

金融调控是金融调控当局（一般是指各国中央银行）根据确定的经济发展目标，运用货币政策工具，对货币供应量和信贷总量、结构的调节和控制，以实现总供给与总需求的平衡。金融调控离不开货币政策的制定和实施。货币政策包括金融调控当局为实现特定目标调节和控制货币供应量及处理货币事务的路线、方针、规范和措施等，它是一种宏观性、长期性、调节社会总需求的间接性经济措施。货币政策的制定和实施必须在法律框架内运作，这个法律框架就是金融调控法。

金融调控法是调整中央银行在调控货币供应量、利率等过程中发生的金融宏观调控关系的法律规范的总称。金融调控法律规范集中表现在一国的中央银行法之中。而各国金融调控法律所规定货币政策的工具，通常既包括存款准备金政策、再贴现政策、公开市场操作等一般性货币政策工具，也包括直接信用管理、间接信用管理、消费信用管理、证券市场信用管理等特殊货币政策工具。对于实施货币政策目标，各国法律多作出"稳定物价""维持充分就业""促进经济增长""保证国际收支平衡"的表述。

《中国人民银行法》是我国金融调控法的主要规范性文件。此外，在《商业银行法》《银行业监督管理法》中，为执行货币政策、防范和化解金融风险、维护金融稳定，对存贷利率、同业拆借、境外借款、系统性银行业风险等有相关规定；在《外汇管理条例》中，为执行货币政策、保持国际收支平衡，对人民币汇率和外汇市场调控也有相关规定上述法律、法规也是我国金融调控法的表现形式。但从总体上说，中央银行法是金融调控法的核心。

二、金融调控的特征

一般说来，金融调控具有如下主要特征：

1. 金融调控的主体是中央银行。从各国的实践经验来看，金融调控的权力主体在各国几乎都局限于中央银行。虽然在实行多元制中央银行的国家，存在依法独立的联邦中央机构与联邦局部区域机构两个级别，但随着时代的演进，区域性中央银行正逐渐沦为中央机构的分支机构，它们的独立性越来越小，金融调控的权力日益集中在中央机构的手中。虽然中央银行在各国的职能与地位颇有差异，但作为货币的发行者和货币供应量的最终调节者，其通过对货币及运行的调节，来实现对宏观经济的强有力调控，并成为宏观调控的主要机构的特征却是一样的。在我国，中国人民银行负责货币政策的制定和实施，依法行使金融调控权。

2. 金融调控的目的是实现宏观经济总量均衡协调发展。金融调控是中央银行适度干预金融市场的货币供应量，以实现宏观经济总量均衡协调发展。货币政策是一种长期性宏观经济政策，是以调节社会总需求为目标的间接性控制措施。

3. 金融调控的手段是法定的货币政策工具。金融调控手段是指利用法定的货币政策工具（如存款准备金、利率、再贴现、再贷款、公开市场操作、信用控制等），以实现货币政策为目的，对宏观经济关系施加有影响力和法律后果的方法。金融调控通过运用货币调控手段可以控制和调节货币供应量，影响宏观经济关系，达到维护币值与金融的稳定，实现金融调控的目标。中央银行的宏观调控职能主要通过制定和实施货币政策来实现，货币政策以整个银行系统的资产运用和负债经营为干预对象，旨在调控货币供应量、信用量和一般利率水平，从而影响整个社会的货币和信用状况。

4. 金融调控要依法进行。中央银行必须在法定的权限范围内，严格按照法定程序，制定和实施金融调控方案，不能滥用调控权。中央银行在进行公开市场操作时，也应该严格依法行事。只有依法调控，才能做到金融调控的规范性、程序合法并有可预见性，才能进一步保障科学调控。

三、金融调控法与金融监管法的关系

金融调控法与金融监管法同是金融法律体系的组成部分，都体现了国家对经济的干预，二者对于保障金融业健康发展，促进宏观经济目标的实现发挥着举足轻重的作用，但由于产生背景和职能属性的不同，它们在许多方面存在差异。二者的主要区别如下：

1. 二者分属于经济法的不同领域。金融调控法调整金融调控关系，属于宏观调控法领域，追求实现社会总需求与社会总供给之间的平衡，稳定币值、控制金融风险和抵御金融危机；金融监管法调整金融市场监管关系，则属于市场规制法的范畴，监管微观的金融活动，追求公平竞争的金融市场秩序和金融安全。

2. 价值目标不同。金融调控法的价值目标是整体效益，这一价值目标主要通过控制货币供应量与实际需要量的平衡一致来实现；金融监管法的价值目标却是金融运行的秩序，即建立和维护金融运行秩序，实现金融业的稳健发展。

3. 主体不同。在主体方面，金融调控的主体是中央银行，在我国是人民银行；而金融监管的主体在我国则经历一个从多元到整合的发展过程。[1]于2023年组建的国家金融监督管理总局，统一负责除证券业之外的金融业监管，而证券监督委员会则主要负责全国证券行业的监督管理。由此形成了"一行（中央银行）一局（国家金融监督管理总局）

---

[1] 中国保险监督管理委员会与中国银行业监督管理委员会先后于1998年11月和2003年3月设立，分别统一监督管理全国保险市场和银行业金融机构。随着我国金融监管机构的改革的深入，于2018年上述两大机构撤销并成立中国银行保险监督管理委员会，其主要职责是依照法律法规统一监督管理银行业和保险业。2023年3月，中共中央、国务院印发了《党和国家机构改革方案》。在中国银行保险监督管理委员会的基础上组建国家金融监督管理总局，不再保留中国银行保险监督管理委员会。2023年5月18日，国家金融监督管理总局正式揭牌。这意味着，中国银行保险监督管理委员会正式退出历史舞台。

一会（中国证券监督管理委员会）"的大金融调控与监管的新格局。

4. 管理目标和手段不同。在目标和手段上，金融调控法是以克服个人理性行为的局限性与国民经济发展的宏观性、持续性之间的矛盾，并促进社会总供给与总需求的平衡为目标的，其运用的主要手段是货币政策工具，中央银行通过调节货币供应量来校正社会总需求与总供给的偏差，为宏观调控目标的实现发挥着不可替代的作用；金融监管法则是以维护金融市场秩序为目标，对金融机构和金融行为实行审慎性监督和管理，具体的手段往往是在开业、营业、资产分类、资金运用、偿付能力等各个环节依法进行监管，在危机时期，还频频推出带有强制执行色彩的命令、决定，以保障金融机构市场退出的安全。

四、金融调控法的调控主体

金融调控法的调控主体，是指在金融调控法律关系中承担调控管理职能的当事人，一般为一国的中央银行。中央银行通常依据一国的中央银行法设立，由法律明确其性质、职能、任务、隶属关系等，承担对金融调控活动的组织、规划、指导、协调、检查、监督、调控等金融调控管理职能。

在我国，中国人民银行充当中央银行的角色。中央银行与一般的银行金融机构既有共同之处，又有独特之处。因此，各国对中央银行一般采取专门立法，如美国的《联邦储备法案》、德国的《德意志联邦银行法》、菲律宾的《新中央银行法》、马来西亚1958年的《马来西亚中央银行法》等。《中国人民银行法》于1995年3月18日由第八届全国人民代表大会第三次会议通过。

（一）中央银行的法定组织形式

从各国中央银行法的内容看，中央银行的法定组织形式有不同特点，归纳起来主要有以下几种类型：

第一，法人型中央银行模式。这种模式的主要特点是将中央银行定位为法人，而不是政府机构。例如，根据德国《德意志联邦银行法》第2条的规定，德意志联邦银行是按公法设立的联邦直接法人。根据《罗马尼亚国家银行章程》的规定，国家银行是法人，并实行经济核算原则。

第二，政府型中央银行模式。这种模式的主要特点是把中央银行作为国家的职能部门，负责制定和实施国家货币政策。例如：瑞典在1934年制定，根据1974年修订的《国家银行法》第1条的规定，瑞典国家银行是直属国会的官方组织。

第三，混合型中央银行模式。在这种模式下，中央银行既是国家的金融管理机关，又是经营国家银行业务的经济实体，具有独立的法人资格。中国人民银行具有这种双重性质。

（二）中国人民银行的性质、地位、职能与职责

1. 中国人民银行的性质与地位。中国人民银行自1948年12月1日在河北省石家庄市宣告成立以来，经历了不同的历史阶段，由于国家赋予它的任务和职责发生变化，其性质和地位也随之发生变化。目前，中国人民银行具有双重法律性质或角色，既是国家机关，

又是从事法定金融业务的特殊金融机构。

《中国人民银行法》第2条明确规定："中国人民银行是中华人民共和国的中央银行。中国人民银行在国务院领导下，制定和执行货币政策，防范和化解金融风险，维护金融稳定。"《中国人民银行法》第5章金融监督管理专门规定了对金融市场实施宏观调控，对金融机构以及其他单位和个人的监督管理权。这些规定，不仅明确了中国人民银行作为制定和执行货币政策，履行对金融进行管理的国家宏观调控部门的主要性质，而且确立了中国人民银行的中央银行法律地位，为其行使中央银行的各项职权提供了法律依据。

中国人民银行作为政府的综合经济部门，又与一般政府机关不同，它仍然是银行，是发行银行、政府银行和银行的银行，要从事银行的某些业务。对此，《中国人民银行法》第4章业务专门规定了中国人民银行可以开展的业务。例如，向商业银行提供贷款，在公开市场上买卖国债、其他政府债券和金融债券及外汇等业务。开展上述业务，突显了中国人民银行国有银行的特殊性质。

中国人民银行作为中央银行的特殊法律地位，决定了它制定、执行货币政策，履行职责、开展业务的独立性。因此，《中国人民银行法》第7条明确规定："中国人民银行在国务院领导下依法独立执行货币政策，履行职责，开展业务，不受地方政府、各级政府部门、社会团体和个人的干涉。"从法律上保障和强化了中国人民银行中央银行的地位和作用，对完善宏观调控体系，维护金融稳定中的独立性，创造了良好的金融发展环境。

2. 中国人民银行的职能与职责。中国人民银行的中央银行法律地位，是通过其职能和具体职责来体现的。按照《中国人民银行法》的规定，它主要行使三大职能：一是宏观调控职能。通过货币政策的制定与实施，保持社会总供给和总需求的总量平衡，在此前提下，优化国民经济结构。具体来说，要保证货币供应总量的适度增长，使货币供应和货币需求大体上吻合。二是服务职能。为政府服务，即充当政府的银行；为金融机构服务，充当银行的银行。三是监管职能。为执行货币政策和维护金融稳定的需要，可以对包括银行业在内的金融机构进行监督管理。

根据《中国人民银行法》第4条第1款的规定，中国人民银行履行下列职责：（一）发布与履行其职责有关的命令和规章；（二）依法制定和执行货币政策；（三）发行人民币，管理人民币流通；（四）监督管理银行间同业拆借市场和银行间债券市场；（五）实施外汇管理，监督管理银行间外汇市场；（六）监督管理黄金市场；（七）持有、管理、经营国家外汇储备、黄金储备；（八）经理国库；（九）维护支付、清算系统的正常运行；（十）指导、部署金融业反洗钱工作，负责反洗钱的资金监测；（十一）负责金融业的统计、调查、分析和预测；（十二）作为国家的中央银行，从事有关的国际金融活动；（十三）国务院规定的其他职责。

（三）中国人民银行的业务限制

中国人民银行作为中央银行是货币发行机关，又是调整银行利率，从事法定金融业务的特殊金融机构。中央银行从事金融业务会对资金供求关系有很大的影响。为了保证中国人民银行执行货币政策的有效性，《中国人民银行法》规定其在办理业务时，要受到一定的限制：

1. 禁止中国人民银行向银行业金融机构的账户透支。《中国人民银行法》第 26 条规定："中国人民银行可以根据需要，为银行业金融机构开立账户，但不得对银行业金融机构的账户透支。"

2. 对商业银行贷款期限的限制。《中国人民银行法》第 28 条规定："中国人民银行根据执行货币政策的需要，可以决定对商业银行贷款的数额、期限、利率和方式，但贷款的期限不得超过一年。"

3. 禁止中国人民银行对政府财政进行透支。《中国人民银行法》第 29 条规定："中国人民银行不得对政府财政透支，不得直接认购、包销国债和其他政府债券。"

4. 对地方政府、各级政府部门、非银行金融机构和单位、个人提供贷款的限制。《中国人民银行法》第 30 条第 1 款规定："中国人民银行不得向地方政府、各级政府部门提供贷款，不得向非银行金融机构以及其他单位和个人提供贷款，但国务院决定中国人民银行可以向特定的非银行金融机构提供贷款的除外。"

5. 中国人民银行不得向任何单位和个人提供担保。[1]

（四）中国人民银行的组织机构

中国人民银行职能作用的发挥和职责权限的具体落实，必须要有严格的组织机构作保证。因此，《中国人民银行法》第 2 章组织机构对中国人民银行的组织机构作出了具体的规定。

1. 中国人民银行的领导机构。中国人民银行设行长 1 人，副行长若干人。中国人民银行行长的人选，根据国务院总理的提名，由全国人民代表大会决定，全国人民代表大会闭会期间，由全国人民代表大会常务委员会决定，由中华人民共和国主席任免。中国人民银行副行长由国务院总理任免。中国人民银行实行行长负责制。行长领导中国人民银行的工作，副行长协助行长工作。这与国务院组织法规定的国务院各部、各委员会的首长负责制是一致的。它的优点在于职责权限明确，办事效率高。

2. 货币政策委员会。中国人民银行设立货币政策委员会。设立货币政策委员会既是《国务院关于金融体制改革的决定》所要求的，也是参照其他国家的有益做法提出的一种新的机制。

货币政策委员会有三个特点：其一，货币政策委员会是中国人民银行的内设机构。其二，货币政策委员会不同于中国人民银行的一般内设机构。中国人民银行内设的一般职能机构，都是为适应中央银行所担负的任务、职能、业务经营和金融监督管理的需要而由中国人民银行依据国务院设置机构的一般性规定设置的。而货币委员会的职责、组成和工作程序，则由国务院直接作专门规定。在一般情况下，这样的机构直接对国务院负责。因

---

[1] 参见《中国人民银行法》第 30 条第 2 款。

此，货币政策委员会的地位要高于中国人民银行内设的一般职能机构。其三，货币政策委员会的职责、组成和工作程序由国务院规定，报全国人民代表大会常务委员会备案。

尽管《中国人民银行法》对货币政策委员会只作一条原则规定，但设立货币政策委员会的目的是明确的。考虑到我国在发展社会主义市场经济的过程中，货币政策在国家宏观调控体系中的作用越来越重要，为了稳定货币，防止通货膨胀，有必要在中国人民银行内设立相对独立的货币政策委员会，以保证中央银行货币政策决策及其程序的科学化、民主化和规范化。

3. 中国人民银行的分支机构。中国人民银行设立的分支机构，是中国人民银行的派出机构。中国人民银行对分支机构实行集中统一领导和管理。中国人民银行的分支机构根据中国人民银行的授权，负责本辖区的金融监督管理，承办有关业务。

我国金融机构除中国人民银行（特殊金融机构）外，还包括银行机构和非银行金融机构。例如，中国工商银行、中国建设银行、招商银行、国家开发银行等，属于银行机构；信托公司、财务公司、金融租赁公司和金融资产管理公司等，属于非银行金融机构。

学习内容 3　货币政策与货币政策目标的选择

制定和实施国家货币政策，是中央银行实现其调控职能的重要途径。要全面理解中央银行在金融调控中的重要作用，必须了解货币政策，理解货币政策目标选择的理论依据。

一、货币政策的概念

中央银行作为发行的银行、政府的银行、银行的银行，其主要职能就是协助政府制定并贯彻货币政策。因此，货币政策是中央银行的核心任务与职能。

所谓货币政策，是指中央银行为实现特定的经济目标所采取的各种控制和调节货币供应量或信用量，进而影响宏观经济的方针、政策和措施的总称。货币政策起源于 20 世纪 30 年代，盛行于第二次世界大战后，现已成为各国中央银行对宏观经济进行调节的重要手段。货币政策的实质是正确处理经济发展和货币稳定的关系，使国民经济的有关指标通过货币机制的调控服从和服务于国民经济政策，并成为国民经济政策的重要组成部分。它在社会经济中扮演一个"制动器"的角色，与其他发挥驱动作用的宏观政策（如财政政策）相互牵制，从而保证经济持续、稳定、协调发展，为国民经济的发展创造一个良好的货币金融环境。正确制定和实施货币政策，是各国中央银行的重要职责。

货币政策的内容比较丰富，按照其运行机制，可以分为货币政策目标、货币政策工具、货币政策传导机制、货币政策效应等。

二、货币政策的特征

（一）货币政策是一种宏观经济政策

货币政策不是对单个银行或某一经济部门采取的具体经济措施，而是一种总量调节和结构调节相结合，并以总量调节为主的经济政策。它涉及国民经济运行中的货币供应量、信用量、利率、汇率及金融市场等宏观经济指标，并通过对这些指标的调节和控制进而影响社会总需求与社会总供给。

（二）货币政策是调节社会总需求的政策

社会总需求与社会总供给的平衡关系，是国民经济中的重要关系之一。社会总需求与社会总供给只有在总量上和结构上均保持平衡，国民经济才能持续、稳定、协调发展。而社会总需求总是体现为全社会货币支付能力的需求，货币政策则可以通过调节货币供应量来调节社会总需求，进而影响社会总需求与社会总供给的互动，使二者保持平衡。

（三）货币政策主要是间接调控经济的政策

对经济活动的各种比例关系的调节方式，一般有直接调节和间接调节两种。中央银行的货币政策对经济活动的调节主要是间接调节，即主要采取经济手段和法律手段，通过对市场主体经济活动的管理来对社会总需求进行调控，只有在必要的情况下才以行政手段进行直接干涉。

（四）货币政策具有长期性和短期性相结合的特点

货币政策目标具有长期性，而货币政策的各项具体措施又具有短期性的特点。因此，货币政策是目标的长期性和措施的短期性的结合，且短期措施服从于长期政策目标，这是货币政策与其他经济政策的重要区别。

三、货币政策的组成

货币政策主要由信贷政策、利率政策与外汇政策三大政策构成：

（一）信贷政策

信贷政策是中央银行为控制货币供应量而对信贷活动采取的方针和措施，是银行分配信贷资金、组织管理信贷活动的重要依据，是国家经济政策在信贷资金供应方面的具体体现。中国人民银行作为中央银行，其信贷政策有自身特点：首先，中央银行制定和实施信贷政策的目标是为了稳定金融和通货，为国民经济的持续稳定发展创造良好的金融货币环境；其次，中央银行信贷政策的对象是政府、商业银行和其他金融机构；最后，中央银行的信贷政策是反经济周期的，即在经济繁荣时，信贷政策应逐步紧缩，反之，在经济萧条时，信贷政策应逐步扩张。

中央银行的信贷政策主要包括两方面的内容：一是总量控制，即调控社会信用总规模，以适应经济发展的资金需要；二是结构性控制，即中央银行调节社会信用总量的构成及信用的方向，以合理分配资金，使社会资金的运用发挥最大经济效益。中央银行调控信贷活动的具体措施主要有：再贴现率政策、法定存款准备金政策、公开市场操作政策，以及信贷规模控制、证券市场信用控制、消费信用控制和不动产信用控制等。

（二）利率政策

利率政策是中央银行控制和调节市场利率以影响社会资金供求的方针和各种措施，是间接调控信贷活动的一种重要手段。利率政策与信贷政策是相互联系、相互补充的。中央银行的利率政策主要包括两方面的内容：一是中央银行通过其基准利率来调节和影响市场利率的一般水平，使利率水平能大致反映政策目标要求和社会资金供求状况；二是调节和控制整个社会的利率结构，以便使社会资金在价格体系指导下得以有效的分配，提高资金的使用效率。利率政策的工具主要有再贴现利率政策、利率限额、流动性比例控制等。

（三）外汇政策

外汇政策是指中央银行调节和控制外汇市场及汇率、实施外汇管制、控制国际资本流动、平衡国际收支的方针及各项措施。外汇政策一般包括以下内容：一是控制和调节外汇行市，稳定汇率；二是实施外汇管制，控制和调节资本的流出与流入；三是保持合理的外汇储备，以维持国际清偿能力；四是控制外汇市场交易并维持其稳定。外汇政策的具体工具主要是汇率管制、数量限制、行政管制等。与其他货币政策形式相比，中央银行外汇政策在具体实施上，虽具有间接性特点，但有时还会明显体现出行政管制的直接调控特征。

四、货币政策目标的一般规定

（一）货币政策目标的概念和种类

货币政策目标是一国中央银行据以制定和实施货币政策的目的。货币政策目标可分为终极目标和中介目标，通常所称的货币政策目标仅指货币政策的终极目标。货币政策目标是一国的中央银行制定和实施货币政策的依据，中央银行的货币政策目标应在中央银行法中作出明确规定。

根据多数学者的观点，中央银行货币政策所要达到的终极目标一般来说有四个，即稳定物价、充分就业、经济增长和国际收支平衡。

1. 稳定物价。所谓稳定物价，就是使一般物价水平在短期内不发生显著的或急剧的波动。物价的稳定会给经济增长创造一个良好的金融环境并提供稳定的货币尺度，从而促进经济的持续稳定增长；而经济的稳定增长又会给币值的稳定创造良好的物质基础。所以，各国都很重视币值的稳定。稳定物价成为世界上大多数国家政府的一个宏观经济调节目标，也是货币政策经常要突出的最终调节目标之一。

要稳定物价，就要控制货币供应量，防止通货膨胀。通货膨胀是商品价格总水平的持续上涨，其实质是纸币贬值，但表现形式是物价上涨。虽然有学者认为，爬行的通货膨胀（价格总水平上涨率没有超过 2% 或 3%）或温和的通货膨胀（价格总水平上涨率超过 2% 或 3%）有促进生产或减少失业的积极效应，但严重、恶性的通货膨胀对经济、社会的危害甚大，必须认真治理。当然，稳定物价并非使币值保持绝对不变，事实上，将币值保持绝对不变既无必要也不现实。从总体上看，物价总是处于一种刚性上升趋势，如何将通货膨胀率控制在适当的限度内是各国中央银行始终关注的重要问题。根据 20 世纪 60 年代以来西方主要国家的经验，年通货膨胀率如能控制在 5% 以下，即可视为达到了稳定物价的目标。

2. 充分就业。所谓充分就业，并非指一切有劳动能力的人全部就业，而是指将失业率控制在合理的范围内。同时，充分就业并不排除因不满意货币工资水平而不愿意就业的"自愿失业"和因季节性或技术性原因而临时失业的"摩擦性失业"。一般认为失业率（社会的失业人数与愿意就业的劳动力比率）在 4%～5% 以下即为充分就业。造成失业的原因很多，与中央银行货币政策有直接关系的，是由于货币供给不足而造成的失业率上升。中央银行运用货币政策为社会提供更多的就业机会，是社会公众和政府都关心的经济目标。

3. 经济增长。所谓经济增长，是指一国或一个地区在一定时期内产品与劳务的增加，一般有两种衡量方式：一种是一国或一地区在一定时期内所生产的商品和劳务的总量的增长，即国民生产总值（GNP）的增长；另一种是一国或一地区在一定时期内生产商品和劳务的能力的增长，即国内生产总值（GDP）的增长。将经济增长作为货币政策目标，常与其他目标特别是稳定物价的目标发生矛盾甚至是冲突。尽管如此，促进经济增长，为经济增长提供货币的推动力，一直是中央银行货币政策目标的重要内容。

4. 国际收支平衡。所谓国际收支平衡，是指一国外汇收支相抵基本持平或者略有顺差或逆差。在当今社会经济中，一国国际收支状况与其国内货币供应量有着密切联系。如果国际收支顺差过大，就意味着国内货币供给增大，市场商品供给减少，对发展中国家来说，会加大物价上涨的压力；相反，如果国际收支逆差过大，也会造成国内资源浪费，并且还会造成本国货币对外贬值，造成国内市场不稳定。因此，中央银行必须尽可能地使国际收支保持平衡。国际收支平衡有静态平衡和动态平衡之分。国际收支的静态平衡是指短期内国际收支相抵达到平衡，一般以一年为一周期。国际收支的动态平衡，是指以经济实际运行可以实现平衡的一段时期为平衡周期，在该周期内达到国际收支平衡。如何兼顾国际收支的静态平衡和动态平衡，是值得中央银行研究的一个重要课题。

（二）货币政策诸目标的统一和冲突

货币政策诸目标之间关系十分复杂。这四个目标相互之间，除经济增长与充分就业二者之间彼此一致以外，都存在矛盾。从货币政策角度来看，稳定物价与其他目标之间的矛盾尤为突出。

1. 稳定物价与经济增长的矛盾。从长远来看，稳定物价与经济增长应该是一种正相关关系：物价稳定能为经济增长提供良好的金融环境，经济增长又为物价稳定奠定可靠的经济基础。但二者并不总是协调发展的，在短期内时常会发生矛盾和冲突。因为经济增长必然会导致社会总需求的增加，社会总需求的增加又会引起货币供应量的增加，货币供应量的增加将会导致物价上涨，随之而来的便是通货膨胀。综观世界各国经济发展史，经济增长较快时期，物价总会有大幅度上涨；反之，在经济萧条时期，物价则会有一定程度的下降

2. 稳定物价与充分就业的矛盾。英国经济学家菲利浦斯（A. W. Philips）最早提出，稳定物价与充分就业之间存在着一定的矛盾关系。首先，实现充分就业往往要以牺牲物价稳定为代价。因为要实现充分就业就必须刺激投资和消费的有效需求的增加，这就必然要求增加货币供应量，而货币供应量的增加和信用扩张又必然引起一般物价水平的上涨；其次，充分就业会引起工资水平的上涨，而工资是产品的重要成本之一，它的上涨又必将推动物价的上涨；最后，在通货膨胀时寻求物价稳定又将抑制充分就业。因为抑制通货膨胀要求通过紧缩信用和减少货币供应量来减少社会总需求，而社会总需求的减少又使企业不

得不减少投资和缩减生产规模，从而减少就业。

3. 稳定物价与国际收支平衡的矛盾。稳定物价与国际收支平衡的矛盾主要体现为：当一国国内出现通货膨胀时，政府可能要牺牲国际收支平衡目标，即减少出口，以降低总需求水平，或增加进口，以提高总供给水平在此情况下，国际收支逆差会越来越大，而国际收支状况的恶化，又为物价的继续上涨准备了条件。

正因为货币政策的各个目标间常常存在着冲突，因而任何一个国家要同时实现这四大目标是非常困难的。各国中央银行在制定和实施货币政策时，只能根据本国特定时期、特定条件下的经济运行情况，对各目标进行权衡，以尽量趋利避害，或两弊相衡取其轻，最终作出适当选择。

五、中国货币政策目标的选择

（一）理论争论

从多年的实践来看，我国一直是把稳定币值和促进经济增长作为中国人民银行货币政策中并列的双重目标。但由于我国资金短缺，操作中常常以牺牲"物价稳定"来促进经济增长，结果导致较严重的通货膨胀。因此，如何确定中国人民银行的货币政策目标就成了制定《中国人民银行法》不容回避的问题。围绕这一问题，理论界主要有以下几种具有代表性的观点：

1. 单一目标论。这种观点认为，货币政策的目标只能是单一的，但这个单一的目标究竟应该是哪一个，又可以分为两种截然不同的观点：一种观点是从稳定物价是经济正常运行和发展的基本前提出发，主张稳定币值是货币政策的唯一目标。另一种观点则是从马克思"货币资本的第一推动力和持续推动力"的经济思想出发，强调用最大限度的经济稳定增长保障经济起飞作为货币政策的目标，即货币政策的首要目标是经济增长。

2. 双重目标论。这种观点认为，我国中央银行的货币政策目标不应是单一发展经济或稳定物价，而应同时兼顾这两方面的要求，即把稳定物价和经济增长作为我国中央银行货币政策中并列的双重目标。有的学者认为，货币政策的基本目标应该是双重的，即发展经济和稳定货币，而发展经济是基础，也是根本性的。

3. 多重目标论。这种观点认为，鉴于货币政策涉及面广，随着我国经济体制改革的深化和我国加入世界贸易组织目标的实现，就业和国际收支问题对国民经济的影响也会越大，因此，我国货币政策目标必须包括充分就业、国际收支平衡和经济增长、稳定物价等方面，即目标应是多重的。

（二）我国货币政策目标的现实选择

《中国人民银行法》第3条规定："货币政策目标是保持货币币值的稳定，并以此促进经济增长。"该规定具体有以下几层含义：①中国人民银行首要的和直接的货币政策目标是保持货币币值的稳定，这是中国人民银行制定和实施货币政策的出发点和归宿；②中国人民银行制定和实施货币政策，不是为了稳定币值而稳定币值，而是为了促进经济增长而稳定币值；③稳定币值和经济增长在货币政策目标序列中不是并列的，而是有层次和主次之分的。"有层次"是指稳定币值是货币政策目标的第一层次，促进经济增长是货币政策目标的第二层次。也就是说，中国人民银行只有在稳定币值后，才能促进经济增长。所谓有"主次之分"，是指中国人民银行的货币政策以稳定币值为主，稳定币值是促进经济增长的前提，这突出了中国人民银行稳定货币的责任。

可见，《中国人民银行法》对货币政策目标的规定并未局限于理论界提出的单一目标论、双重目标论和多重目标论，而是创造性地将货币政策目标表述为"有层次和主次之分的单一目标"。《中国人民银行法》将稳定币值和经济增长作如此规定，原因在于：

1. 实践证明，只有人民币币值稳定，国民经济才能得以持续、快速、健康发展。

第一，币值稳定则货币供应量与国民经济所需要的货币供应量基本相符，社会总需求与社会总供给大体平衡，社会再生产呈良性运行状态。一旦币值不稳定，出现通货膨胀，货币供求失衡，社会总需求大于总供给，国民经济就会因过热而出现失控。国家为了抑制通货膨胀，又不得不实行紧缩政策，造成国民经济大起大落，遭受严重损失。通过宏观调控来稳定币值，具有稳定和维护经济秩序的作用，是经济效率原则得以发挥作用的前提，也是经济健康发展的重要基础。

第二，币值稳定则物价相对稳定，职工的名义工资与实际工资基本保持一致，生活水平相对稳定，社会秩序安定。因此，币值稳定具有维护社会公平和安定社会秩序的作用，能够为国民经济的健康发展创造良好的社会环境。

第三，币值稳定有助于促进总量平衡和结构协调，从而为实现其他宏观政策目标创造了必要的前提条件。中国人民银行通过调节货币信用总量，保持币值稳定，为国民经济的发展创造良好的货币金融环境，并以此促进经济增长，这就把货币政策目标和国家宏观经济政策目标协调起来。

2. 稳定币值并促进经济增长，已被实践所证明。例如，德国自第二次世界大战以来，其经济的高速发展和币值的国内外稳定，在西方社会是颇负盛名的，这与德国的法定货币政策目标密切相关。德国的中央银行法即《德意志联邦银行法》第3条规定："德意志联邦银行运用本法律所赋予的货币方面的权力，以稳定货币为目的，调节流通中的货币量和提供给经济部门的信贷量。"这不仅维护了德国货币的稳定，使德国成为世界上通货膨胀率最低的国家之一，而且也没有影响其经济的发展速度。这说明稳定币值并促进经济增长是可以实现的。

为保证中国人民银行依法制定和实施货币政策，《中国人民银行法》规定了相应的保护措施。该法第5条规定："中国人民银行就年度货币供应量、利率、汇率和国务院规定的其他重要事项作出的决定，报国务院批准后执行。中国人民银行就前款规定以外的其他有关货币政策事项作出决定后，即予执行，并报国务院备案。"第6条规定："中国人民银行应当向全国人民代表大会常务委员会提出有关货币政策情况和金融业运行情况的工作报告。"第7条规定："中国人民银行在国务院领导下依法独立执行货币政策，履行职责，开展业务，不受地方政府、各级政府部门、社会团体和个人的干涉。"

《中国人民银行法》对货币政策的规定，不仅为中国人民银行货币政策工具的运用指明了方向，也为中国人民银行排除各方面的干扰实现目标提供了法律依据，还为社会公众监督中国人民银行、评价其工作效果提供了具体的衡量标准，并使社会能够最终了解中国人民银行货币政策的最终含义和价值。

学习内容 4 保障货币政策目标实现的金融调控法律制度

为实现货币政策目标，《中国人民银行法》规定了保障目标实现的工具性制度，即存款准备金制度、基准利率制度、再贴现制度、再贷款制度、公开市场操作制度，以及国务院确定的其他货币政策工具。从金融法上讲，这些工具性制度都是金融调控法的主要制度，亦称货币政策保障制度。中国人民银行可根据不同情况，综合运用上述工具性制度，调整货币供应量和信贷总量，实现货币政策目标。

货币和货币政策保障制度是《中国人民银行法》规定的重要内容。根据《中国人民银行法》第 18 条第 1 款的规定，人民币由中国人民银行统一印制、发行。根据第 22 条的规定，中国人民银行设立人民币发行库，在其分支机构设立分支库。分支库调拨人民币发行基金，应当按照上级库的调拨命令办理。任何单位和个人不得违反规定，动用发行基金。我国的货币发行权属于国家，国家授权中国人民银行具体负责掌管全国货币发行工作，并集中管理货币发行基金。中国人民银行是我国唯一的货币发行机关，人民币是我国的法定货币。为保证人民币发行的集中统一，稳定金融和物价，保障国民经济的健康发展，《中国人民银行法》规定了对人民币的保护措施，该法第 19 条规定："禁止伪造、变造人民币。禁止出售、购买伪造、变造的人民币。禁止运输、持有、使用伪造、变造的人民币。禁止故意毁损人民币。禁止在宣传品、出版物或者其他商品上非法使用人民币图样。"

下面着重介绍《中国人民银行法》规定的保障货币政策目标实现的几项工具性制度：

一、存款准备金制度

（一）存款准备金制度的概念

存款准备金制度是指中央银行依据法律所赋予的权力，要求商业银行和其他金融机构按规定的比率在其吸收的存款总额中提取一定的金额缴存中央银行，并借以间接地对社会货币供应量进行控制的制度。提取的金额被称为存款准备金，准备金占存款总额的比率被称为存款准备率或存款准备金率。

存款准备金制度包括两个方面，一是法定准备金；二是超额准备金。法定准备金是以法律规定的形式缴存中央银行的存款准备金。其运作原理是中国人民银行通过调整存款准备金率，借以扩张或收缩商业银行的信贷能力，从而达到既定的货币政策目标；超额准备金是指银行为应付可能的提款所安排的除法定准备金之外的准备金，其特点是超额准备金是商业银行在中央银行的一部分资产。我国的超额准备金包括两个部分：一是存入中央银行的准备金；二是商业银行营运资金中的现金准备。前者主要用于银行间的结算和清算，以及用于补充现金准备，后者主要用于满足客户的现金需要。

以法律形式规定商业银行必须向中央银行缴存存款准备金，始于1913年美国《联邦储备法》。根据1935年《银行法案》，联邦储备银行被授权拥有升降会员银行存款准备率的权力。到20世纪40年代，经过世界性的经济危机，存款准备金制度作为中央银行调节和控制货币供应量的重要工具的作用，开始被各国所认识。于是，西方各国纷纷以法律形式规定存款准备金比率并授权中央银行根据货币政策的需要，随时加以调整。

（二）存款准备金制度的作用

1. 保证商业银行存款支付能力和资金清偿能力。存款准备金制度最初的目的是防止银行出现大量现金挤兑时发生金融恐慌和危机，以保证银行资产的流动性和兑付能力，从而维护金融体系的稳定和安全。主要体现为：能够减缓商业银行债务负担和支付压力；对商业银行的支付和稳定有最后的保证作用；当商业银行存款下降时，中央银行按法定比例调减缴存存款准备金，增加了商业银行的头寸。

2. 调节和控制信贷规模，影响货币供应量。创造信用是现代银行的重要职能。中央银行依法创造法定货币，商业银行的扩张机能，可以创造数倍于法定货币的存款货币。存款准备金率降低，商业银行可派生的存款增加，造成扩张，扩大了货币的供应量；反之，存款准备金率提高，则产生收缩，减少了货币供应量。中央银行就是这样通过调整存款准备金率，来实现对货币供应量的调节和控制。

3. 增强中央银行信贷资金宏观调控能力。法定准备金制度，对增强中央银行信贷资金宏观调控能力的作用主要表现为：一是集中法定准备金，增加了中央银行直接掌握的信贷资金总量；二是运用集中的法定准备金调控信贷总量；三是根据国家的产业政策，实行信贷倾斜，调整资金投向。实践证明，中央银行的宏观调控必须有一定的资金做后盾，中央银行掌握的资金越多，其调控能力越强、越有力。

（三）我国的存款准备金制度

我国的存款准备金制度，是根据1983年9月《国务院关于中国人民银行专门行使中央银行职能的决定》重新恢复建立的。《中国人民银行法》对其作了明确规定，把它列为中国人民银行货币政策工具的首位。1998年3月24日中国人民银行公布了《中国人民银行关于改革存款准备金制度的通知》，对有关存款准备金制度的事宜作了具体规定。根据现行法律、法规及行政规章的规定，我国存款准备金制度的主要内容有：

1. 存款准备金制度的实施对象。我国所有吸收一般存款（相对于财政性存款而言）的金融机构，包括商业银行、信用合作社、信托投资机构、财务公司和外资金融机构等，都有按规定比例和期限缴存存款准备金的义务。

2. 存款准备金率。存款准备金率由中国人民银行规定，并根据放松或紧缩银根的需要进行调整。自1984年以来，我国的存款准备金率一般根据经济发展和宏观调控需要适时进行调整。例如，为防止中国宏观经济从偏快走向过热而造成通货膨胀时，中国人民银行采取上调存款准备金率，反之则采取下调存款准备金率。

3. 存款准备金的计提。为进一步完善存款准备金制度，优化货币政策传导机制，增强金融机构流动性管理的灵活性，中国人民银行决定，自2015年9月15日起改革存款准备金考核制度，由现行的时点法改为平均法考核。即维持期内，金融机构按法人存入的存款准备金日终余额算术平均值与准备金考核基数之比，不得低于法定存款准备金率。同时，为促进金融机构稳健经营，存款准备金考核设每日下限。即维持期内每日营业终了时，金融机构按法人存入的存款准备金日终余额与准备金考核基数之比，可以低于法定存款准备金率，但幅度应在1个（含）百分点以内。将存款准备金时点法考核改为平均法考核，既可以为金融机构管理流动性提供缓冲机制，也有利于平滑货币市场波动。

二、基准利率制度

（一）基准利率制度的概念和作用机制

利率是利息率的简称，是指一定时期内利息的金额与存入或贷出金额的比率，由资金供求关系决定。我国的利率分三种：其一，中国人民银行对商业银行及其他金融机构的贷款利率，即基准利率，又称法定利率；其二，商业银行对企业和个人的存、贷款利率，称为银行利率；其三，金融市场的利率，称为市场利率。其中，基准利率制度是核心，它在整个金融市场和利率体系中处于关键地位、起决定作用，它的变化决定了其他各种利率的变化。

基准利率制度是中央银行的一项重要货币政策工具。当中央银行提高基准利率时，商业银行等金融机构筹措资金的成本增加，对中央银行的贷款需求降低，商业银行等就会到金融市场去寻求贷款。由于商业银行等筹措资金的成本加大，它对外贷款的利率必然提高，对应其客户的贷款数额就会减少。这样，社会货币供应量就会减少。相反，当中央银行降低基准利率时，商业银行等的贷款利率也会随之降低，贷款数额会加大，货币供应量会相应增加。因此，基准利率制度直接影响金融机构存贷款活动的开展，进而影响整个社会的信贷总量。中央银行通过提高或降低基准利率中的贷款利率，可起到限制或扩张社会信贷规模的作用。

（二）我国的基准利率制度

各国确定基准利率的方法并不完全一致。在市场经济发达国家，一般以中央银行的再贴现利率为基准利率，有的还包括中央银行的再贷款利率、基金利率等，金融机构的利率是参照此基准利率并根据市场情况自行确定的。例如，美国以联邦资金市场利率为基准利率。在计划经济体制国家中，则由中央银行制定基准利率，并规定金融机构的利率水平以此为准或在一定范围内浮动，又称法定利率。我国在1984年中国人民银行正式成为中央银行前，是以1年期的存款利率和贷款利率为基准利率，其他档次利率的形成及变动都要参照这种利率的水平与变化趋势。1984年中央银行制度确立后，则以中国人民银行对各个金融机构的存、贷款利率为基准利率。《中国人民银行法》将基准利率与再贴现、再贷款并列为货币政策工具。

基准利率制度是我国中央银行实现货币政策目标的重要手段，制定基准利率的依据只能是货币政策目标。当政策目标重点发生变化时，利率也应随之变化。不同的政策要求，产生不同的利率水平。当政策重点放在稳定货币时，中央银行的贷款利率就应当适当提高，以抑制过热的需求；相反，当政策目标侧重于刺激经济增长时，中央银行贷款利率则应适时调低基准利率在利率体系中处于核心地位，是中央银行利率政策中最主要的部分。中央银行调整利率政策的意图总是通过基准利率的变动来传递，基准利率制度直接影响着金融机构存贷款活动的展开，进而影响整个社会的信贷总量。

三、再贴现制度

（一）再贴现制度的概念及作用

贴现是指票据持有人在票据到期日前，为融通资金而向银行或其他金融机构贴付一定利息的票据转让行为。通过贴现，持票人得到低于票面金额的资金，贴现银行及其他金融机构获得票据的所有权。

再贴现是商业银行及其他金融机构以买入的未到期的贴现票据向中央银行办理的再次贴现。从形式上看，再贴现与贴现并无区别，都是一种票据与信用相结合的融资方式。但从职能上看，再贴现制度是中央银行执行货币政策的重要手段之一，在再贴现制度中，中央银行根据执行货币政策的需要，买进商业银行等持有的未到期票据，让渡现实货币；商业银行等则为解决资金短缺而出让已贴现票据。所以，再贴现制度是商业银行及其他金融机构与中央银行之间的票据买卖和资金让渡的过程，是商业银行和其他金融机构向中央银行融通资金的重要方式。

此外，再贴现制度作为中央银行执行货币政策的重要工具之一，还可以起到扩张或收缩社会信用的作用。当中央银行需要收缩银根、抑制经济过快扩张时，就可提高再贴现率，使商业银行和其他金融机构向中央银行融资的成本提高，从而抑制信贷需求，减少货币供给；当中央银行需要放松银根、刺激经济发展时，就降低再贴现率，从而增加货币供给。另外，再贴现率可以影响市场利率，通过调整再贴现率，能及时将货币政策的意图传递给社会，并引导人们的投资、消费行为，推动货币政策目标的实现。在将再贴现率作为中央银行基准利率的国家，再贴现制度的作用尤为重要。

（二）再贴现制度的条件和对象

许多国家规定，再贴现票据必须是确有真实交易关系的票据。如德意志银行只购买那些在实质的商品交易基础上签发的商业票据，这些票据至少需要3个被公认有支付能力的义务人予以担保，并且在买入后3个月之内到期。随着形势和经济环境的变化，中央银行在很大程度上放宽了对再贴现票据的限制。

《票据法》第10条第1款规定："票据的签发、取得和转让，应当遵循诚实信用的原则，具有真实的交易关系和债权债务关系。"2022年11月11日中国人民银行、中国银行保险监督管理委员会令〔2022〕第4号公布《商业汇票承兑、贴现与再贴现管理办法》，该办法第5条规定："本办法所称贴现是指持票人在商业汇票到期日前，贴付一定利息将票据转让至具有贷款业务资质机构的行为。持票人持有的票据应为依法合规取得，具有真实交易关系和债权债务关系，因税收、继承、赠与依法无偿取得票据的除外。"因此，我国的再贴现票据必须是具有真实的交易关系和债权债务关系的票据。

许多国家允许商业银行和金融机构办理再贴现，但也有些国家对再贴现对象有严格限制，如英格兰银行的贴现对象只是英国 11 家贴现商行而不是众多的商业银行，贴现银行可随时要求英格兰银行贴现其持有的一级证券或银行汇票。《中国人民银行法》第 23 条第 1 款第 3 项把再贴现的对象规定为"在中国人民银行开立账户的银行业金融机构"；《商业汇票承兑、贴现与再贴现管理办法》第 14 条规定："商业汇票的贴现人应为在中华人民共和国境内依法设立的、具有贷款业务资质的法人及其分支机构。申请贴现的商业汇票持票人应为自然人、在中华人民共和国境内依法设立的法人及其分支机构和非法人组织。"第 20 条规定："办理商业汇票贴现业务的金融机构，可以申请办理再贴现业务。再贴现业务办理的条件、利率、期限和方式，按照人民银行有关规定执行。"可见，现行规定对再贴现对象有一定限制。

（三）再贴现率

再贴现率是中央银行根据经济发展需要，反映中央银行货币政策意图所制定的利率。由于关系到中央银行货币政策，所以必须谨慎行事。比如，美国，再贴现率的制定和调整权分别属于美国中央银行的最高权力机构——联邦储备体系理事会和储备银行。前者有权决定再贴现率的基本水平和调整幅度，后者只能在前者确定的水平上，作一些微量调整。

调整再贴现率的目的在于影响商业银行准备金及社会的资金需求。各国对再贴现率有不同的规定，有的国家的再贴现率和中央银行放款利率有不同的规定，有的国家的再贴现率和中央银行放款利率相同；有的国家的再贴现率则略低于中央银行的放款利率；有的国家还对不同时期、不同种类的票据，规定有不同的再贴现率。由于再贴现率是中央银行挂牌执行的，所以又称为银贴率。这种银行利率在各国利率体系中处于核心地位，其变化必然会影响到其他各种利率。其特点有三：

第一，再贴现率是一种短期利率。因为中央银行提供的贷款以短期为主，再贴现合格票据的期限通常不超过 3 个月，最长也在 1 年以内。

第二，再贴现率是一种官定利率，它不同于市场利率。中央银行的再贴现率是根据国家信贷政策制定的，它在一定程度上反映了中央银行的货币政策意向。

第三，再贴现利率是一种标准利率或最低利率。如英格兰银行贴现及放款有多种利率差别，而以其公布的再贴现利率为最低的标准。

再贴现制度虽然有其诸多积极的作用，但也存在着一定的局限性：从货币供应量来看，再贴现制度不是一种理想的控制工具。因为中央银行在再贴现中处于被动地位，商业银行是否愿意到中央银行申请再贴现，以及再贴现多少，都决定于商业银行，中央银行处于不能预知的境地。而这种不能预知的情况势必会造成中央银行无法主动而有效地控制货币供应量。此外，如果商业银行都依赖于中央银行再贴现，增加了中央银行的压力，从而削弱控制货币供应量的能力。

再贴现制度缺乏弹性。一方面，再贴现率的随时调整，通常会引起市场利率的经常性波动，这会使企业或商业银行等无所适从；另一方面，再贴现率不随时调整，又不利于中央银行灵活地调整货币供应量。所以，再贴现制度的弹性很小。

正因如此，西方国家在经历了 20 世纪 30 年代的经济大危机之后，再贴现制度的重要性开始下降，让位于主动权掌握在中央银行手中而又更具有弹性的公开市场业务。尽管如此，再贴现工具仍与其他货币政策工具配合运用，仍然是中央银行执行货币政策的有效工具之一。

四、再贷款制度

（一）再贷款制度的概念与作用

再贷款制度是指中央银行向商业银行发放的贷款的一种制度。在西方国家，由于市场经济比较成熟，其信用工具票据化程度较高，因而其中央银行对金融机构放款主要采取再贴现方式。而我国由于票据市场发展较晚，市场狭小，种类不多，可用于向中央银行再贴现的票据也极为有限，所以再贷款制度就成为我国当前央行调节货币供应量和控制信贷规模的主要货币政策工具。

中国人民银行对金融机构的贷款依据其方式的不同，可以分为信用贷款和再贴现两种。信用贷款是指中国人民银行根据金融机构资金头寸情况，以其信用为保证发放的贷款。再贴现是指金融机构以其持有的、未到期的贴现票据向人民银行办理贴现，取得资金。再贷款与再贴现虽然都是中央银行向商业银行的放款，都是中央银行执行最后贷款人职能的体现，但二者又有所不同，中国人民银行对商业银行的再贷款作为信用贷款，无资金保证或物资保证；而中国人民银行对商业银行等金融机构的再贴现，因以商业银行等所持有的票据为基础，所以是有资金或物资保证的货币投放。又根据《中国人民银行法》第28 条和第 30 条的规定，信用贷款原则上是指中央银行向商业银行提供的贷款，例外情况下由国务院决定的特定的非银行金融机构可以成为再贷款对象。[1]

再贷款制度的作用主要体现为：

第一，中央银行通过调整再贷款利率，影响商业银行从中央银行取得信贷资金的成本和可使用额度，使货币供应量和市场利率发生变化。例如，当中央银行要收缩银根实行紧缩政策时，它可以提高再贷款利率，减少基础货币的投放量，增加商业银行向中央银行的贷款成本，抑制商业银行向中央银行贷款。同时，商业银行为了营利，也会提高对客户的贷款利率，导致借款成本增加，借款额就会相应减少，从而达到减少货币供应量的效果；反之，如果中央银行降低再贷款利率，就能达到放松银根、扩大信用规模、增加货币供应量的效果。

第二，再贷款利率的调整是中央银行向商业银行和社会公众宣传货币政策变动的一种有效方法，它能产生预告效果，从而在某种程度上影响人们的预期。当中央银行提高再贷款利率时，表明中央银行对通货膨胀的进展发出了警告，使厂商慎重从事进一步的投资扩张；如果中央银行降低再贷款利率时，则表示在中央银行看来通货膨胀已经缓和，这样就

---

〔1〕 参见《中国人民银行法》第 28 条、第 30 条。

会刺激投资和经济增长，在一定程度上起到调整产业结构和产品结构的作用。

（二）我国再贷款制度的主要内容

根据《中国人民银行法》、1999 年公布施行的《中国人民银行分行短期再贷款管理暂行办法》和《中国人民银行紧急贷款管理暂行办法》、2002 年公布施行的《中国人民银行对农村信用合作社贷款管理办法》的规定，我国再贷款制度的主要内容有：

1. 再贷款的条件和期限。凡经中国人民银行批准，持有《经营金融业务许可证》，并在中国人民银行单独开立基本账户的金融机构，方可成为中国人民银行对金融机构贷款的对象。商业银行在坚持组织存款、加强系统内资金调度和市场融资的前提下，资金仍然不足，方可向中国人民银行申请借款。同时必须具备以下条件：①属于中国人民银行对金融机构贷款的对象；②信贷资金营运基本正常，贷款用途符合国家产业政策和货币政策的要求；③按有关规定及时、足额向中国人民银行交存存款准备金；④还款资金来源有保障；⑤归还中国人民银行贷款有信誉；⑥及时向中国人民银行报送计划、统计、会计报表及有关资料。

由于中国人民银行的再贷款主要用于解决商业银行临时资金的不足，所以中央银行对商业银行的贷款期限较短，最长不得超过 1 年。依据贷款期限的不同，具体划分为 20 天内、3 个月内、6 个月内、1 年期四个档次。

2. 再贷款的发放和收回。商业银行向中国人民银行申请贷款，必须填写《中国人民银行再贷款申请书》，并在加盖借款人的公章和法定代表人或单位负责人的签章后，提交当地中国人民银行开户行。中国人民银行依据经济发展、银根松紧和贷款条件，自主审查，决定贷与不贷、贷多贷少、贷款种类和贷款期限。商业银行应按照中国人民银行批准的贷款种类、期限和金额，与中国人民银行订立借款合同，办理借款手续。

中国人民银行对金融机构发放贷款，必须坚持期限管理，贷款到期必须收回。借款人应当按照借款合同规定，按时足额归还贷款本息。对逾期的短期再贷款，可从借款人准备金存款账户扣收贷款本息，并按逾期贷款利率计收利息。质押贷款发生逾期，可依法处置作为贷款权利凭证的有价证券用于偿还贷款本息。

中国人民银行对金融机构贷款到期后，金融机构确有困难不能按期归还的，应提前申请办理展期手续，每笔贷款只能展期一次，展期期限不超过原定期限。

3. 中国人民银行对再贷款的管理。中国人民银行对金融机构的贷款根据贷款的不同种类和期限，按不同的利率档次计收利息。逾期贷款按照中国人民银行的规定加收利息。中国人民银行总行按月考核人民银行各省、自治区、直辖市、计划单列城市分行对商业银行贷款使用情况。对于有下列情形之一的，给予通报批评；情节严重的，对直接负责的主管人员和其他直接责任人员给予警告、记过、记大过、降级、撤职、留用察看或者开除的行政处分：不按照总行规定的对象、条件、期限和用途审批、发放短期再贷款的；越权审批、发放短期再贷款的；对辖区内分支机构违规审批、发放短期再贷款监控不力、严重失职的；超过上级行核定、下达的贷款限额审批、发放短期再贷款的；对已确认为高风险的商业银行，擅自发放短期再贷款的。违规审批、发放短期再贷款，造成资金损失，并构成犯罪的，由司法机关依法追究直接责任人的刑事责任。

五、公开市场操作制度

（一）公开市场操作制度的概念和意义

公开市场操作制度是指中央银行在金融市场上买卖有价证券和外汇的活动的一种制度。它是中央银行的一项主要业务，是货币政策的一种基本工具。中央银行买进或卖出有价证券或外汇意味着进行基础货币的吞吐，可以达到增加或减少货币供应量的目的。同时，中央银行买卖国债，可以影响国债供求，影响国债利率，从而间接影响商业银行利率。目前，公开市场操作制度已经成为中央银行调节商业银行流动性的主要手段之一。

作为一种货币政策工具，公开市场操作制度既具有一般货币政策工具的共同特征，又具有其自身的特点和优势，主要体现为以下几个方面：

第一是公开性和平等性。中央银行在公开市场上买卖外汇和政府债券，吞吐基础货币，是根据货币政策要求，按照市场原则，通过与众多交易对手竞价交易进行的，具有较高的透明度，有利于消除金融市场上的幕后交易弊端。

第二是灵活性。中央银行在公开市场上进行证券交易，能够根据货币政策需要，随时操作，也可以按较小的规模和步骤操作。在时间和数量上很灵活，这是准备金制度和再贴现办法所难以做到的，因为准备金制度和再贴现率不能变化太频繁。这一特点使中央银行对货币供应量既可以进行微调，也可以进行大幅度调整，不必等到情况已经十分严重时再采取措施，这样可以减少经济、金融的震荡。

第三是主动性。中央银行通过公开市场业务可以主动采取措施，根据一定时期货币政策的要求和该时期银根的松紧情况，进行经常性、连续性的操作。突破了其他货币政策工具如再贴现制度被动调整的局限性。正是由于公开市场业务具有上述优点，它在世界各国得到了日益广泛的使用，成为各国中央银行在实施金融宏观间接调控中运用较多的货币政策工具之一。

从各国的实践来看，开展公开市场业务应具备以下基本条件：①中央银行必须具有强大的资金实力。因为中央银行只有拥有足够的资金，才能够对整个金融市场进行干预和控制，影响社会信用供给，防止金融市场秩序紊乱；②信用工具发达，金融市场上应具有相当种类和数量的有价证券。只有证券种类和数量齐全，中央银行才能依据货币政策的需要，有选择地进行买卖，吞吐足够数量的货币，促进货币政策目标的实现；③必须有完善的金融市场机制，包括有效的金融监管体制。只有这样，中央银行才能独立地执行货币政策并将其采取的措施付诸实施，其他金融机构也才能对中央银行的宏观调控信息作出正确的反应。

（二）国外关于公开市场操作制度的规定

国外关于公开市场操作制度的规定主要有以下内容：

第一，负责公开市场操作的机构。如美国负责公开市场操作的机构是联邦公开市场委员会，根据美国《联邦储备法》的规定，该委员会集决策、执行、管理大权于一身，主要职责有：①全权制定公开市场政策；②决定联邦银行在公开市场上买卖证券的种类、数量和证券买卖的时间、地点及其他条件；③制定有关公开市场活动的管理规定；④按照规定对公开市场活动进行监督管理。

第二，公开市场操作的对象。公开市场操作的对象主要是政府发行的有价证券，主要包括国库券和政府的长期公债券，广义上还包括政府直属部门发行的有价证券和地方政府发行的债券。根据美国《联邦储备法》第14条的规定，下列有价证券可以作为公开市场业务操作的对象：银行承兑票据，汇票，金块、金币和金证券，联邦政府、州政府以及县政府的公债等。政府有价证券之所以成为中央银行主要的公开市场操作的对象，是因为政府有价证券一般没有倒账的风险，而且种类多，期限较短，流动性强，因而为各类投资者包括金融业、地方政府、外国官方机构以及私人投资者等所欢迎。

第三，公开市场操作的方式。公开市场操作的方式主要有三种：一是直接买卖有价证券，即中央银行进行有价证券买卖时，一次交割结清，不附带任何其他条件，通常用于国库券交易；二是回购协议交易，它是指证券商在卖出证券以后，必须在规定的时间、按规定的价格再从中央银行把证券买回来的交易方式；三是中央银行回购协议买卖，这种方式与第二种方式基本相同，但是出售证券和承担回购证券义务的是中央银行而不是证券商。

（三）我国关于公开市场操作制度的规定

我国公开市场操作制度是在金融体制改革的过程中建立和发展的。外汇公开市场操作于1994年3月启动，人民币公开市场操作于1998年5月26日恢复交易，规模逐步扩大。1999年以来，公开市场操作已成为中国人民银行货币政策日常操作的重要工具，对于调控货币供应量、调节商业银行流动性水平、引导货币市场利率走势发挥了积极的作用。另外，中国人民银行已经陆续建立了全国性的外汇交易中心、同业拆借市场和进行公开市场操作的国债登记结算公司，为公开市场业务的开展创造了条件。

《中国人民银行法》第23条第1款第5项规定："中国人民银行为执行货币政策，可以运用下列货币政策工具：……（五）在公开市场上买卖国债、其他政府债券和金融债券及外汇；"这为公开市场业务的操作，提供了法律依据。我国公开市场操作制度的主要内容有：

1. 公开市场操作的根据。中国人民银行主要根据货币供应量和商业银行备付金头寸以及市场汇率等指标的变化，决定公开市场操作的具体运作。运作决策由行长办公会议制定并下达，外汇操作由总行设在上海的公开市场操作室具体执行。日常的买卖活动由操作室根据总行的指令办理。

2. 公开市场操作的工具。中国人民银行进行公开市场操作的工具是国债和外汇。就国债而言，中国人民银行以买卖国债的形式吞吐基础货币，调节商业银行的资金头寸，进而影响货币供应量的增减变化。中国人民银行开展的第一批国债公开市场操作是在1996年4月9日，这次国债公开市场操作是以1996年财政部发行的无纸化短期国债为操作工具，通过中国人民银行公开市场操作室和各商业银行总行的联机网进行逐笔交易，交易风险由交易各方各自承担。就外汇而言，由于中国外汇交易中心的成立，统一的外汇市场已经形成，外汇与人民币买卖的数额较大，人民银行通过在银行间外汇市场买卖外汇，同样会起到吞吐基础货币的作用。

3. 公开市场操作的对象。中国人民银行通过同金融机构买卖国债、外汇开展公开市场业务。人民银行买卖外汇的操作是在银行间外汇市场上进行，交易的对象主要是银行，人民银行不对个人或企业、事业单位买卖外汇。人民银行在国债市场进行国债买卖，买卖的对象也不是个人和企业、事业单位，而是国债一级交易商。国债一级交易商，是指经中国人民银行审定的、具有直接与中国人民银行进行债券交易资格的商业银行、证券公司和信托投资公司。

4. 国债公开市场操作的交易方式。中国人民银行国债公开市场操作采取买卖和回购的交易方式进行，一级交易商与中国人民银行进行债券交易时须签署有关协议。

债券交易一般采用招标方式进行，包括数量招标和利率招标（或价格招标）。具体中标原则由操作室规定。债券交易的资金清算按中国人民银行有关部门制定的会计核算手续办理。

5. 外汇公开市场业务的资金清算。外汇公开市场的清算由中国外汇交易中心实行集中清算，即会员（包括中国人民银行的公开市场操作室）在交易市场进行的外汇交易，通过交易中心集中办理资金清算。

学习内容5　外汇管理法律制度

一、外汇管理法概述

为执行货币政策、保持国际收支平衡而调整人民币汇率和外汇市场调控关系，是外汇管理法的主要任务之一。通过外汇管理法监管外汇市场，有助于规范国家外汇经营，促进与保持汇率稳定，实现货币政策目标，有效实施宏观调控，因此，外汇管理法是我国金融调控法体系中的重要制度，下面很有必要对外汇管理法律制度予以专门阐述。

（一）外汇的含义

外汇具有动态和静态两方面的含义。动态意义的外汇是"国际汇兑"的简称，即将一国货币换成另一国货币，以便清偿国际的债权债务的活动；静态意义的外汇是指以外币表示的用于国际结算的支付手段。我国2008年修订的《外汇管理条例》是从静态意义来界定外汇的，其第3条规定："本条例所称外汇，是指下列以外币表示的可以用作国际清偿的支付手段和资产：（一）外币现钞，包括纸币、铸币；（二）外币支付凭证或者支付工具，包括票据、银行存款凭证、银行卡等；（三）外币有价证券，包括债券、股票等；（四）特别提款权；（五）其他外汇资产。"

（二）外汇管理的概念及其类型

外汇管理，又称"外汇管制"，是指一国依法对所辖境内的外汇收支、买卖、借贷、转移以及国际结算、外汇汇率和外汇市场所实施的行政限制性措施。作为对外经济管理的重要组成部分,外汇管理的作用在于:①稳定本国货币的对外汇率;②防范外汇风险,保护国内市场,促进经济发展;③平衡本国国际收支。

目前,世界各国都实行外汇管理,但在管理的程度上有所不同,可分为三种类型:第一种是比较全面的外汇管理,即对经常项目和资本项目都实行管制,这类国家通常经济比较落后,外汇资金短缺,市场机制不发达,希望通过集中分配和使用外汇来达到促进经济的目的;第二种是部分外汇管制,即对经常项目的外汇交易不实行或基本不实行外汇管制,但对资本项目的外汇交易则进行一定的限制;第三种是基本不实行外汇管制,即对经常项目和资本项目的外汇交易不实行普遍和经常性的限制。

我国目前的外汇管理体制基本上属于部分外汇管制。表现为对经常项目实行可兑换,对资本项目实行一定的管制;对金融机构的外汇业务实行监督管理;禁止外币在境内计价流通;保税区实行有区别的外汇管理。

(三) 外汇管理法及其立法

外汇管理法,是调整在外汇管理活动中发生的社会关系的法律规范的总称。它既是国家监管外汇市场的法律依据,又是金融调控法体系中的主要制度。通过外汇管理法监管外汇市场,规范国家外汇经营,促进与保持汇率稳定,实现货币政策目标,因而外汇管理法是我国金融调控法体系中的重要制度。

为使我国外汇管理适应对外开放的要求,国务院于1996年1月29日发布了《外汇管理条例》,自同年4月1日起施行。1997年1月14日修正,后于2008年8月5日国务院修订颁布了新《外汇管理条例》。与此同时,中国人民银行、国家外汇管理局还先后发布了一系列外汇管理方面的法规、规章,如《银行间外汇市场管理暂行规定》等。2000年8月,中国人民银行公布了《中国人民银行关于改革外币存贷款利率管理体制的通知》,决定自同年9月21日起改革我国的外币利率管理体制,其要点为:放开外币贷款利率由金融机构自行确定;大额外币(指300万及300万以上美元或等值其他外币)存款利率由金融机构与客户协商确定;小额外币(指300万以下美元或等值其他外币)存款利率由银行业协会统一制定,经人民银行核准后对外公布,各金融机构统一执行。2002年11月公布《外汇指定银行办理结汇、售汇业务管理暂行办法》(已失效),2006年12月公布《个人外汇管理办法》,2018年6月公布《合格境外机构投资者境内证券投资外汇管理规定》(已失效)等。

二、外汇管理的主要内容

2008年修订的《外汇管理条例》就外汇管理的机关及外汇管理的内容作了明确规定,其主要内容包括以下几个方面:

(一) 外汇管理机关和外汇管理的对象

《外汇管理条例》第2条规定:"国务院外汇管理部门及其分支机构(以下统称外汇管理机关)依法履行外汇管理职责,负责本条例的实施。"

外汇管理的对象是境内机构、境内个人的外汇收支或者外汇经营活动，以及境外机构、境外个人在境内的外汇收支或者外汇经营活动。其中，境内机构，是指中华人民共和国境内的国家机关、企业、事业单位、社会团体、部队等，外国驻华外交领事机构和国际组织驻华代表机构除外。境内个人，是指中国公民和在中华人民共和国境内连续居住满1年的外国人，外国驻华外交人员和国际组织驻华代表除外。

（二）经常项目外汇管理

经常项目外汇管理主要包括三方面的内容：经常项目可兑换、经常项目外汇收入管理和进出口核销制度。

1. 经常项目可兑换，是指对属于经常项目下的各类交易，其中，经常项目是指国际收支中涉及货物、服务、收益及经常转移的交易项目，包括进口货物、支付运输费、保险费、劳务服务、出境旅游、投资利润、借债利息、股息、红利等，在向银行购汇或从银行外汇账户上支付时不受限制。

《外汇管理条例》第5条规定："国家对经常性国际支付和转移不予限制。"从立法上确定了经常项目可兑换制度。这样，境内机构进口商品和服务，只要得到进口许可和提交了相应的有效凭证，即可到外汇指定银行购汇对外支付。

对经常项目下的用汇不加限制，并非用人民币就可以任意地购买外汇。这种购汇和对外支付必须具有真实、合法的交易基础，购汇企业和个人需提交证明这种真实需要的凭证，经银行审核后才能售汇或从企业的外汇账户中对外支付。中国人民银行、国家外汇管理局发布的有关规定就进口货物、投资收益汇出、个人购汇等应提交的凭证、单据、购汇限额及审核程序等作了详细的规定。

2. 经常项目外汇收入管理是指，取消经常项目下的外汇收入强制调回境内并结售给外汇指定银行的要求，允许经常项目外汇收入按照国家有关规定的条件、期限等要求保留或者卖给经营结汇、售汇业务的金融机构。

3. 进出口核销制度。境内机构的出口收汇和进口付汇，应当按照国家关于出口收汇核销管理和进口付汇核销管理的规定办理核销手续，即从立法上规定了国际上通用的进出口核销制度，以督促企业及时、足额地收回货款或货物，防范和打击套汇、逃汇等非法活动。

（三）资本项目外汇管理

资本项目外汇是指国际收支中引起对外资产和负债水平发生变化的交易项目资本，包括资本转移、直接投资、证券投资、衍生产品及贷款等项目资本。我国资本项目外汇管理的基本原则是在放松经常项目汇兑限制的同时，完善资本项目管理。资本项目外汇管理的规范主要集中在以下几方面：①简化对境外直接投资外汇管理的行政审批，增设境外主体在境内筹资、境内主体对境外证券投资和衍生产品交易、境内主体对外提供商业贷款等交易项目的管理原则。②除国家规定无须批准的以外，资本项目外汇收入保留或者结汇应当经外汇管理机关批准；资本项目外汇支出国家未规定需事前经外汇管理机关批准的，原则上可以持规定的有效单证直接到金融机构办理，国家规定应当经外汇管理机关批准的，在外汇支付前应当办理批准手续。③要求资本项目外汇及结汇后人民币资金应当按照有关主管部门及外汇管理机关批准的用途使用，并授权外汇管理机关对资本项目外汇及结汇后人民币资金的使用和账户变动情况进行监督检查。

（四）金融机构外汇业务管理

1. 经营外汇业务的资格。金融机构须经外汇管理机关批准，领取经营业务许可证，才能经营或者终止经营结汇、售汇业务；金融机构经营或者终止经营其他外汇业务，应当按照职责分工经外汇管理机关或者金融业监督管理机构批准。未经批准的任何单位和个人不得经营外汇业务。

2. 经营外汇业务的规则。经营结汇、售汇业务的金融机构和符合规定条件的其他机构，按照国务院外汇管理部门的规定在银行间外汇市场进行外汇交易。同时，调整外汇头寸管理方式，外汇管理机关对金融机构外汇业务实行综合头寸管理，也即对金融机构持有的，在办理符合外汇管理规定的对客户结售汇业务、自身结售汇业务和参与银行间外汇市场交易所形成的，因人民币与外币间交易而形成的外汇头寸实行综合管理。经营外汇业务的金融机构发现客户有外汇违法行为的，应当及时向外汇管理机关报告。此外，如果金融机构的资本金、利润以及因本外币资产不匹配等原因需要进行人民币与外币间转换的，须经外汇管理机关批准。

（五）人民币汇率和外汇市场的管理

汇率是一国货币同他国货币之间的兑换比率，即一国货币用另一国货币表示的价格。自1994年起，我国人民币实行以市场供求为基础的、单一的、有管理的浮动汇率制度，由中国人民银行根据银行间外汇市场形成的价格，每日公布人民币对主要外币的汇率。2008年修订的《外汇管理条例》进一步完善了人民币汇率形成机制，规定人民币汇率实行以市场供求为基础的、有管理的浮动汇率制度。

外汇市场是进行外汇交易的场所，通常是无形市场。我国的外汇市场是全国统一的银行间外汇交易市场。市场交易主体是外汇指定银行和其他经批准经营外汇业务的金融机构。交易客体即交易的币种和形式，由国家外汇管理局规定和调整。

外汇市场交易应当遵循公开、公平、公正和诚实信用的原则。经营结汇、售汇业务的金融机构和符合国务院外汇管理部门规定条件的其他机构，可以按照国务院外汇管理部门的规定在银行间外汇市场进行外汇交易。国家外汇管理局依法监督管理全国的外汇市场，中国人民银行根据货币政策的要求和外汇市场的变化，依法对外汇市场进行调控。

（六）外汇业务监督管理

1. 明确外汇管理机关职责。《外汇管理条例》第33条规定："外汇管理机关依法履行职责，有权采取下列措施：（一）对经营外汇业务的金融机构进行现场检查；（二）进入涉嫌外汇违法行为发生场所调查取证；（三）询问有外汇收支或者外汇经营活动的机构和个人，要求其对与被调查外汇违法事件直接有关的事项作出说明；（四）查阅、复制与被调查外汇违法事件直接有关的交易单证等资料；（五）查阅、复制被调查外汇违法事件的当事人和直接有关的单位、个人的财务会计资料及相关文件，对可能被转移、隐匿或者毁损的文件和资料，可以予以封存；（六）经国务院外汇管理部门或者省级外汇管理机关负责人批准，查询被调查外汇违法事件的当事人和直接有关的单位、个人的账户，但个人储蓄存款账户除外；（七）对有证据证明已经或者可能转移、隐匿违法资金等涉案财产或者隐匿、伪造、毁损重要证据的，可以申请人民法院冻结或者查封。有关单位和个人应当配合外汇管理机关的监督检查，如实说明有关情况并提供有关文件、资料，不得拒绝、阻碍和隐瞒。"

2. 监测跨境资金流动。健全国际收支统计申报制度，完善外汇收支信息收集，加强对跨境资金流动的统计、分析与监测；规定有外汇经营活动的境内机构，应当按照国务院外汇管理部门的规定报送财务会计报告、统计报表等资料。根据世界贸易组织规则，规定国际收支出现或者可能出现严重失衡，以及国民经济出现或者可能出现严重危机时，国家可以对国际收支采取必要的保障控制等措施。

3. 健全外汇监管手段和措施。为保障外汇管理机关依法、有效地履行职责，增加了外汇管理机关的监管手段和措施，同时规定了外汇管理机关进行监督检查的程序。例如，外汇管理机关依法进行监督检查或者调查，监督检查或者调查的人员不得少于2人，并应当出示证件。又如，国务院外汇管理部门为履行外汇管理职责，可以从国务院有关部门、机构获取所必需的信息，国务院有关部门、机构应当提供。

三、违反外汇管理法的法律责任

违反外汇管理法的行为主要有逃汇、非法套汇、扰乱金融秩序三种，我国《外汇管理条例》专章规定了这三种违法行为所应承担的法律责任。

（一）逃汇及其处罚

逃汇是指境内机构、境内个人或者境外机构、境外个人违反规定将境内外汇转移境外，或者以欺骗手段将境内资本转移境外的行为。

根据《外汇管理条例》第39条的规定，有违反规定将境内外汇转移境外，或者以欺骗手段将境内资本转移境外等逃汇行为的，由外汇管理机关责令限期调回外汇，处逃汇金额30%以下的罚款；情节严重的，处逃汇金额30%以上等值以下的罚款；构成犯罪的，依法追究刑事责任。

（二）非法套汇及其处罚

所谓非法套汇，是指境内机构、境内个人或者境外机构、境外个人违反规定以外汇收付应当以人民币收付的款项，或者以虚假、无效的交易单证等向经营结汇、售汇业务的金融机构骗购外汇的行为。

根据《外汇管理条例》第40条的规定，有违反规定以外汇收付应当以人民币收付的款项，或者以虚假、无效的交易单证等向经营结汇、售汇业务的金融机构骗购外汇等非法套汇行为的，由外汇管理机关责令对非法套汇资金予以回兑，处非法套汇金额30%以下的罚款；情节严重的，处非法套汇金额30%以上等值以下的罚款；构成犯罪的，依法追究刑事责任。

（三）其他违法外汇管理的行为及其处罚

为了适应新形势下打击外汇违法行为的需要，特别是加强流入资本的用途管理，新修订的《外汇管理条例》增加了以下违反外汇管理的行为及其处罚规定。

1. 资金非法流入及其处罚。根据《外汇管理条例》第41条第1款的规定，违反规定将外汇汇入境内的，由外汇管理机关责令改正，处违法金额30%以下的罚款；情节严重的，处违法金额30%以上等值以下的罚款。

2. 非法结汇及其处罚。根据《外汇管理条例》第41条第2款的规定，非法结汇的，由外汇管理机关责令对非法结汇资金予以回兑，处违法金额30%以下的罚款。

3. 违反结汇资金流向管理规定及其处罚。根据《外汇管理条例》第44条的规定，违反规定，擅自改变外汇或者结汇资金用途的，由外汇管理机关责令改正，没收违法所得，处违法金额30%以下的罚款；情节严重的，处违法金额30%以上等值以下的罚款。有违反规定以外币在境内计价结算或者划转外汇等非法使用外汇行为的，由外汇管理机关责令改正，给予警告，可以处违法金额30%以下的罚款。

4. 非法携带外汇出入境。根据《外汇管理条例》第42条的规定，违反规定携带外汇出入境的，由外汇管理机关给予警告，可以处违法金额20%以下的罚款。法律、行政法规规定由海关予以处罚的，从其规定。

5. 非法买卖外汇、介绍买卖外汇及其处罚。根据《外汇管理条例》第45条的规定，私自买卖外汇、变相买卖外汇、倒买倒卖外汇或者非法介绍买卖外汇数额较大的，由外汇管理机关给予警告，没收违法所得，处违法金额30%以下的罚款；情节严重的，处违法金额30%以上等值以下的罚款；构成犯罪的，依法追究刑事责任。

（四）扰乱外汇管理秩序及其处罚

所谓扰乱外汇管理秩序，是指境内机构、境内个人或者境外机构、境外个人及金融机构违反《外汇管理条例》的规定，非法从事外汇业务及违反操作规则影响正常金融秩序的行为。以下是扰乱外汇管理秩序行为的种类及其处罚办法。

1. 金融机构扰乱外汇管理秩序行为及其处罚。①未经批准擅自经营结汇、售汇业务的，由外汇管理机关责令改正，有违法所得的，没收违法所得，违法所得50万元以上的，并处违法所得1倍以上5倍以下的罚款；没有违法所得或者违法所得不足50万元的，处50万元以上200万元以下的罚款；情节严重的，由有关主管部门责令停业整顿或者吊销业务许可证；构成犯罪的，依法追究刑事责任。②未经批准经营结汇、售汇业务以外的其他外汇业务的，由外汇管理机关或者金融业监督管理机构依照前款规定予以处罚。③金融机构如果在办理经常项目资金收付时未对交易单证的真实性及其与外汇收支的一致性进行合理审查，或者违反规定办理资本项目资金收付，或者违反规定办理结汇、售汇业务，或者违反外汇业务综合头寸管理，或者违反外汇市场交易管理的，由外汇管理机关责令限期改正，没收违法所得，并处 20 万元以上 100 万元以下的罚款；情节严重或者逾期不改正的，由外汇管理机关责令停止经营相关业务。

需要指出的是，金融机构扰乱外汇管理秩序除了依照《外汇管理条例》给予处罚外，还对金融机构负有直接责任的董事、监事、高级管理人员和其他直接责任人员给予警告，处 5 万元以上 50 万元以下的罚款；构成犯罪的，依法追究刑事责任。

2. 境内机构、境内个人扰乱外债管理秩序行为及其处罚。境内机构、境内个人有擅自对外借款、在境外发行债券或者提供对外担保等违反外债管理行为的，由外汇管理机关给予警告，处违法金额 30%以下的罚款。

3. 境内机构、境内个人或者境外机构、境外个人扰乱外汇管理秩序行为及其处罚。境内机构、境内个人或者境外机构、境外个人有下列情形之一的，由外汇管理机关责令改正，给予警告，对机构可以处 30 万元以下的罚款，对个人可以处 5 万元以下的罚款：①未按照规定进行国际收支统计申报的；②未按照规定报送财务会计报告、统计报表等资料的；③未按照规定提交有效单证或者提交的单证不真实的；④违反外汇账户管理规定的；⑤违反外汇登记管理规定的；⑥拒绝、阻碍外汇管理机关依法进行监督检查或者调查的。

需要指出的是，境内机构扰乱外汇管理秩序除了依照《外汇管理条例》给予处罚外，还应当对直接负责的主管人员和其他直接责任人员给予处分。

（五）行政复议与行政诉讼

对于外汇管理机关作出的具体行政行为不服的，可以依法申请行政复议，对行政复议决定仍不服的，可以依法向人民法院提起行政诉讼。

训练项目一：关于金融法调控功能的案例分析

【训练目的与要求】

通过训练，学生能够认识金融信贷法律的宏观调控功能、原理与具体制度，能够运用金融法理论知识分析解决金融法律问题。

【实例训练】

案例：2020 年人民银行及时部署落实对中小微企业复工复产加大信贷支持。中小微企业是经济发展和容纳就业的生力军，是有序推动企业生产经营的重点，关系到全年经济社会目标任务的实现。

一是保持流动性合理充裕。综合运用中期借贷便利、公开市场操作、常备借贷便利等工具，满足金融机构支持企业生产经营的流动性需求，降低社会融资成本，促进金融市场平稳运行。引导货币信贷、社会融资增长同经济发展相适应，稳住宏观杠杆率，保持物价水平基本稳定，平衡好稳增长和防风险的关系。

二是运用结构性货币政策工具，按市场化、法治化原则加大对中小微企业复工复产的支持。前期的专项再贷款实行企业名单制管理，严格限定资金用途，这是为了让低成本资金第一时间精准流向重点保供企业。近期增加的再贷款、再贴现额度共计 5000 亿元，这是普惠性的，对符合条件的企业采取市场化方式支持。支农、支小再贷款利率从原来的2.75%下调0.25个百分点至2.5%，发挥好激励撬动作用。

三是统筹发挥金融系统合力，分类引导各类银行发放优惠利率贷款。全国性银行资金来源广泛、成本相对较低，下一步普惠金融定向降准考核还将释放资金，要体现好"头雁"作用。政策性银行在支持补短板方面具有积极作用，要通过增加信贷总量投放、提供专项信贷额度、发放优惠利率贷款，支持中小微企业生产经营。地方法人银行是服务当地、支持中小微企业的主力军，央行通过提供低成本资金，解决其资金来源相对有限、资金成本高等问题，引导加大对复工复产普惠型小微企业的贷款投放。

下一步，稳健的货币政策要更加注重灵活适度，把支持实体经济恢复发展放到更加突出的位置。通过稳预期、扩总量、分类抓、重展期、创工具、抓落实，为促进实体经济发展提供有力的货币政策支持，努力完成全年经济社会发展目标。

问题：

结合案例，分析我国的金融调控功能应当如何实现。

核心提示：对中小微企业提供适度优惠支持，可激发实体经济主体活力，有利于促进经济高质量发展，有利于促进金融可持续发展，畅通经济金融良性循环。

训练项目二：关于货币政策调控的案例分析

【训练目的与要求】

通过训练，能够认识外汇法律的原理与具体制度，能够运用外汇法理论知识分析解决外汇法律实务问题与案例。

【实例训练】

案例：美联储（美国中央银行）负责印刷货币，并控制其流通量。同时，美联储通过对银行活动的规制来控制货币供应。在2007年~2009年的经济衰退和随后的全球金融危机期间，美联储在2008年12月将联邦基金利率——即银行之间的隔夜贷款利率——降至0%，并一直保持到2015年12月才将利率提高到0.25%。这标志着联邦基金利率自2006年6月以来的首次上调，当时联邦基金利率为5.25%。在美国经济持续但稳定的扩张之后，美联储在2017年3月将联邦基金利率提高到0.75%至1%的范围。这种变化产生了连锁反应：地区性联邦储备银行提高了他们对商业银行短期贷款的贴现率，许多商业银行提高了他们向客户收取的利率，信用卡公司也提高了他们向消费者收取的信用卡年费率。

美联储通过货币政策来收缩或扩大经济。在紧缩政策下，美联储通过出售政府债券或提高利率来限制货币供应，结果导致经济增长放缓和失业率上升。因此，紧缩政策减少了支出，最终降低了通货膨胀。

在扩张政策下，美联储提高货币供应的增长速度。扩张政策刺激了经济，利率下降，因此商业和消费者支出增加。随着企业的扩张，失业率也下降了。但是，增加货币供应也有负面影响：更多的支出推高了价格，从而提高了通货膨胀率。

问题：

结合案例，分析一个国家的货币政策的功能及其实现方式。

核心提示：货币政策就像是一把双刃剑，它既可以刺激经济，也可以阻止过度的通货膨胀。在不同的经济环境下，中央银行需要谨慎地进行平衡和调整，才能实现经济的稳定增长当美联储增加或减少货币流通量时，会影响利率，即借款的成本和放款的回报。美联储可以改变其对银行借款的利率，以示其货币政策已发生变化。这些变化会引发连锁反应：银行可能会将这种变化转嫁给从银行获得贷款的消费者和企业。如果借款成本增加，经济就会因为利率影响消费者和企业的支出或投资决策而放缓。

<h3 align="center">训练项目三：关于金融调控法律制度的案例分析</h3>

【训练目的与要求】

通过训练，能够认识金融调控法律的原理与具体制度，能够运用金融调控法理论知识分析解决法律实务问题。

【实例训练】

案例：我国的贷款市场报价利率（简称 LPR）是近年来基准利率制度改革的重要成果。LPR 的报价机制使得贷款利率更加市场化，能够更好地反映市场资金供求情况。当人民银行通过公开市场操作降低利率时，LPR 也会相应下降，从而带动贷款实际利率水平进一步降低，刺激经济活动。例如，2019 年 8 月 20 日，新机制下形成的 1 年期 LPR 为4.25%，较原利率下降 6BP，5 年期以上 LPR 则为 4.85%。

问题：

1. 结合案例，分析我国将 LPR 作为基准利率的原因？

2. 结合案例，分析我国是如何通过 LPR 利率制度来调控金融市场的？

核心提示：利率是资金的价格，它在金融体系中起着至关重要的调节作用。基准利率制度通过影响资金的成本和可得性来调控经济。当基准利率上升时，银行的借贷成本增加，这会促使银行提高贷款利率，从而抑制投资和消费需求。反之，当基准利率下降时，贷款利率降低，借款成本减少，刺激投资和消费。此外，基准利率的调整还可以抑制通货膨胀、影响债券市场和外汇市场等。基本制度在金融调控中发挥着至关重要的作用。

<h3 align="center">训练项目四：关于外汇法的案例分析</h3>

【训练目的与要求】

通过训练，能够认识外汇法律的原理与具体制度，能够运用外汇法理论知识分析解决外汇法律实务问题与案例。

【实例训练】

案例 1：（郑某东等人骗购外汇案）：郑某甲，A 公司原副总裁。

郑某乙，A 公司原副总裁。

王某，A 公司原财务总监。

赵某，A公司原商务助理。

重庆A科技有限公司（简称A公司）具有中国人民银行颁发的支付业务许可证，案发前具有国家外汇管理局跨境电子商务外汇支付业务试点资格。2014年9月至2016年12月，A公司执行总裁王某某（另案处理）组织郑某甲、郑某乙、王某、赵某等人，为牟取私利，私自利用A公司外汇资金结算、购付汇资质，为没有真实外贸交易的武汉B公司等公司及个人骗购外汇。王某某等人以A公司的名义与没有真实外贸交易的购汇人签订协议，约定购汇金额和手续费。为制造外贸交易假象，王某某等人从他人处购买国际快递单号，以购买的快递单号伪造跨境电子商务交易明细，由购汇人将前述虚假明细上传到A公司跨境电子商务外汇支付系统，并递交跨境电子商务外汇付款申请表等材料，经A公司大数据网络系统审核、审批后递交多家银行审查付汇。通过上述方式，王某某、郑某甲等人帮助武汉B公司等35家公司及胡某个人骗购外汇金额总计约4.77亿美元，折合人民币约33亿元。

2021年12月8日，重庆市渝北区人民法院作出判决，以骗购外汇罪，判处郑某甲有期徒刑6年，并处罚金人民币6000万元；判处郑某乙有期徒刑5年6个月，并处罚金人民币3000万元；判处王某有期徒刑5年2个月，并处罚金人民币1500万元；判处赵某有期徒刑5年，并处罚金人民币100万元。宣判后，郑某甲、王某、赵某提出上诉。2022年9月5日，重庆市第一中级人民法院裁定驳回上诉，维持原判。

问题：

1. 本案应当定性为骗购外汇罪，还是非法经营罪？为什么？

2. 结合本案，分析在查处外汇行政违法行为时，如何实现与刑事犯罪相衔接、一并打击的效果？

核心提示： 关于案件定性，公司所具有的资格，与他人通谋，采取虚构事实、隐瞒真相的方法，伪造跨境货物交易材料、使用虚假物流单据骗购外汇，并非在国家规定的场所以外非法买卖外汇，符合骗购外汇罪的犯罪构成。

骗购外汇罪与非法买卖外汇型非法经营罪容易发生混淆，应当根据外汇交易行为发生的场所、行为人主观故意及客观行为准确区分二罪的界限。发生在国家规定的交易场所外的非法买卖外汇行为，构成非法经营罪；外汇交易行为发生在国家规定的交易场所内，行为人主观明知他人为骗购外汇，客观上实施了提供虚构事实、伪造、变造凭证和单据等行为，构成骗购外汇罪。

国家外汇管理局继续加强对外汇业务监管，压实具有跨境外汇支付业务资质的银行、支付机构主体责任，守住红线底线。外汇管理部门在行政执法检查中发现涉嫌犯罪线索的，要及时移送公安司法机关。检察机关应加强与外汇管理部门沟通协作，对于不涉嫌刑事犯罪但违反相关行政法规的单位及个人，依法建议外汇管理部门对相关单位和个人给予行政处罚。

案例2： 2022年2月至8月，阮某通过地下钱庄非法买卖外汇99笔，金额合计320.5

万美元。被处以罚款 173.7 万元人民币。处罚信息纳入中国人民银行征信系统。

问题：

1. 结合案例，分析何为非法买卖外汇行为？

2. 案例中的处罚依据有哪些？

核心提示：《个人外汇管理办法》第 30 条规定："境内个人从事外汇买卖等交易，应当通过依法取得相应业务资格的境内金融机构办理。"《外汇管理条例》第 45 条规定："私自买卖外汇、变相买卖外汇、倒买倒卖外汇或者非法介绍买卖外汇数额较大的，由外汇管理机关给予警告，没收违法所得，处违法金额 30% 以下的罚款；情节严重的，处违法金额 30% 以上等值以下的罚款；构成犯罪的，依法追究刑事责任。"

参考文献

1. 张守文主编：《经济法学》，北京大学出版社 2018 年版。

2. 李昌麒主编：《经济法学》，中国政法大学出版社 2007 年版。

3. 杨紫烜主编：《经济法》，北京大学出版社、高等教育出版社 2010 年版。

4. 潘静成、刘文华主编：《经济法》，中国人民大学出版社 2005 年版。

5. 程宝山：《经济法基本理论研究》，郑州大学出版社 2003 年版。

6. ［日］金泽良雄：《经济法概论》，满达人译，甘肃人民出版社 1985 年版。

7. ［德］洪堡：《论国家的作用》，林荣远等译，中国社会科学出版社 2009 年版。

8. 邱本：《经济法通论》，高等教育出版社 2004 年版。

9. 单飞跃主编：《经济法教程》，法律出版社 2006 年版。

10. 张守文：《经济法总论》，中国人民大学出版社 2009 年版。

11. 刘文华、孟雁北主编：《经济法练习题集》，中国人民大学出版社 2009 年版。

12. 李艳芳主编：《经济法案例分析》，中国人民大学出版社 2006 年版。

13. 史际春主编：《经济法》，中国人民大学出版社 2015 年版。

14. 王先林主编：《经济法案例百选》，高等教育出版社 2020 年版。

15. ［日］丹宗昭信、厚谷襄儿编：《现代经济法入门》，谢次昌译，群众出版社 1985 年版。

16. ［德］罗尔夫·斯特博：《德国经济行政法》，苏颖霞、陈少康译，中国政法大学出版社 1999 年版。

17. ［美］斯蒂格利茨：《政府为什么干预经济：政府在市场经济中的角色》，郑秉文译，中国物资出版社 1998 年版。

18. ［英］亚当·斯密：《国富论》，郭大力、王亚南译，商务印书馆 2015 年版。

19. 史际春：《企业和公司法》，中国人民大学出版社 2014 年版。

20. 漆多俊主编：《市场经济企业立法观：企业、市场、国家与法律》，武汉大学出版社 2000 年版。

21. 单飞跃、王显勇：《经济法视域中的企业法》，中国检察出版社 2005 年版。

22. 郑曙光：《中国企业组织法：理论评析与制度构建》，中国检察出版社 2008 年版。

23. 王保树主编，中国社会科学院法学研究所商事法研究中心编：《商事法论集》（第 2 卷），法律出版社 1997 年版。

24. 张开平：《英美公司董事法律制度研究》，法律出版社 1998 年版。

25. 毛亚敏：《公司法比较研究》，中国法制出版社 2001 年版。

26. 梁慧星：《民法总论》，法律出版社 2021 年版。

27. 王利民主编：《中国民法典编纂与民法基础理论》，法律出版社 2020 年版。

28. 杨立新：《民法典讲义》（全两册），新星出版社 2024 年版。

29. 叶孝信主编：《中国民法史》，复旦大学出版社 2021 年版。

30. 魏振瀛主编：《民法》，北京大学出版社、高等教育出版社 2024 年版。

31. 赵旭东主编：《公司法学》，高等教育出版社 2003 年版。

32. 柯芳枝：《公司法论》，中国政法大学出版社 2004 年版。

33. 赵万一主编：《商法》，中国人民大学出版社 2017 年版。

34. 孔祥俊：《反不正当竞争法的适用与完善》，法律出版社 1998 年版。

35. 孔祥俊：《反不正当竞争法新论》，人民法院出版社 2001 年版。

36. 徐士英等：《竞争法新论》，北京大学出版社 2006 年版。

37. 王晓晔编著：《竞争法研究》，中国法制出版社 1999 年版。

38. 曹士兵：《反垄断法研究——从制度到一般理论》，法律出版社 1996 年版。

39. 孔祥俊：《反垄断法原理》，中国法制出版社 2001 年版。

40. ［美］波斯纳：《反托拉斯法》，孙秋宁译，中国政法大学出版社 2002 年版。

41. 王晓晔编：《反垄断法与市场经济：中德反垄断法比较研讨会论文集》，法律出版社 1998 年版。

42. 王先林：《WTO 竞争政策与中国反垄断立法》，北京大学出版社 2005 年版。

43. 王先林：《知识产权与反垄断法：知识产权滥用的反垄断问题研究》，法律出版社 2001 年版。

44. 尚明主编：《主要国家（地区）反垄断法律汇编》，法律出版社 2004 年版。

45. ［美］马歇尔·C. 霍华德：《美国反托拉斯法与贸易法规》，孙南申译，中国社会科学出版社 1991 年版。

46. 文学国：《滥用与规制：反垄断法对企业滥用市场优势地位行为之规制》，法律出版社 2003 年版。

47. 吴伟达：《反垄断法视野中的价格竞争》，浙江大学出版社 2005 年版。

48. 赵杰：《垄断的观念》，人民出版社 2007 年版。

49. 胡甲庆：《反垄断法的经济逻辑》，厦门大学出版社 2006 年版。

50. 郭德忠：《专利许可的反垄断规制》，知识产权出版社 2007 年版。

51. 朱家贤：《反垄断立法与政府管制》，知识产权出版社 2007 年版。

52. 李国海：《反垄断法实施机制研究》，中国方正出版社 2006 年版。

53. 沈四宝、刘彤：《美国反垄断法原理与典型案例研究》，法律出版社 2006 年版。

54. 李钟斌：《反垄断法的合理原则研究》，厦门大学出版社 2005 年版。

55. 沈敏荣：《法律的不确定性：反垄断法规则分析》，法律出版社 2000 年版。

56. 张为华：《美国消费者保护法》，中国法制出版社 2000 年版。

57. 李昌麒、许明月编著：《消费者保护法》，法律出版社 2021 年版。

58. 贾俊玲、张智勇：《中国消费者权益保护法讲座》，改革出版社 1994 年版。

59. 许水俊编著：《消费者权益保护法案例·学理精解》，中国经济出版社 2004 年版。

60. 吴景明：《消费者权益保护法》，中国政法大学出版社 2001 年版。

61. 麻昌华主编：《消费者保护法》，中国政法大学出版社 2006 年版。

62. 金福海：《消费者法论》，北京大学出版社 2005 年版。

63. 孔祥俊、张双根主编：《"上帝"的盾牌——消费者权益的法律保护指南》，经济科学出版社 1996 年版。

64. 张严方：《消费者保护法研究》，法律出版社 2003 年版。

65. 王春娣、程德文编著：《消费纠纷与精神损害赔偿》，中国民主法制出版社 2001 年版。

66. 庄洪胜、刘志新、吴立涛主编：《人身损害赔偿疑难案例专家点评》，人民法院出版社 2006 年版。

67. 王泽鉴：《商品制造人责任与消费者之保护》，中国台湾正中书局 1982 年版。

68. 李昌麒主编：《产品质量法学研究》，四川人民出版社 1995 年版。

69. 雷运龙、段晓茜编著：《消费者权益保护法、产品质量法案例精选精析》，法律出版社 1998 年版。

70. 《最新质量事故损害赔偿及配套法律法规行政解释司法解释与典型案例》编写组编：《最新质量事故损害赔偿及配套法律法规行政解释司法解释与典型案例》，中国人民公安大学出版社 2001 年版。

71. 杨李、刘延岭主编：《生产 经营 消费者权益法律保护案例精析》，中国政法大学出版社 1996 年版。

72. 邹海林：《责任保险论》，法律出版社 1999 年版。

73. 刘文琦：《产品责任法律制度比较研究》，法律出版社 1997 年版。

74. 张国山、段华洽主编：《市场运行与监督管理》，北京工业大学出版社 1996 年版。

75. 娄炳林主编：《广告理论与实务》，高等教育出版社 2016 年版。

76. 吴正忠主编：《最新户外广告规范化管理与行政执法实务全书》，中科多媒体电子出版社 2005 年版。

77. ［日］金子宏：《日本税法》，战宪斌等译，法律出版社 2004 年版。

78. 邓正来：《研究与反思：关于中国社会科学自主性的思考》，中国政法大学出版社 2004 年版。

79. 葛克昌、钟芳桦：《财税法基本问题——财政宪法篇》，中国台湾元照出版公司 2020 年版。

80. 葛克昌：《税法基本问题（财政宪法篇）》，北京大学出版社 2004 年版。

81. 黄俊杰：《纳税人权利之保护》，北京大学出版社 2004 年版。

82. 刘剑文：《税法专题研究》，北京大学出版社 2002 年版。

83. 刘剑文、熊伟：《税法基础理论》，北京大学出版社 2004 年版。

84. 刘剑文主编：《财税法学案例与法理研究》，高等教育出版社 2004 年版。

85. 刘剑文主编：《财税法学研究述评》，高等教育出版社 2004 年版。

86. 刘剑文主编：《纳税主体法理研究》，经济管理出版社 2006 年版。

87. 刘剑文：《财税法专题研究》，北京大学出版社 2007 年版。

88. 刘剑文：《走向财税法治：信念与追求》，法律出版社 2009 年版。

89. 刘隆亨主编：《财产税法》，北京大学出版社 2006 年版。

90. 廖益新、李刚、周刚志：《现代财税法学要论》，科学出版社 2007 年版。

91. 田毅、赵旭：《他乡之税：一个乡镇的三十年，一个国家的"隐秘"财政史》，中信出版社 2008 年版。

92. 张守文：《财税法疏议》，北京大学出版社 2005 年版。

93. ［英］莫妮卡·班得瑞主编：《税法的哲学基础》，许多奇、程雪军译，商务印书馆 2024 年版。

94. 葛克昌：《行政程序与纳税人基本权》，北京大学出版社 2005 年版。

95. 葛克昌：《税法基本问题（财政宪法篇）》，北京大学出版社 2004 年版。

96. 李帅：《财税法基础理论新探索》，中国政法大学出版社 2018 年版。

97. ［英］彼得·奥尔德里奇：《刑事正义与税收》，刘荣译，商务印书馆 2023 年版。

98. 黄茂荣：《税法总论——法学方法与现代税法》，中国台湾植根法学丛书编辑室 2002 年版。

99. 黄茂荣：《税法总论——税捐法律关系》，中国台湾植根法学丛书编辑室 2008 年版。

100. 黄茂荣：《税法各论》，中国台湾植根法学丛书编辑室 2007 年版。

101. 王文婷：《防治腐败财税法机制研究》，法律出版社 2020 年版。

102. 钱俊文：《国家征税权的合宪性控制》，法律出版社 2007 年版。

103. 高玉莲、聂秀萍主编：《税法实务》，立信会计出版社 2023 年版。

104. 荣国权：《财税法概论》，中国政法大学出版社 2020 年版。

105. 荣冀川、韩啸、李文洁：《金融法理论与实务研究》，中国民主法制出版社 2023 年版。

106. 许多奇主编：《金融法精要》，法律出版社 2023 年版。

107. 文学国主编：《金融法前沿问题研究》，上海人民出版社 2024 年版。

108. 黎四奇主编：《金融法案例选编》，学苑出版社 2023 年版。

109. 朱崇实、刘志云主编：《金融法》，法律出版社 2022 年版。